教育部人文社科项目“信息化促进义务教育优质均衡发展作用机理与实施路径研究”
（项目编号：15YJA880017）成果

# 信息化促进义务教育优质均衡发展
## 作用机理与实施路径

付卫东 王继新 著

# Informatization Promotes High-quality and Balanced Development of Compulsory Education
## Mechanism of Action and Implementation Path

科学出版社
北 京

# 内 容 简 介

在数字经济时代，信息技术对教育产生了革命性的影响，教育信息化在实现义务教育均衡发展方面展现出巨大的潜在优势，只有通过促进义务教育均衡发展，使社会全体成员尽可能地享受到优质教育，才能成功构建全民终身学习的学习型社会、学习型大国。

本书首先介绍了教育信息化与义务教育优质均衡发展的关系，以及信息化促进义务教育优质均衡发展的理论基础；其次介绍了教育信息化促进教育机会均等的措施、成效、问题及应对策略，以及信息化如何促进义务教育资源与义务教育教师资源的优化配置；最后介绍了教育信息化与乡村学生全面发展和乡村义务教师队伍建设的联系，并提出了促进义务教育优质均衡发展的实践路径。

本书可为从事教育政策研究的机构和个人提供学术及实践参考，也可为地方教育行政官员和中小学校长提供决策参考。

**图书在版编目（CIP）数据**

信息化促进义务教育优质均衡发展：作用机理与实施路径 / 付卫东，王继新著. --北京：科学出版社，2024.8. --ISBN 978-7-03-079226-6

Ⅰ. G522.3-39

中国国家版本馆 CIP 数据核字第 2024CF0843 号

责任编辑：卢　森　高丽丽 / 责任校对：王晓茜
责任印制：赵　博 / 封面设计：有道文化

科学出版社 出版
北京东黄城根北街 16 号
邮政编码：100717
http://www.sciencep.com
三河市春园印刷有限公司印刷
科学出版社发行　各地新华书店经销
*
2024 年 8 月第 一 版　开本：720×1000　1/16
2025 年 2 月第二次印刷　印张：18 1/4
字数：320 000
**定价：108.00 元**
（如有印装质量问题，我社负责调换）

# 前言

目前，我国正处于义务教育优质均衡发展的新时期。党的十九大报告提出办好网络教育，深化教育改革，加快教育现代化。因此，利用信息技术促进义务教育优质均衡发展势在必行。那么，什么是教育信息化？教育信息化有什么基本特征？什么是义务教育优质均衡发展？义务教育优质均衡发展有什么基本特征？教育信息化与义务教育优质均衡发展之间是什么关系？信息化促进义务教育优质均衡发展的理论支撑是什么？对我国正在进行的教育信息化改革有何启示？本书力图从教育经济学、经济学和管理学等学科视角出发，从理论和实践相结合的角度，对上述问题进行全面、深入的分析，并结合对世界主要国家信息化促进义务教育优质均衡发展的典型经验的总结、分析，以及我国的现实国情，提出进一步推进信息化促进我国义务教育优质均衡发展的路径。本书的结构安排如下。

第一章为导论，主要是确定本书研究的问题，并阐述了国内外关于教育信息化和义务教育优质均衡发展的研究现状，对相关概念进行了界定，拟定了本书的基本研究思路与研究方法。

第二章主要是对教育信息化与义务教育优质均衡发展的概述。首先，阐明教育信息化和义务教育优质均衡发展的基本内涵与主要特征，从教育机会均等、义务教育资源均衡配置、教育质量公平和学生全面发展等方面阐释义务教育优质均衡发展的基本内涵。同时，阐释了教育信息化与义务教育优质均衡发展之间的辩证关系。一方面，教育信息化是实现义务教育优质均衡发展的便捷途径；另一方面，教育信息化发展措施不当会成为义务教育优质均衡发展的羁绊。

第三章主要介绍信息化促进义务教育优质均衡发展的理论基础。重点运用知识沟理论、协同学理论和复杂性科学理论来阐释信息化是如何促进义务教育优质均衡发展的。其中，运用知识沟理论，阐释通过发展教育信息化，可以实现优质教育资源共享，从而缩小义务教育学校基础设施和学生信息素养之间的鸿沟，实现义务教育资源优化配置；运用协同学理论，阐释通过信息化手段，可以实现义务教育学校之间优质义务教育教师资源共享，从而缩小学校之间的差距，实现义务教育教师资源优化配置；运用复杂性科学理论，阐释通过发展教育信息化，可以促进学生个性化发展，进而实现学生全面发展。

第四章主要分析教育信息化与教育机会均等。农村教学点成为我国义务教育优质均衡发展的“最后一公里”，也是农村学生获得教育机会均等的“短板”。本章重点阐释信息化促进农村教学点发展的措施、成效、问题及应对策略，也就是如何通过信息化手段促进农村教学点学生的教育机会均等。

第五章主要分析教育信息化与义务教育资源均衡配置。首先，阐释发展中国家信息化促进义务教育资源均衡配置的典型经验。其对我国教育信息化促进义务教育资源优化配置的启示是，不仅要因时制宜、因地制宜，而且要量体裁衣、量力而行。其次，分析美国、英国、日本、韩国等发达国家信息化促进义务教育资源均衡配置的典型经验。其对我国的启示主要体现在：利用信息化手段促进义务教育资源均衡配置，应将教育信息化政策顶层设计与基层创新相结合；重视对教育信息化持续不断地投入，促进教育信息资源合理配置；重视教育信息化人力资源建设，缩小教育信息技术人力资源鸿沟；发展信息技术教育，提高学校信息化应用能力。最后，分析教育信息化促进我国义务教育资源优化配置的优势、现状及存在的问题，并对信息化促进我国义务教育资源优化配置进行了展望。

第六章主要分析教育信息化与义务教育教师资源均衡配置。首先，介绍发达国家教育信息化促进义务教育教师资源均衡配置的典型经验，主要包括通过信息化教学工具开发来优化区域教学环境；通过加强信息化培训来提升教师的信息化教学能力；通过加强数字资源建设来弥补教师的“数字鸿沟”；通过远程教育来提升教师的教学能力；通过开发在线交流平台促进区域内教师的交流与合作。其次，分析教育信息化促进义务教育教师素质提升的途径，主要包括纠正义务教育教师观念认识方面的偏差；基于信息技术的个性化学习实现教师自身知识整合和弥补技能方面的不足；甄别网络资源，鼓励教师合力开发数字教育资源；创新教师信息技术培训模式，实现线上培训和移动学习的有机整合；政府、高校和企业创设良好的发展环境。

第七章主要分析教育信息化与乡村学生全面发展。首先，介绍教育信息化与乡村学生“五育”融合，分析如何把握智能时代的发展机遇，解决“五育”融合的现实难题。其次，主要从乡村学生的数字素养、计算思维、创新思维和乡土文化认同的视角出发，阐述教育信息化如何赋能数字素养、计算思维、创新思维和乡土文化认同，进而促进乡村学生全面发展。

第八章主要分析教育信息化与乡村义务教育教师队伍建设。第一，阐述人工智能与乡村义务教育教师职前职后培养一体化，主要包括人工智能赋能乡村教师职前职后培养一体化的优势、面临的困境、一体化的优化策略。第二，分析教育大数据与乡村义务教育教师队伍建设，主要包括教育大数据的内涵、基本特征和主要功能，以及教育大数据助推乡村义务教育教师队伍建设的优势、困境及策略。第三，分析人工智能技术与乡村义务教育教师队伍建设方面的优势、困境及应对策略。第四，分析教育数字化转型与乡村义务教育教师队伍建设。第五，分析教育信息化与乡村义务教育教师智能素养培养。第六，分析教育信息化与乡村义务教育教师教学评价改革。

第九章主要分析信息化支持义务教育优质均衡发展的实践路径。信息化促进义务教育优质均衡发展是一项系统工程，在政策保障方面主要分为外部环境保障政策、教育信息资源共享政策及评估激励政策三个方面。在经费投入方面，首先，阐述信息化如何支持义务教育优质均衡发展与经费投入；其次，阐述经费投入的分类与构成及经费的主要来源；最后，分析获得经费的筹措。在技术支撑方面，首先，分析如何完善信息化基础设施；其次，分析如何发挥新技术架构的优势，以及建设融合数字技术的创新应用平台。在绩效评估方面，主要分析绩效评估的主体、基本内容、机制及相应的指标体系。

# 目 录

# 第一章 导 论

## 第一节 问题的提出

2000 年，联合国教育、科学及文化组织（United Nations Educational Scientific and Cultural Organization，UNESCO）（以下简称联合国教科文组织）在塞内加尔首都达喀尔召开的世界全民教育论坛上通过了《达喀尔行动纲领——全民教育：实现我们的集体承诺》（简称《达喀尔行动纲领》），这是联合国教科文组织继《世界全民教育宣言》（1990）之后对全民教育的新承诺。《世界全民教育宣言》指出，如果不能向全民提供保证质量的教育，所谓的全民教育不过是一种“空洞的胜利”。[①]因此，全民教育必须转向全民优质教育，这已成为世界很多国家特别是实施了法定年限义务教育国家的共同目标。

2010 年，教育部印发《关于贯彻科学发展观 进一步推进义务教育均衡发展的意见》，提出将全面推进中小学教育信息化作为促进义务教育均衡发展的重要战略举措，以教育信息化带动教育现代化；进一步推进农村中小学现代远程教育，不断提高教育信息化的普及水平和应用水平；大力开发和整合优质教育资源，不断促进优质教育资源共享，充分运用信息化的手段和方式，把优质教育资源引进课堂教学，有效促进教育质量的提高。《国家中长期教育改革和发展规划纲要（2010—2020 年）》把义务教育的均衡发展作为当前推进教育公平的重中之重，同时把提高质量作为教育改革发展的核心任务，提出不断扩大优质教育资源

① 转引自冯建军. 优质均衡：义务教育均衡发展的新目标[J]. 教育发展研究，2011(06)：1-5.

总量，提供更加丰富的优质教育，更好满足人民群众接受高质量教育的需求，促进教育质量的整体提升。该文件把“促进教育公平”“提高教育质量”作为今后教育工作的重点，这意味着义务教育均衡发展和提高教育质量是同步进行的。党的十八届三中全会提出，构建利用信息化手段扩大优质教育资源覆盖面的有效机制，逐步缩小区域、城乡、校际差距。党的十九大报告提出，办好网络教育，努力让每个孩子都能享有公平而有质量的教育。党的二十大报告提出，加快义务教育优质均衡发展和城乡一体化，优化区域教育资源配置，推进教育数字化，建设全民终身学习的学习型社会、学习型大国。

目前，我国正处于义务教育优质均衡发展的新时期。那么，什么是教育信息化？教育信息化有什么基本特征？什么是义务教育优质均衡发展？义务教育优质均衡发展有什么基本特征？教育信息化与义务教育优质均衡发展之间是什么关系？信息化促进义务教育优质均衡发展的理论支撑是什么？世界主要国家利用信息技术促进义务教育优质均衡发展有什么典型经验和失败的教训？这些经验和教训对我国正在进行的教育信息化改革有何启示？这些问题的回答，对于利用信息化手段促进义务教育优质均衡发展具有重要的现实意义。

## 第二节 相关研究概况

梳理已有研究可以发现，已有相关研究主要聚焦于义务教育优质均衡发展和信息化促进义务教育优质均衡发展两个方面。

### 一、关于义务教育优质均衡发展的研究

从研究的内容来看，国内学者的研究主要包括：界定义务教育优质均衡发展的基本内涵；阐释义务教育优质均衡发展的构成和指标体系；分析义务教育优质均衡发展的基本原则；提出义务教育优质均衡发展的基本策略；等等。

#### （一）义务教育优质均衡发展的基本内涵

“优质均衡”作为一个整体概念和学术话语被论述是最近几年的事情，相对而言，其作为政策话语较之作为学术话语可能略为提前。目前，国内学界对义务教育优质均衡发展的基本内涵有四种观点。

一是资源均衡论。陈学军是资源均衡论的代表人物。陈学军认为，优质均衡并不

意味着“资源均衡”向“质量均衡”的转变，合理配置资源仍然是义务教育优质均衡发展的核心任务。“均衡发展”向“优质均衡发展”的转变，不能简单地看成“资源均衡”向“内涵发展”的转变，更合理的思路是先由“资源配置失衡”向“资源配置基本均衡”转变，再由“资源配置基本均衡”向“资源优质均衡”转变。[①]

二是质量均衡论。冯建军、吕寿伟和李坤等是质量均衡论的代表人物。冯建军认为，我国义务教育发展大致可以分为三个阶段：义务教育全面普及、义务教育资源实现区域内“初步均衡”、走向以质量为核心的义务教育优质均衡发展。优质均衡发展的前提是资源均衡，核心是优质，其中“优质”不是指向教育资源，而是指向教育质量。在这个意义上，优质教育均衡是指作为结果的教育质量的均衡。[②]他同时认为，优质均衡就是要改善“优质不均衡”和“均衡不优质”的不良状况，满足人民群众对优质教育的需求，保证优质教育需求与优质教育供给的相对均衡。[③]吕寿伟指出，优质均衡依然是均衡，但它是均衡发展的高级阶段。优质均衡是指教育质量均衡，是“区域内”的教育质量均衡，它追求的是不同学校之间的质量均衡，但要极力避免同质化的发展。[④]李坤等认为，优质均衡的前提是机会均等+资源均衡，其基本内涵是均衡+优质，即优质和均衡的结合，均衡是前提，优质是关键，其核心是教育质量均衡。义务教育优质均衡是教育均衡的高级阶段，以义务教育资源均衡为前提，又不等同于资源配置均衡。[⑤]王维秋指出，义务教育优质均衡发展是以机会均等为前提，将一定范围内义务教育发展（经费投入、办学条件、人力资源）的差距控制在合理区间，使其达到相近水平，并在保证教育过程公平的基础上，使所有的学校都能够逐步办成高水平的学校，让所有适龄儿童和少年都能平等地接受高质量的教育，实现教育结果的公平。义务教育优质均衡发展是在资源均衡的基础上实现质量的优质，其价值取向是均衡、优质、特色、共性。[⑥]武秀霞指出，在优质均衡发展中，“优质”不是指向教育资源，而是指向教育质量。它是指作为结果的教育质量的均衡，是一种内涵式的均衡发展。[⑦]陈海东认为，教育优质均衡发展的内涵就是在教育机会均等与教育质量提升并重的前提下提升教育质量，能够让处于不同层次和不同群体

① 陈学军. 义务教育优质均衡发展究竟是什么?[J]. 教育发展研究，2012(22)：10-14，30.

② 冯建军. 义务教育优质均衡发展的理论研究[J]. 全球教育展望，2013(01)：61，84-94.

③ 冯建军. 优质均衡：义务教育均衡发展的新目标[J]. 教育发展研究，2011(06)：1-5.

④ 吕寿伟. 从均衡到优质均衡：义务教育均衡发展目标的转换[J]. 教育导刊，2011(12)：5-8.

⑤ 李坤，李芳. 对义务教育优质均衡发展的解读[J]. 现代教育论丛，2011(Z1)：10-15.

⑥ 王维秋. 江苏省义务教育优质均衡发展初探——基于泰州方言区的调查研究[D]. 南京师范大学，2012.

⑦ 武秀霞. 从权利平等到优质均衡——我国教育公平取向之演变[J]. 教育学术月刊，2012(05)：7-10，71.

中的儿童平等地接受优质教育，从而保证教育公平的实现。①

三是资源均衡论+质量均衡论。邵光华等学者是资源均衡论+质量均衡论的典型代表人物。他们认为，“优质均衡”是“促进教育公平”和“提高教育质量”两种教育价值取向在概念上的统一和整合，“优质”（提供更加丰富的优质教育）和“均衡”（形成惠及全民的公平教育）之间不是取舍关系，而是动态互动基础上的整合关系。②封颖玮指出，教育优质均衡发展就是使各类学校在办学经费投入、硬件设施、师资调配、办学水平和教育质量等方面大体上处于一种比较均衡的状态。③黄红敏等指出，义务教育优质均衡发展的内涵尤为丰富，它不仅涉及教育机会的均等和教育条件层面的均衡问题，还涉及教育资源的均衡和教育质量的均衡等教育内涵层面的均衡问题。④

四是特色发展论或差异性发展论。王惠颖、吴亮奎等是特色发展或差异性发展论的代表性人物。王惠颖认为，优质均衡是在资源配置的基础上强调挖掘学校潜力，实现学校特色发展和内涵式发展、促进教育质量提升的高级均衡。特色发展是义务教育优质均衡发展的根本要求。⑤吴亮奎指出，均衡不否认差异，差异与均衡不是相互矛盾的，而是在认同差异的基础上形成整体协同发展。差异与均衡是从不同的角度来解释学校的均衡发展。差异是就教育过程而言的，优质是就教育结果而言的。从结果来看，均衡发展定位于学校全面育人目标的实现，只有尊重学校间的差异，倡导学校间有差异地发展，才能准确地理解优质均衡发展的本质。⑥冯建军认为，优质均衡就是保留差异、尊重差异的均衡。⑦

### （二）义务教育优质均衡发展的构成和指标体系

关于义务教育优质均衡发展的构成和指标体系，已有研究主要聚焦于以下三个问题：其一，义务教育优质均衡发展具体由哪几个方面构成？其二，从哪些方面量化义务教育发展的优质和均衡？其三，运用什么方法测量义务教育优质均衡发展？

关于义务教育优质均衡发展的构成研究，代表性的人物有冯建军、王一军和

① 陈海东. 信息技术促进教育优质均衡发展：内涵、案例与对策[J]. 中国电化教育，2010(12)：35-38.

② 邵光华，仲建维，郑东辉，等. 基础教育优质均衡发展研究[M]. 杭州：浙江大学出版社，2011.

③ 封颖玮. 信息技术在教育优质均衡发展中的促进作用[J]. 中国信息技术教育，2014(16)：55.

④ 黄红敏，黄国洪. 欠发达地区跨越“数字鸿沟”促义务教育均衡发展的探索——以肇庆市的“联动模式”为例[J]. 中国电化教育，2010(10)：40-44.

⑤ 王惠颖. 特色发展：基础教育优质均衡发展的根本[J]. 教育科学研究，2012(08)：15-19.

⑥ 吴亮奎. 基础教育优质均衡发展的差异性解释[J]. 中小学教师培训，2013(05)：58-61.

⑦ 冯建军. 义务教育优质均衡发展的理论研究[J]. 全球教育展望，2013(01)：61，84-94.

李坤等，他们均持质量均衡论的观点。冯建军指出，义务教育优质均衡发展的核心是教育质量均衡，但它不是仅指教育结果均衡，这种均衡包含在整个服务过程中，体现在教育输入的质量均衡、教育过程的质量均衡和教育结果的质量均衡三个方面，其中教育输入的质量均衡主要侧重于教育的“软件”，教育过程的质量均衡主要包括教学质量、德育质量和管理质量的均衡，教育结果的质量均衡包括人才培养质量和满足社会的教育成就的均衡。[①]王一军认为，义务教育优质均衡发展的核心是教育质量均衡，但是就教育输入来说，义务教育优质均衡发展要以民主与科学思想为指导，要用素质教育文化规范学校教育实践，努力实现公共性与个性化的教育资源互补。就教育过程要素来说，义务教育阶段学校主动发展、课程计划实施、教学过程优化、学生积极学习、教师工作专业、管理制度及安全等是观测教育质量的重要内容。就教育结果而言，优质发展的义务教育最终表现为学校整体能力提升、学生学业成就满意、教师教学绩效优良、社会认同程度较高。[②]李坤等指出，教育质量均衡是全面的、整体的均衡，不仅关注教育结果的质量均衡，同时关注教育输入和过程的质量均衡。教育输入的质量，除了校舍、生均经费、图书资料、仪器设备等“硬件”资源，还应当包括学校的办学理念、文化传统、教育目标、师资水平、生源素质等“软件”资源。教育过程的质量均衡，包括教学、管理、课程、考试、学校文化等各个方面，其中最重要的是教学活动和管理活动的均衡。教育结果的质量均衡主要考察的是人们对学生的知识、技能、身心、品德等方面的发展是否满意及满意度如何。[③]也就是说，每个人是否获得了最大限度的发展，是否接受了最合适的教育，是否实现了个性发展和能力提升。

关于义务教育优质均衡发展的指标体系的研究，在目前的官方文件中，系统阐释这一指标体系的是江苏省[④]，其主要指标包括普及巩固与机会均等、规划布局与办学条件、师资配备与教师素质、素质教育与学生发展和教育管理与经费保障 5 个方面、30 个评价要点。其评价偏重于定性评价，且侧重于目标描述与政策指导，不能用于对教育均衡发展的定量测度，尤其是缺少度量城乡差异、地区差异、校际差异的指标，难以对教育优质均衡发展过程中存在的核心问题进行精确的测度。

姚继军提出的义务教育优质均衡发展指标，主要包括基础教育入学机会优质均衡指数、优质基础教育资源均衡配置指数、地区间基础教育优质均衡发展指数、城

① 冯建军. 义务教育优质均衡发展的理论研究[J]. 全球教育展望，2013(01)：61，84-94.

② 王一军. 优质均衡发展：义务教育现代化的质量范型[J]. 教育发展研究，2012(22)：1-9.

③ 李坤，李芳. 对义务教育优质均衡发展的解读[J]. 现代教育论丛，2011(Z1)：10-15.

④ 江苏省人民政府办公厅. 省政府办公厅关于转发省教育厅江苏省县(市、区)义务教育优质均衡发展主要指标的通知[EB/OL]. (2012-03-15) [2024-03-01]. https://www.jiangsu.gov.cn/art/2012/3/15/art_46144_2544955.html.

乡间基础教育优质均衡发展指数、学校间优质均衡发展指数 5 个一级指标，基础教育入学率等 16 个二级指标，以及学生入园率等 48 个三级指标。[①]叶春生等认为，县域义务教育优质均衡发展评估指标体系主要从以下几个维度进行建构：教育机会均衡、资源配置均衡、教育结果均衡、教育投入均衡和教育公共服务均衡。县域义务教育优质均衡发展评估指标体系的核心要素包括提高社会满意度，提高社会支持力；强化现代化办学标准，提高资源配置力；强化科学质量观，提高内涵发展力；强化政府法定责任，提高体制机制保障力。义务教育优质均衡发展评价的着力点包括深刻理解“义务教育”的内涵，在落实政府责任上下更大功夫；始终坚持“均衡”的方向，在缩小办学差距上下更大工夫；强化科学质量观，提高内涵发展力；不断增强“改革”的意识，在体制机制创新上下更大工夫。[②]

### （三）义务教育优质均衡发展的基本原则

冯建军认为，优质均衡是合格的底线均衡和差异的特色均衡的统一。在这个意义上，优质均衡既是一种基于特色的底线均衡，又是一种基于底线的特色均衡、差异均衡。标准+个性是义务教育优质均衡发展的基本要求。[③]李坤等指出了义务教育优质均衡发展的原则：其一，底线合格+内涵发展，也就是在底线合格的前提下实现内涵发展；其二，差异均衡+特色发展，也就是在底线合格的基础上实行差异教育、特色教育。他们还指出，优质均衡发展不是削峰填谷，而是造峰填谷；优质均衡发展不是平均主义，而是差异发展；优质均衡发展不是短期、局部发展，而是长期、整体发展。[④]

### （四）义务教育优质均衡发展的基本策略

已有研究主要从转变义务教育发展方式、进行质量监测、优化资源配置和建立健全普惠机制和长效机制等方面，提出了义务教育优质均衡发展的基本策略，希望对解决目前义务教育欠优质、均衡问题有所帮助。王一军、王惠颖、喻小琴、冯建军等的观点比较有代表性。

王一军指出，应制定以素质教育理念为核心的基础教育质量指标体系，建立

① 姚继军. 省域义务教育优质均衡发展量化测度指标体系的构建——以江苏省为例[J]. 教育发展研究，2012（22）：15-19.

② 叶春生，史根林，邱白丽. 义务教育优质均衡发展：江苏县域评估指标体系的主体架构及核心要素分析[J]. 江苏教育研究，2013（10）：6-10.

③ 冯建军. 优质均衡：义务教育均衡发展的新目标[J]. 教育发展研究，2011（06）：1-5.

④ 李坤，李芳. 对义务教育优质均衡发展的解读[J]. 现代教育论丛，2011（Z1）：10-15.

以教育质量分析为目的的义务教育质量监测体系，健全以优化教育过程为宗旨的基础教育质量督导与评价体系，形成以咨询服务、科学研究为内容的义务教育质量专业支持制度。[①]王惠颖主要从特色发展的角度出发，认为义务教育优质均衡的核心是特色发展，其发展路径包括特色文化建设、特色教学建设、特色课程建设、特色管理建设等。[②]喻小琴提出，在学校办学上，探索以“促农改薄”为重点推进义务教育优质均衡发展全面展开的实践路径；在学生受教育机会上，努力确保每一位学生都享受到优质均等的教育，凸显对弱势群体学生特别关照的教育公平的理念；在课堂教学上，关注课程文化的打造与教学质量监测体系的完成，实现义务教育从数量扩大、规模扩张向质量提升、内涵发展的转型；在教师资源配置上，实现优质基础上的均衡发展，促进区域教师人力资源管理规划与教师合理流动、优质教师资源共享。[③]冯建军建议，一是实现义务教育发展方式的转变。义务教育优质均衡发展的核心是从资源配置转向质量提升，其发展方式必须从量的扩张向质的提升转变，从外延式发展向内涵式发展转变，从被动发展向自主发展转变，从同质性要求向多元特色发展转变。二是建立义务教育国家质量标准，进行质量监测和实施问责制。三是为学生提供多样化的发展空间和机会，促进学生的个性发展。四是以学校为主体，促进学校的转型性变革。[④]何小琴则从六个方面提出建议：加大统筹力度，科学谋划义务教育优质均衡发展；优化资源配置，解决义务教育优质均衡发展难题（完善学校布局规划、推进学校标准化建设、扩大优质资源共享、实施薄弱学校提升工程、推进教育信息化建设）；抓住质量核心，不断满足人民群众学有所优的需求；坚持以人为本，不断健全完善师资均衡发展机制（动态调整教师编制、规范人事管理制度、推进教师专业发展）；推动服务均等，建立健全义务教育普惠机制（保障外来人员子女入学、加强农村教师队伍建设、规范学校入学招生管理）；完善督导考核，建立健全优质均衡发展长效机制（建立考核体系、强化责任机制、加强教育督导）。[⑤]

## 二、关于信息化促进义务教育优质均衡发展的研究

国内学者的研究内容主要包括信息技术在促进义务教育优质均衡发展中的作

① 王一军. 优质均衡发展：义务教育现代化的质量范型[J]. 教育发展研究，2012(22)：1-9.

② 王惠颖. 特色发展：基础教育优质均衡发展的根本[J]. 教育科学研究，2012(08)：15-19.

③ 喻小琴. 江苏义务教育优质均衡发展现状研究——基于示范区政策文本的分析[J]. 教育发展研究，2012(22)：20-24.

④ 冯建军. 义务教育优质均衡发展的理论研究[J]. 全球教育展望，2013(01)：61，84-94.

⑤ 何小琴. 杭州率先推进义务教育优质均衡发展[J]. 政策瞭望，2014(05)：47-49.

用、信息化促进义务教育优质均衡发展的基本策略等方面。

### （一）信息技术在促进义务教育优质均衡发展中的作用

就义务教育均衡发展来说，封颖玮认为，利用信息技术可以达到缩小差距、均衡资源、丰富内涵、提升质量、促进学校优质均衡发展等目的。[①]彭红光等指出，由于无时空和主体限制，信息技术是实现教育资源共享、促进义务教育均衡发展、实现教育公平的理想选择。[②]高铁刚认为，信息技术的教育应用与其他工具、手段的协调应用是教育均衡发展的必然选择。同时，由于教育均衡发展是多层面共同作用的复合体，信息技术在不同层面上需要发挥不同的作用。[③]

就义务教育优质均衡发展而言，何克抗认为，教育信息化是实现义务教育优质均衡发展的必由之路。现代教育技术是促进教育均衡发展的有效途径——通过信息化的教育媒体及数字化的教学资源，可以在发达地区和农村地区、经济欠发达地区的学校之间搭建沟通的桥梁；通过远程教育开展优质教育资源共享，以及农村地区教师专业化提升等方面的有效落实，可以极大地推动农村地区、经济欠发达地区教育的发展，并大幅提升农村地区的教育教学质量，从而实现质量导向、内涵导向、各具特色的教育均衡发展。[④]陈海东认为，信息技术促进义务教育优质均衡的作用主要体现在三个方面：优质教育资源的可获得性大大增加；信息技术为教育远程培训提供了可能性；信息技术促进了分布式学习组织的形成与聚合。[⑤]李良等指出，在科技进步赋予现代化教育全新内涵的今天，信息技术以高效、便捷、共享的优势，不仅为教育资源共享和均衡配置提供了有效的途径，也为个性化教育、多样化教育的实施提供了理想的环境，成为促进教育优质均衡发展最理想、最现实的原动力。服务于高位优质均衡的教育信息化，其核心在于应用，应用的广度、深度、效度构成了衡量信息化促进义务教育优质均衡发展服务效益的所在。[⑥]李艳等认为，国际经验表明，信息与通信技术（information and communication technology，ICT）是促进区域教育发展和优质教育资源共享的理

① 封颖玮. 信息技术在教育优质均衡发展中的促进作用[J]. 中国信息技术教育，2014(16)：55.

② 彭红光，林君芬. 以信息化促进义务教育均衡发展的机制和策略[J]. 中国电化教育，2010(10)：33-39.

③ 高铁刚. 信息技术提升教育均衡发展的机制与方法研究[J]. 中国电化教育，2014(01)：22-28.

④ 何克抗. 推进义务教育优质均衡发展的新思路[J]. 基础教育参考，2010(07)：1.

⑤ 陈海东. 信息技术促进教育优质均衡发展：内涵、案例与对策[J]. 中国电化教育，2010(12)：35-38.

⑥ 李良，刘智昂. 发达地区以信息化应用一体化促义务教育高位优质均衡发展的探索——以广东省中山市为例[J]. 中国电化教育，2010(10)：45-48.

想工具。[①]目前，在全世界范围内，各个国家和地区教育主管部门想方设法加大对各类学校信息化建设的投入，尤其是对薄弱学校的投入。区域教育主管部门尝试加大对所辖区域内学校的计算机、网络等硬件方面的投入，将优质教育资源放在网上，实现区域内优质教育资源的共享。

### （二）信息化促进义务教育优质均衡发展的基本策略

彭红光等建议，以教育教学资源共建共享为核心，推进城乡教育资源服务一体化；以网络专网“校校通”为重点，推进教育网络一体化；以推进多媒体教学进班为重点，实现城乡学校信息化建设标准化；以“送培训下乡”为重点，促进城乡教师信息化教学能力均衡化。[②]他们同时指出，从均衡发展的视角来看，教育信息化迫切需要解决的制度性和政策性问题如下：一是建立教育信息化长效投入机制；二是将教育信息化纳入义务教育工作全局并建立监督机制；三是加强中小学校信息化标准建设。黄红敏等建议，一是内外联动，建设促进均衡发展的制度环境，主要包括建立市、县统筹规划机制，促进专业人才队伍培养制度化，建立多渠道投入机制，健全组织协调机制；二是上下联动，促进优质教育教学资源均衡配置，主要包括建设公用资源库、地方资源库等；三是点面联动，推动教育信息化应用均衡化，主要包括课题研究、骨干教师培养和应用普及等；四是城乡联动，跨越城乡教育的数字鸿沟，主要包括建设“基础教育专网”“移动电脑室”“农村中小学远程互助教室”等。[③]陈海东认为，我国信息技术促进义务教育优质均衡发展的对策包括：一是利用系统化的方式提升教学质量；二是利用信息化手段实现优质义务教育资源的共建共享和更大面积的覆盖；三是利用信息技术促进教育理念与方法的革新。[④]秦小平认为，优质资源共享是课堂教学的直接推力，现代远程教育是教师专业发展的有力支撑，e-learning（数字化学习）是学生个性化学习的新途径，虚拟教育社区是教育文化发展的新阵地。[⑤]

封颖玮指出，将各种信息技术融入教育之中，可以有效地促进义务教育优质均衡发展。因此，要加大扶持力度，促进义务教育整体水平的长期稳定提高；要

① 李艳，董明杰，董榕. 以教育信息化促进教育均衡发展——宁波市江东区的实践与思考[M]. 济南：山东教育出版社，2010.

② 彭红光，林君芬. 以信息化促进义务教育均衡发展的机制和策略[J]. 中国电化教育，2010(10)：33-39.

③ 黄红敏，黄国洪. 欠发达地区跨越“数字鸿沟”促义务教育均衡发展的探索——以肇庆市的“联动模式”为例[J]. 中国电化教育，2010(10)：40-44.

④ 陈海东. 信息技术促进教育优质均衡发展：内涵、案例与对策[J]. 中国电化教育，2010(12)：35-38.

⑤ 秦小平. 信息技术：义务教育优质均衡发展的助推器[J]. 江苏教育研究，2012(13)：23-25.

开发远程教育课程，实现优质教育资源共享；要加强强弱联合，实现教育发展均衡。[①]邓云峰则指出，应构建政府主导的工作推进机制，构建多方参与的设施建设机制，构建以应用驱动的资源共享机制；同时，应致力于实现“三个延伸”，推动教育实现更高质量、更高水平的普及，具体包括推动教育信息技术向包括幼儿园在内的各级各类学校延伸，推动教育信息技术向社区教育、终身教育延伸，推动教育信息技术向教育教学、教育管理等各领域延伸。他同时建议，共同推动全球范围内的在线课程资源建设，共同推进教育信息技术应用领域的试点和创新，以校际联盟、区域间和国家间合作的形式，共同研究有关信息技术与教育融合的前沿性课题和方法，并在实践领域积极探索。[②]高兴福建议，充分利用信息化手段，助推课程有效实施；借助教育信息化，力促教师专业发展；推广“跨越式”实验，促进县域教育优质发展。[③]

## 三、对已有研究的简要述评

从已有的研究可以看出，学者从不同的角度，运用多种研究方法对义务教育优质均衡发展的内涵、构成、指标体系以及信息化在义务教育优质均衡发展中的作用及实施策略等方面进行了较为深入的研究。这些研究结合我国的国情，分析了信息化促进义务教育优质均衡发展的作用，提出了利用信息技术促进义务教育优质均衡发展的策略，为本书研究的顺利开展奠定了良好的基础。但是，已有研究还是存在一些不足。

其一，概念界定欠清晰。义务教育优质均衡发展的基本内涵是什么？它和义务教育公平和义务教育质量究竟存在什么关系？义务教育均衡发展和义务教育优质均衡发展有何异同？已有研究对义务教育优质均衡发展概念的界定欠清晰，其内涵和外延阐释不够具体，使得我们对义务教育优质均衡发展的作用、意义和重要性认识不足。

其二，实证研究不足。已有研究很少对当前利用信息化手段促进义务教育优质均衡发展的现状进行实证调查，使得我们对当前信息化促进义务教育均衡发展取得的初步成效和存在的主要问题了解不全面。

其三，政策建议在某种程度上缺乏足够的理论支撑。已有研究关于信息化促进义务教育优质均衡发展的政策建议大多泛泛而谈，很少有研究站在理论的高度，在深度挖掘理论支撑体系的基础上，结合当前信息化促进义务教育优质均衡

① 封颖玮. 信息技术在教育优质均衡发展中的促进作用[J]. 中国信息技术教育，2014(16)：55.

② 邓云峰. 以教育信息化为引领 促进教育优质均衡发展[J]. 世界教育信息，2015(15)：47-48.

③ 高兴福. 依托教育信息化促进县域教育优质均衡发展[J]. 中小学信息技术教育，2014(05)：76-77.

发展的典型案例，提出既符合当前实际又面向未来的、具有前瞻性的政策建议。

## 第三节 研究意义和研究方法

### 一、研究意义

2010 年，《国家中长期教育改革和发展规划纲要（2010—2020 年）》将促进教育公平和提高教育质量作为今后教育改革发展的核心任务，实质上就是促进教育优质均衡发展。该文件同时指出，信息技术对教育具有革命性影响，必须予以高度重视。因此，从教育信息化的视角研究信息化促进义务教育优质均衡发展的作用机理和实施策略，具有重要的理论和实践意义。

#### （一）理论意义

本书研究立足于信息化促进义务教育优质均衡发展的战略高度，有助于拓宽义务教育均衡发展的思路。本书认为优质均衡发展是“促进教育公平”和“提高教育质量”两种价值取向的统一和整合，契合了当今世界普遍认定的两大教育发展主题。运用教育公平理论和知识沟理论阐释信息化，可以缩小数字鸿沟，优化教育环境，均衡教育资源配置，保证教育机会均等，实现义务教育公平，为促进义务教育优质均衡发展奠定理论基础；运用协同学理论和复杂性科学理论论证信息化，对于促进区域内义务教育统筹发展和实现教育质量均衡具有重要意义，为促进义务教育优质均衡发展提供了理论依据。

#### （二）实践意义

本书研究的实践意义包括：其一，拟从教育信息化的视角探讨促进义务教育优质均衡发展，对于顺利实现党的十八届三中全会、党的十九大、党的二十大提出的教育发展战略目标，具有重要的现实价值；其二，全面考察信息化促进区域内义务教育优质均衡发展的现状和存在的主要问题，探寻典型的经验和有代表性的个案，为实现区域内义务教育优质均衡发展提供决策参考；其三，提出动态调控教育信息资源建设经费和教育信息化建设经费比例，通过市场竞争提升教育信息资源质量和配置效益；其四，建设区域内共建共享、区域间互换共享模式，通过信息技术实现教育资源均等化和教育输入质量均衡；其五，利用信息技术优化学校管理、教与学的意识以及学生的习惯和能力，实现质量导向、内涵导向和特色导向的优质均衡发展，保证义务教育过程质量均衡；其六，促进信息化与教学内容、教学手段、教学方法和教学模式的深度融合，保证学生全面优质发展的教育结果质量均衡。

## 二、研究方法

研究方法是指一项研究的具体研究过程（研究设计、研究对象的选取、数据采集、调查方式等）以及在研究过程中采取的研究分析工具。[①]任何一项研究必须借助研究方法来达到研究目的。信息化促进义务教育优质均衡发展研究是一项复杂的工作，研究内容涉及很多方面，包括教育信息化与义务教育优质均衡发展的关系、教育信息化与义务教育资源优化配置、教育信息化与义务教育教师资源优化配置、教育信息化与教育质量公平、教育信息化与学生全面发展等。因此，信息化促进义务教育优质均衡发展的研究，是多种研究方法综合运用的过程。正如马歇尔（Marshall）和罗斯曼（Rossman）认为的，应根据过程中的问题的特点和资料的需要，灵活采用不同的研究方法或同时采用多种方法进行研究，从而使其取长补短，较好地达到研究的目的。[②]

### （一）文献研究法

文献是记录知识的一种载体，即以载体形式传递知识。口耳相传、实物传递则是非载体的形式。文献是记载人类知识的最重要的手段，是传递、交流研究成果的重要渠道和形式。[③]文献研究最大的特征是不接触研究对象，它主要利用二手资料进行研究，因而具有很明显的间接性、无干扰性和无反应性。文献研究在教育研究中的作用有以下几个方面：一是全面正确地掌握所要研究问题的情况，帮助研究人员确定研究方向。文献资料提供科研选题的依据，通过查阅有关文献、搜集现有的与这一特定研究领域有关的信息，对所要研究的问题做系统的评判性分析。二是为教育研究提供科学的论证依据和研究方法。三是避免重复劳动，提高科学研究的效益。[④]根据文献具体形式和来源不同，可以将其分为个人文献、官方文献及大众传播媒介；根据研究的具体方法和所用文献类型的不同，可以将其分为内容分析、二次分析和现存统计资料分析等。本书研究主要采用的是官方文献和大众传媒中的现存统计资料分析，查阅近年来国内外信息化促进义

① 艾尔·巴比. 社会研究方法(第8版·下)[M]. 邱泽奇，译. 北京：华夏出版社，2000.

② 转引自王宝玺. 复杂科学视角下的教育科学研究方法[J]. 外国中小学教育，2002(01)：26-30.

③ 裴娣娜. 教育研究方法导论[M]. 合肥：安徽教育出版社，1995.

④ 裴娣娜. 教育研究方法导论[M]. 合肥：安徽教育出版社，1995.

务教育优质均衡发展的研究成果，可以全面了解教育改革的基本情况。

### （二）历史研究法

历史研究涉及对过去发生事件的了解和解释。历史研究的目的在于对以往事件的原因、结果或趋向进行研究，有助于解释目前的事件和预测未来的事件。对历史资料的掌握，有助于全面地了解事件的真相和预测事件未来的发展趋势。历史研究法正是借助对相关社会历史过程的史料进行分析、破译和整理，以认识研究对象的过去、研究现在和预测未来的一种研究方法。[①]历史研究法是社会科学研究的重要方法，尤其是在对宏大社会现象进行研究或者历史性考察时，历史研究法是不可缺少的。恩格斯指出，即使只是在一个单独的历史实例上发展维护主义的观点，也是一项要求多年冷静钻研的科学工作，因为很明显，在这里说空话是无济于事的，只有靠大量的、批判地审查过的、充分地掌握的历史资料，才能完成这样的任务。[②]教育科学中的历史研究法，顾名思义，是以历史研究法来研究教育科学，通过搜集某种教育现象发生、发展和演变的历史事实，加以系统、客观的分析研究，从而揭示其发展规律的一种研究方法。本书运用历史研究法，对我国教育信息化的政策进行系统回顾，可以全面地了解教育信息化发展的历史脉络，也可以深入了解信息化促进义务教育优质均衡发展的历史背景，还可以预测信息化促进义务教育优质均衡发展的未来发展趋势。

### （三）比较研究法

比较是根据一定的标准，把彼此有某些联系的事物放在一起考察，寻找异同，以把握研究对象的质的规定性。比较研究是确定对象间异同的一种逻辑思维方法，也是一种具体的研究方法。[③]比较研究的本质在于，从事物的相互联系和差异的比较中观察事物、认识事物，从而探索规律。比较，也是一种认识。正如爱因斯坦指出的，知识不能单从经验中得出，而只能从理智发明同观察的事实两者的比较中得出。[④]本书运用比较研究法，通过分析国外信息化促进义务教育优质均衡发展的典型经验，了解不同国家信息化促进义务教育优质均衡发展的经验和教训，分析其对我国正在进行的教育信息化改革的启示。

---

① 裴娣娜. 教育研究方法导论[M]. 合肥：安徽教育出版社，1995.

② 中共中央马克思恩格斯列宁斯大林著作编译局. 马克思恩格斯选集（第 2 卷）[M]. 北京：人民出版社，2009.

③ 裴娣娜. 教育研究方法导论[M]. 合肥：安徽教育出版社，1995.

④ 爱因斯坦. 爱因斯坦文集（第 1 卷）[M]. 许良英，范岱年，编译. 北京：商务印书馆，1976.

# 第二章　教育信息化与义务教育优质均衡发展概述

信息技术对教育具有革命性影响，必须予以高度重视。为了进一步巩固义务教育基本均衡发展成果，引导各地的义务教育均衡发展向着更高水平推进，全面提高义务教育质量，2017 年，教育部出台了《县域义务教育优质均衡发展督导评估办法》，其中就有不少教育信息化指标。那么，什么是教育信息化？什么是义务教育优质均衡发展？教育信息化与义务教育优质均衡发展有何关系？在义务教育优质均衡发展过程中，如何定位教育信息化的角色？教育信息化对于促进义务教育优质均衡发展有何作用？上述问题的回答，对于深入贯彻党的十八届三中全会、党的十九大和党的二十大精神，以及全面贯彻落实《国家中长期教育改革和发展规划纲要（2010—2020 年）》的精神具有重要的现实意义。

## 第一节　基本内涵和特征

教育信息化和义务教育优质均衡发展是两个不同的范畴，要分析二者之间的关系，首先要了解教育信息化与义务教育优质均衡发展的内涵和基本特征。

### 一、教育信息化

#### （一）教育信息化的基本内涵

信息技术是一个较为宽泛的概念。一般来说，凡是涉及信息产生、获取、检测、识别、变换、传递、处理、存储、演示、控制、利用和反馈等与信息活动有关的，以增强人类信息功能为目的的技术，都可以称为信息技术。[①]“信息化”一词最早出现在日本。1967 年，日本学者参照“工业化”一词提出了“信息化”的概念，意指有目的地推进和使用信息与技术。[②]信息化是一个长期持续的过程。1997 年召开的全国信息化会议指出，信息化是培育、发展以智能化工具为代表的新的生产力并使之造福于社会的历史过程。2006 年，《2006—2020 年国家信息化发展战略》中又进一步指出：“信息化是充分利用信息技术，开发利用信息资源，促进信息交流和知识共享，提高经济增长质量，推动经济社会发展转型的历史进程。”

教育信息化的概念是 20 世纪 90 年代伴随美国信息高速公路的兴建而提出的。1993 年，美国提出“国家信息基础设施”（National Information Infrastructure，NII）计划，其核心是发展以互联网为核心的综合化信息服务体系和推进信息技术在社会各领域的广泛应用，特别是要把信息技术教育应用作为实施面向 21 世纪教育改革的重要途径。1994 年，美国又提出了“全球信息基础设施”（Global Information Infrastructure，GII）计划。[③]美国的这一举动引起了世界各国的积极反应，许多国家纷纷制定了本国的教育信息化计划。可见，教育信息化的概念从一开始就和信息技术保持着密切的联系。在我国，1999 年，《中共中央 国务院关于深化教育改革，全面推进素质教育的决定》指出，要“大力提高教育技术手段的现代化水平和教育信息化程度”，这是我国政府文件中首次提出教育信息化的概念。但是，西方国家的文献却极少出现“信息化”“教育信息化”等概念，更多的是电子化教育（E-education）、基于网络的教育（network-based education）、赛博教育（Cyber education）、虚拟教育（virtual education）等。可以说，“教育信息化”一词蕴含着东方语言的思维，西方国家通常将其称为电子教育、信息化教育、信息化学习或者电子学习。[④]

那么，究竟什么是教育信息化呢？目前国内学界对这一术语的界定不一，概括起来，主要有三种观点：其一，在宏观层面上，教育信息化强调将信息技术作为促进适应信息社会对人才培养需求而进行的学校教育变革的推动力量，是现代学校教育体系的重要体现。例如，黄荣怀等认为，教育信息化是在教育领域全面

① 张豪锋，张水潮，等. 教育信息化与教师专业发展[M]. 北京：科学出版社，2008.

② “教育信息化建设与应用研究”课题组. 我国教育信息化建设与应用专题研究报告[M]. 北京：高等教育出版社，2010.

③ 汪基德，宫火良，毛春华，等. 教育信息化与学生心理素质教育[M]. 北京：科学出版社，2009.

④ 规划编制专家组.《教育信息化十年发展规划（2011—2020 年）》解读[M]. 北京：人民教育出版社，2012.

深入地运用现代化信息技术促进教育改革和教育发展的过程，其结果必然是形成一种全新的教育形态——信息化教育。[①]其二，在中观层面上，教育信息化不仅关注信息技术对学校教育改革的推动作用，也指出了信息的应用方式，即强调现代信息技术在学校教育中的应用。例如，何克抗认为，教育信息化是信息与信息技术在教育、教学领域和教育、教学部门的普遍应用与推广。[②]赵国栋认为，教育信息化是将信息技术充分整合并应用到教育系统之中，在一定程度上实现教育教学、组织管理、校园生活服务等活动的数字化、网络化、虚拟化，从而提高教育的质量和效率，并形成适应信息社会要求的新型教育模式 。[③]其三，在微观层面上，教育信息化主要强调将信息技术视为学校课程与教学改革的工具，并以此来促进学生的信息素养及各项能力发展，关注信息技术在课堂教学中的应用。

也有学者将教育信息化分为两类：一类是突出教育信息化的过程，将教育信息化定义为实现教育现代化的过程或者系统工程。例如，南国农指出，所谓教育信息化是指在教育中普遍运用现代信息技术开发教育资源，优化教育过程，以培养和提高学生的信息素养，促进教育现代化的过程。[④]黎加厚指出，教育信息化是以现代信息技术为基础的新教育体系，包括教育观念、教育组织、教育内容、教育模式、教育技术、教育评价、教育环境等一系列的改革和变化。教育信息化并不简单地等同于计算机化或网络化，而是一项关系到整个教育改革和教育现代化的系统工程。[⑤]他不仅强调信息技术对于教育变革的结果，更强调了教育信息化的过程性。李克东指出，教育信息化是指在教育与教学领域的各个方面，在先进的教育思想的指导下，积极应用信息技术，深入开发、广泛应用信息资源，培养适应信息社会要求的创新人才，加速实现教育现代化的系统工程。[⑥]另一类突出教育信息化的结果，强调教育信息化的最终目标是实现教育现代化。例如，陈小鹰等认为教育信息化就是指在教育与教学中，开发并应用信息技术和信息资源，营造信息社会需要的教育环境。[⑦]吕耀怀认为教育信息化主要是指在教育领域通过广泛运用信息技术，特别是利用互联网，在教学内容、教学方式、教学手

① 黄荣怀，江新，张进宝. 创新与变革：教育信息化的核心价值[M]. 北京：科学出版社，2007.

② 何克抗. 迎接教育信息化发展新阶段的挑战[J]. 中国电化教育，2006(08)：5-11.

③ 赵国栋. 教育信息化国际比较研究[M]. 南京：江苏教育出版社，2008.

④ 南国农. 教育信息化建设的几个理论和实际问题(上)[J]. 电化教育研究，2002(11)：3-6.

⑤ 刘德亮. 黎加厚博士谈教育信息化[J]. 中国电化教育，2002(01)：5-8.

⑥ 李克东. 教育信息化与基础教育改革[J]. 广西教育，2004(17)：20-22.

⑦ 陈小鹰，王建民. 教育信息化的发展与我们的任务[J]. 南京师大学报(自然科学版)，2002(S1)：25-27.

段、教学组织形式等方面进行不同于传统教育的全面变革。①

总的来说，教育信息化正在信息技术快速进步与学校教育改革的进行中逐步深化，其内涵也在不断发生变化。可见，教育信息化不仅仅关系到现代技术手段的应用问题，更重要的是关系到教育思想、教育观念、教育模式和教学方式的根本转变。而且，教育信息化不是一种“全或无”的两极状态，而是一个渐进的发展过程；教育信息化不是一种静态的状态，而是一个运用信息技术优化教育，以促进教学变革为目标，以培养创新型人才与创建学习型社会为核心的动态、系统的过程。②

教育信息化和信息化教育有着一定的联系，却又存在本质的区别。信息化教育和教育信息化是同一件事情（实现现代信息技术与教育的整合），是在不同发展阶段的不同称谓。教育信息化是信息技术应用于教育过程中要做的一件事情，是信息技术在教育中的应用与推广，而信息化教育则是一种以现代信息技术为基础的新型教育形态。也就是说，教育信息化是现代信息技术与教育相整合的过程，而信息化教育则是现代信息技术与教育整合之后的表现形态。③

### （二）教育信息化的基本特征

教育信息化既有信息化的特点，也有现代教育的特色。总的来看，教育信息化具有以下四个基本特征。

其一，教育思想和教育观念现代化。教育信息化是一个在现代教育思想和理论的指导下，通过以多媒体和网络通信技术为基础的现代信息技术促进教育的各个环节的改革与发展，实现教育现代化的过程。因此，可以说教育信息化是一个过程，是一个实现教育现代化的复杂过程。教育的现代化是一个历史的范畴，有丰富的内容和深刻的内涵。它是整个教育和社会现代化的有机组成部分，必然会受到社会文明进步水平的制约，并且与后者大致同步、相伴而生。其实，教育信息化并非要否定传统的教学手段和教学方法，而是在那些有可能的方面利用信息化的技术、观念、手段、方法来促进教育工作，使教育的功能发挥得更广泛、更有效、更及时，方便全社会和个人终身享用。因此，教育信息化是将各种先进的信息技术应用于教育中的过程，也是一个教育思想、教育理念全面深入影响和触动整个教育系统的过程。教育信息化过程不仅使教育信息化的思想观念确立起

① 吕耀怀. 教育的信息化及其道德控制[J]. 教育与现代化，2004(01)：3-8.

② 焦建利，贾义敏，任改梅. 愿景与决策：教育信息化战略研究[M]. 北京：高等教育出版社，2016.

③ 南国农. 信息化教育概论[M]. 北京：高等教育出版社，2004.

来，而且促进了教育观念的变革，使素质教育观、创新教育观、终身教育观等得到了更深入的理解，并在教育中产生了更广泛的影响。[①]

其二，教育资源共享化和学习环境多元化。教育信息化打破了过去种种形式的封闭和垄断，使教育资源迅速连成一个知识海洋，其资源共享程度大大提高，有利于缩小区域内和地区之间教育发展的差距。而且，数字化学习资源能实现网络传输和资源的远程共享，包括阅读、回看、上传、下载等，可随时随地获取，快捷方便，其传播的范围更加广泛，传播的方法更加简单。就教育环境而言，教育信息化情境下的学习环境不仅包括实体空间，还包括虚拟空间和社会组织空间。实体空间集成了众多实体场所、信息化设备及配套服务等，是信息化学习环境的基础，包括独立学习区、协作学习区和其他非正式场所等。虚拟空间是支持学习者沟通交流、建构知识及开展活动的数字化空间，包括数字化学习资源、虚拟软件设备和工具及虚拟场所等。它是实体环境的虚拟化形式，也是支持数字化资源和数字化工具有效汇聚的基础。社会组织空间在信息化学习环境中处于核心地位，包括数字资源开发者、网络技术专家、硬件设备维修人员、指导教师和学科专家等。教育信息环境下的学习环境是一个多元化系统，各要素之间相互作用、彼此配合，共同为学习者的学习过程提供支撑。

其三，教学过程具有交互性、开放性和协作性。在教育信息化情境下，教学中充分运用多媒体和计算机网络技术，实现了教师与教师、教师与学生、学生与学生之间的信息传递，保证问题能得到及时解决。教师还能够方便、及时地进行教学内容的充实、调整及更新。在教师指导和学生自主选择的基础上，通过现代信息技术实现了本地资源与远程资源的链接，内容空间极大地扩展，满足了不同年龄、学习风格学生的需要，进而满足了学生个性化的需求。学生能在相互信任、相互尊重、平等而安全的环境中学习，在和其他学生、小组和教师相互交流合作的基础上，通过现代信息技术从不同的角度对问题进行讨论。

其四，学习的个性化和自主化。个性化学习是学习者充分发展的前提，体现了“以学习者为中心”、尊重学习者的差异和实现教师指导的针对性的教学理念。个性化学习的关键，一是学习者能自我调控（self-regulation），主动运用元认知策略监控和调节学习过程；二是能自我导向（self-direction），自主地规划学习进度、学习内容和学习方式等。[②]传统的简单划一“齐步走”，不利于学习者的个性化发展。个性化学习在信息时代之所以必要和可能，一是信息时代为学习者

① 段宝霞，王小新，李敬，等. 教育信息化成本效益研究[M]. 北京：科学出版社，2010.

② 南国农. 信息化教育概论[M]. 北京：高等教育出版社，2004.

提供了“按需索取、量体裁衣”式的学习资源和学习机会；二是每个学生的学习方式本质上都是其独特个性的体现。多样化的信息技术支持与教学资源能够使教师在安排教学的过程中，根据不同学生的个性特点给予相应的学习支持，以促进学生的个性化发展，丰富的学习资源和完善的学习平台可以为学生提供更多的自主学习机会。信息技术能转变学生在学习过程中的他主性、被动性、依赖性的状态，将学习变成人的主体性、能动性、独立性不断生成、发展和提升的过程。

## 二、义务教育优质均衡发展

### （一）义务教育优质均衡发展的基本内容

依据《说文解字》，均衡中的“均”解为“平”，“衡”释为“衡量”或“准则”，均衡即“平衡”，平衡是矛盾的暂时、相对的统一或协调，是事物发展的稳定性和有序性的标志之一。平衡是相对的，与不平衡相反相成，相互转化，一般可分为动态平衡和静态平衡。[①] “优质”意为“质量优良的”“性能良好的”。均衡发展是在教育公平思想支配下学生的受教育权利保障及教育的民主和公平问题，教育公平分为起点公平、过程公平和结果公平。与之相对应，教育均衡发展也包括受教育权利的平等和机会的平等、教育资源配置均衡和教育结果均衡。优质均衡发展是提升教育内涵和追求教育质量的发展，即资源更加丰富的高质量的教育。义务教育优质均衡发展满足了全民享受优质教育的时代需求，契合了人们普遍渴求优质教育的总体教育需求。总的来看，义务教育优质均衡发展包括以下四点。

#### 1. 教育机会均等

从历史上来看，教育机会均等的最初目标，就是要争取入学机会的均等，而入学机会均等主要是为了改变处于不利地位的社会阶层的教育状况。按照亨利·列文（H. Levin）的解释，入学机会均等指的是学校制度在某一范围内、某一时间内为社会上所有人，特别是对终将进入劳动力市场的青少年儿童提供学校教育，而无论出身、种族和性别等。[②]按照经济合作与发展组织（Organization for Economic Co-operation and Development，OECD）的观点，“入学机会均等”至少有三个方面的内涵：①不管性别、种族、社会阶层的差异如何，能力相同的青年均具有相同的机会，接受非强迫性的教育；②对于非强迫性的教育，社会各

① 柳海民，周霖. 义务教育均衡发展的理论与对策研究[M]. 长春：东北师范大学出版社，2007.

② Levin H M. Educational opportunity and social inequality in Western Europe [J]. Social Problems，1976(2)：148-172.

阶层的成员均具有相等的参与比率；③社会各阶层的青年均具有相等的机会获取学术的能力。[①]教育机会均等意味着任何自然的、经济的、社会的或文化方面的低下状况，都应尽可能从教育制度本身得到补偿。[②]

科尔曼（Coleman）通过对一个半世纪中教育机会均等观念的剖析认为，教育机会均等（教育公平）的含义可以归纳为三种。①前工业社会中，家庭是生产单位，并承担着提供社会福利和教育的职责。这一阶段的教育机会均等由教育面前机会均等发展到面向人民群众子女的基础的、义务的、公款帮助的教育。②欧洲自由主义和社会主义者着眼于建立能够为所有儿童提供同样机会的教育系统，也就是说，不论出身，人人都能够不受限制地根据机会均等的原则受到教育。③在自由主义的理论中，教育机会均等被理解为受教育结果或学业成绩的均等。[③]

科尔曼提出了关于衡量教育机会均等的四个标准：其一，进入教育系统的机会均等。也就是说，提供免费教育，使劳动力的教育程度达到入职要求；为所有儿童提供共同的课程，并让这些来自不同背景的儿童在同一所学校学习。其二，参与教育机会的均等。它是指不同社会出身的组别，有相同比例的人数得到同样的教育机会。无论是在数量还是质量上，他们都得到相同的教育参与机会。其三，教育结果的均等。它是指每个社会阶层中，都有一定比例不同性别的人从每学年的教育进程和整体的教育经验中取得相似的教育成效。其不仅重视教育的数量，也非常重视教育能否有效地为生产能力高的成人提供所需的生活技能等。其四，教育对生活前景机会的影响均等。这是指教育克服人的出身、性别等本来的天然差别，取得同样的社会成就。[④]按此观点，教育制度要对社会制度产生影响，也就是说，教育制度能补偿父母在财富、收入、教育、政治力量、社会关系及文化等方面的差异，确保这些因素不会影响成年子女在上述方面的机会。换言之，就是要通过教育公平来促进社会公平。

科尔曼的教育机会均等理论提出以后，遭到了学术界的部分质疑和批评。为此，1990 年，科尔曼发表了《教育中的平等和学业成就》（Equality and Achievement in Education）一文，对他 1966 年提出的教育机会均等理论进行了修正。科尔曼认为，无论是“教育机会均等”（主要是指学校投资的平等）还是

---

① 转引自查尔斯·赫梅尔. 今日的教育为了明日的世界——为国际教育局写的研究报告[M]. 王静，赵穗生，译. 北京：中国对外翻译出版公司，1983.

② 转引自查尔斯·赫梅尔. 今日的教育为了明日的世界——为国际教育局写的研究报告[M]. 王静，赵穗生，译. 北京：中国对外翻译出版公司，1983.

③ 转引自张人杰. 国外教育社会学基本文选[M]. 上海：华东师范大学出版社，1989.

④ 转引自马和民，许小平. 西方关于教育平等的理论[J]. 杭州师范学院学报，1999(01)：73-78.

“结果的平等”（主要是指学生的学业成就、人格的平等），都只有在极端情况下才有可能实现。[①]无论学校如何努力，结果的平等都不可能实现，因为家庭背景不可避免地会对儿童教育机会产生影响。

为此，科尔曼重新分析了“教育机会均等”的含义，并指出教育机会均等是一个错误的、具有误导性的概念。之所以说它是错误的，是因为它在教育机构中强调教育机会均等，这使得人们集中关注教育自身，错误地把教育视为一种以自身为目的的事物，而不是正确地把教育视为以成年期的成就为目的的手段。之所以说它具有误导性，是因为它暗示一种超出单纯的学校投入之外的平等是可以实现的，事实上这是不可能的。因此，比“平等”更为合理的概念用语应该是“不平等的减少”。这个概念促使各州实际地关注儿童作为个体的学业成功，同时促使学校发现学校环境外持续的影响正在与学校争夺儿童的时间，并且使学生之间的不平等加剧。学校的工作应该是扩大对所有人的机会，并削弱上述各种不同环境对未成年人生活造成的影响。[②]

胡森（Husen）认为，“均等”有三种含义：①指每个人不受任何歧视地开始学习生涯的机会均等；②以均等为基础对待不同的人种和不同社会出身的人；③促使学业成就的机会均等。他给“机会”或“教育机会”下了五组操作性定义：①学校外部的各种物质因素，即学生家庭经济状况、学习开支总额、学校地理位置和上学的交通工具；②学校的各种物质设施，即学校建筑物总的质量、实验室、图书馆和教科书等；③家庭环境中某些心理因素，主要包括家长对孩子在学习方面的期望，家长对孩子掌握知识持有的总的态度等；④学校环境中某些心理因素，如教师的能力、教师对待学生的态度、学生的学习机会，以及教学条件、教师实际的教学时数、教师要求学生实际完成的课外作业的总量；⑤学习机会。胡森认为，“均等”意味着每个人都有受教育的机会，在此基础上注意到人与人之间所存在的差异性，取得学业成就的机会均等和达到均等目标的实现，取决于学校内外部环境等各种因素。[③]

不同阶层、不同性别、不同种族、不同文化背景往往会对个人生涯的发展起到重要甚至决定性作用，而教育可以改变至少可以改善这种与生俱来的因素产生的影响，给更多的人提供更多的发展机会。

---

① Equality of educational opportunity[EB/OL].（2017-05-31）[2023-10-30]. https://plato.stanford.edu/entries/equal-ed-opportunity/.

② Coleman J S. Equality and Achievement in Education [M]. Boulder: Westview Press, 1990.

③ Husen T. Origie sociale et éducation. Perspectives des recherches sur l'égalité devant l' éducation[EB/OL].（1972）[2023-10-15]. https://www.persee.fr/doc/pop_0032-4663_1974_num_29_2_16247.

2. 教育资源均衡配置

经济学意义上的资源指的是一切可利用的稀缺的自然资源和社会资源。可利用性和稀缺性是经济学意义上资源的两个基本属性，具有这两个特性的资源是经济资源。教育资源是教育部门利用的一切经济资源，具有可利用性和稀缺性。理解教育资源必须注意三点：一是不能把教育资源理解为非经济资源。一些非经济资源，如教育制度资源、教育政策资源等不属于稀缺资源，也不能作为教育资源对待。二是不能把教育部门等同于教育领域。教育部门是经济学概念，指的是生产教育的各个专门机构的总称。教育领域是教育学的概念，一切有目的、有组织、有计划地对人的发展施加影响的活动，其中包括宗教活动、文化活动和其他更为广泛的意识形态宣传活动都在教育领域之中，教育领域的外延比教育活动的外延要宽泛得多，教育领域获得的资源涵盖了部分文化生产部门获得的资源，它在外延上超出了经济学意义上的教育资源。三是不为教育部门利用的一切经济资源，都不能作为教育资源来对待。①

教育资源配置是指一定技术和经济条件下教育资源的增长、使用和流动。它包括资源向教育部门的流入配置和存量教育资源的优化组合。②教育资源配置的特征是教育部门的特性与社会资源特性在教育资源配置上的必然反映，教育资源配置具有有效性、动态性、层次性、非营利性、人力密集性、市场与政府调节的互补性等基本特征。依据政府和市场在教育资源配置中的地位和作用，教育资源配置体制的基本类型可以划分为市场主导型教育资源配置体制、政府主导型教育资源配置体制、政府与市场互动型教育资源配置体制。③

教育资源配置均衡是对一个国家或地区所有公民而言的，即无论出生在什么家庭，身处城镇或农村，不管其经济社会地位如何，都应平等地享受标准相同、资源分配水平大致相等的公共资源。在义务教育领域，教育资源均衡要求缩小区域、城乡、学校、学生群体之间的教育资源配置差距，努力使每个人在硬件和软件上大致享受一样的基本公共教育服务。平等分享社会公共资源是社会公平正义最直接的反映。教育资源均衡配置，就是让所有学生都能够获得最基本的公共教育资源和服务，使不同阶层子女均衡受益，尤其是倾斜性教育资源配置举措，能保障那些处境不利的弱势学生群体站在同一起跑线上，也能够获得向上的能力和机会，为社会阶层间合理、公平地流动提供基础动力与支撑。

---

① 肖昊. 教育经济学[M]. 武汉：武汉大学出版社，2010.

② 肖昊. 教育经济学[M]. 武汉：武汉大学出版社，2010.

③ 肖昊. 教育经济学[M]. 武汉：武汉大学出版社，2010.

衡量义务教育基本公共服务领域的资源均等配置水平，不仅要关注易于量化的教育经费投入、办学条件，而且要关注难以量化的师资队伍、教育管理等方面的资源。其中，教育经费投入均等化配置表现为不同的区域、城乡、学校和人群都能获得标准大致相同的资源。教育经费对于办学条件资源、教师资源及管理资源公平配置具有重要的调节作用，对于实现义务教育基本公共服务均等化具有重要的影响。但均等的教育经费投入配置未必能够有效推进义务教育基本公共服务均等化，师资队伍和教育管理等资源均等配置的意义正受到越来越多国家或地区的关注。

3. 教育质量均衡

教育优质均衡发展，既是对优质教育资源的一种均衡分配，也是教育质量的一种提升，它追求优质的教育，通过优质均衡发展，实现教育发展中的公平与效率、数量与质量、公平与发展的统一。[①]质量均衡是在实现机会均等、资源均衡的基础上追求教育的实质均衡，为学生个体发展和社会需求提供多元化的教育服务。

4. 学生全面发展和个性化成长

学生是教育教学活动的主体，是未来社会建设的主力军。教育质量均衡是教育质量的公平与均衡，就是实现“人人上好学”。这里的“好”不是指办学条件的优越，而是让每个学生都获得适合自己的教育，实现全面发展。实现教育质量均衡，就是让每所学校都成为好学校，让每个学生的潜能都得到最大程度的挖掘和发展。教育归根到底是为了人的发展，为了每一名学生的成长。理想的教育是每一名学生的个性化差异都能得到尊重，其潜能都能得到充分开发，以期促进学生的多样化发展。教育的目的是唤醒人的内在本质，全面挖掘人的潜能，培养其理性和非理性，从而实现人的全面自由发展，进而推动社会的创新发展。学生个性化发展是学生全面发展的必要条件，也是我国创新型人才培养的必然要求。学生个性化发展需要教育者在教育过程中考虑到学生自身的兴趣、爱好、志向和特点，满足每个人的教育需求。

教育是以心养心的过程，是生命对生命的影响。德国哲学家雅斯贝尔斯（Jaspers）认为，教育正如一棵树摇动一棵树，一朵云推动一朵云，教育是一颗灵魂唤醒一颗灵魂。[②]教育的最终目标，是回归教育的最初使命和价值追求，即人自身的全面自由发展、个性价值的实现及生命成长的过程。国际 21 世纪教育委员

① 冯建军. 优质均衡：义务教育均衡发展的新目标[J]. 教育发展研究，2011(06)：1-5.

② 卡尔·雅斯贝尔斯. 什么是教育[M]. 童可依，译. 北京：生活·读书·新知三联书店，2021.

会在向联合国教科文组织提交的报告《教育——财富蕴藏其中》中指出，教育应当通过青年时期的教育，培养个体形成独立自主的思维方式，并赋予其批判性精神，进而提升其判断能力。这样的教育使个体能够在人生的不同阶段，自我判断并明确何为应做之事，从而充分发展其人格特质。最终，个体将能够以日益增强的自主性、敏锐的判断力及强烈的个人责任感来指导自己的行动。[①]

### （二）义务教育优质均衡发展的基本特征

其一，义务教育优质均衡发展是在教育机会均等和资源均衡基础上的优质发展。学生教育权利和入学机会均等是义务教育优质均衡发展的前提与基础，而资源均衡是义务教育优质均衡发展的关键和保证。因此，义务教育优质均衡是实现了学生入学机会均等和学校办学条件的软硬件教育资源的均衡配置基础上的发展。

其二，义务教育均衡发展并非要走向平均主义和共同平庸，而是以均衡为前提，以实现义务教育高质量发展为最终标尺。义务教育优质均衡发展的核心是提升教育内涵和提高教育质量，质量均衡包含在整个服务过程中，体现在教育输入、教育过程和教育结果三个方面。因此，义务教育优质均衡发展的核心包含教育输入质量均衡、教育过程质量均衡和教育结果质量均衡三个方面。[②]

其三，义务教育优质均衡发展最终以每名学生的优质发展为目标，重视对学生个人价值的尊重和个人命运的关怀，将促进学生的内在发展、和谐发展和全面发展作为根本出发点与落脚点，即保证每名学生全面自由地发展。它强调“以人为本”的发展理念，注重培养学生形成终身教育和终身学习的动机，注重创新人才的培养，注重培养个人的社会责任感和积极性。要促进学生全面发展，需要做到以下几点：①尊重学生的主体地位，即教师需要以弘扬人的主体精神为宗旨，充分发挥学生的主观能动性，尊重学生的兴趣爱好，让学生成为真正的主人，让教育充满人文关怀。②培养学生的综合素质，即教师不仅要注重理论知识的讲解，还要注重实践技能的传授；不仅要关注学生知识的积累和技能的逐步提升，还要关注学生身体心理的健康发展；不仅要培养学生自主探究的能力，还要培养学生协作交流的能力。③挖掘学生的内在潜能，即教师要充分了解每一名学生的个性及缺点，尽可能地为学生的个性化发展提供更好的环境支持，让每一名学生的内在潜能都能够得到充分的发挥，从而真正实现素质教育。④开发学生的创造性思维，即教师要鼓励学生勤于思考，乐于钻研并积极创新，教导学生要养成善于观

---

① 教育——财富蕴藏其中[M]. 联合国教科文组织总部中文科，译. 北京：教育科学出版社，1996.

② 冯建军. 义务教育优质均衡发展的理论研究[J]. 全球教育展望，2013(01)：61，84-94.

察、敢于质疑的习惯，要具备跳出常规思维的意识。[①]这就要求义务教育优质均衡发展必须关注到人的发展，实现从教育外在价值到内在价值的根本转变，发挥其促进人发展的根本作用。另外，义务教育优质均衡发展必须关照到所有人的发展，不能为了成就某一部分人的发展而牺牲另一部分人的正当利益。[②]

其四，义务教育优质均衡发展并非同质化和模式化发展，而是鼓励和推动学生个人和学校特色发展。均衡不是没有差异，相反，差异还是实现均衡的重要途径。联合国教科文组织国际教育发展委员会指出，教育领域的平等追求的是一种个性化教育，而非简单地将所有人置于同一水平线上。机会平等并不意味着消除所有差异，而是旨在确保每个人都能获得与其个人特点相契合的适当教育，这需要充分尊重并符合个体的独特性与发展需求。[③]义务教育优质均衡发展要求尊重学生之间的差异，注重因材施教，用多元化视角来评价学生间的差异，增强学生的主动性，激发学生的潜能，让学生充分发挥自身的专长。同时，它也要求学校充分利用当地独特的传统文化资源，积极推进学校的文化建设，力争形成自己的办学特色，在差异均衡的基础上实现特色发展的均衡。[④]其中，学校特色发展是在优质均衡发展的背景下，为了满足人们对优质教育的需求，学校充分挖掘自身的优势，找准自己的特色生长点并加以发展，形成自己的特色，然后结合学校的各种资源进行特色化建设，以特色带动学校整体发展，进而促进教育质量的整体提高。[⑤]学校特色发展的路径包括特色文化建设、特色教学、特色课程、特色管理等。

## 第二节　教育信息化与义务教育优质均衡发展的关系

尽管教育信息化和义务教育优质均衡发展属于两个不同的范畴，但是二者之间存在密切的关系。一方面，发展教育信息化，可以有效地促进义务教育优质均衡发展；另一方面，教育信息化发展不当，也可能成为义务教育优质均衡发展的障碍。

---

① 王继新，左明章，郑旭东. 信息化教育：理念、环境、资源与应用[M]. 武汉：华中师范大学出版社，2014.

② 喻小琴. 江苏义务教育优质均衡发展现状研究——基于示范区政策文本的分析[J]. 教育发展研究，2012(22)：20-24.

③ 联合国教科文组织国际教育发展委员会. 学会生存——教育世界的今天和明天[M]. 北京：教育科学出版社，1996.

④ 冯建军. 义务教育优质均衡发展的理论研究[J]. 全球教育展望，2013(01)：61，84-94.

⑤ 王惠颖. 特色发展：基础教育优质均衡发展的根本[J]. 教育科学研究，2012(08)：15-19.

## 一、教育信息化是促进义务教育优质均衡发展最便捷的途径

根据教育信息化和义务教育优质均衡发展的含义与基本特征，教育信息化对义务教育优质均衡发展的促进作用，主要体现在三个方面。

### （一）通过信息化手段实现教育机会均等，是缓解和解决教育不公平问题的最佳选择

作为信息化社会标志的信息技术，不仅给教育带来了挑战，也给教育发展带来了新的契机，其革命性影响的意义体现为优质教育资源可获得性大大增加、资源开发成本降低。数字化教育资源具备存储量大、覆盖面广、资源共享和使用不受时空限制等优势，借助教育信息化的力量，利用信息技术手段有效促进教育公平、缩小城乡教育差距，是实现义务教育优质均衡发展的有效途径。信息技术正在拆去传统教育的时空围墙，改变了传统的知识传授方式。自从有教育活动以来，优秀的教育资源向来只被少数人或特定群体占有，而在互联网时代，优秀的教育资源可以向更广泛的群体扩散，让更多人分享知识成为可能，最大限度地实现了教育民主和教育公平。它使农村义务教育学校的教育环境和教学手段发生了根本变化，把科学的方法输送到边远山区、少数民族及欠发达地区；把优质的教学资源传递到欠发达地区农村学校教师手中，转变了教师的教育观念，丰富了教学内容，能有效解决广大农村学校教师短缺和优质资源匮乏的问题，缩小城乡间的教育差距，促进城乡义务教育协调发展，更好地实现教育公平。在线课堂的开设，学生可以不受时间、空间、所在学校、专业、身份、年龄的限制，选择自己喜欢的课程，让以往学习过程中的不可能变为可能。网络课程大规模开放性的特点，使得它与传统课程一次只能接受几十名或几百名学生听课的情况不同，一门课程动辄有上万人甚至几十万人听课，并且通过网络完成，极大地提高了知识传播的效率。

### （二）通过信息化手段超常规地培养创新型人才，是提高义务教育质量的必由之路

信息时代最鲜明的特征是科学技术日新月异，各国之间激烈的综合国力的竞争最终归结于人才的竞争。这里的人才具有强烈的创新激情、探索欲、求知欲、好奇心、进取心、自信心等心理品质和人格特征，并且具备良好的信息素养，能

够高效、熟练地收集信息，认真分析信息，批判性地评价信息，创造性地使用信息。信息时代，改变了传统的人才观念，对义务教育发展提出了全新的要求。同时，信息技术提供的选择性、自主性和个性化机会，则为实现教育理念与行为的革新提供了最佳载体。在教学方式上，通过构建以学习者为中心的网络化教学体系，改变了传统的授受方式，学生拥有自主选择和个性化学习机会，在很大程度上促进了学生自主创新能力的形成。

实现优质教学的前提是获得充足的优质教育资源。以建设、应用共享和评价优质教学资源为手段，教育信息化通过构建智能化的开放平台，促进区域数字教育资源的共享、丰富课堂教学信息，显著提升了优质教学资源的开发利用水平，实现更低成本、更大范围的共享，大大提升了学习效果和教育投入效率，进而实现了教育质量的显著提升。在教育信息化过程中，我们要坚持不断创新，锐意改革，打破教育中不利于创新人才培养的种种弊端和局限，积极创造并充分利用有利于创新型人才成长的教育环境。

### （三）利用信息技术促进学生自主学习、探究性学习，可以有效地促进学生全面发展和个性化成长

教学的最终目标还是回归到学生的有效学习上，学生利用信息技术能够在课堂之外找到各种学习资源，可以根据自己的需求开展个性化学习，其中最便捷、高效的就是基于网络的个性化学习。基于网络的个性化学习的本质是在尊重个性的基础上，对学习方式的创新和实践。教育不是千篇一律的教化，而是承认个体之间存在差异，在此基础上进行学习系统设计，尊重学习者的个性差异，为每个学习者提供个性化的学习设计方案，使每个个体的潜能都能得到充分发挥，其中最关键的因素就是要对学习者的个性特征进行分析，建立个性化的学习模式。学生的自主学习是个性化学习的基本方式，独立性是个性化学习的基本特性，提高学生的自主创新能力和个性化思维能力是个性化学习追求的目标。①在现代信息技术与多种教育教学理论的有机结合中，教育信息化能充分发挥学生的主体作用，并考虑他们的个性差异，通过自主学习、协作学习、探究性学习、体验式学习等多种方式促进学生知识、能力和情感的共同发展。同时，网络中多样化的学习资源为满足不同学生的个性化需求奠定了良好的基础，可以有效地促进学生个性化成长。

① 杨剑飞．“互联网+教育”：新学习革命[M]．北京：知识产权出版社，2016.

## 二、教育信息化措施不当会成为义务教育优质均衡发展最大的羁绊

教育信息化犹如一把双刃剑，如果措施得力，会有效地促进义务教育优质均衡；如果措施不当，则会成为义务教育优质均衡发展的羁绊。

### （一）教育信息化发展程度不一会导致区域间义务教育发展的差距进一步拉大

就城乡义务教育而言，目前边远山区及欠发达地区的农村义务教育资金使用存在浪费现象，信息化人才缺口大，教师队伍素质和能力远远不能适应信息化要求，信息化应用水平亟待提高，管理体制和运行机制不完善。经济相对发达的城镇地区义务教育资金雄厚，信息化人才充足，教师队伍的素质和能力高，管理体制和运行机制日趋完善。这使得城乡之间的数字化鸿沟进一步扩大，城乡教育资源配置差距进一步拉大。就区域内义务教育而言，优质学校和薄弱学校的教育信息资源配置严重失衡，优质学校的教育信息资源丰富，而薄弱学校的教育信息资源则严重短缺，两类学校教育信息资源的差异直接影响了区域内的义务教育均衡发展。

### （二）信息化环境下的教育质量不升反降

目前，一些学校课堂上信息呈现方式的变化仍局限于“教材搬家”“黑板搬家”，而不是从教与学的需要出发，采用多种信息呈现方式来帮助学生更好地建构理解，发展思维。有些教师并不是根据学生的实际特点来设计适合学生的课件，至于为什么要应用多媒体、在什么时候应用多媒体、以什么样的方式呈现多媒体信息内容，具有很大的盲目性，导致他们将信息技术应用于学科教学时并没有产生预期的效果。[①]另外，由于教学课堂上 PPT 滥用，部分教师只会解读 PPT 上的内容，这是一种更为严重的“照本宣科”，由过去的“人灌”变成现在的“机灌”，不利于教学质量的提高。同时，由于信息网络的迅速普及，获取信息渠道的持续增加，各种诱惑越来越多，一些学生对事情的专注程度越来越低，深入思考的机会越来越少，动手操作的机会也在持续减少，学习能力并没有得到提高。[②]

---

① 郑旭东，王继新. 师范生教学技能体验式学习空间设计与应用实践[M]. 武汉：华中师范大学出版社，2013.

② 周洪宇. 中国教育黄皮书 2015 年：以信息技术与教育深度融合促进教育改革[M]. 武汉：湖北教育出版社，2015.

### （三）信息技术和互联网的滥用与泛滥不利于学生的全面发展

我们知道，随着现代信息技术的发展，网络技术和虚拟现实（virtual reality，VR）技术日臻完善，一些学生将虚拟和现实混为一谈。例如，部分地方中小学暴力事件频频发生，主要原因是学生游戏玩多了，不知不觉地将虚拟的暴力转移到现实中了。同时，随着计算机和互联网在中小学的普及应用，网络的一些负面影响也在青少年群体中逐渐显现出来：过度迷恋网络游戏、沉迷于网络聊天和视频对话、浏览不健康网站等。信息技术滥用和泛滥导致学生的学习和身心健康受到了严重影响，进而直接影响了学生的全面发展。

互联网为求知者提供了更为丰富的教育资源和更便利的学习条件，从专业能力培养角度来说，更便于人才的培养。然而，教育的内容不仅仅是知识的学习和能力的培养，还包括健全人格的养成、良好的学习习惯和正确的思维方式的养成。有人认为，互联网生态下的开放教育有可能会弱化教育的育人功能。传统的教育中，教师通过面对面交流将知识传递给学生，在传递知识的过程中，将德、智、体、美等育人工作融入进去，通过言传身教的方式向学生传递正确的人生观、价值观，及时纠正学生人格发展中的偏差，通过教师和学生之间的情感交流，营造尊师重教和教学相长的良好气氛。然而，在互联网时代的教育中，师生之间更多进行的是知识和信息层面的交互，教育的育人功能和情感关怀被弱化。互联网教育使得学生“不出门便知天下事”，学习变得快捷、方便，但是学习环境是封闭的、虚拟的，所有的知识学习都可以通过互联网独自完成，缺乏与教师、同学之间的情感交流，与外界的情感纽带被割断，长此以往，学生可能会变得孤僻、情感冷漠，不会与人交往，缺乏适应社会的能力。

## 三、积极推进教育信息化，促进义务教育优质均衡发展

义务教育优质均衡发展是新时期我国教育发展的战略性任务，也是社会发展新阶段义务教育发展的必然选择。

### （一）实施倾斜化的教育信息投入政策，实现区域间和区域内义务教育均衡发展

就城乡义务教育信息投入而言，为了防止信息时代城乡义务教育信息资源配置失衡造成的“数字化鸿沟”，地方政府应该充分发挥调控作用，加大对农村义务教育信息化投入的力度，调节城市学校和农村学校的义务教育信息化事业资金

投入比例，确保城乡义务教育信息化发展程度大致相同。就区域内义务教育信息化发展而言，我们建议建立区域“教育信息资源共同体”。地方政府集中财政资金，在一定的区域内统一建设教育信息资源库，既可以保证资源库建设的高质量和规模化，又可以避免区域内重复建设造成的资源浪费。薄弱学校可以借助网络技术共享区域内的优质教育资源，优质学校则可以带动区域内薄弱学校发展，建立科学、合理的区域内教育资源共享机制，形成资源共享、优势互补、共同发展的区域内义务教育发展一体化格局。

### （二）运筹帷幄，运用系统思维促进义务教育质量提升

信息化环境下的义务教育质量提升是一项系统工程，涉及教育硬件、软件和潜件等，包括教学设备、教学资源、教学环境、教师素质和学生素质等。一方面，学校要发展特色的信息化教学设备和数字教育资源，支持启发式、探究式、讨论式、参与式等新教学方法的探索与实践；结合素质教育的需求，建设智能化教室，支持学生自主学习，探索建立以学习者为中心的教学新模式；支持校际不同教室的实时互动，创建网络校际协作学习环境，促进先进教学方法与经验的传播。另一方面，通过教研与培训，提升教师运用教育技术的能力。同时，建设各种类型、各门学科的网上教研社区，鼓励和组织高级、特级教师及教育研究人员等参与指导基层学校教师的信息化教学活动，以专家引领带动教师专业发展和水平提升。①

### （三）坚持“教育为主，技术为辅”原则，促进学生全面发展和个性化成长

在推进教育信息化的过程中，以往我们更重视的是技术层面的内容，实际上教育信息化不仅具有技术的属性，而且具有教育的属性。信息技术是手段，教育才是目的。因此，学校要坚持“教育为主，技术为辅”的原则，以学生为中心，采用网络环境下的自主性学习策略、协作性学习策略和研究型策略等，充分利用网络学习的优势，提高学习质量、学习效率和学习能力；注重信息化环境下对学生创造力的培养，运用现代信息技术培养学生的创造性思维，注重非逻辑思维训练和塑造创造性人格，重视课程与教学的多元化，全面培养学生的创造力；积极构建网络心理健康教育阵地，提高学生的自我意识水平和能力，解决学生的心理问题或困惑，促进学生意志品质的健康发展；加强对学生的网络道德教育，帮助他们增强法

① 规划编制专家组.《教育信息化十年发展规划(2011—2020年)》解读[M]. 北京：人民教育出版社，2012.

制意识、责任意识、自律意识和安全意识，树立正确的网络道德观。

（四）尊重差异，突出特色，利用信息化手段促进学校之间特色资源共享

优质均衡发展绝不是教育上的平均主义，也不是要抹杀学校的差异和特色，而是要在办学条件相对均衡的条件下，尽量缩小学校之间的差距。教育优质均衡发展不是“一刀切”，不是优质学校和薄弱学校的对立，而是尊重学校之间的差异，突出不同学校的办学特色，利用信息技术手段促进特色教育资源共享，实现1+1>2的协同效应。

# 第三章　信息化促进义务教育优质均衡发展的理论基础

信息化促进义务教育均衡发展，是利用信息化手段促进教育机会均等、教育资源和教师资源均等配置、教育质量均衡、学校特色发展和学生个性成长，进而实现义务教育优质均衡发展。它的背后有着深厚的理论支撑，知识沟理论、协同学理论、复杂性科学理论等都是其理论渊源。

## 第一节　知识沟理论与信息化促进义务教育优质均衡发展

### 一、知识沟理论的产生

20 世纪 60 年代，贫富儿童在学习能力和学习成绩上的明显差距引起了美国社会的广泛关注。也就是说，家庭经济条件好的儿童常常在进入小学之前就接受了良好的学前教育，而那些家庭贫困的儿童在学前没有钱请家庭教师，没有钱购买启蒙读物，进入小学后，二者在学习能力和成绩上自然会产生明显的差距。有研究认为，这种差距随着年级的升高而不断扩大，从而导致升学率、学历甚至将来的职业和社会地位产生两极分化。

面对上述情况，一种要求实现教育机会平等的社会呼声不断高涨。当时，在这种强大的社会压力下，美国联邦政府出台了一项“补充教育计划”，试图通过大众传播和其他手段来改善贫困儿童接受学前教育的条件。因此，通过制作儿童启蒙教育的电视系列片，利用电视媒介来缓解贫富儿童接受教育机会不平等的问题，就成为“补充教育计划”的一个重要项目。于是，针对这一目的制作的《塞萨米大街》(又名《芝麻街》)等电视系列片应运而生。然而，研究者在对该系列片播放后的实际效果的研究中发现，相关目的并没有达到，这一举措失败了。《塞萨米大街》播出后，虽然对贫富儿童产生了良好的教育效果，但实际上却扩大了贫富儿童之间在学习能力和成绩方面的差距。因为对节目接触和利用最多的还是那些富裕家庭的儿童。

这部以缓解儿童受教育条件不平等为目的的影片，播出后的实际效果表明，在现代社会，大众传媒将同样的知识或信息传送到每一个家庭和每一个角落，人们在接触和利用传媒的机会上并不存在平等与否的问题，然而它所产生的社会结果并不是那么简单。[①]1970 年，以美国传播学者蒂奇诺（Tichenor）为主的“明尼苏达小组”在一系列实证研究的基础上，在《舆论季刊》上提出了知识沟理论，用以解释现代信息社会中“特权社会群”与“下等社会群”之间的由新闻传播活动引起的知识差距。其主要观点是，社会经济地位高者通常能比社会经济地位低者更快地获得信息，因此大众媒介传送的信息越多，两者之间的知识鸿沟也就越有可能产生扩大的趋势。[②]也就是说，输入社会体系的大众媒介信息增加，该社会体系中较高社会经济地位者可能得到信息的速率比社会地位较低者快，因此这两个不同地位的团体间的差距也可能越来越大，而非缩小。[③]后来，蒂奇诺对知识沟理论进行了进一步的阐释，其主要内容如下：大众的信息传递活动使得社会经济地位较高的人获取信息和知识的速度远远快于社会经济地位较低的人。随着时间的推移，最终的结果是两者之间的知识沟不断变宽，差距不断扩大。[④]

知识沟理论认为，教育水平、社会经济地位等因素之所以能对个体的知识水平产生重要影响，主要原因在于受教育水平高的人群可以更多地接触媒介，能够通过其他人不能使用到的媒介来优化、利用信息，从而增强信息优势。知识沟理

---

① Donohue G A, Tichenor P J, Olien C N. Mass media functions, knowledge and social control[J]. Journalism & Mass Communication Quarterly, 1973(4): 652-659.

② Davidovici I. Constructing “the School of the Ticino”:The historiography of a new Swiss architecture, 1975-1990[J]. The Journal of Architecture, 2020(8): 1115-1140.

③ 郭庆光. 传播学教程[M]. 北京：中国人民大学出版社，1999.

④ Tichenor P J, Donohue G A, Olien C N. Mass media flow and differential growth in knowledge[J]. Public Opinion Quarterly, 1970(2):159-170.

论假设并不认为低阶层人群完全得不到信息，而是认为知识的增长在高阶层人群中相对较快。蒂奇诺等还认为，除了接触媒介和学习知识的经济条件外，还有五大因素是导致知识沟扩大的主要原因。[①]第一，传播技能上的差异。受教育程度高的人具有较强的理解能力和较大的阅读量，这有助于他们对公共事务的处理或科学知识的获取。第二，知识信息储备上的差异。从先前的大众传媒和正规教育渠道得来的知识越多，这些见多识广的人对新事物、新知识的理解与掌握也就越快。第三，社会交往方面的差异。教育通常意味着日常行动圈子较大，参与的社会团体更多，人际交往更广泛，这增加了与他人讨论公共事务话题的机会。社交活动越活跃，交往的范围越广，获得的知识信息也就越多、速度越快。第四，对信息的选择性接触、接受、理解和记忆方面的差异。对信息的选择性接受和记忆，可能是态度与受教育程度综合作用的结果。关于大众媒介的研究发现，人们往往以符号（既有信仰，又有价值观）的方式解释和记忆信息。也就是说，个人生活的水准和层次与大众传媒的内容越接近，对媒介的接触和利用程度也就越高。第五，发布信息的大众媒介系统性质上的差异。传播有一定深度的关于公共事务和科学知识的媒介主要是印刷媒介，其受众主要是高学历阶层群体。这与当今的广告不同，科学知识、公共事务和新闻一般重复较少，而重复有利于社会地位低的人群对话题的学习与熟悉。知识沟理论认为，当上述五大因素中的一个或多个因素起作用时，社会经济地位高的人都会处在有利的地位，这是造成知识沟不断扩大的根本原因，知识沟也就尤为明显。因此，当大众媒介和媒介流量继续增加时，传播技能、知识储备、社会交往、态度性选择都会在一定程度上发挥作用，知识沟也随之加深。

在美国，对知识沟理论的研究分为两个阶段：1970—1975 年为知识沟理论的初步形成阶段；1975 年以后为知识沟理论假设的修正阶段。1977 年，艾蒂玛（Ettema）和克莱因（Kline）提出了“上限效果”（ceiling effect）假说，即个人对特定知识的追求并不是无止境的，达到某一“上限”（饱和点）后，知识量的增加就会减速乃至停止。社会经济地位高者获得知识的速度快，其“上限”到来得也就早；经济社会地位低者知识增加的速度虽然慢，但是随着时间的推移，最终能够在“上限”上赶上前者。[②]这个假说意味着大众传播的信息传达活动的结

① Tichenor P J, Donohue G A, Olien C N. Mass media flow and differential growth in knowledge[J]. Public Opinion Quarterly, 1970(2):159-170.

② Ettema J S, Kline F G. Deficits, differences, and ceilings: Contingent conditions for understanding the knowledge gap[J]. Communication Research, 1977(2):179-202.

果不是社会知识沟的扩大，而是知识沟的缩小。艾蒂玛等认为，“上限效果”假说提出了三条依据：①信息源的性质决定的“上限”。换句话说，大众传播的不是“高、精、尖”的知识，而是某一范围的“一般”知识，无论社会经济地位高者还是社会经济地位低者，都不可能从大众传播中得到超过这一程度或范围的知识。②受众本身具有的“上限”。受众中的“先驱部分”（即社会经济地位高者）在感觉到自己的某种知识已经充足的时候，就会自动减慢或停止对这种知识的追求。③知识已经达到“上限”。如果受众的知识程度已经高于大众传播的内容，他们便不会再通过大众传播去寻求知识。[①]“上限效果”假说提出之后，学界也提出了不同意见。有学者认为该假说还存在两个不足：第一，在大众传媒受众一生追求知识的过程中，这个“上限”是否一定存在，还需要进一步考察。这是因为受众在一定时期、一定范围和领域内获取某一特定知识会出现“饱和”，这些知识的增加会出现停顿。这时，他们就会开始对下一个领域的知识进行追求与获取，这就必然会增加他们的知识总量。第二，知识是会不断更新的，那些社会经济地位低的人在获取知识方面即使在后来某个时候到达了社会经济地位高的人的“上限”，这时因为时间和环境的变化，他们获取的知识的实际价值也会大打折扣。因此，那种认为通过大众传播的“知识平均化”效果可以消除知识沟，实现社会普遍平等的观点，是幼稚的、不成熟的。[②]

## 二、信息时代知识沟理论的发展

人们注意到信息差距始于20世纪30年代的“电话鸿沟”（telephone gap）现象。学术界对信息不平等现象的研究始于蒂奇诺等于20世纪70年代提出的知识沟理论。后来，随着经济和信息技术的飞速发展，信息对经济发展的作用开始引起学界的关注，信息沟理论也呼之欲出。美国传播学者卡茨曼（Katzman）就着眼于新传播技术的发展，提出了信息沟理论，其主要观点如下[③]：①新技术的采用使整个社会的信息流通量和信息接触量增大，对每一个社会成员来说都是如此。②新技术的采用所带来的利益并非对所有社会成员都是均等的。换句话说，现有信息水准较高或信息能力较强的人能够比信息水准较低或信息能力较弱

① 转引自熊才平.“知识沟”理论发展新动向及其演变链系统模型——探寻缩小中小学教育信息化区域性差异的理论依据[J]. 电化教育研究，2004(06)：3-9.

② 郭庆光. 传播学教程[M]. 北京：中国人民大学出版社，1999.

③ Katzman N. The impact of communication technology: Promises and prospects[J]. Journal of Communication, 1974(04)：47-58.

的人获得更多的信息。其理由是新技术的早期效果，首先会带给那些传播活跃、信息积蓄量大的社会群体；对新媒介及其传播内容的接触和使用需要相关知识，这对现有信息能力较弱的人是不利的；采用新技术需要经济条件或其他资源，而这些资源的现实社会分配并不均等；现有信息水准的程度与采用新媒介技术的积极性成正比，主观因素也决定了前者处于有利地位。③与人的能力相比，计算机等机器的信息处理和积蓄能力要强大得多，既有的信息富裕阶层通过熟练使用这些先进机器，能够比其他人更拥有信息优势。④新媒介技术层出不穷，更新换代周期越来越短，其趋势更可能是"老沟"未填平，而"新沟"又不断出现，这种状况在新媒介的采用过程中表现得尤为明显。据此可以推论，在信息时代，知识沟已经演变成为信息沟，无论对社会经济地位高者还是社会经济地位低者来说，信息技术支持下的信息传达活动都会使其知识量有所增长，但因为既有的信息富裕阶层在早期熟练使用了这些先进技术，比其他人更有信息优势。

## 三、信息时代知识沟理论的演变趋势

20 世纪 80 年代，信息资源分配不平等的问题开始引起世界的广泛关注。1980 年，联合国教科文组织的麦克布莱德（McBride）提出了这样的疑问：计算机广泛应用是否会引起人与人之间、国家与国家之间的不平等？[①]随着关于这一问题的研究和讨论日益增多，"数字鸿沟"的概念呼之欲出。最早提出"数字鸿沟"这一概念的是美国前副总统戈尔（Gore）。1996 年，克林顿（Clinton）竞选总统时，戈尔提出了"数字鸿沟"的概念。随后的几年里，美国国家远程通信和信息管理局陆续发布了题为《在网络中落伍》（Falling through the Net）的系列报告——《在网络中落伍：一项对美国城乡信息穷人的调查》（Falling through the Net：A Survey of the "Have Nots" in Rural and Urban America，1995）、《在网络中落伍：数字鸿沟的新数据》（Falling Through the Net: New Data on the Digital Divide，1998）、《在网络中落伍：定义数字鸿沟》（Falling through the Net：Defining the Digital Divide，1999）、《在网络中落伍：走向数字融合》（Falling through the Net：Toward Digital Inclusion，2000）。报告中指出，一方面，互联网络开始向大众普及，年轻人、高学历者和高收入者等群体通过信息技术而逐渐获得更高的收入及更好的工作机会；另一方面，那些不会使用计算机的高年龄群体

① UNESCO. Many Voices, One World: Towards a New, More Just, and More Efficient World Information and Communication Order[R]. New York, 1980.

和因贫困无法获得信息工具（计算机）的群体则陷入一种较为困难的生活状态中，从而出现一种新的社会不平等，即数字鸿沟。[①]美国商务部同样认为，处于数字鸿沟不幸这一边，就意味着他们很少有机会参与到以信息为基础的新经济中，也很少有机会参与到在线教育、培训、购物、娱乐和交往中。[②]因此，人们通常把数字鸿沟问题和信息时代贫富分化、社会公正等问题联系起来，从而使它不仅具有社会学和经济学的含义，也成为社会政策甚至政治主张中的一种关怀（图 3-1）。

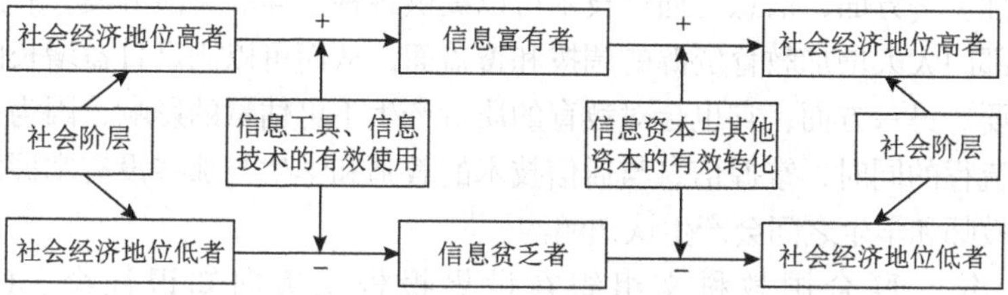


图 3-1　知识沟的结构

注："+"表示社会经济地位高者面临的积极因素，"−"表示社会经济地位低者面临的消极因素

2000 年 7 月，世界经济论坛特别工作组向八国集团首脑会议提交了《从全球数字鸿沟到全球数字机遇》（From the Global Digital Divide to Global Digital Opportunities）的专题建议书。全球数字鸿沟问题成为九州-冲绳峰会的主题。这次峰会提出了应对数字鸿沟的有关对策，并发表了《全球信息社会冲绳宪章》（Okinawa Charter on Global Information Society），指出为了遏制当今世界发达国家和发展中国家之间人均收入差距日益扩大的趋势，缩小乃至消除信息技术差距是唯一可供选择的"灵丹妙药"。[③]2001 年 1 月，世界经济论坛的主题之一是"如何缩小全球贫富差距"，认为贫富悬殊的根源就是数字鸿沟。世界银行的《世界发展报告 2000—2001：与贫困作斗争》（World Development Report 2000-2001：Attacking Poverty）的主题也是"向贫困宣战"，其中信息技术差距被看作发展中国家失去"机会"的主要原因之一。[④]

OECD 一直关注数字鸿沟问题。2001 年，OECD 相继发布了两份关于数字鸿沟的报告：《理解数字鸿沟》（Understanding the Digital Divide）、《跨越数字鸿

① 经济合作与发展组织. 学会跨越数字鸿沟[M]. 任仲伟，曲囡囡，译. 北京：教育科学出版社，2009.

② 转引自曹荣湘. 数字鸿沟引论：信息不平等与数字机遇[J]. 马克思主义与现实，2001(06)：20-25.

③ G8 Information Centre. Digital opportunities for all:Meeting the challenge[EB/OL]. (2011-05-11)[2024-03-01]. http://www. channelingreality.com/Digital_Treason/G8_Genoa_2001_DotForce_Part_1.pdf.

④ The World Bank. World development report 2000-2001:Attacking poverty[EB/OL]. (2000)[2024-03-01]. https://elibrary.worldbank.org/doi/abs/10.1596/0-1952-1129-4.

沟：OECD 国家的问题与政策》（Bridging the Digital Divide：Issues and Policies in OECD Countries）。在报告《理解数字鸿沟》中，OECD 将数字鸿沟定义为不同社会经济水平的个人、家庭、企业和地区在接入通信与信息技术以及利用因特网进行各种活动上的差距。该报告认为，测量数字鸿沟的两个主要指标分别为“可使用计算机”（computer availability）和“互联网接入”（Internet access）。在报告《跨越数字鸿沟：OECD 国家的问题与政策》中，OECD 认为信息与通信技术的影响和反作用具有两面性。一方面，信息与通信技术可以提供各种各样的灵活方案，有助于为不同的社会部门大大增加教育资源的调拨和覆盖面，从而可以满足日益增长的知识经济发展需要。另一方面，它也会对教育的质量产生不可估量的影响，因为在转变传统的教学流程的同时，掌握信息与通信技术的教师和学生与那些没有掌握信息与通信技术的教师和学生之间会产生认知鸿沟。①

2005 年，联合国教科文组织在世界报告《迈向知识社会》（Towards Knowledge Societies）中指出，由于数字鸿沟形式多样，其状况令人担忧。②数字鸿沟会导致未来的知识社会走向分离，而不是形成面向所有人的知识共享社会。数字鸿沟现象还会引发更加令人担忧的鸿沟——知识鸿沟，从而加剧了在知识的主要构成领域（信息获取、教育、科研、文化和语言多样性等）产生的各种鸿沟的累积效应，并对知识社会的建设构成了真正的挑战。联合国教科文组织总结出了影响数字鸿沟的 8 种因素：经济资源、地理、年龄、性别、语言、教育和社会或文化根源、就业、身体健全。联合国教科文组织认为，应当在自己职责范围内提出缩小数字鸿沟的方法，于是在信息社会世界高峰会议第一阶段会议上提出了 4 项原则，其目的就是在政策制定方面缩小数字鸿沟。联合国教科文组织认为，如果人们希望新技术为社会发展做出贡献，促进真正“知识社会”的形成，那么缩小数字鸿沟是首先要实现的目标。③

数字鸿沟现象出现的初期，正值个人计算机和互联网逐步融入社会生活和家庭生活之际，当时研究者关注的主要是人们在是否拥有电脑和是否能连接网络方面的机会不公与差异，所以通常以个人计算机和互联网普及率作为研究数字鸿沟现象的重要测算指标，聚焦的是“物理接入”层面。美国哈佛大学教授尼帕·诺里斯（N. Nottis）认为，数字鸿沟包括三个方面的典型特征：全球鸿沟，指的是

① 经济合作与发展组织. 学会跨越数字鸿沟[M]. 任仲伟，曲囡囡，译. 北京：教育科学出版社，2009.

② 联合国教科文组织. 迈向知识社会[EB/OL].（2005）[2023-10-15]. https://unesdoc.unesco.org/ark:/48223/pf0000141843_chi.

③ 唐思慧. 电子政务信息公平研究[M]. 北京：世界图书出版公司，2011.

发达国家和发展中国家之间在接入网络方面的差距；社会鸿沟，涉及每个国家中信息富足者和信息贫困者之间的差距；民主鸿沟，指的是那些使用和不使用数字资源去从事、动员或参与公共生活的人之间的差距。[①]然而，随着新兴信息技术的不断发展和互联网的逐步成熟，数字鸿沟现象呈现出新的变化，一种新数字鸿沟开始进入媒体和研究者的视野。2011 年，《纽约时报》（The New York Times）刊登了美国总统奥巴马科学、技术与创新政策前特别助理苏珊·克劳福德（S. Crawford）教授撰写的《新数字鸿沟》（The new digital divide）一文，使信息化发展过程中新出现的一种“数字差距”首次进入公众的视野。[②]2012 年，《纽约时报》发表了《时间浪费：数字时代的鸿沟》（Waste of time：The divide in the digital age）一文，更加明确地指出了当前政策制定者和研究者始料未及又倍感困扰的新数字鸿沟现象。[③]

何谓新数字鸿沟？正如数字鸿沟概念提出以后虽然一直为媒体和学术界广泛使用，但很长时间却没有明确的公认界定一样，新数字鸿沟目前还只是停留在现象的描述层面。综合来看，就是因“物理接入”而导致的数字鸿沟（亦可称为“物理鸿沟”）逐渐弥合的同时，因计算机或上网技能差异而导致的“技能鸿沟”，以及因网络使用的带宽、时长及参与方式差异而导致的“使用鸿沟”却突然出现。它们比“物理鸿沟”更难弥合，甚至会越来越深，使已有的社会不公平进一步加剧，乃至产生持久不公平的结果。这种“技能鸿沟”“使用鸿沟”即新数字鸿沟。[④]

那么，什么是“技能鸿沟”“使用鸿沟”呢？简单地说，“技能鸿沟”是缺乏数字生存技能的数字弱势群体与数字优势群体之间的差距。例如，一些城市外来务工人员尽管有上网的条件（如网吧），却不知道如何购买火车票，更不知道如何使用各种“抢票软件”，因而成为新数字鸿沟不幸的一方。具体而言，“技能鸿沟”是指人们在使用数字技术时产生的差异，具体包括使用的时间和频率、使用的网络应用的数量和类型、网络带宽、是否能积极或创造性地使用等方面。除了

---

① Norris P. Digital Divide: Civic Engagement, Information Poverty, and the Internet Worldwide[M]. New York: Cambridge University Press, 2001.

② Crawford S P. The new digital divide[EB/OL].（2011-12-04）[2024-03-01]. http://www.nytimes.com/2011-12/04/opinion/sunday/Internet-acess-and-the–new-divide.htm.

③ Richtel M. Wasting time is new divide in digital era[EB/OL].（2012-05-30）[2023-10-30]. https://www.cnbc.com/2012/05/30/wasting-time-is-new-divide-in-digital-era.html.

④ 王美，徐光涛，任友群. 信息技术促进教育公平：一剂良药抑或一把双刃剑[J]. 全球教育展望，2014（02）：39-49.

使用时间上的差异，不同人群使用的网络应用也存在巨大的差异，即“使用鸿沟”。研究发现，高学历人群更多使用网络上的“严肃类应用”（serious application），最大化地发挥与工作、职业、学习、社会参与等相关的资本和资源的优势效应。低学历人群在网上主要是聊天和进行在线游戏，更多娱乐类应用（entertainment application）很少甚至几乎没有发挥资本和资源的优势效应。美国也出现了类似的现象，来自低收入家庭的孩子比来自富裕家庭的孩子花在电视及其他电子设备上的时间多得多，而且时间大多浪费在看视频、打游戏、浏览社交网站上。①因所用网络类型的差异而形成的“使用鸿沟”在不同性别、年龄人群中也有所反映，例如，与中年人和老年人相比，16—35 岁的年轻人更多地使用社交网络、上传和下载音频文件、聊天、游戏、浏览网页等功能，同时也更多地使用新闻服务、讨论群组、网上求职和在线教育等“严肃类应用”。与男性相比，女性使用更多的应用是电子邮件、社交网络和在线游戏等。②

新数字鸿沟是如何出现的呢？主要原因有四点③：其一，信息素养的差别。由于家庭背景、教育背景、工作经历、性格和年龄等方面因素的影响，不同人的信息素养也有所不同，这就决定了即使在同样的网络环境下，不同人的网络信息行为也会有较大的差别。其二，所用网络终端设备不同。随着信息技术的发展，人们用来接入网络的终端从笨重的台式机到笔记本电脑，再到平板电脑、智能手机等手持设备，所持网络终端设备的不同也会导致用户信息行为的不同，进而导致数字鸿沟越来越深。其三，性别和年龄的差异。通常认为，男性比女性在互联网的接入和使用上占有优势。在孩童时代，男孩比女孩更多地被鼓励使用计算机和互联网；在大学阶段，更多的男生被鼓励进入计算机、软件等技术专业继续深造，同时信息技术工作中的性别歧视也影响了一些女性学习计算机和互联网知识的意愿。年龄因素也是新数字鸿沟产生的原因之一，由于互联网到 20 世纪末才兴起，50 岁及以上群体接触的互联网比年轻一代少，尽管他们当中一部分人了解一些互联网知识，但由于年龄的原因，学习能力下降，他们会感觉到对新的互联网技术难以掌握。然而，青少年群体是伴随着这些技术的发展而成长起来的，这些技术很自然地成为他们日常生活的组成部分。其四，职业和劳动分工的不同。不同职业群体之间也会产生数字鸿沟。相对来说，职业与信息技术有关的群体对计算机网络技术比较熟悉，他们能够

---

① van Dijk J A G M. The evolution of the digital divide:The digital divide turns to inequality of skills and usage[C]. In J. Bus, M. Crompton, G. Hildebrandt, et al（Eds.）, Digital Enlightenment Yearbook 2012（pp. 57-78）. Amsterdam: IOS Press.

② 王美，随晓筱. 新数字鸿沟：信息技术促进教育公平的新挑战[J]. 现代远程教育研究，2014（04）：97-103.

③ 江峰. 新数字鸿沟研究[J]. 图书馆杂志，2013（01）：8-12.

熟练地使用互联网满足自己的信息需求。职业和劳动分工的不同，使得一些群体在工作场所缺乏计算机与互联网接入和使用的机会，这无疑会加深与其他职业群体之间的数字鸿沟。

总的来看，关于数字鸿沟基本内容的论述，目前有三种观点。第一代数字鸿沟的内涵，即数字鸿沟是关于信息拥有者和信息缺乏者之间的区隔，是一个非此即彼的概念，要么能接入信息技术，要么不能接入信息技术。第二代数字鸿沟的内涵，即数字鸿沟从“接入技术”扩展到利用技术的技能与培训形成的沟壑。第三代数字鸿沟的内涵，即关于数字时代信息资源和知识的鸿沟，超越了信息通信技术的分析层面，认为数字鸿沟不仅是信息技术发展和应用方面的差距，更是信息与知识获取和利用能力方面的差距，即知识获取方面的鸿沟。

### 四、知识沟理论对信息化促进义务教育优质均衡发展的启示

整体而言，我国东部沿海地区的教育信息化发展水平高于中西部地区。相对而言，经济发达地区的人无论是在获得的知识储备、信息素养等方面，还是新技术的使用等方面，都要明显优于经济欠发达地区的人，知识沟已经存在。随着新媒体技术的发展，知识更新换代的周期越来越短，这可能会使经济欠发达地区的人知识信息“老沟”未填平，“新沟”又不断出现，这无形中又使已经存在的知识鸿沟不断扩大。由此可见，推动教育信息化的发展，对于信息传播、缩小不同群体之间的知识差距具有至关重要的作用。

## 第二节　协同学理论与信息化促进义务教育优质均衡发展

### 一、协同学理论的要义

协同学是20世纪70年代以来逐渐形成和发展起来的一门新兴学科。与耗散结构理论一样，协同学也是研究远离平衡态的开放系统，在保证与外界有物质或能量交换的条件下，如何能够自发地产生一定的有序结构或功能行为。它以现代科学理论的最新成果——信息论、控制论、突变论等为基础，汲取耗散结构理论的大量营养，采用统计学和动力学相结合的方法，通过不同领域的分析类比，建

立了一整套数学模型和处理方案，以此来描述各种系统和现象中从无序到有序转变的共同规律。[①]

协同学的创始人是德国理论物理学教授赫尔曼·哈肯（H. Haken）。他在 20 世纪 60 年代研究激光理论的基础上，提出了协同学的基本观点和理论基础，于 1971 年和经济学家格雷厄姆（Graham）合作发表了《协同学：一门协作的科学》（Synergetics：A science of cooperation）一文，提出无论何种对立的双方，只要在同一个统一体之内，在同一目标下，都存在着协同发展的可能性和现实性，都可以实现协同发展。[②]1973 年，哈肯教授正式提出了协同学理论的概念。他认为，在一个系统内，若各种子系统不能很好地协同，甚至互相拆台，这样的系统必然呈现无序状态，发挥不了整体性功能而终至瓦解，相反，若系统中各子系统能很好地配合、协同，多种力量就能集聚成一个总力量，形成大大超越原各自功能总和的新功能。[③]1977 年，哈肯教授正式出版了《协同学导论》（Synergetics：An Introduction）一书，建立了协同学的理论框架，跨学科领域初步建立。他指出，协同学是一门横断学科，它研究的是系统中的子系统之间是怎样合作以产生宏观的空间结构、时间结构或功能结构的，它既处理确定论过程，又处理随机过程。[④]1983 年，哈肯教授又出版了《高级协同学》（Advanced Synergetics）一书，指出协同学处理由许多子系统组成的系统。不同系统的子系统可以是性质不同的，如电子、原子、分子、细胞、中子、化学元素、光子、器官、动物乃至于人。[⑤]另外，哈肯教授还出版了近 20 本关于协同学的专著，协同学理论正式创立。

协同学是一门研究各种不同系统在质变过程中遵循的共同规律的科学，其中心议题是探讨支配生物界和非生物界的机构或功能的自组织形成过程的某些普遍原理。哈肯认为，自然界和人类社会的各种事物普遍存在无序和有序的现象，在一定的条件下，有序与无序之间可以相互转化，无序就是混沌，有序就是协同，这是一个普遍规律。[⑥]在自然科学中，无论是数学关系的和谐之美、物理的守恒原理，还是化学和生物的大分子协同效应，都证明了运动的和谐性与协同性。

① 沈小峰，郭治安. 协同学的方法论问题[J]. 北京师范大学学报（自然科学版），1984（01）：89-95.

② 赫尔曼·哈肯. 协同学——大自然构成的奥秘[M]. 凌复华，译. 上海：上海译文出版社，2001.

③ H. 哈肯. 协同学导论[M]. 张纪岳. 郭治安，译. 西安：西北大学科研处，1981.

④ H. 哈肯. 高等协同学[M]. 郭治安，译. 北京：科学出版社，1989.

⑤ 吴大进，曹力，陈立华. 协同学原理和应用[M]. 武汉：华中理工大学出版社，1990.

⑥ H. 哈肯. 协同学——引论 物理学、化学和生物学中的非平衡相变和自组织[M]. 徐锡申，陈式刚，陈雅深，等，译. 北京：原子能出版社，1984.

协同学理论对应的一个核心概念是“协同”。所谓协同，是指两个或两个以上的不同主体通过协调、合作，在共同完成某一特定目标或任务的过程中，实现各自能力的提升和总体业绩倍增的现象。[①]简单地说，就是两个或两个以上的不同主体通过合作，产生大于每个主体单独完成任务时所能创造业绩的总和，即实现 1+1+1 远远大于 3 的效应。“协同”作为一个词语，来源于希腊文 snyergos，在英文中有 synergy、collaboration、cooperation 和 coordination 等多种表述，本意是共同工作。赋予“协同”特定学术意义的，则是德国的哈肯教授。协同有着特定的内容。①系统中子系统之间的协同合作。客观存在的系统中，既存在子系统自发的独立运动，又存在因它们之间的相互作用而形成的关联运动。当在系统外界控制参量尚未达到一定的阈值之前，子系统之间的关联较弱，独立运动占据主导的局面，系统呈现无序的状态；当控制参量达到阈值时，关联运动占据主导，系统的协同效应得以形成，系统的宏观有序结构因此出现。可见，子系统之间的协同效应决定了系统的有序性。②系统的各序参量往往并非单一的，特别是在系统极变（状态变化）的临界点处，每个序参量都包含着系统的一级微观状态，且对应着系统的特定宏观状态。各序参量来源于子系统之间的协同合作，反过来又会影响、支配子系统的行为，且都企图独立主宰系统运行。[②]可见，协同是指元素对元素的相干能力，表现了元素在整体发展运行过程中协调与合作的性质。结构元素各自之间的协调、协作形成了拉动效应。促使事物间属性互相增强、向积极方向发展的相干性，即为协同性。同时，与“协同”相对应的另一个概念是“竞争”。与子系统之间的关联运动、相干效应相对立的各子系统的独立运动，决定了子系统之间的竞争的必然存在，序参量之间也客观存在竞争。随着外界控制参量的变化，以及相应的各序参量之间地位、作用的变化，序参量之间原有的协同、有序状态解体，进入新的竞争状态，从而可能产生新的结构或模式。[③]由此可见，竞争、协同并存于系统运行之中。没有竞争，则无所谓协同；没有协同，竞争也就变得毫无意义。从系统运行的总体意义上来说，协同形成结构，竞争促进发展。

协同学理论对应的另一个核心概念是“序参量”。序参量是指在系统演化过程中从无到有的变化，影响着系统各要素由一种相变状态转化为另一种相变状态

① 赫尔曼·哈肯. 协同学——大自然构成的奥秘[M]. 凌复华，译. 上海：上海译文出版社，2001.

② 陈峰. 协同学理论及其在教育研究中的移植[J]. 湖南师范大学社会科学学报，1993(04)：107-111.

③ 陈峰. 协同学理论及其在教育研究中的移植[J]. 湖南师范大学社会科学学报，1993(04)：107-111.

的集体协同的行为，并能指示出新结构形成的参量。[①]序参量是描述系统宏观有序度或宏观模式的参量。它旨在描述系统在时间的进程中会处于什么样的有序状态，具有什么样的有序结构和性能，运行于什么样的模式之中，以什么模式存在和变化，等等。序参量一旦通过综合研究被确定，不但对把握系统的宏观秩序有决定性作用，也可以通过它去了解微观层次上各种子系统的行为和运动状态。

“自组织”也是协同学理论的一个核心概念。哈肯认为，从进化形式来看，组织可以分为两类：他组织和自组织。[②]如果一个系统靠外部指令而形成组织，就是他组织；如果不存在外部指令，系统按照相互默契的某种规则，各尽其责而又协调自动地形成有序结构，就是自组织，即如果一个体系在获得空间、时间或功能的结构过程中，没有外界的特定干涉，我们便说该体系是自组织的。[③]自组织、他组织、自无序和被无序概念的关系，如表 3-1 所示。

**表 3-1　自组织、他组织、自无序和被无序概念关系**

| 总概念 | 组织（有序化、结构化） | | 非或无组织（无序化、混乱化） | |
|---|---|---|---|---|
| 含义 | 事物朝有序、结构化方向演化的过程 | | 事物朝无序、结构瓦解方向演化的过程 | |
| 二级概念 | 自组织 | 他组织 | 自无序 | 被无序 |
| 含义 | 组织力量来自事物内部的组织过程 | 组织力量来自事物外部的组织过程 | 非组织作用来自事物内部的无序过程 | 非组织作用来自事物外部的无序过程 |
| 典型例子 | 生命的成长 | 晶体、机器 | 生命的死亡 | 地震下的房屋倒塌 |

## 二、协同学理论的内容

协同学理论的主要内容可以概括为以下三个方面。

1. 协同效应

协同效应是指由于协同作用而产生的结果，是指复杂开放系统中大量子系统相互作用而产生的整体效应或集体效应。对于千差万别的自然系统或社会系统而言，均存在着协同作用，是系统有序结构形成的内驱力。这种协同作用能使系统在临界点发生质变产生协同效应，使系统从无序变为有序，从混沌中产生某种稳定结构。

① 陈劲. 协同创新[M]. 杭州：浙江大学出版社，2012.

② H. 哈肯. 协同学——自然成功的奥秘[M]. 戴鸣钟，译. 上海：上海科学普及出版社，1988.

③ 郭治安，等. 协同学入门[M]. 成都：四川人民出版社，1988.

2. 伺服原理

用一句话来概括，伺服原理即序参量支配子系统行为。它从系统内稳定因素和不稳定因素间的相互作用方面描述了系统的自组织过程。其实质在于规定了临界点上系统的简化原则——快速衰减组态被迫跟随于缓慢增长的组态，也就是在接近不稳定点或临界点时，系统的动力学和突现结构通常由少数几个集体变量即序参量决定，而系统其他变量的行为则由这些序参量支配或规定。正如协同学理论的创始人哈肯所说，序参量以“雪崩”之势席卷整个系统，掌握全局，主宰系统演化的整个过程。[①]伺服原理表明，序参量支配和规定着各种微观子系统及其参量的存在和行为，支配和规定着宏观系统的有序状态、结构性能及有序度的变化。当然，序参量的支配作用并不是绝对的，各种子系统及其参量对序参量也有反作用。这不仅表现在序参量是在各种子系统及其参量的共同作用中形成的，是在它们的集体运动中产生的，还在于某些子系统及其参量的行为可以成长为决定整个系统程序的一种模式，它们能够在一定的过程中经过放大扩充变成起支配作用的序参量。[②]

3. 自组织原理

20 世纪中期以来，当代自然科学的前沿出现了耗散结构理论、协同论、突变论、超循环论、混沌理论等。尽管这些理论的研究对象不同，但是它们的研究具有共同特征，即都是针对非线性的复杂系统或非线性的复杂自组织形成过程进行，因而被统称为自组织理论。自组织是相对于他组织而言的。他组织是指组织指令和组织能力来自系统外部，而自组织则是指系统在没有外部指令的条件下，其内部子系统之间能够按照某种规则自动形成一定的结构或功能，具有内在性和自生性特点。自组织理论作为协同学的核心内容，揭示了在开放系统中，无论系统处于非平衡状态还是包含平衡状态的复杂情况下，当系统受到一定外部控制参量的影响时，即便其外部环境条件未发生根本性的变化，也无须从环境中直接获取关于“如何组织、形成何种结构以及怎样维持该结构”的具体指令信息。系统内部各要素基于它们之间复杂的非线性相互作用，能够自发地、无需外部直接指令地组织起来，进而形成并维持一种特定的有序结构。这种自组织现象正是系统内子系统间协同效应的表现，系统所具有的自组织特性维持着参量的稳定，如表 3-2 所示。

① 高乐，蒋刚强. 基于协同学视角的企业变革管理研究[J]. 企业导报，2012(02)：51-52.

② 李训贵. 协同学的基本思想[J]. 河池师专学报(理科版)，1993(03)：15-20.

表 3-2　自组织理论组成及方法形成

| 理论名称 | 概念 | 方法论 |
|---|---|---|
| 耗散结构理论 | 一个远离平衡态的非线性的开放系统通过不断地与外界交换物质和能量，在系统内某个参量的变化达到一定阈值时，通过涨落，系统可能发生突变即非平衡相变，由原来的混沌无序状态转变为一种在时间、空间或功能上的有序状态 | 解决自组织出现的条件环境问题 |
| 协同论 | 研究子系统构成的系统是通过协作从无序到有序演化的规律，“协同效应”“自组织”是其核心概念和硬核 | 解决自组织的动力学问题 |
| 超循环论 | 研究生物信息起源的理论，生命现象都包含许多由酶的催化作用推动的各种循环 | 从数学抽象的角度研究自组织的途径问题 |
| 突变论 | 指出系统的熵可以增加也可以减少，从而造成有序性的发展 | 解决了自组织的结合形式问题 |
| 混沌理论 | 主要是指在确定性系统中出现的无序性、无规则性和不可预测性，是描述复杂性和不能根据初始状态预知其未来运动状态的动力学系统的理论 | 从时间序与空间序的角度研究了自组织的复杂性和途径问题 |

## 三、协同学理论对信息化促进义务教育优质均衡发展的启示

协同学认为，对于任何复杂系统而言，当在外来能量的作用下物质的聚集态达到某种临界值时，子系统之间就会产生协同联动作用。在一定的外部能量流、信息流和物质流输入的条件下，系统会通过大量子系统之间的协同联动作用而形成新的时间、空间或功能有序结构。当各子系统相互共生、相互协调时，整个系统发挥的功能就可能大于或等于子系统各自发挥功能的和。[①]反之，则可能小于各个子系统各自发挥功能的和，产生“水桶效应”（即由几块木板组成的水桶，其装水的多少是由最短的一块决定的）。同样，将协同学推演到教育信息化领域，我们认为教育信息化的发展不仅要统筹系统各要素，更要统筹教育信息化与教育、社会之间的关系，以及区域、城乡之间的发展。深刻认识和理解教育信息化系统内外的关系，是信息化促进义务教育优质均衡发展的理论和实践的依据。

通过协同学理论，国内研究者构建了信息化促进义务教育优质均衡发展的“联动模式”。它是以系统论为指导，将教育信息化置于整个教育系统、社会信息化系统中，打破了区域、城乡、校际边界，整合配置政策、经济和技术资源，实现了区域内教育信息化的统筹发展和城乡一体化，并带动了义务教育均衡发展。

① 白列湖．协同论与管理协同理论[J]．甘肃社会科学，2007(05)：228-230.

内外联动是指教育信息化系统各要素之间、信息化子系统和教育系统、教育信息化子系统和社会信息化子系统之间的联动。上下联动是指国家、省、市、县（区）和学校的联动，要依托国家、省、市、县（区）的政策和经费资源，整合各级教育教学资源和人才资源，突破本位主义、地方主义。点面联动是指重难点和面上工作、示范和普及以及创新和常规化之间的关系处理策略，以点带面，以示范带动普及，以创新引领常规化，在追求均衡的同时凝聚地方特色。城乡联动是指城乡学校、教师和学生之间的联动形成协同发展的局面。[①]

在现实条件下，一所学校、一间教室很难真正实现促进全体学生的全面发展，即使是优秀的学校和教师也不能在现有的教育体制下使教育适应每一个孩子发展的需要，为每一个孩子的个性化发展提供足够有效的教育服务。教育信息化将教育从封闭的体系中拓展出来，可以突破区域、部门、行业的体制性障碍和时空、主体的边界，利用网络整合各方优质资源，建成无区域、部门、时空界限的信息化教育服务共同体——信息化教育联盟，使学生能够充分利用信息技术的无时空、无主体限制优势，获得更好的个性化发展服务，提高教育的质量，实现人人有学上、时时有学上和上好学的教育理想。[②]并且，运用信息化手段，我们能够深入挖掘不同学校的潜能和优势，鼓励学校办出特色，从而使各类学校的优质教育资源实现共享。这一举措不仅能放大各方的资源优势，更实现了 1+1>2 的协同效应。

## 第三节　复杂性科学理论与信息化促进义务教育优质均衡发展

### 一、复杂性科学理论的要义

系统科学的先驱者贝塔朗菲（Bertalanffy）于 20 世纪 40 年代末就已经提出了要对复杂性问题进行研究。信息论创始人之一韦弗尔（Weaver）在同一时期提出有组织复杂性和无组织复杂性的划分，把有组织复杂性作为系统科学的研究对象，对其后的科学发展产生了深刻影响。[③]兴起于 20 世纪 70—80 年代的复杂性

① 黄红敏，黄国洪. 欠发达地区跨越“数字鸿沟”促义务教育均衡发展的探索——以肇庆市的“联动模式”为例[J]. 中国电化教育，2010(10)：40-44.

② 彭红光，林君芬. 以信息化促进义务教育均衡发展的机制和策略[J]. 中国电化教育，2010(10)：33-39.

③ Weaver W. Science and complexity[J]. American Scientist, 1948(4)：536-544.

研究（complexity researches）或复杂性科学（complexity sciences），是系统科学发展的新阶段，也是当代科学发展的前沿之一。1973 年，法国哲学家埃德加·莫兰（E. Morin）发表了《迷失的范式：人性研究》（The lost paradigm：The study of humanity）一文，首次系统地提出了复杂性方法和复杂性理论，成为提出当代复杂性理论的第一人。他的复杂性方法主要用“多样性统一”的概念模式来纠正经典科学的还原论的认识方法，用关于世界基本性质是“有序性和无序性统一”的概念来批判“机械决定论”，提出把认识现象加以背景化来反对在封闭的系统中追求完满认识，主张整体和部分共同决定系统来修正传统系统观的单纯整体性原则。①同年，比利时著名科学家普利高津（Prigogine）发表了《稳定性、涨落与复杂性》（Stability，fluctuation，and complexity）一文，迅速成为复杂性科学研究的领军人物之一。他发现，处于平衡态和近平衡态的系统都是简单的，处于远离平衡态的系统能够生成一种依靠耗散能量来维持的有序结构，呈现出平衡结构没有的复杂性。他把复杂性科学作为经典科学的对立物和超越者提出来，主要是为了揭示不可逆的物理过程和物质进化机制的耗散结构理论，并用这一理论研究了物理、化学中导致复杂过程的自组织现象，为探索生物复杂性和社会复杂性奠定了基础。②1984 年，美国圣菲研究所（世界复杂性问题研究的中枢）在复杂性科学的基础上提出了适应性造就复杂性，表明系统在适应环境的过程中，自身的结构和行为方式出现了从简单到复杂的演变，即从中提取有关客观世界的规律性的东西作为自己行为的参照，并通过实践活动中的反馈来改善自己的行为方式。复杂性适应系统反映了生物、社会等高级系统的能动的自组织机制。③

复杂性科学是以复杂性为研究对象的。关于复杂性，国内外学者对其的定义有几十种之多，各自反映了复杂性的某些特征，其中有些很难说是真正的复杂性。我国著名科学家钱学森以系统再分类为基础，对复杂性进行了界定：①系统的子系统之间可以通过多样化的通信方式进行相互作用；②子系统的种类多，各有其定性模型；③各子系统中的知识表达不同，以各种方式获取知识；④系统的结构会随着系统的演变发生变化。④他认为，凡现在不能用还原论方法处理的，或不宜用还原论方法处理的问题，而要用或宜用新的科学方法处理的问题，都是复杂性问题。针对复杂性的性质问题，钱学森一语道破天机，即所谓复杂性实际

① 埃德加·莫兰. 复杂思想：自觉的科学[M]. 陈一壮，译. 北京：北京大学出版社，2001.

② 闵家胤. 关于“复杂性研究”和“复杂性科学”[J]. 系统辩证学学报，2003(03)：13-15.

③ 黄欣荣，吴彤. 复杂性科学兴起的语境分析[J]. 清华大学学报(哲学社会科学版)，2004(03)：38-45.

④ 钱学森. 创建系统学[M]. 太原：山西科学技术出版社，2001.

上是开放的复杂巨系统的动力学，复杂性是开放的复杂巨系统的特征。[①]从科学技术层次来说，复杂性科学就是从复杂性的理念出发，探索事物复杂性的基本规律及其应用，复杂性科学将为众多领域的研究和发展提供新思路、新途径、新方法和新应用。复杂性科学研究的基本内容包括四点：①研究复杂性科学理论与复杂性的共同特征、转变方式及其各种机制；②研究复杂性的表现形式与内在规律及其联系，包括分岔、混沌、湍流、时空样图与相干结构及其演变规律，以及各种不可预测的现象“涌现”和转变规律；③研究驾驭复杂性的方法和技术，如混沌同步理论与方法；④研究复杂性在众多领域的应用。[②]

## 二、复杂性科学的基本理论

复杂性科学的基本理论包括以下六个方面。[③]

第一，涌现生成理论。涌现生成理论是享誉盛名的美国圣塔菲研究所（Santa Fe Institute，SFI）的霍兰德（Holland）提出的一个复杂性理论分支。涌现生成理论就是从科学机理上揭示出涌现是如何产生的，也就是组织的生成问题。它关注复杂性组织产生的机制，关注描述分析组织生成的工具。霍兰德通过对“受限生成过程”的分析，揭示出低层次的系统行为主体之间通过局域作用向全局作用的转换、行为主体之间的相互适应、进化产生出一种整体的模式，即一个新的层次表现为一种涌现性质。这些新层次又可以作为“积木”通过相互汇聚、受约束生成新的模式，即更高一层的新的系统和性质，由此层层涌现，不仅产生了具有层级的系统，而且表现出进化涌现的新颖性——新事物、新组织层出不穷。

第二，复杂适应系统理论。该理论也是霍兰德提出的一个复杂性理论分支，其基本思想是“适应性造就复杂性”。我们把系统中的成员称为具有适应性的主体，简称为主体。所谓具有适应性，就是指能够与环境及其他主体进行交互作用。在这种持续不断地交互作用的过程中，主体不断地学习或积累经验，并且根据学到的经验改变自身的结构和行为方式。整个宏观系统的演变或进化，包括新层次的产生、分化和多样性的出现，以及新的、聚合而成的、更大的主体的出现等，都是在这个基础上逐步派生出来的。

---

① 钱学森. 创建系统学[M]. 太原：山西科学技术出版社，2001.

② 郝柏林. 复杂性的刻画与“复杂性科学”[J]. 科学，1999(03)：2，3-8.

③ 黄欣荣. 复杂性科学的方法论研究[M]. 重庆：重庆大学出版社，2012.

第三，进化计算理论。它是一系列以进化原理为仿真依据的搜索技术，主要包括四大流派：遗传算法、进化规划、进化策略和遗传编程。这些方法都是基于生物进化的基本思想来设计、控制和优化人工系统的，一般将这类计算方法统称为进化计算。进化计算模仿自然遗传进化的过程，通常包括选择、重组或交叉、变异、迁移、并行实现等基本算子。各流派的区别在于，实现进化过程中使用基本算子的应用比例或侧重点有所不同，但它们采用的都是基于自然进化过程的基本计算模型。

第四，自组织临界性理论。自组织临界性理论认为，多种要素相互作用的大系统能够自发地朝临界状态演化。在这种自组织临界状态下，一个小的事件会引发一个大事件乃至发生突变。自组织临界性理论是一种新的观察自然界的方式，其基本立场是自然界总是处于持续的非平衡状态，由于系统内部要素之间的相互作用，它们可以组织成为一种临界稳定状态，即临界态。从功能机制角度看，相互作用正是系统演化行为的根源。

第五，人工生命理论。它是一门学科，专注于构建能够展现自然生命系统行为特征的人造系统。该领域旨在通过综合方法，在计算机和其他人工媒介中模拟类似生命的行为，以此作为对传统生物科学中有机体分析的补充和拓展。人工生命把组织视为简单机器的大群体，采用自底向上的综合方法工作。它是由在类似生命、全局动态行为中的简单、有可控规则的大量有交互作用的对象组成的。人工生命正是通过自底向上分布的、局部的行为决定方法论来获得类似生命行为的涌现行为。人工生命运用综合方法以人工的方式合成生命，探索生命存在的可能形式。

第六，复杂网络理论。它突出强调了系统结构的拓扑特征，为复杂系统提供了一套更加一般化的描述方式。复杂网络可以用来描述物种之间的捕食关系、人与人之间的社会关系、词与词之间的语义关系、计算机之间的网络链接、神经元之间的通信反馈作用、蛋白质之间的相互关系等。复杂网络研究的内容主要包括网络的几何性质、网络的形成机制、网络演化的统计规律、网络上的模型性质，以及网络的结构稳定性、网络的演化动力学机制问题。

## 三、复杂性科学理论对信息化促进义务教育优质均衡发展的启示

从复杂性结构角度来看，教育信息化是由信息化基础、信息化资源、信息化应用、信息化政策与制度、信息化人才等要素构成的复杂性系统。在这个系统中，各要素之间密切联系又相互制约，但是决定一切工作的根本是“人”。从复

杂系统的外部层次来看，义务教育系统是教育信息化系统工程的一个重要组成部分，除了受到教育信息化大系统的影响之外，也必然受到区域系统等方面的影响。教育信息化是一个开放的、复杂的巨大系统，而义务教育信息化只是教育信息系统的一个分支。事实上，我们日常观察到的各种系统都是开放的系统，即便人们能够创造一个完全封闭的系统，这个系统也具有某些自组织特性，否则它就失去了存在和演化的根本依据。

# 第四章　教育信息化与教育机会均等

改革开放以来，我国义务教育发生了翻天覆地的变化。但是，在城乡分割体制下，农村教育还面临诸多难题，农村教学点地位低、经费少、师资缺、质量差等问题更是对义务教育发展产生了一定影响。农村教学点数量急剧下降，且处于被漠视、被遗忘的角落，导致农村偏远地区学生上学距离过远，交通隐患增加，家庭经济负担加重。2012 年，《国务院办公厅关于规范农村义务教育学校布局调整的意见》提出，人口相对集中的村寨要设置村小学或教学点，人口稀少、地处偏远、交通不便的地方应保留或设置教学点。《国家中长期教育改革和发展规划纲要（2010—2020 年）》明确提出，“适应城乡发展需要，合理规划学校布局，办好必要的教学点，方便学生就近入学”。该文件同时指出，信息技术对教育具有革命性的影响，必须予以高度重视。因此，探讨信息化促进农村教学点发展的措施、成效、问题及对策，对于利用信息化手段助推农村教学点发展、实现教育机会均等，促进城乡义务教育优质均衡发展具有重要的现实意义。

## 第一节　农村教学点发展与教育机会均等

教育入学机会均等是我国努力追求的目标，但由于经济、政治、文化、地域发展的差异性，我国各地区的教育入学机会依然存在较大的差距。目前，还有一些农村偏远地区薄弱学校尤其是农村教学点发展不能满足当前的需要，这在某种程度上会影响农村教学点学生的教育机会均等。

## 一、农村教学点方便偏远地区学生就近入学，进而实现教育机会均等

教育公平是社会公平在教育领域的延伸和体现。从教育活动的过程来看，可分为教育起点公平、教育过程公平和教育结果公平。教育起点公平是指每个人不受性别、种族、出身、经济地位、居住环境等条件的影响，均有开始其学习生涯的机会。农村教学点为低龄儿童提供了就近入学的机会，这种亲子教育更有利于儿童情感和身心健全发展。同时，它规避了远距离上学途中的不确定风险，能确保人身安全，有效地实现了教育机会公平。农村教学点多数分布在大山深处、边陲海岛、戈壁草原，交通极为不便，地理环境恶劣，条件较为艰苦，师资力量薄弱，却又是保证农村边远地区适龄儿童就近入学不可或缺的重要力量。在邻近村落的地方设立必要的教学点，可以方便孩子上学，节省孩子上学的成本，也消除了学生家长的顾虑，从而最大限度地保证了农村偏远地区适龄儿童的受教育机会均等。正如利特尔（Little）所言，小型复式学校对于增加教育机会，实现让所有儿童接受教育的目标具有极为重要的作用。据统计，全世界有很多儿童没有接受过教育，这些儿童大多居住在偏远落后地区。因此，经济社会落后地区的教育普及，急需小规模学校的设立。[①]中西部农村中小学合理布局课题组 6 省区有效学生问卷调查结果显示，农村教学点撤并后，学生上学的平均距离为 5.5 公里，有 74.0%的教育行政人员、77.5%的中小学校长、70.5%的中层干部、69.8%的教师和 62.1%的教辅人员将上学路程远列为当地农村中小学布局调整存在的主要问题之一。[②]可见，保留必要的农村教学点，可以方便农村偏远地区学生入学，能有效地实现学生入学机会均等。

## 二、农村教学点是有生命力的，且在偏远地区长期存在

在我国农村地区，特别是那些偏远地区，农村学校的规模一般较小，学生较少。这些农村教学点往往是由于多种客观原因形成的，如有些是由于人口分散、地形复杂、交通不便，不能集中办学，学校规模从创立之初就比较小；有些是由

① Little A W. Learning and teaching in multigrade settings[J]. (2004)[2024-03-01]. https://unesdoc.unesco.org/ark:/48223/pf0000146665.

② 范先佐，等. 中国中西部地区农村中小学合理布局结构研究——基于对中西部地区 6 省区 38 个县市 177 个乡镇的调查与分析[M]. 北京：中国社会科学出版社，2009.

于人口自然减少或城镇化过程中人口外流，学校规模被动变小。尽管这些农村教学点规模小、学生数量少，但它们在偏远地区却必不可少，因为农村偏远地区面积广阔、地形各异、居民居住分散的客观事实是长期存在的，加上我国二孩政策全面放开，人口出生率可能会出现反弹趋势，因此农村教学点是有必要长期保留的。如果农村教学点都被撤销，一些家庭贫困的农村学龄儿童就可能会因为贫困、路程太远、在学校吃不好等辍学。联合国教科文组织认为，全世界各国无论其经济社会发展水平如何，都拥有大量的农村小规模学校，尽管它们的数量逐渐减少，但它们能满足偏远地区学生的教育需求，这类学校在未来一定是继续存在的。①况且，保留农村教学点有利于农村家庭、学校和农村社会的密切联系，诸多偏远地区的农村居民往往聚族而居，农村教学点的教师及学生家长往往有着直接的宗族或姻亲关系，并有辈分高低之分，这密切了农村居民、农村教学点和农村社会的联系，便于农村居民、社会与学校的沟通和交流，进而形成教育合力。

## 三、农村教学点是县域义务教育优质均衡发展的重点和难点

《国家中长期教育改革和发展规划纲要（2010—2020 年）》将推进义务教育均衡发展提升到义务教育战略性任务的高度，而义务教育均衡发展的基础是县域，农村教学点则是县域义务教育优质均衡发展的重点。据统计，2016 年，我国义务教育阶段在校生 1.42 亿人，其中城区 4756.6 万人，镇区 5927.01 万人，乡村 3558.77 万人，农村在校生占全国在校生总数的 2/3。分学段看，普通小学有在校生 9913.01 万人，其中农村小学在校生数占全国总数的 67.04%。②近年来，我国农村教学点占农村小学数量的比例一直维持在 1/3 左右。无论从绝对数量还是相对数量来看，农村教学点的数量均是较多的，是义务教育学校的重要组成部分，在解决人口稀少、居住分散的农村偏远地区适龄儿童就近入学问题方面的作用不可替代，且今后相当长的时间内仍将长久存在。中国幅员辽阔、人口众多且城乡差距较大，要保证县域义务教育均衡发展，保留并建好必要的农村教学

① Gordon W, Lokisso A, Allen J, et al. Enhancing the effectiveness of single-teacher schools and multi-grade classes: Synthesis of case studies[EB/OL]. [2023-10-20]. https://unesdoc.unesco.org/ark:/48223/pf0000125917.

②邬志辉. 中国农村教育发展报告 2017[EB/OL]. (2017-12-27)[2023-10-15]. http://www.chinateacher.com.cn/zgjsb/images/2017-12/27/11/ZGJSB11B20171227C.pdf.

点尤为重要。同时，农村教学点也是县域义务教育均衡发展的薄弱环节。目前，我国一些农村尤其是中西部偏远地区还存在着中心小学、完全小学和教学点等多种形式，由于地理位置偏远、学校规模小、办学效益低等多种原因，农村教学点是县域义务教育发展中的短板，长期处于边缘化状态。农村教学点的发展，既涉及我国中西部农村地区学龄儿童能否上学的问题，也关涉我国县域义务教育均衡发展的问题。农村教学点的凋敝，既损害了我国欠发达地区学龄儿童的切身利益，也不利于我国义务教育均衡发展目标的顺利实现。

## 四、农村教学点是新农村建设不可或缺的重要组成部分

在教育社会学视域中，农村教学点是偏远地区“文化”存在的一个重要标志，兴办学校往往被视为“国家作为”进入乡村的一个重要标志。一所农村学校往往就是村民的文化活动中心，是传播文化的载体，对村民的思想与文化素养的提高起着潜移默化的作用。[①]对于具有几十年甚至上百年传统的老校来说，学校的建筑、学校内的每一件器物都有着厚重的文化气息。一所所学校的相继关闭，随之切断的是一个个村庄的历史传统与人文血脉。[②]乡村教师具有较高的社会声望，在很大程度上是当地村民的行为楷模和文化文明的代言人。从某种程度上来讲，农村教学点是当地村落文化传承最典型的标志，农村教学点的撤并意味着农村教学点教师向文化教育资源丰富地区单向流动，使得偏远地区失去了“文化精英”和“行为楷模”。“撤点并校”对农村文化建设产生了一定影响，一些村民认为这是该地区生命周期的一个阶段或一个时期的结束。[③]不仅如此，农村教学点也是建设“美丽乡村”的重要环节，在新农村建设中，农村教学点扮演着重要的文化阵地角色，是沟通与互动的重要场所。公共空间是村落中人进行精神交往的共同场域，在这种精神交流在大集体的政治性社区解体，村庄分解为原子化状态，稀缺的行政性集会又日益与村民利益需求脱节的情况下，更是需要寻求一种表达的场所。[④]一般农村教学点配备了大量科学文化书籍和报纸杂志及网络设备，通过它们可以将科学知识、实用技术和致富信息等及时传播到广大农民中间，为培养适应社会主义新农村建设需要的有文化、懂技术、会经营的新型农民提供重要的场所。而且，村民聚会、娱乐活动也可以

① 杜一萍，陶涛. 美国农村小规模学校探究与启示[J]. 当代教育科学，2008(02)：47-49.

② 张雪艳. 农村小规模学校发展政策研究[D]. 华中师范大学，2012.

③ 刘复兴. 教育政策的价值分析[M]. 北京：教育科学出版社，2003.

④ 吴毅. 记述村庄的政治[M]. 武汉：湖北人民出版社，2007.

在农村教学点开展，这种非正式聚会为村落成员的见面、沟通和交流提供了重要的场合，在某种程度上填补了村落公共空间的空缺，满足了村落公共性精神互动的需要。

## 第二节 农村教学点发展面临的困境

尽管农村教学点在应然角度上具有一定的特殊教育价值，但是在实然层面上却面临诸多发展困境。正如菲利普·库姆斯（P. Coombs）所言，发展中国家农村地区常常像半干旱的教育荒漠一样没有教育质量可言，不但教师通常都是水平最低的，而且贫困儿童的比例也很高，这些儿童真正需要最好的教师，然而他们却是最后才得到。①

### 一、农村教学点教育质量令人担忧

农村教学点的条件有限，其教育质量令人担忧。一是课程“开不齐，开不好”。我国中西部农村教学点一般是优先配置语文、数学等主干学科教师，英语、音乐、美术等学科的教师严重不足，相关课程难以开齐。据统计，2006年，全国共有 508 个县平均每校不足 1 名外语教师；中西部贫困地区、少数民族地区农村初中音乐、美术、信息技术 3 门学科教师平均每校不足 1 人，致使部分学校无法开齐规定课程。②我们在中西部农村地区进行田野调查时发现，很多农村教学点的体育课是“随处放羊”，音乐课是“唱歌走样”，美术课是“欣赏欣赏”，几乎没有专业教学规划和规范，学生良好的学习习惯和行为习惯很难养成。二是教学方式陈旧。很多农村教学点的教师基本上还是“一支粉笔打天下”，他们的上课方式基本是课本、粉笔及黑板的传统组合，没有相应的图表、地图，更没有视听和电子教具。不少农村教学点教师的信息素养还停留在初级水平，甚至部分教师还是地道的“网盲”，网络知识严重缺乏，不会上网，不会发 E-mail，不懂 QQ 和微信，更谈不上处理图像、制作网页、使用博客和微博了，远远不能适应数字时代发展的需要。三是教学水平低。农村教学点的教师大多是本乡、本村民办教师转正人员或是代课教师。他们常年在偏远地区工作，没有接

① 菲利普·库姆斯. 世界教育危机[M]. 赵宝恒，李环，等，译. 北京：人民教育出版社，2001.

② 国家教育督导团. 国家教育督导报告 2008（摘要）——关注义务教育教师[J]. 教育发展研究，2009（01）：1-5.

受过系统的教师教育，所以基础普遍不好，加上信息闭塞，缺少培训机会，导致这些农村教学点教师的知识结构陈旧、教学水平不高。

## 二、农村教学点师资问题不容忽视

教育的发展和质量的提高，是和一支稳定的、训练有素的、积极性高又可靠的教师队伍分不开的。[①]对于位置偏僻的农村教学点而言，由于它在城乡学校分布结构和城乡社会发展中处于底层，不仅工作和生活环境艰苦，而且工资和福利待遇较低，因此难以吸引优秀教师和优秀大学毕业生来任教。农村教学点的师资问题突出，具体体现在三个方面：一是优秀师范毕业生“进不来”。近年来，国家想尽办法解决农村学校师资短缺问题，如农村义务教育阶段学校教师特设岗位计划、师范生免费教育政策、大学生志愿服务西部计划和城镇教师支教制度等，但效果并不是特别好。有些“特岗生”“资教生”积极响应政策号召，去中西部地区农村教学点任教，结果是“上午高高兴兴来，下午哭哭啼啼去”。部属师范大学免费师范毕业生大都被“近水楼台”的县城高中或优质初中“截留”，根本无法到偏远地区的农村教学点任教。一些城镇支教教师“身在曹营心在汉”，根本不甘心在农村教学点支教。二是优秀的年轻教师“待不住”。2016 年，我们对中西部地区 6 省、24 个县市农村小规模学校进行抽样调查发现，50%的校长反映近年来有教师流失的情况，并且流失的主要是骨干教师和 35 岁以下的青年教师，甚至有些地方由于教师大量流失，致使学校无法正常开课，有的村小甚至只剩下 1 名“留守”教师。教师的大量流失加剧了农村教学点的师资短缺，尤其是流失的大多是优秀年轻教师、骨干教师，造成了农村教学点师资配置严重不均衡，这无疑对义务教育均衡发展产生了非常不利的影响。[②]三是留守教师“教不好”。在县域内教师流动中，相对年轻、高学历者更具有流动资本，留在农村教学点任教的大多是学历低、教学水平不足且年龄偏大的教师，其中很多教师不会使用多媒体、计算机等设备，也很难接受最新知识。由于农村教学点教师数量偏少，且通常是超过 50 岁或接近退休年龄的教师，大多数教师要包班上课，甚至出现了一师一校的现象，他们从早忙到晚。有些农村教学点的教师还要负责寄宿学生的食宿问题，甚至代理学生家长做一些事情等，繁重的脑力和体力劳动让他们身心疲惫。另外，由于这些农村教学点的教师大都处于被中心学校“遗忘”的

① 雅克·哈拉克. 投资于未来：确定发展中国家教育重点[M]. 尤莉莉，徐贵平，译. 北京：教育科学出版社，1993.

② 曾新，付卫东. 内生发展视域下农村小规模学校教师队伍建设[J]. 教育发展研究，2014(06)：73-79.

角落，很少有外出培训的机会，一些教师的教学技能水平多年停滞不前。

### 三、农村教学点留守儿童问题突出

我国农村留守儿童的产生是城镇化进程中大量农村劳动力转移到城市的结果。[①]据悉，根据《2010 年第六次全国人口普查主要数据公报》样本数据推算，2013 年，全国有农村留守儿童 6102.55 万，占农村儿童的 37.7%，占全国儿童的 21.88%。[②]我们通过调查发现，2016 年，我国中西部偏远地区农村教学点学生中留守儿童比例超过了 70%，有些农村教学点已经接近 100%。农村留守儿童以隔代监护为主，监护人受教育水平低或学习监护不力，导致农村留守儿童的学习成绩普遍低于非留守儿童。由于缺乏有效的家庭监护和行为约束，一些农村留守儿童在学校学习和课余生活中遵纪守法的程度较低，存在德行失范情况。例如，迟到早退比较常见，打架斗殴时有发生。这些儿童尚未成年，缺乏一定的安全防护和自我保护意识，其安全成为一个问题。例如，农村留守儿童被人欺负、被拐卖、溺水身亡等现象时有发生。长期的亲子分离不能满足农村留守儿童爱、归属与自尊的需要，导致他们心灵沙化，容易造成人格缺陷，出现不完全社会化甚至逆社会化。某些农村留守儿童有自闭、厌学、自卑等心理问题，有的还存在内心孤独、感情冷漠甚至暴力倾向。

## 第三节　信息化促进农村教学点发展的主要措施

笔者所在的华中师范大学信息化与基础教育均衡发展协同创新中心在湖北咸宁市咸安区、恩施土家族苗族自治州来凤县和四川凉山彝族自治州等地建立了 10 余个实验区，利用信息技术助推农村教学点复兴。

### 一、建设农村教学点数字学校

我们以信息技术为支撑，遵循“基于网络，实体运作，两级管理”的思路，

① 吕利丹，梅自颖，李睿，等. 中国农村留守儿童的最新状况和变动趋势：2010—2020[EB/OL].（2024-06-11）[2024-06-20]. https://www.thepaper.cn/newsDetail_forward_27693462.

② 全国妇联：我国农村留守儿童数量超 6000 万 总体规模扩大[EB/OL].（2013-05-10）[2024-03-01]. http://politics.people.com.cn/n/2013/0510/c70731-21441983.html.

建立了农村教学点数字学校。它是建立在通过信息技术促进义务教育均衡发展这一目标的基础上，由教育局建立和管理的具有独立建制的虚实结合学校，其实体包括所有单独建制的各级各类中小学，同时将所有的实体学校分为由 *N* 所中心学校和 *M*（1—3）个教学点组成的若干个虚拟教学组（图 4-1）。数字学校设有管理层和理事会及咨询委员会，数字学校管理层是数字学校的管理机构，理事会是数字学校的决策机构，而咨询委员会则是决策支持机构。校长负责执行具体管理职能，数字学校设有校务管理部、教学管理部、学生管理部、师资培训部和后勤保障部 5 个部门来具体管理学校相关事务。中心学校承担对农村教学点的直播与互动教学任务，并负责管理教育局指定的 1—3 个教学点的相关工作。数字学校设有校长 1 名，由教育局分管业务的副局长担任，全面负责数字学校的工作，具体包括人员聘用、教务教学、技术维护、后勤保障和师资培训等。管理和服务层主要由校务管理、教学管理、学生管理、师资培训和后勤保障等部门组成，相关人员由数字学校校长在教育局机关职能股室、中心学校和农村教学点的内部人员招聘或兼任。

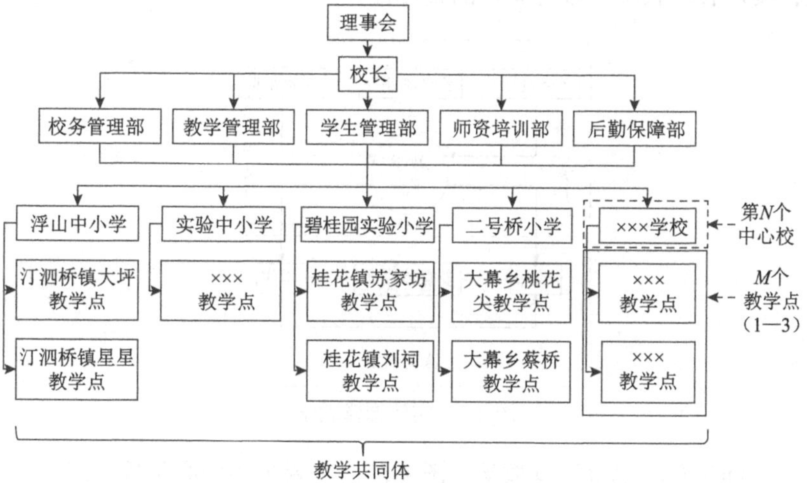


图 4-1　由中心学校和教学点组成的教学共同体

农村教学点数字学校的特点如下：一是虚实结合。所谓“实”，就是农村教学点数字学校是由区域内所有单独建制的各类中小学实体组成的；所谓“虚”，就是将区域内所有中小学分为由若干所中心学校和下辖的农村教学点组成的若干个虚拟教学组，实体学校和虚拟教学组共同组成了一个大的教学共同体——农村教学点数字学校。二是同步互动。中心学校和农村教学点同时开课，中心学校主讲教师同步教学，与农村教学点教师协作配合，共同开展跨课堂的师生互动、生生互动和生生协作。三是共同发展。农村教学点数字学校通过中心学校学生和农村教学点学生互动、中心学校教师和农村教学点教师密切配合以及中心学校和农村教学点管理同步，实现城乡中小学共同发展，整体提升区域内的教育质量。

## 二、进行多种形式的混合式教学

针对农村教学点主干课程质量不高、音体美课程无法开齐开好等突出问题，我们为农村教学点数字学校提供了 3 种不同形式的混合教学，具体如下。

其一，实体课堂教学（图 4-2）。实验区遴选一批在前期教师信息化教学能力培训中整合技术的学科教学知识（technological pedagogical content knowledge，TPACK）能力较强的教师，采用基于信息技术环境支持的课堂教学模式进行实体课堂教学，以点带面，全面提升实验区农村教学点教师的信息化教学能力。在教学方式上，主要采用信息技术优化传统课堂教学及利用信息技术转变学生的学习方式，实现农村教学点教育质量的整体提升。

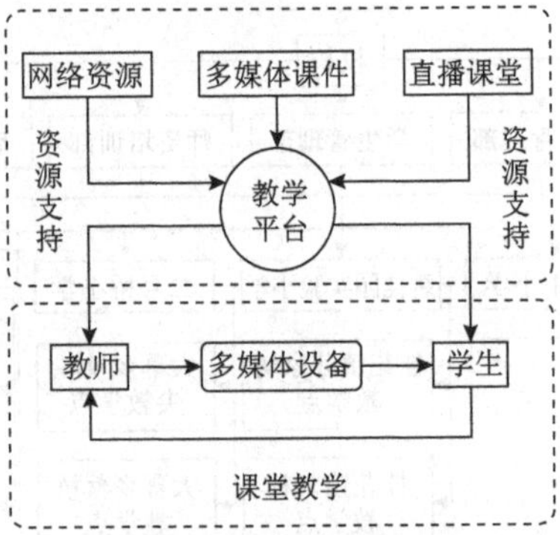


图 4-2 实体课堂教学

其二，同步互动混合课堂教学（图 4-3）。主要采用中心学校“拖一、拖二、拖三”的方式，由实验区各中心学校通过网络为下辖的 1—3 个农村教学点直接提供优质的同步互动教学。在同步互动课堂上，中心学校主讲教师不仅要关注中心课堂的教学，更要关注下辖教学点的教学，不仅要和中心课堂学生互动，更要通过同步网络与教学点的学生密切交流，做到上下统一、步调一致。农村教学点的教师需要转换角色，与中心学校主讲教师密切配合，当好同步互动混合课堂教学的助教，具体负责教学点学生的课前预习、课堂秩序维护、课堂效果反馈和课后作业批改。中心学校学生和农村教学点学生要进行同步互动，共同回答主讲教师的提问和解决课堂上的疑难问题。两校学生在互动与协作过程中不断加深对彼此的了解，增进彼此之间的感情，提高人际交往能力、信息技术能力，以及增长见识、开阔视野。

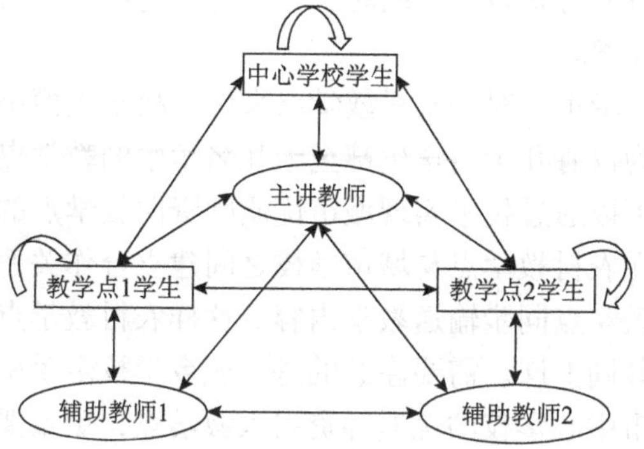


图 4-3 同步互动混合课堂教学

其三，同步互动专递课堂教学（图 4-4）。中心学校主讲教师和农村教学点学生进行网络同步互动教学，但主讲教师所在的本地课堂并没有学生，其教学对象全部是农村教学点学生。它是专门针对农村教学点学生的特点，将城镇中心学校优质师资通过网络引入农村教学点，实现主讲教师和农村教学点学生的双向互动，有效规避了同步互动混合课堂难以兼顾两校学生不同学习需要的弊端，针对农村教学点的实际情况进行专门的教学设计，从而更好地照顾到了农村教学点学生的认知特点、知识基础和学习需要。

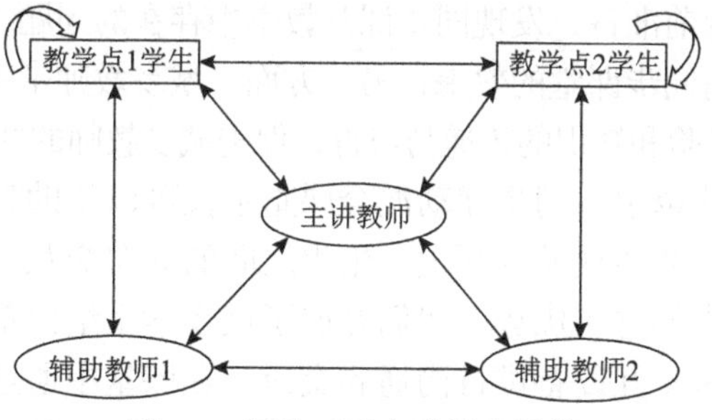


图 4-4 同步互动专递课堂教学

## 三、实行城乡牵手与家校共建

实体课堂教学、同步互动混合课堂教学与同步互动专递课堂教学的有机结合，不仅可以帮助教学点教师更好地开展语文、数学等主科的教学，还能够实现城市中心学校优质师资向教学点的输送，帮助教学点开齐音乐、美术、英语等课程。但是，如何在开齐课程的基础上帮助教学点开好课，仍然是一个值得思考的问题。为此，在进行混合式教学的同时，我们还通过城乡学校牵手与家校共建开展了进一步的实践探索。

其一，城乡学校牵手。对于农村教学点来说，教学规模小、学生人数少是其主要特点。因此，为仅有几十名学生甚至十几名学生的教学点配备所有学科的师资是不现实的，但可以通过技术实现城市优质师资向教学点的输送。例如，可以通过城乡学校牵手在农村教学点与城市学校之间建立合作关系，实现以中心学校为中心向周围多个教学点同步输送教学内容。这样农村教学点的学生就可以与城市中心学校的学生共同上课。需要注意的是，城乡学校牵手构建教学联合体，其目的不仅仅是将城市中心学校的优质师资引入教学点，更重要的是实现城市中心学校与教学点之间、教学点与教学点之间的实时交互，从根本上促进城乡学校的共同发展。

其二，城乡教师牵手。同步互动混合课堂教学与同步互动专递课堂教学的开展不仅需要中心学校主讲教师的讲授，还需要教学点辅助教师的配合，包括课前准备、课堂纪律的维持、自主学习活动的组织及课下作业的安排与督促等。因此，城乡教师进行及时、充分的沟通与交流，是提升同步互动混合课堂教学与同步互动专递课堂教学效果的重要方法。为此，我们以同步课堂为中心，建立了连接城市中心学校主讲教师与农村教学点辅助教师的实践共同体，使他们能够通过网络或面对面的形式针对同步课堂中的问题展开讨论。一方面，城乡教师牵手可以帮助教学点教师及时进行课前准备，发现同步课堂教学中存在的问题，并通过讨论与实践解决问题，逐渐提高同步课堂的效果；另一方面，城乡教师牵手还能够使他们在交流过程中实现隐性经验和知识的传递与习得，促进城乡教师的共同发展。

其三，城乡学伴牵手。同步互动混合课堂不仅可以帮助教学点开齐英语、美术、音乐等课程，还能实现城乡师生、生生之间的双向交互。因此，为了充分发挥同步互动混合课堂的这一优势，我们开展了城乡学生结伴牵手活动，即在上课之前让城乡学生通过交互设备进行沟通和交流，在课堂中通过协作学习活动共同完成教学任务，在课下也能够交流彼此的学习和生活。这种城乡学生牵手的活动可以使农村教学点的学生与城市中心学校的学生结为朋友，不仅能够提高城乡学生的学习积极性，还有助于提升他们的人际交往能力与合作探究能力，促进其知识、技能与情感的共同发展。同时，城乡学生的牵手可以促进他们之间的相互帮助，即农村孩子可以帮助城市孩子更好地了解农村的新鲜事物，城市孩子则可以帮助农村孩子了解城市、开阔视野，最终在相互学习中实现共同成长。

其四，家校牵手。针对目前教学点留守儿童比例高、家庭教育薄弱、儿童思想道德建设与心理健康发展堪忧的现状，我们在双轨混成数字学校中建设了“亲子桥”，以实现家校共建，促进农村教学点留守儿童与父母之间的沟通和交流。为此，我们与中国电信合作，为每个教学点免费安装了可视电话，实现了外出打工父母与学生、教学点的互联。一方面，家校共建可以使教学点的孩子随时与远在城里打工的父母进行亲情沟通，感受父母的关爱，从而健康快乐地成长；另一方面，家校共建可以保证学校与家庭之间的实时沟通，让家长通过可视设备随时看到孩子在学校中的学习和生活情况，最终实现家庭教育与学校教育有机结合，保证学生的身心健康。

## 四、开展多层次的教师信息化教学能力培训

针对实验区教师信息技术能力不足的问题，我们大力开展了 TPACK 教师信息化教学能力培训，主要内容如下：其一，中小学校校长信息化领导力培训。主要由协同中心培训专家团队对实验区全体中小学校长进行培训，提高校长对教育信息化的正确认识，培养校长的学校信息化建设规划能力，掌握学校信息化建设与应用的推进策略。其二，中心学校主讲教师培训。采取集中培训、校本培训、在岗研训等多种组织方式，并将面对面培训与在线培训相结合，从技术和应用两个层面对教师进行信息化教学能力培训。协同中心培训专家团队中两名教授讲解培训的主要内容，并布置需要提交的作业，然后将中心学校主讲教师分成若干个小组，每个小组都有研究生助教来帮助各位教师完成培训作业，研究生助教从每个小组中发现优秀的教师和教学设计作品，培训结束时，让这些优秀教师展示优秀作品，专家进行现场点评和分析。其三，农村教学点教师全员培训。主要采取的方式是校本培训，由协同中心研究生团队分成若干个小组进行为期 1 周的培训，培训的内容是如何配合中心学校主讲教师完成农村教学点教学，以及如何督促和批改农村教学点学生的作业，根据农村教学点教师的技术水平、接受能力适当调整培训的内容和进度，中心学校主讲教师也可以为农村教学点教师答疑解惑。在进行三轮教师信息化教学能力培训的同时，我们还积极开展了常态化跟踪评价，通过设计信息化教学能力常态跟踪观测评价体系，客观地评估实验区教师的信息化教学能力，有效地促进教师教学能力的发展。

## 五、建设“亲子桥”和“家校通”系统

网络不仅仅是计算机的联网，更重要的是人的心灵与智慧的联网，它大大缩

短了人与人之间的时空距离，从而实现了更便捷、广阔、灵活开放的人际沟通互动。[①]针对农村留守儿童的家庭教育薄弱导致情感缺失的问题，我们同当地电信部门密切合作，为农村教学点免费安装宽带视频系统，通过信息手段建立“亲子桥”。每周安排2—3次固定时间，让农村教学点留守儿童和外出务工父母进行视频通话，加强情感上的交流，让他们切身感受到父母的关爱。通过“亲子桥”，外出务工父母还可以定期与农村教学点的教师保持联系和沟通，及时了解孩子的学习和生活情况，并通过可视化手段有效消除距离感，帮助他们解决学习和成长中的困难。另外，针对农村教学点留守儿童的安全问题，我们在农村教学点积极建设“家校通”系统，实现家庭与学校的全面、快捷、实时沟通，及时了解农村教学点留守儿童的德行、学业、安全和心理健康，有效促进他们的全面发展。“家校通”还有定位和电话功能，教师和监护人可以随时随地了解教学点留守儿童的行踪，可以很好地保证他们的安全。

## 第四节　信息化促进农村教学点发展的基本模式和运行机制

信息化促进农村教学点发展，就是利用信息化手段，通过“一体、双核、四驱”的基本模式和体制机制的创新，实现农村教学点课程“开齐、开足、开好”的目标，促进农村教学点发展，最终实现农村教学点学生入学机会均等，有效实现教育公平。具体来讲，其基本模式和运行机制如下。

### 一、基本模式：一体、双核、四驱

“一体”就是农村教学点数字学校建设。它是指以县域为中心，通过一所城镇学校和1—3个教学点形成一个教学共同体，多个教学共同体连成片，共同组成县域内的农村教学点数字学校。例如，湖北省咸安区首先以碧桂园实验小学、浮山中小学和二号桥小学等中心学校为核心分别组建了3个教学共同体，随后逐步扩大范围，最终组成了由12个教学共同体为核心并实现全区所有农村教学点全覆盖的咸安区农村教学点数字学校。“双核”就是多方协同和应用创新。多方协同就是高校、政府、企业和中小学协同合作，一方面，实验区引进高校先进的

① 叶海智. 信息技术与情感教育[M]. 北京：科学出版社，2007.

理论和企业领先的技术，通过政府资金和管理上的支持及中小学一线教师积极参与，积极构建高校、政府、企业和中小学多方协作的模式。另一方面，实验区制定了《数字学校章程》等多项规章制度，建立了专家咨询委员会，为区域内相关方案制定、应用推进提供建议，确保双轨混成数字学校常态化运行，通过常规化应用来保证同步互动混合课堂教学和同步互动专递课堂教学的有效开展，实现中心学校学生和农村教学点学生的同步发展。“四驱”就是指地方优质主干课程建设、多层次教师培训、数字化教师培养和学生成长观察。高校研究专家和实验区中小学一线教师组成多个团队，开发形式多样的数字化教学资源，实现资源汇聚、资源征集与自主开发的有机结合。高校和地方教育主管部门通力合作，开展包括中小学校长、骨干教师和所有中小学教师在内的信息技术能力培训，提升实验区中小学校长的信息化领导力、教师的信息素养和信息化教学能力，通过集中培训、案例探讨、现场观摩、总结反思和案例设计等多种形式，培养一批具有示范和引领作用的数字化教师团队。高校研究专家和中小学教师密切合作，对实验区中小学不同年级、不同层次的 500 名学生进行长期跟踪观察，根据学生的发展变化适时调整教与学的模式，保证包括农村教学点在内的县域内教育质量的整体提升。

## 二、运行机制：UGBS

信息化促进农村教学点复兴行动，是基于“目标一致，分享利益，共担责任，协同推进”的 UGBS 运行机制进行的。U（university）、G（government）、B（business）、S（school）分别代表的是高校、政府、企业和中小学，它是以“解决现实问题，推动区域教育信息化发展”为目的，以“多方协同发展，创新教育教学实践，提升区域教育质量”为理念，以“共享资源，共担责任，相互支持，协同共进”为策略，利用信息化手段促进优质教育资源共享。“四方合作，协同发展”是 UGBS 的基本特征，其中高校主要负责理念引领、理论指导和实践指导，为该行动的顺利推进提供顶层设计、制度建设和理论指导；政府主要负责政策制定、资金筹措，为该行动的顺利推进提供政策保障和资金支持；企业作为重要供给方，主要为该行动提供数字教育资源和技术服务；中小学是该行动的需求方和主战场，积极参与实验实践。高校、政府、企业和中小学以“合作，协同”为前提，在该行动中目标一致，需求互补。例如，高校需要政府提供政策支持和资金保障，需要企业提供技术支持和服务保障，需要中小学密切配合；政府需要高校在理论指导、顶层设计上提供智力支持，需要企业提供技术和服务支撑；企业需要高校在数字资源的研发和应用方面提供智力保障，需要政府提供政策支持和制度保障，需要中小学的应用和认可；中小学需要高校提供专家团队指导，需要政府在政策、资金上提供支持，也需要企业提供数字教育资源和技术服务。总之，高校、政府、企业和中小学各司其职，汇聚各方力量，发挥各自的优势，协同推进，保证信息化促进农村教学点复兴行动目标的顺利实现。

## 第五节　信息化促进农村教学点发展的初步成效

信息化促进农村教学点发展，是我们利用信息技术促进教育资源均衡配置的重要尝试。通过 3 年的艰苦探索，根据我们对 10 余个实验区的跟踪调查，事实证明已经取得了初步成效。

### 一、农村教学点学生流失率大大降低

信息化促进农村教学点复兴行动的目的是专门解决农村教学点教育质量不高、师资薄弱、学生流失率高等现实难题。事实证明，该行动的实施，大大降低了农村教学点学生的流失率，随父母在外地就读的流动儿童和在民办学校的学生纷纷返回农村教学点上学，荒凉冷落的农村教学点变成了农村学生的精神乐园。根据我们对湖北省咸安区教育局相关人员的访谈，2013 年，该区有农村教学点 48 个，农村教学点学生有 1258 名，到了 2015 年有 1389 名，短短两年就增加了 100 多名。湖北省恩施市教育局局长说，该行动实施后，农村教学点“回流”的学生越来越多，2015 年，一开学就有 90 多名学生“回流”到家门口的农村教学点就读，家长宁可让孩子每天奔波十几公里去城镇学校上学的现象明显减少了，学生辍学率明显降低。信息化环境下的农村教学点不再是枯燥无味的世界，而是能满足学生兴趣、畅游知识世界的快乐场所。调查结果显示，2016 年，90.2%的农村教学点教师和 95.5%的农村教学点负责人认为，目前农村教学点学生比以往明显增多了。可见，信息化助推农村教学点复兴行动，让农村教学点有了和城镇学校一样的现代化信息设施，也让农村教学点学生享受到了城镇优质的教师资源，并能接触到校外色彩斑斓的世界，神奇的网络吸引了越来越多的学生在家门口农村教学点就读，他们再也不用担心上学路程远、上学不安全等问题了，多年的农村教学点学生辍学率高的难题迎刃而解。

## 二、农村教学点“开不齐课，开不好课”的现象得以根本性缓解

同步互动混合课堂和同步互动专递课堂都是专门针对农村教学点“开不齐课，开不好课”的现实难题开设的，这不仅能让农村教学点英语、音乐和美术等以前无法开齐的课程开齐、开足，也减轻了农村教学点教师的工作负担，还能让农村教学点学生享受到中心学校优质的教师资源，解决农村教学点优质师资不足的问题，进而有效地缩小城乡教育差距，促进教育过程公平。我们通过调查发现，2016 年，农村教学点数字学校建设后，农村教学点的课程开齐率达到了 100%，质量达标率达到了 98%以上。湖北省恩施市教育局负责人告诉我们，以往农村教学点“开不齐课，开不好课”的难题现在基本解决了，农村教学点“教师进不来，待不住，教不好”的问题也随之慢慢解决了。调查结果显示，分别有 33.3%和 39.2%的农村教学点教师非常赞同或比较赞同“目前我们教学点和中心学校一样开足课、开好课”，有 88.9%的学生认为“我们和中心学校用同一张课程表上课”，85.5%的农村教学点学生认为“自己很喜欢上中心学校主讲教师的课程”。

另外，同步互动混合课堂和同步互动专递课堂能超越教学的时空限制，充分调动农村教学点学生的视觉、听觉、触觉等感官，增强了教学内容的生动性、直观性和真实感，有力地激发了农村教学点学生的积极性和主动性，有助于对农村教学点学生的注意力、观察力、记忆力等智力因素的培养，保证农村教学点学生的创造性和个性化，这也是农村教学点“开好课”的有力保证。调查结果显示，分别有 31.4%和 37.3%的农村教学点教师非常赞同或比较赞同“目前农村教学点学生作业完成率和学习成绩显著提高了”。

## 三、农村教学点学生的学习兴趣明显提高

目前，实验区农村教学点实施的基于信息化环境下的教学是以超媒体、超文本的方式呈现各种教学信息，具有传播速度快、声音清晰、图画生动、色彩鲜明、形象逼真的特点，可以呈现文字教材难以呈现的知识内容，直接作用于学生的听觉和视觉等感官，大大激发了农村教学点学生的求知欲和学习兴趣。网络提供的大容量多媒体课件和网络信息，极大地丰富了他们的学习资源。生活在闭塞落后地区的农村教学点学生既可以从网上搜索、下载、复制和保存各种学习资源，获得他们需要的各种信息，也可以与中心学校和教学点的教师、学生进行交

互学习，开阔了自己的视野。大容量的网络满足了他们的求知需要，激发了他们的学习兴趣。而且，网上的信息是采用数字化处理、传输的数字化信息，不仅易被复制、修改，而且采用超链接方式，容易实现富有美感情境的创设，具有强烈的感染性，容易激发农村教学点学生的学习兴趣。

调查结果显示，同步互动混合课堂和同步互动专递课堂开设后，分别有 51%和 41.2%的农村教学点教师非常赞同或比较赞同“农村教学点学生的视野开阔了，知道的东西更多了”，87.1%的农村教学点学生认为“自己的学习兴趣更浓了”，85.5%的农村教学点学生认为“自己和教师、同学的交流更多了”。例如，湖北省咸安区桂花镇刘祠教学点的一名学生，由于父母离异、家庭教育方式不当等原因，他的性格非常内向，整天不说话，成绩很差，讨厌学习。“现在变化可大了，通过同步课堂，他的胆子变得更大了，表现欲增强了，除了音乐、美术，平时语文、数学课也愿意主动回答问题了。”刘祠教学点负责人兴奋地说。每到上英语课之前，咸安区盘山教学点的孩子们就不断地催促老师：“下节课是英语课啊，我们要提前占位子，将英语书摆好，中心学校的老师要给我们上课呢。”可见，信息化助推农村教学点复兴行动的实施，使农村教学点学生的学习兴趣更浓了，学习的积极性也明显提高了。

## 四、中心学校主讲教师和农村教学点教师的信息技术能力显著提升

我们对实验中小学教师进行信息技术能力培训，坚持校本培训和校外培训、集中培训和自我研修相结合，重视对参与培训教师学习效果的过程性评价，在培训过程中充分收集他们的反馈意见，与他们进行持续而广泛的沟通，连续 3 年开展的教师信息化教学能力培训效果整体较好。其中，有 30%的教师达到优秀水平，50%的教师达到良好水平，仅 10%的教师因基础不好或未完成作业没有完全掌握培训的内容。通过连续 3 轮的培训，中心学校主讲教师和农村教学点教师的信息化教学能力得到显著提升，中心学校主讲教师普遍已经掌握了教学中比较实用的工具，如 PPT 美化大师能够有效节省教师制作课件的时间，微课也节省了主讲教师讲解重难点内容的时间。从信息素养来看，绝大部分中心学校主讲教师已经掌握了基本的资源检索、课件等教学资源的制作能力，可以有意识地将信息技术和教学有机结合起来。大部分农村教学点的教师已基本掌握如何配合中心学校主讲教师进行辅助教学，以及如何利用家校通和智能手机等电子设备督促学生按时完成作业。

### 五、农村教学点留守儿童与父母的沟通机会明显增多

需求心理学认为，与父母沟通是儿童最基本的社会心理需要之一，对儿童的心理健康发展有极为重要的作用。许多从事心理咨询的心理学家发现，绝大多数留守儿童出现的心理问题，都和与父母缺乏正常的沟通有直接关系。网络为农村教学点留守儿童的亲子沟通开辟了一条崭新的渠道，通过网上聊天室、可视电话等形式与父母进行沟通交流，他们运用语言符号系统或非语言符号系统交换意见、传达思想、表达情感和需要，从而增进了与父母之间在情感上的依恋，满足了亲子沟通的需要，促进了农村教学点留守儿童的心理健康发展。调查结果显示，分别有 35.3%和 39.2%的农村教学点教师非常赞同或比较赞同“教育信息化实施后，农村教学点留守儿童与父母的沟通更方便了”，89.7%的农村教学点留守儿童认为“与父母通过电话、网络联系的次数明显增多了”。四川凉山彝族自治州泸沽湖镇小学负责人告诉我们：“以往农村教学点的留守儿童不喜欢和父母打电话聊天，现在不同了，只要到了课余活动时间，他们就迫不及待地上网和父母视频对话，以前沉默寡言的留守儿童现在也都变得叽叽喳喳地说个不停。”湖北省恩施市莲花池小学的校长说：“有一名有孤独症倾向的留守儿童，整天不说话，通过视频聊天系统和同步互动混合课堂，现在仿佛变了一个人，喜欢和父母沟通了，也主动和同学们一起玩耍了。”

## 第六节　信息化促进农村教学点发展存在的主要问题

信息化促进农村教学点发展，是一种新生事物，在实施过程中肯定会存在这样或那样的问题。如果这些问题不能得到有效解决，势必会影响农村教学点的发展，无法保证农村教学点学生的入学机会均等。

### 一、农村教学点数字学校的信息化投入问题

信息化助推农村教学点复兴行动，是一项耗资巨大的工程，需要大量的经费投入来保障。该项目的投入分为三个阶段。初级阶段，经费投入主要用于硬件设备普及、互联网建设等。根据我们在湖北省咸安区和四川省凉山彝族自治州实验区的相关经验，建设一所农村教学点数字学校，基础设施投入需要 20 万元左右。中级阶段即设备运行和资源库建设阶段，如网络运行和数字教育资源库建设

等。据统计，农村教学点数字学校平时的设备维修和网络费用需要 2 万余元，这对于学生少、经费不足的农村教学点来说也是一笔不小的开支。高级阶段即信息化平台深层次发展或资源深度整合阶段，经费投入大多集中在设备的维护、资源的更新及教师培训等方面。一般来说，前期投入稳定以后，后期的经费投入会越来越多，其中教育软件资源开发和教师培训需要持续而稳定的经费保障，例如，农村教学点教师和中心学校主讲教师的信息技术能力培训是一笔不菲的费用，农村教学点的数字资源开发也需要不小的投入。况且，随着信息技术的飞速发展，不仅硬件环境需要不断完善，更为重要的是，教育软件资源开发和完善也同样需要大量的资金投入。所以，信息化助推农村教学点复兴行动，首先要解决的问题是能否有足够的经费来保证农村教学点数字学校的建设和运行。

## 二、高校、政府、企业和中小学之间的协同合作问题

信息化助推农村教学点复兴行动，需要高校、政府、企业和中小学通力合作。但由于种种原因，目前其协同合作存在一些问题，UGBS 运行机制还有待进一步完善。例如，地方政府在完成初级阶段的硬件设备普及和互联网建设后，经过一轮大规模的硬件投资，由于看不到与投资金额相匹配的应用效益，教育信息化的作用遭到前所未有的质疑[①]，因此对中高级阶段的设备运行、数字教育资源库建设和教师培训等后续投入的积极性不高，导致该行动的正常运转受到一定的影响；高校投入大量的时间和精力进行顶层设计、科学规划和制度建设后，后续的教研团队指导和教师培训等还需要持续的时间与精力投入，高校明显有些势单力薄，力不从心；负责互联网和数字教育资源库建设的企业由于前期投入过大，教育信息化投资周期长、见效慢，逐利的性质会让其失去继续投入的信心和耐心；由于基础设施配套建设力度过大，加上缺乏完善的教师激励约束机制，农村教学点的积极性受到很大影响。

## 三、农村教学点数字学校的数字教育资源问题

目前，农村教学点数字学校的数字教育资源主要来自三个方面：一是由国家免费提供的数字教育资源，如“教学点数字教育资源全覆盖”项目提供的数字教育资源；二是为满足本地农村学校个性化服务需求，由教育局自主引进（购买、租用、受赠）企业或第三方机构的优质数字教育资源；三是由本地学校组织教师自

① 余胜泉，赵兴龙. 基于信息生态观的区域教育信息化推进[J]. 中国电化教育，2009(08)：33-40.

建的数字教育资源，如“一师一优课，一课一名师”项目提供的具有本土特色的数字教育资源。相对而言，资源渠道的多元化有利于提升农村教学点数字学校教育资源的可获得性。总的来看，农村教学点数字学校的数字教育资源总量依然不足，质量参差不齐，优质资源匮乏，优质教育资源共享程度低，低水平重复建设的现象明显。有些地方教育主管部门花了不少资金购买数字教育资源，但教师要用的时候很难找到需要的资源，导致很多教师宁可用搜索引擎去搜索，也不愿意从本地资源库中寻找，适用资源的可获得性不高也是农村教学点数字学校资源应用的瓶颈之一。

## 四、中心学校主讲教师和农村教学点教师的激励约束机制问题

在农村教学点数字学校，中心学校主讲教师不仅要素质高、业务能力强，而且在时间和精力上的投入上也是其他普通教师的数倍之多，因为他们不仅要负责中心学校学生的教学，还要负责下辖 1—3 个农村教学点学生的教学，备课、上课、课后作业批改及学生疑难问题的解答，都需要花很多的时间和精力。如果不给予一定的资金补偿或奖励，长期如此，中心学校主讲教师的工作积极性会受到影响。目前，在我们所调查的学校中，还没有一种比较完善的激励机制，中心学校主讲教师的辛勤劳动很少能得到应有的回报，他们的工作热情受到了很大的影响。同样，农村教学点教师在同步互动混合课堂和同步互动专递课堂上虽然仅仅起到了辅助的作用，但农村教学点学生课前预习、课堂秩序维护、课堂效果反馈和课后作业批改等也是必不可少的，如果农村教学点教师工作不认真或工作不到位，就会使同步互动混合课堂和同步互动专递课堂的应用效果受到很大的影响。所以，中心学校主讲教师的激励和农村教学点教师的约束问题同样不可忽视。

## 五、农村教学点学生信息技术能力不足或信息滥用问题

我们发现，在我国中西部地区的一些农村教学点，学生的信息技术能力出现了两极分化的局面。一方面，不少农村教学点学生因为家庭贫困，居住环境闭塞，根本没有经济能力去购买智能手机、平板电脑等移动设备，也没有任何条件去接触移动互联网等，他们的信息技术能力严重不足，难以利用智能手机、家校通等移动设备进行学习和交流。另一方面，部分农村教学点学生由于父母长期在外打工，有一定的经济能力去购买手机等移动设备，加上外出打工的父母管教少，他们接触移动互联网的机会多，网络的一些负面影响也逐渐显现出来，如沉

迷于网络而荒废学业，因无知网聊而上当受骗，网络媒体使他们过早介入成人社会文化，其中暴力、商业化、性等因素对他们的行为产生了极大的负面影响。信息技术滥用和泛滥导致部分农村教学点学生的学习和身心健康受到严重伤害，进而直接影响了他们的全面发展。

# 第七节 研究反思

在信息化促进农村教学点发展的实验和实践过程中，我们需要对目前取得的初步成效和存在的问题进行检视，对该模式能否促进农村教学点发展，以及该模式能否在全国范围内进行大规模复制进行反思。

## 一、信息化能否促进农村教学点发展？

客观地讲，信息化助推农村教学点发展，是利用信息化手段促进教育公平的重要尝试。经过我们对 10 余个实验区的跟踪调查，事实证明，效果还是比较明显的。例如，该行动使农村教学点的基础设施得到了很大程度的改善，计算机、网络和可视电话等设备全部配齐；同步互动混合课堂和同步互动专递课堂开设以后，大大降低了农村教学点学生的流失率，不少在外地或本地其他学校就读的学生纷纷回流，日益凋敝的农村教学点又恢复了往日的喧哗和热闹。而且，农村教学点学生享受到与中心学校一样的优质教师资源，原来无法开齐开好的英语、音乐和美术课全部开齐开足，现代化的教学手段提高了农村教学点学生的学习兴趣，激发了他们的好奇心和求知欲。网络拉近了学生与远在千里之外父母的距离，定期的沟通也在一定程度上弥补了农村教学点留守儿童情感的缺失。那么，我们是不是可以肯定地说，信息化真的能助推农村教学点复兴呢？我们认为，尽管利用信息化手段助推农村教学点复兴具有很好的效果，但是客观存在的一些隐性问题，还有待我们进一步观察和研究，例如，信息化在缩小农村教学点学生数字鸿沟的同时，是否会产生因计算机或上网技能差异而导致的“技能鸿沟”和因网络使用的带宽、时长及参与方式差异而产生新的数字鸿沟呢？信息化能否真正提高农村教学点学生的成绩？能否真正提高农村教学点的教学质量？3 种不同形式的混合课堂教学能否和面对面教学产生一样的效果？信息化能否解决留守儿童的心理问题？这些问题都需要进一步探索。

### 二、该模式能否在全国范围内大面积推广？

信息化助推农村教学点复兴行动，是一项复杂的系统工程。它的顺利实施不仅需要比较有利的外部环境，也需要高校、政府、企业和中小学的通力合作，还需要中心学校和农村教学点教师、学生的密切配合。例如，该行动需要县级政府提供充足的经费和人力支持，需要高校在顶层设计、科学规划和培训指导等方面提供有力的支撑，需要企业提供一流的信息技术服务和教育软件资源，要求中小学在县级政府的支持下主动同高校、企业密切合作。我们知道，我国农村教学点多数分布在偏僻地区，那里地形复杂、差异悬殊，而且经济发展状况和基础设施建设也是千差万别，有些地方的经费投入有限，根本无法为农村教学点信息化建设投入资金，有些地方的农村教学点连必要的电力和网络都无法供给，在这些地方开展利用信息化手段助推农村教学点复兴行动困难巨大。而且，目前利用信息技术助推农村教学点复兴，还面临不少问题，如农村教学点数字学校经费短缺问题，高校、政府、企业和中小学合作不够问题，农村教学点数字学校的数字教育资源不足问题，中心学校主讲教师的工作积极性不高和农村教学点教师的责任心不够问题，农村教学点学生信息技术能力不足或信息滥用问题，等等。这些问题有待在以后的研究中进一步解决。所以，目前我们不主张在全国范围内大面积复制该模式，但可以在我国不同地域扩大试点范围，经过反复试验，不断总结经验，待该模式完善后，再有计划地在全国不同地域进行推广应用。

## 第八节　信息化促进农村教学点发展的建议

针对信息化促进农村教学点发展中存在的问题，需要在经费投入机制、UGBS 运行机制、数字教育资源建设、教师激励约束机制和农村教学点学生信息化管理等方面进行完善或加强，实现农村教学点学生入学机会均等。

### 一、建立多元的经费投入机制，保证农村教学点数字学校拥有充足的信息化资金

根据教育信息化发达国家的经验，可以对教育信息化采取政府主导的多元化投入机制，并且对农村偏远地区学校实行倾斜政策。例如，美国教育信息化投资主要通过联邦政府和各州及地方来完成，将教育信息折扣政策作为重要的资金保

障。同时，联邦政府优先发展边远、落后的农村地区，并对特殊群体给予教育政策上的特别关注，对经济欠发达地区实施教育信息化倾斜政策，帮助贫困地区和农村学校、图书馆跨越数字分水岭，实行折扣补助计划。在英国的《数字战略》（E-Strategy）中，英国政府投资 4 亿英镑设立数字基础设施投资基金，以帮助英国实现境内宽带网络的全光纤化，尤其面向弱势群体发展 ICT 基础设施和服务，包括解决数字鸿沟问题的方案，政府为经济处境不利的学生提供有关技术投资，使这些学校的普通学生或残障学生均有机会运用同等的先进技术。[①]同样，为了保证农村教学点拥有充足的信息化资金，我们要建立政府主导下的多元化投入机制。就政府而言，中央政府设立教育信息化事业发展专项资金，主要解决信息化基础设施建设问题。国家对农村教学点信息化投入已有一定的基础，中央政府需要进一步加大投入，保证全国农村教学点的信息化基础设施逐步配置到位。省级政府设立农村教学点信息化专项资金，着重解决农村教学点教师和贫困学生的移动设备不足问题，除了省级政府投入一定的专项资金外，还可以通过企业联合捐助或价格折扣的方式解决部分资金缺口。县级政府在农村中小学经费中设立专项资金，着重解决中心学校主讲教师和农村教学点教师信息技术能力不足问题。乡镇中心学校在进行教师绩效工资分配时，应对中心学校主讲教师给予适当的倾斜，或者在乡村教师补贴中给予额外的安排，激发他们工作的积极性。同时，要建立稳定的经费投入增长机制，逐年增加公用经费，并在公用经费中明确预算支出项目，可以在上级“薄弱学校改造计划”中明确一定比例的经费，用于农村教学点的信息化投入。中国电信、中国移动等国有企业应实行折扣优惠政策，对农村教学点的网络费用实行适当的减免。同时，相关部门应对提供教育资源的软件供应商实行税收优惠政策，鼓励他们为农村教学点提供优质的数字教育资源。

## 二、完善 UGBS 运行机制，保证信息化促进农村教学点教育资源优化配置的顺利开展

首先，要建立制定信息化促进农村教学点发展项目的契约合同，明确高校、政府、企业和中小学各自的权利与职责，确保各方按契约精神、制度规则办事，诚信履行合同，提高项目的运作效率。其次，要建立和完善政府财政预算听证会制度，提高公众对该项目公共预算的知晓度，使财政执行阳光化；定期向公众公

① 张进宝，张晓英，赵建华，等. 国际教育信息化发展报告（2013—2014）[M]. 北京：北京师范大学出版社，2014.

开政府财政收支和该项目的供给明细情况，实现政府收入与支出的公开、透明化，便于公众对该项目进行全程监督。同时，企业进入公共领域，并不意味着政府放弃责任，政府应依法对企业提供信息技术服务和数字教育资源的价格、安全和质量进行监督，并对违反契约精神、制度规则的企业进行裁决和处罚。最后，要建立完善的项目验收和评价机制，实施第三方评估制度，对于高校、政府、企业，由独立于项目执行方和直接利益相关者之外的第三方机构来进行评估。第三方评估可以提供更为客观、公正的评价结果，有助于提高项目的透明度和公信力。

## 三、加大数字教育资源建设力度，保证农村教学点数字学校有充足的信息化教育资源

针对目前实验区农村教学点数字教育资源总量依然不足、质量参差不齐、优质教育资源共享程度低、低水平重复建设严重等问题，相关部门要依托国家教育资源公共服务平台和农村教学点数字学校平台，遵循“统一规划，分步实施，共建共享，可持续发展”的方针，通过将引进、整合、资助研发相结合，积极开展农村教学点数字教育资源建设。具体包括：充分利用国家教育资源公共服务平台、“农村教学点数字教育资源全覆盖”项目提供的数字教育资源；继续开展“一师一优课，一课一名师”活动，鼓励本地优秀教师开发并共享具有本校特色的数字教育资源；以乡镇为单位，开展农村教学点优质数字教育资源征集活动，鼓励本乡镇教师开发并共享具有本地特色的数字教育资源；以农村教学点为主体，开发并共享校本课程数字教育资源；开展网络教研活动，鼓励学科教师开发并共享符合本学科特色的数字教育资源；主动同高校合作，协助高校强大的科研团队研发一批具有本地特色的数字教育资源。同时，建立常态化应用机制，通过改变教师考核评价体系，对开发、共享和应用数字教育资源的教师给予激励和支持。例如，相关政策和奖励向开发、共享和应用数字教育资源的教师倾斜；承认各学科教师在教育信息资源开发、共享和应用项目中的奖项与成果；在县域内定期进行数字化课件、数字化教学设计方案等比赛，给教师提供展示自我的机会，提高他们开发、共享和应用数字教育资源的积极性。

## 四、建立教师激励约束机制，增强中心学校主讲教师工作的积极性和农村教学点教师的工作责任心

“激励”是行为科学中的一个重要概念，其基本含义是激发人的动机。针对

集团成员“搭便车”或工作积极性不高的问题，奥尔森（Olson）设计出了一种动力机制——“选择性激励”。这种激励之所以是有选择性的，是因为它要求对集团的每一个成员区别对待，赏罚分明。这些“选择性激励”既可以是积极的，也可以是消极的，也就是说，它们既可以通过惩罚那些没有承担集团行动成本的人进行强制，也可以通过奖励那些为集体利益而出力的人进行诱导。[①]前者是通过惩罚不承担集团行动成本和不行动者，以便对其他人起到警示作用；后者则是通过奖励参与行为而示范诱导其他人采取相同的行为。同样，对于工作认真负责的中心学校主讲教师，可以采取积极的选择性激励，在进行教师绩效工资分配时，将他们参与同步互动混合课堂教学和同步互动专递课堂教学所花的时间、精力纳入教师奖励性绩效工资分配范畴，或在乡村教师补贴中给予额外的安排，并在中心学校评奖、评优时，对这些教师进行优先考虑。对于工作责任心不强的农村教学点教师采取消极的选择性激励，在进行教师绩效工资分配时，适当给予扣减，情节严重者，采取警告、离岗培训等措施。

## 五、加强农村教学点学生信息化管理，保证他们在信息化环境下健康快乐成长

网络越来越成为学习者获得信息和进行交流的重要媒体，为学习者营造良好的网络环境已成为共识。一方面，相关部门要加大对农村教学点学生信息技术素养的培养力度，建议县教育局设立专项资金，以中心学校为单位，对农村教学点学生进行信息素养专门培训。另一方面，要为农村教学点学生专门设立健康向上的网站，提高点击率，利用先进的技术手段加强对不良信息的过滤，有选择性地开放一些网站，提供学习、交友、心理咨询等农村教学点学生感兴趣的网络信息，用正确、积极、健康的网络文化凝聚农村教学点学生。过滤软件、健康网站的使用能帮助家长和农村教学点教师实现这一目标，它们可以强化对农村教学点学生上网信息的监控，及时过滤虚假、有害、错误的信息，严格控制不良信息的接收和传播。同时，相关部门要积极开展信息道德教育，以德治网，关注农村教学点学生的心理健康，提高他们的信息识别力和文化判断力，形成健康、文明的上网观念，增强对网络污染的免疫力和抵制力，增强遵守网络规范和网络道德的意识，使网络更好地为农村教学点学生发展服务。

① 曼瑟尔·奥尔森. 集体行动的逻辑[M]. 陈郁，郭宇峰，李崇新，译. 上海：上海人民出版社，1995.

# 第五章　教育信息化与义务教育资源均衡配置

相对于其他教育领域而言，一般认为，教育资源是指保证教育活动正常进行的人力、物力、财力的总和，有时也称“教育条件”。从本质上说，教育本身没有高低、上下、公私、贵贱和内外之分，有教无类。由于教育的客观性赋予了教育公共性和产业性的双重属性，在实践中，教育资源呈现出类型的多样性。当前，我国教育发展中还存在诸多问题，其中教育资源配置不均衡是突出的表现之一。2016 年的调查显示，占全国人口 60%以上的农村人口仅获得了 23%的教育经费，农村的教学设施、教学器材、校舍等基础设施远不及城市。[①]因此，要保证义务教育优质均衡发展，就要实现教育资源均衡配置。在义务教育优质均衡发展领域，资源均衡配置要求缩小区域、城乡、学校、学生群体之间的教育资源差距，努力使每个人在硬件和软件方面，尤其是师资队伍的基本配置上，都能享受到大致相同的基本公共教育服务。教育信息化是促进教育资源均衡配置的重要手段。2012 年，教育部印发《教育信息化十年发展规划（2011—2020 年）》，指出到 2020 年，全面完成《国家中长期教育改革和发展规划纲要（2010—2020 年）》提出的教育信息化目标任务，形成与国家教育现代化发展目标相适应的教育信息化体系。党的十八大和十八届三中全会也明确要大力促进教育公平，统筹城乡义务教育资源配置，党的十九大报告指出“推进教育公平”，党的二十大报告指出“加快义务教育优质均衡发展和城乡一体化，优化区域教育资源配置”。因此，对教育信息化促进教育资源均衡配置进行研究，对于实现城乡义务教育优质均衡发展具有重要的现实意义。

① 董丽娟. 乡村振兴 教育先行[J]. 文化学刊，2018(11)：134-136.

# 第一节　国外信息化促进教育资源均衡配置的经验及启示

1999 年 12 月，在宾夕法尼亚大学美国成人素养与教育中心（National Center on Adult Learning，NCAL）召开的第五届 NCAL/OECD 圆桌会议上，经济合作与发展组织郑重指出，教育本身无法解决现实的社会不平等问题，但如果全民无法享有平等的机会和优质的教育，现存的鸿沟会越来越深。信息与通信技术和知识社会为人类的教育、平等和社会变革事业提供了可能性，而教育改革也从中获得了新的动力。[①]发展中国家不同程度地存在教育公平问题，区域之间、种族之间、民族之间的教育发展水平存在较大差异。为应对教育公平问题，缩小教育差距，推动教育均衡发展，避免数字鸿沟的出现，不少发展中国家结合自身的国情，千方百计利用信息技术手段促进教育资源均衡配置，积累了很多成功的经验，也有不少值得深思的教训。发展中国家的经验和教训，对于我国实施积极的教育信息化政策，利用信息技术手段优化教育资源配置，推动教育优质均衡发展，实现教育公平，具有十分重要的借鉴意义。

## 一、发展中国家信息化促进教育资源均衡配置的经验

信息技术是能够完成信息获取、传递、加工、再生和使用等功能的一类技术，或者说是感测、通信、计算机和智能及控制等技术的整合。[②]作为一般意义上的信息技术，它可以分为原始时代信息技术、古代信息技术、近代信息技术和现代信息技术等。其中，近代信息技术主要包括电报、电话和无线电及电视等，而现代信息技术则主要包括计算机、通信、网络、虚拟现实和人工智能等技术。20 世纪 50 年代以来，发展中国家利用信息技术促进教育资源均衡配置，其中有成功的经验，也有失败的教训。

### （一）20 世纪 50—60 年代：以无线电广播和教育电视等为主要手段来促进教育资源均衡配置

20 世纪 50—60 年代，很多国家的教育已发生了根本性变革。20 世纪 60 年

① 经济合作与发展组织. 学会跨越数字鸿沟[M]. 任仲伟，曲囡囡，译. 北京：教育科学出版社，2009.

② 叶海智. 信息技术与情感教育[M]. 北京：科学出版社，2007.

代中期，许多国家在校生数大幅增加，教育经费增长较快，教育成为最大的地方产业。但是，无论是发展中国家还是发达国家，都面临着空前绝后的世界性教育危机，教育发展严重不平衡：日益过时的陈旧课程内容与知识增长及学生现实学习需求之间的不平衡；教育和社会发展需要之间不相适应；教育与就业之间日益严重不协调和不平衡，以及社会各阶层之间的教育严重不平等；教育费用的持续增长与各国在将资金投入教育领域的实际能力与愿望之间存在的差距正日益显著地拉大，城乡地区就学要求和标准的差异不断加大。

20 世纪以来，随着电力的普及和大众媒介的广泛应用，多种媒体教学开放，远程教育在世界各地蓬勃兴起。20 世纪 50—60 年代，无线电广播和教育电视等开始在一些发展中国家得到一定范围的使用。一项关于无线电广播用于学校教学或用于非正规教育的调查表明，无线电广播是一种有效的教学方式，有多种功能与潜在优势：①开设教师在课堂上难以提供的课程，拓宽学习渠道；②直接讲授，即讲授一门或几门课程；③扩展在校教育，用无线电授课，结合课本进行广播教学，并配备教师面授，以完全取代课堂教学。当时，无线电广播教学比较有效的有尼加拉瓜、墨西哥、坦桑尼亚、肯尼亚、斯里兰卡、哥伦比亚、印度尼西亚、多米尼加。其效果如下：远距离拓宽了学校教育渠道；为教师直接提供了帮助和支持，提高了教育质量；很多听众都能接受教育，从而降低了教育成本；通过在职培训和远距离教学提高教师的教学技能。在非正规教学方面，广播教学还可用来推动农村开发战略计划的实施，如提高健康和营养水平，推动扫盲运动，播放广播论坛和其他能促进群众交流的节目，如推广农业技术服务工作。[①]此后，无线电广播成为全世界公认的基本教育工具，常用于非正规教育中，为农村听众所采用。[②]

20 世纪 50—60 年代，除了使用无线电广播等信息技术以外，发展中国家对教育电视也充满了无限的热情和寄予了很高的期望。电视那种令人着迷的、超常的将声音和图像结合起来的能力，并且能瞬间将信息传播到广大地区，使得以前出现的电影、广播等媒体相形见绌。教育电视首先出现在西欧和北美等一些发达国家，其主要的目的在于更新和丰富课堂教学，有效地提高教学质量。在西欧和北美的西方发达国家的帮助下，教育电视逐渐扩展到非洲、亚洲和拉丁美洲的许多发展中国家。在这些国家和地区，教育电视不只是为了提高教育质量，更重要

① Jamison D T, McAnany E G. Radio for Education and Development[M]. London: Sage, 1975.

② 雅克·哈拉克. 投资于未来：确定发展中国家教育重点[M]. 尤莉莉，徐贵平，译. 北京：教育科学出版社，1993.

的是为了在财力能及的情况下迅速缩小教育差距。例如，1961 年，联合国教科文组织和福特基金会在印度德里设立了一个实验项目，旨在为该市中学生提供物理、化学及英语电视课程。它们在 1966 年又启动了一个向德里市郊区 80 个村庄提供教育的项目。拉丁美洲和非洲各有十几个国家开发了教育电视节目，亚洲也不例外。[①]20 世纪 50—60 年代，教育电视在被视为一种提升教育质量的手段的同时，也被视为扩大教育受众的手段。种种迹象表明，若从严格的经济角度来看，这些早期项目的成效难以确定。基于电视的教学改革可能是一种改进课程和改善教师教学方法较快的手段，但这场改革所需的设备投入过于昂贵，且在一些地方常常难以持续。[②]

值得注意的是，远距离教育意味着更高的成本。例如，在科特迪瓦，每个学生的教育成本与传统教育相比要高出 10%，无线电广播在成本上比电视低得多，但如果课程设计得足够认真，其教学效率也就越高。在泰国数学广播教学节目中，学生每人每年的费用估计为 44 美分，肯尼亚英语教学每人每年的费用为 40 美分——相当于一本小学课本的费用。用远距离教育的方法来补偿中等教育教师的不足——以技术代替劳力，经过一段时间证明这样做是有很好的成本效益的。[③]许多发展中国家不遗余力地实验新的教学方法，并实施以无线电和电视为基础的教学方式，对于发展中国家采用广播教学进行的研究得出的结论是持肯定态度的，但电视或计算机教学成本过高，限制了其在正规教育系统中的应用。

总的来看，20 世纪 50—60 年代，不少教育决策者通常将教育技术同第二次世界大战后通信革命以来迅速发展起来的通信媒介和电子手段等同起来，这些通信媒介和电子手段包括小型收音机、视听设备、教学机器、语言实验室、计算机和通信卫星等，这些信息技术无疑在促进学习方面有很大的潜力，在经费负担得起的情况下，如果使用得当，显然有助于缩小教育差距、增加教育机会和提升教育质量。但是，有些人过分依赖或过分乐观地看待教育技术，认为技术可以作为解决教育问题、治理学校失调、缩小教育差距的万能工具，谋求以他们偏爱的技术去缩小教育差距。这样做，通常只能像增加一层地质层那样，把新的技术摞在已有的发生故障的教学过程之上。这种增添设备的做法不可避免地增加了教育经

① Spector J M, Merrill M D, van Merriënboer J，等. 教育传播与技术研究手册[M]. 任友群，焦建利，刘美凤，等，译. 上海：华东师范大学出版社，2012.

② Spector J M, Merrill M D, van Merriënboer J，等. 教育传播与技术研究手册[M]. 任友群，焦建利，刘美凤，等，译. 上海：华东师范大学出版社，2012.

③ 雅克·哈拉克. 投资于未来：确定发展中国家教育重点[M]. 尤莉莉，徐贵平，译. 北京：教育科学出版社，1993.

费，却很难提高教育的效果和质量。因此，20 世纪 50—60 年代，发展中国家的不少教育决策者利用信息技术手段缩小教育差距的幻想最终破灭了，这使许多教育工作者、学生和公众对新的媒体产生了怀疑。

### （二）20 世纪 70—80 年代：以电视和远距离教育等为主要手段来促进教育资源均衡配置

1973 年 10 月，世界银行行长罗伯特·麦克纳马拉（R. McNamara）指出，发展中国家超过 40%的人口生活在绝对贫困中①，这震惊了整个世界。其他机构和研究所对发展中国家农村地区所做的调查也正好印证了麦克纳马拉的这一观点：发展中国家农村地区存在一个令人震惊的现象，有相当一部分家庭没有土地，或者土地拥有量极少；有大量失业和未充分就业的人；恶劣的健康、供水、环境卫生和营养条件，伴随着很高的婴儿死亡率。这些问题产生并加剧的原因是农村人口增长过快。不仅如此，农村学校的状况与《联合国教科文组织统计年鉴》中有关各国在校生人数全国性的增长数字给人们留下的美好印象，形成了极其鲜明的对照。隐藏在这些膨胀的数字背后的是分布稀疏且很不完备的农村小学，高得令人吃惊的辍学率和缺课率，不合格的教师，正在老化的教室，以及教材和其他基本条件的严重缺乏。20 世纪 60—70 年代，在许多农村地区，实际上只有 10%的男孩和甚至更少的女孩真正完成了小学教育，这些孩子中只有 10%—15%的人能够升入附近大城镇的中等学校。②不仅如此，联合国教科文组织对亚洲、非洲、拉丁美洲所做的小学教育情况的调查表明，在大多数被调查的国家中，小学注册人数的复读生占 10%—30%。③

为了促进教育资源均衡配置，不少发展中国家利用教育电视、电影、远距离教育等信息技术手段大力发展教育，以此来增加教育机会和提升教育质量。但是，20 世纪 60 年代末期，发达国家于 20 世纪 50 年代开始的、人们对之抱有很高期望的教室中的教学电视失去了发展的势头，远未达到最初人们对它的期望。虽然教育电视并没有一下完全取消，但已经被看成是教师在认为适当时可用可不用的次要教学手段。同样，在发展中国家，教育电视的应用已于 20 世纪 70 年代末开始减少，主要是因为在实施过程中遇到了许多实际困难。国际教育规划研究所（International Institute for Educational Planning，IIEP）在 20 世纪 60 年代中期

① 1968—1981：世界银行正视贫困问题[EB/OL]. [2023-10-30]. https://www.shihang.org/zh/archive/history.

② 菲利普·库姆斯. 世界教育危机[M]. 赵宝恒，李环，等，译. 北京：人民教育出版社，2001.

③ McNamara R S. Address to the Board of Governors[R]. Washington: World Bank, 1969.

对许多国家的众多具体计划做出评价时，就注意到了这些具体的实际困难。这些被许多其他评价计划证实的、划时代的研究结果，使所有相信教育电视的人（包括这份研究报告的最后执笔者）清醒了。[①]这份报告指出，在所检查的项目中，很少能达到预期，大部分不能发挥正常的作用。主要原因在于，很多计划项目本身就没有设计好，在没有充分准备的情况下匆匆上马，主要的预算和注意力都集中在硬件的投入上，严重限制了优秀且实用的软件的开发和制作。另外，早期电视节目制作者忽视了教育电视实施的外部环境，如电力供应中产生故障或电力不稳、电视节目制作者没有提前下发电视节目时间的相关资料、缺乏保证电视机正常运行的基本设施等。国际教育规划研究所认为，大部分教育电视和广播的致命弱点是，在制造高质量的软件上投资不够，而硬件却花费了大量的经费。为此，菲利普·库姆斯一针见血地指出，在一些特定的环境中，电视完全是一项不适宜的技术，使用过早，而更简单、更便宜的技术如广播技术，尽管不那么迷人，却更有效、耗资更低、更容易实施。[②]20 世纪 70 年代，远距离学习在许多发展中国家受到青睐，远距离学习计划运用多种通信技术包括广播（比电视更便宜、更灵活）、印刷材料和函授形式，还常常辅以地方学习小组的讨论和视听辅导材料等来帮助学习者学习。[③]例如，肯尼亚的广播函授教学计划主要是为农村地区学校的教师和其他学习者提供继续完成中学各科课程的机会。另一个远距离学习计划的例子是中美国家的无线电学校。在这些计划中，历史悠久、值得注意的是哥伦比亚的"人民文化行动"（Action Cultural Popular，ACPO）。这项计划通过多种手段和方法，包括一个全国性广播网、《星期日教育报》（Sunday Education）、学习手册、录音、地方组织的村庄学习小组等，使成千上万的农村贫苦农民的生活有了希望。[④]还有一个值得注意的例子是博茨瓦纳制定的具有想象力的、非常专业的远距离学习计划，该计划得到了剑桥国际推广教育学院的技术帮助。[⑤]

总的来看，20 世纪 70—80 年代，随着包括硅片和微型计算机等在内的通信技术硬件革命的兴起，通过信息技术手段缩小教育差距的途径日益增多。然而，

① Jamison D T, McAnany E G. Radio for Education and Development [M]. Bevery Hills: Sage Publications, 1978.

② 菲利普·库姆斯. 世界教育危机[M]. 赵宝恒，李环，等，译. 北京：人民教育出版社，2001.

③ 菲利普·库姆斯. 世界教育危机[M]. 赵宝恒，李环，等，译. 北京：人民教育出版社，2001.

④ 张进宝，张晓英，赵建华，等. 国际教育信息化发展报告（2013—2014）[M]. 北京：北京师范大学出版社，2014.

⑤ Demond K. Mobile Learning: The Next Generation of Learning[R]. The 18th Asian Association of Open Universities Annual Conference, Shanghai, 2004.

就像过去电影、广播和电视的发展一样，我们面临着如何开发合适的软件来满足这些硬件的需求，并且将这些教育技术与不同的教育目标和服务对象有效结合，以最大限度地利用信息技术手段来缩小教育差距、增加教育机会并提高教育质量方面的挑战。值得注意的是，一些发展中国家充分利用了数量可观且价格低廉的技术，如录音机、微型收音机、幻灯机及自己生产的电影和各种本国的产品。此时，远距离学习也受到重视，为农村教师和其他学习者提供了灵活学习的机会。但是，发展中国家在使用信息技术缩小教育差距时，盲目使用教育电视等高级技术手段，不仅在硬件上花费较大，而且一些高质量的教育软件资源也用不上。

### （三）20世纪90年代至21世纪初：以计算机和网络技术等为主要手段来促进教育资源均衡配置

联合国教科文组织指出，教育尤其是全民教育（主要包括普及初等教育、消除成人文盲及重视女童和妇女教育）虽然广泛受到人口、环境、经济等方面的影响，但在解决“人类困境”等问题的过程中，其发挥着不可或缺的作用。其中，在扩大基础教育的手段和范围方面，联合国教科文组织着重提出，可以利用信息、通信和社会活动所有可能的手段与渠道来传播必要的知识，并就社会问题向人们进行宣传和教育。除传统的手段外，还可以调动图书馆、电视、广播和其他传播媒介并发挥其潜力，以满足全民的基础教育需要。①

20世纪90年代，网络互联和高速计算机网络正成为新一代计算机网络的发展方向。网络技术的发展促进了社会的发展，也促进了教育的发展。广大发展中国家经济落后，教育信息化整体处于较低水平，其工作重点是利用信息技术消除区域差异，缩小数字鸿沟，缩小区域之间、民族之间和种族之间的差异。尤其是非洲一些国家，由于长期受到殖民统治，经济落后，种族之间、民族之间的教育水平差异较大，利用形式多样的信息技术缩小教育差距，成为这些国家教育信息化政策的重点。例如，塞拉利昂利用收音机向贫困社区宣传教育活动；几内亚通过互联网实施成人扫盲计划；南非一些国家建立了开放的学校组织，通过许多机构提供的远程学习进行中学教育；毛里求斯实施了“网络大篷车”项目，旨在使毛里求斯最偏僻的地区获得 ICT 设施；一些民间组织发起针对群体、组织和个人的为提高 TCT 能力的认知活动。②21 世纪后，非洲更是采取形式多样的方式

① 转引自赵中建. 教育的使命——面向二十一世纪的教育宣言和行动纲领[M]. 北京：教育科学出版社，1996.

② 张进宝，张晓英，赵建华，等. 国际教育信息化发展报告（2013—2014）[M]. 北京：北京师范大学出版社，2014.

缩小教育差距，其中一项就是“非洲农村移动学校”项目。该项目主要是通过移动电话提供短信，具体表现为通过群发短信为所有学生或某一课程的所有学生提供激励支持和常规的管理支持服务；对数据库中抽取出来的某些学生的学习实施管理，发送小组短信甚至个别化短信。①一些发展中国家也开始开展利用移动技术支持农村教师能力发展的实验，截至 2013 年，“移动技术支持教师能力发展”项目已经在墨西哥、尼日利亚、巴基斯坦和塞内加尔开展了实验，在现状调查和教师培训需求分析的基础上确定了实验专题。墨西哥的实验专题为支持小学教师向讲土著语言的学生讲授西班牙语；尼日利亚的实验专题为支持小学英语教师进行教学内容和教学法实践的探索；巴基斯坦的实验专题为支持农村幼儿女教师；塞内加尔的实验专题为支持小学科学与数学教师。②

由于经济落后、地理位置偏远等，依托教学点开展教学广泛存在于世界各地，特别是非洲、南美洲和亚洲的经济欠发达国家或地区。教学点，也被称为不完全小学，是一种为学生提供小学教育的场所。由于授课教师的教学能力和专业知识非常有限，教学点的教学质量难以保证。教学点成为发展中国家教育中最薄弱的环节。为了应对这一严峻挑战，广大发展中国家尝试使用信息技术缩小教育差距并提升教学质量，除了教学光盘播放、卫星接收和网络传输三种常见的资源共享方式，利用“移动卫星车”构建信息化课堂成为经济欠发达国家和地区提供优质学习资源、学习支持平台的一种新形式，从而形成了新的课堂生态。例如，巴基斯坦是儿童失学率和成人文盲率较高的国家之一，国内教育发展水平较低，偏远地区教育十分落后。为了应对这一挑战，2012 年 7 月以来，巴基斯坦教育部发起了“移动卫星车”项目。该项目旨在共享优质教育资源，提升经济欠发达地区教学点的教学质量。③

总的来看，20 世纪 90 年代以来，随着计算机技术、通信技术及建立在计算机和网络技术基础上的计算机网络技术的迅猛发展，信息技术也在一些发展中国家得到了很好的应用。一些发展中国家的教育决策者能较为理性地利用信息技术缩小教育差距，例如，通过收音机对偏僻地区的学校进行教学活动，利用移动电话发送短信来帮助偏僻地区的孩子学习，利用移动技术促进农村教师能力发展，

---

① Demond K. Mobile Learning: The Next Generation of Learning[R]. The 18th Asian Association of Open Universities Annual Conference, Shanghai, 2004.

② Spector J M，Merrill M D，van Merriënboer J，等. 教育传播与技术研究手册[M]. 任友群，焦建利，刘美凤，等，译. 上海：华东师范大学出版社，2012.

③ 张进宝，张晓英，赵建华，等. 国际教育信息化发展报告（2013—2014）[M]. 北京：北京师范大学出版社，2014.

通过教学光盘播放、卫星接收和网络传输保证优质教育资源共享。同时，部分国家利用"移动卫星车"构建的信息化课堂既可以接收卫星视频信号，也可以设置无线网络，实现优质视频资源共享。作为一种新兴的课堂形态，"移动卫星车"对于促进发展中国家经济欠发达地区实现优质教育资源共享、提升教育质量具有一定的现实意义。但是，"移动卫星车"价格较高，为了保证个别教学点的教学正常进行，投巨额资金购买"移动卫星车"，对于一些经济欠发达的发展中国家来说可谓是得不偿失。

## 二、发展中国家信息化促进教育资源均衡配置对我国的启示

### （一）利用信息技术促进教育资源均衡配置要因时制宜、因地制宜

20 世纪 50—60 年代以来，一些发展中国家利用信息技术缩小教育差距时，根据不同时期、不同地域的特点，先后采用了无线电广播、收音机、幻灯机、教育电视、移动电话、"移动卫星车"等信息技术手段，这对于缩小教育差距、促进教育均衡发展、提升教育质量、有效实现教育公平是大有裨益的，也完全是切合实际的。菲利普·库姆斯认为，我们谈的这些技术手段无疑对促进学习有很大的帮助，如果使用得当，在经费担负得起的情况下，这些手段有助于提高学习的质量和增加教育机会。[①]值得注意的是，有些发展中国家并没有根据本国的实际情况做到因时制宜和因地制宜，而是盲目使用一些信息技术手段，例如，在电力供应不足、电视硬件设施短缺及教育软件不达标的地区使用教育电视，导致缩小教育差距的计划流产；利用"移动卫星车"为经济欠发达地区的教学点提供优质的学习资源和学习支持平台，费用昂贵且得不偿失。可见，发展中国家利用信息技术缩小教育差距的教训是深刻的，也是值得反思的。

就中国而言，利用信息技术缩小教育差距，对于促进义务教育均衡发展和教育质量提升、实现教育公平，具有重要的现实意义。然而，个别地方却存在教育技术滥用的问题。在一些农村中小学，由于缺少专门的信息技术教师，很多卫星教学系统和计算机以及多媒体等设备常年无法得到有效使用；因为互联网带宽不足，多媒体设备使用非常困难；网络费用高而学校经费短缺，导致学校网络无法使用；一些农村教学点缺少电力导致教学光盘设备常年闲置。因此，相关部门在

① 雅克·哈拉克. 投资于未来：确定发展中国家教育重点[M]. 尤莉莉，徐贵平，译. 北京：教育科学出版社，1993.

利用信息技术缩小教育差距时，要注意因时制宜、因地制宜。例如，由于先进的教育技术设备具有超前性的特点，其费用昂贵且性能不太稳定，就不适合在经济不发达地区的农村中小学使用，如 iPad、电子书包等在经济发达地区推广使用更为适宜，经济不发达地区的农村中小学应该使用合乎本地实际的教育技术。在中西部偏远地区的农村教学点，使用光盘播放设备和卫星教学收视系统是可行的。对于一些电力、信息技术教师缺乏的农村教学点，使用录音机来进行英语、音乐等课程的教学也是适合的。目前，移动通信非常发达，2023 年 12 月，我国农村网民规模达 3.26 亿人，占网民整体的 29.8%。[①]因此，在一些农村中小学，利用手机进行家校联系、师生沟通、教师移动教研和学生移动学习也是切实可行的。需要注意的是，一些农村中小学由于留守儿童比例高，其监护人多为家中的老人。由于监护能力有限，留守儿童的自制力往往较差，过多地使用移动电话，会分散他们的注意力，甚至会出现过度迷恋网络游戏、沉迷于网络聊天和视频对话、浏览不健康网站等问题。由此可见，相关部门必须根据具体的时间和地点，选择合适的信息技术来缩小教育差距。

### （二）利用信息技术促进教育资源均衡配置要量体裁衣、量力而行

20 世纪 50—60 年代以来，一些发展中国家在利用信息技术缩小教育差距时，能够根据本国的具体国情，采用价格低廉的技术，如录音机、微型收音机、幻灯机以及自己生产的电影和教育技术等，用于满足本国学生的多种学习需要。同时，也有一些发展中国家盲目使用先进的信息技术，如教育电视、“移动卫星车”等。客观地讲，使用先进的信息技术对于缩小教育差距、促进教育均衡发展和实现教育公平是有很大好处的，但是如果不顾本国的具体国情，盲目进行投资，或者过多地关注教育技术的硬件建设，忽视了教学技术和教师信息技术能力等软件建设，最终的结果是虽然进行了巨额的教育投入，却没有实质性地提升教育质量和促进教育均衡发展。正因为如此，菲利普·库姆斯慎重地建议，利用某些适合于个别国家的特殊需要和可能的简单技术，是可取的。我们应该鼓励采用那些不需要大量投资的新技术和那些能够帮助发展中国家改进教育的中间技术。[②]

因此，在利用信息技术缩小教育差距时，一定要注意量体裁衣、量力而行。

① CNNIC：第 53 次中国互联网络发展状况统计报告[EB/OL].（2024-03-29）[2023-10-30]. https://www.199it.com/archives/ 1682273.html.

② 联合国教科文组织国际教育发展委员会. 学会生存——教育世界的今天和明天[M]. 北京：教育科学出版社，1996.

例如，在农村教学点使用光盘播放设备，经济投入不大，技术要求也不高，年龄偏大的农村教学点教师完全能应付。经济不发达地区的农村中小学和城镇薄弱学校不能贪大求全，一定要量力而行。舒马赫（Schumacher）指出为了实现经济目标，在第三世界国家应使用“适当的技术”；威尔伯·施拉姆（W. Schramm）指出，我们一直过分重视具有诱惑力的大型媒介，尤其是一些发展中国家轻视了更可行的、大家买得起、可作为教育工具的小型媒介。[①]技术一流、先进的学校教育技术设备需要巨额投入，教育软件和后续的维护也是一笔不菲的费用。我们不主张大面积投入巨额的资金来利用信息技术手段缩小教育差距，而是要根据本地区的实际情况，采用合适的技术提升教育质量和促进教育均衡发展，实现教育公平。

## 三、发达国家信息化促进教育资源均衡配置的经验

### （一）美国

美国一直高度重视技术（特别是现代信息技术）在教育教学领域的应用，强调要通过信息技术来促进教育的改革与发展，是世界上信息技术教育开展较早并发展迅速的国家之一。无论是硬件、软件还是计算机与互联网方面，美国教育信息化的发展在世界都处于前列。在美国，几乎所有的学校都接入了互联网。早在 20 世纪 50 年代，美国就开展了一系列有关计算机辅助教学的研究和应用。1997 年，美国教育部制定了《1998—2002 年教育发展战略规划》[American Ministry of Education’s Education Strategic Plan（1998-2002）]，阐述了教育改革与发展的 7 大优先事项，其中第 5 项目标为截止到 2002 年，所有教室都连上网络，并完成网络技术的脱盲。[②]2000 年，美国国际教育技术协会（International Society for Technology in Education，ISTE）发表了《电子化学习：将世界级的教育置于儿童的指尖》（e-Learning:Putting a World-Class Education at the Fingertips of All Children）一文，提出了美国 5 个新的国家教育技术目标，指出所有的学生都必须具备技术和信息素养方面的技能[③]；2002 年，美国总统布什在《不让一个孩子掉队法案》（No Child Left Behind Act）中再次呼吁美国社区、私人企业、州级官员和个人行动起来，实现 21 世纪美国信息技术在教育领域的推广和运用。该报

① 菲利普·库姆斯. 世界教育危机[M]. 赵宝恒，李环，等，译. 北京：人民教育出版社，2001.

② 胡庆芳. 美国教育部 1998—2002 年教育发展战略[J]. 外国教育研究，2001(03)：28-31.

③ 陈俊珂. 发达国家中小学教育信息化的经验[J]. 教育评论，2005(06)：95-98.

告再次重申所有的教师和学生在教室里都可以直接使用现代的多媒体计算机；每一间教室都连上信息高速公路；开发有效的软件和在线学习资源，使其成为每所学校课程整合的一个重要组成部分。[①]在基础设施建设方面，2003 年，美国公立学校实现了 100%联网。2009 年，为了使美国经济走出金融危机，奥巴马进入白宫签署的第一个由国会通过的法案就是《2009 美国复苏与再投资法案》（The American Recovery and Reinvestment Act of 2009），在这项总额巨大的投资计划中，1000 多亿美元将用于教育和培训，直接对教育部门补助的金额（不包括抵税、学费补助、行政费用等）就达 700 多亿美元。其中，“技术促进教育”（Enhancing Education through Technology）项目的专项资金为 6.5 亿美元，旨在更换设备，运用高科技开展教育教学工作，通过对学校设施和技术的更新，发挥其对经济恢复和发展的促进作用。该方案注重教师专业发展，将常规拨款和竞争分配的 25%作为专项经费，用来支持教师获得高质量的专业发展，以促进信息技术与课程教学的有效整合。[②]2013 年，奥巴马推出了“连接教育”（Connect ED）计划，要求美国联邦通信委员会（Federal Communications Commission，FCC）充分利用并升级电子率（E-rate）项目，力争在五年内使美国 99%的学生都能用上高速互联网，让高速网络和最新的信息技术走进校园。

（二）英国

英国在信息化教育领域以其战略上的远见卓识和策略上的求新务实著称。早在 1995 年初，英国政府就推出了“教育高速公路：前进之路”（Education Superhighway：The Way Forward）的行动计划，将 400 家教育机构首批联网，并为 23 个试验课题拨款 1200 万欧元。[③]1997 年，英国政府开始对学校 ICT 进行大规模投入，同年，政府斥资 190 万英镑建成了“全国学习网”，并发起一系列 ICT 相关项目，如为教师配置计算机，鼓励学校进行信息通信技术建设等。1998 年被确定为英国的“网上教育年”，为了在 4 年内训练所有教师使用互联网，首相布莱尔直接拨款 1.2 亿—1.5 亿英镑，用于教师的信息化技术训练和培训，在政府教育经费投入中，法定的 6%必须作为学校专款专用的微机购置费，以保证 20%以上的中小学能够上网。1998—1999 年，英国政府对国家学习网络建设的投

① 赵国栋. 教育信息化国际比较研究[M]. 南京：江苏教育出版社，2008.

② 张进宝，张晓英，赵建华，等. 国际教育信息化发展报告（2013—2014）[M]. 北京：北京师范大学出版社，2014.

③ 张进宝，张晓英，赵建华，等. 国际教育信息化发展报告（2013—2014）[M]. 北京：北京师范大学出版社，2014.

资为 1.02 亿英镑。1998—2002 年，英国政府又投入 6.57 亿英镑为学校购买 ICT 设备，同时政府成立了“新机会基金”，投资 2 亿英镑为在职义务教育教师和新进义务教育教师提供培训。[①]首相布莱尔宣布在 2001—2004 年投资 10 亿英镑用于支持学校中的 ICT，2.775 亿英镑用于英国的“全国学习网络”（National Grid for Learning，NGfL）项目。“为未来建设学校”项目（Building Schools for the Future Programme，BSF）是英国近 50 年来在学校建设方面最大的单笔政府投资，目的是保证中学生都能在一种适应 21 世纪需要的环境中接受教育。英国政府在 2005—2006 年向地方政府和学校拨款 30 亿英镑，将 ICT 经费增加到 9.2 亿英镑，支持所有学校接入互联网，利用在线课程把数字化资源传输到教室和演讲中心，分批改建或更新英国境内建设年限超过 10—15 年的中学。[②]2006—2008 年，英国政府拨款 6000 万英镑专门用于为贫困儿童无偿提供计算机。2006—2007 年，英国政府对“全国学习网络”的建设投入已达到 7.41 亿英镑。[③]2006 年，99%的学校接入了互联网。2007 年，英国教育大臣吉姆·奈特（J. Knight）宣布，英国政府将在 2008—2011 年共投资 219 亿英镑用于学校校园以及教育信息化建设，这项投资将使英国境内数千所学校得以重建或改造，其中 8.37 亿英镑用于学校信息化领域的进一步发展与提升，从而使英国拥有世界级的先进教育体系。[④]2010 年以后，英国政府把教育信息化发展的重点转移到“建立技术自信体系”上来，即关注技术支持下的泛在学习、高阶学习、个性化学习及有效学习。[⑤]2016 年，英国发布《教育部 2015—2020 战略规划：世界级教育与保健》（DfE Strategy 2015-2020：World-class Education and Care），制定了未来 5 年的教育发展战略与规划，其中提出要大力提高 STEM（science，technology，engineering，mathematics，科学、技术、工程和数学）课程的开设率，提升相关课程的质量。[⑥]

---

① 张进宝，张晓英，赵建华，等. 国际教育信息化发展报告（2013—2014）[M]. 北京：北京师范大学出版社，2014.

② Becta. Building schools for the future[EB/OL].（2009-06）[2023-10-30]. https://www.partnershipsforschools.org.uk/documents/library/BSF-archive/Note_8_National_Bodies.pdf.

③ 张进宝，张晓英，赵建华，等. 国际教育信息化发展报告（2013—2014）[M]. 北京：北京师范大学出版社，2014.

④ 张进宝，张晓英，赵建华，等. 国际教育信息化发展报告（2013—2014）[M]. 北京：北京师范大学出版社，2014.

⑤ 张进宝，张晓英，赵建华，等. 国际教育信息化发展报告（2013—2014）[M]. 北京：北京师范大学出版社，2014.

⑥ Department for Education. DfE strategy 2015-2020：World-class education and care[EB/OL].（2016-03-17）[2024-03-01]. https://www.gov.uk/government/publications/dfe-strategy-2015-to-2020-world-class-education-and-care.

（三）日本

日本政府一直提倡加快教育信息化进程，促进教育资源均衡配置。日本不仅在基础设施方面加大设备投入，还积极地借助互联网进行教育革新。1995 年，日本文部省和通产省联合实施了“100 所中小学校联网试验研究”，让 111 所试验学校师生了解和学会使用互联网，还通过一系列科学试验探索新的教育体制与教学模式。教育信息化是日本中长期国家技术战略规划——“千年工程”中一个主要的施政方向，这体现在 1998 年日本提出的教育信息化计划中。教育信息化计划依据信息化将儿童变化、授课变化和学校变化设定为目标。具体来说，就是在促进所有孩子的计算机素养提高的同时，借助学校中日常性的计算机应用对授课的形态进行根本性的变革，并且改变以学校、家庭、社区间的相互协作为主的学校管理模式。[①]文部省从 1997 年开始拨款补助地方教育中心广泛地连接学校的信息通信网络。[②]2005 年，日本大幅增加教育信息化的投入，主要用于公立学校校园网络的建立和完善、教师的信息教育、信息教育内容的开发、利用因特网开发教育技术、私立学校计算机设置等。2009 年，日本政府提出了“一人一台数字终端”的口号。2010 年，日本政府从国家战略角度指出教育信息化的重点在于提高师生的信息技术能力，完善教学环境，努力消除数字鸿沟。日本启动“未来学校推进项目”（Future Promotion Project），同时配合推荐“学习创新项目”（Learning Innovation Project），选取 20 所中小学进行教育信息化实验，其中包括 10 所小学、8 所中学和 2 所特殊学校。[③]2013 年，日本实现了学生人手一台信息终端，至 2020 年实现了 21 世纪的学校教育。

（四）韩国

韩国[④]基础教育信息化政策经历了动态的变化过程，可以根据不同时期政策的侧重点分为三个阶段：计算机教育阶段、ICT 素养教育阶段、ICT 应用教育阶段。[⑤]1995 年，韩国政府制定了《信息化促进基本法》，并轰轰烈烈地展开了信息化建设。自 1996 年开始，韩国教育网每年获得 225 万美元的国家预算，以实

① 李文英. 日本教育信息化发展及对我国的启示[J]. 外国教育研究，2003(02)：38-42；邸存静. 日本义务教育财政制度研究[D]. 河北大学，2009.

② 董雨. 日本中小学信息技术教育现状及启示[J]. 中小学电教，2011(04)：78-80.

③ 吕倩. 美国教育信息基础设施建设路径研究[D]. 华中师范大学，2015.

④ 韩国于 2021 年被正式认定为发达国家，这里只是对其教育信息化的过程进行论述，特此说明。

⑤ 崔英玉，孙启林，陶莹. 韩国基础教育信息化政策研究[J]. 中国电化教育，2011(06)：48-54.

现政府优先发展个性化教育、提供平等教育机会的目的。1997—2000 年，韩国政府投入 6008 亿韩元用于中小学教室升级改造任务，投入 5754 亿韩元用于中小学教师和学生计算机的配备，另外投入 2634 亿韩元用于中小学校园网系统的建设。为了弥补由于个人条件的不同而产生的信息通信技术学习方面的差距，韩国政府以免费的方式向低收入家庭的学生提供信息通信技术交流教育。韩国政府把信息化作为国家的核心发展战略，其教育信息化水平较高。2004—2010 年，在实现了第一个教育信息化规划发展目标的基础上，韩国实施了第二个国家教育信息化规划，目标包括通过加强家庭、学校和社区之间的联系，建立网络学习型社会，使得每个公民都能平等地获取教育资源。[①]2004 年，韩国政府制定了《E-Learning 资源体制综合发展计划》，中小学开始积极引入 E-Learning 体制。该体制从以传统教室为中心的 ICT 应用教育向以充分利用网络空间的教与学的模式转变。自 2006 年开始，制定和实施第三阶段教育信息化的目标。[②]为加快实现第二、第三阶段的教育信息化目标，2004—2006 年，韩国政府每年都制定了《促进教育信息化实施计划》。自 2005 年启动以来，家庭网络学习系统每年获得国家 876 万美元的财政拨款，提供在线辅导的是全国各地的教师，他们会及时回答学生提出的问题。2005 年，韩国中小学生机比达到 5.7 : 1。2009 年，韩国政府为全国学校投资 45 亿韩元，提升学校校园网速度。自 2011 年开始，国家教育信息系统每年能获得 220 万美元的财政拨款，以 Linux 系统为操作平台研发电子教科书。[③]韩国已经实现了网络 100%接入学校，到 2016 年，纸质版的教科书已经被电子版教科书全面取代。[④]

在推动教育信息化的进程中，各国政府均采用了相应的策略来解决义务教育学校发展不均衡的问题。同时，在保证学校教育投资相对均衡的情况下，各国还采用了不同的策略来缩小不同学校教学发展的差距。例如，美国不仅采取优惠政策吸收大学生到农村中小学任教，还通过网络虚拟学校为贫困地区的孩子提供网络课程。[⑤]英国政府重视信息技术在教育资源配置中的作用，运用现代信息技术来加强校长培训工作。[⑥]日本政府通过“教师定期流动制”、韩国政府通过“教师

① 吁佩. 韩国教育信息化发展的经验及启示[J]. 科教文汇(中旬刊)，2017(23)：59-61.

② 罗明东，和学仁. 发达国家基础教育信息化发展策略之比较[J]. 学术探索，2008(06)：124-129.

③ 张进宝，张晓英，赵建华，等. 国际教育信息化发展报告(2013—2014)[M]. 北京：北京师范大学出版社，2014.

④ 吴砥等. 国际教育信息化典型案例(2013—2014)[M]. 北京：北京师范大学出版社，2015.

⑤ 何克抗，赵兴龙. 美国义务教育均衡发展的政策与措施[J]. 基础教育参考，2010(07)：27-31.

⑥ 姜利琼. 中英两国中小学校长培训的比较与思考[J]. 教学与管理，2007(36)：29-30.

互换制度”解决基础教育教师资源配置失衡的问题。综上所述，国际上教育信息化水平较高的国家大多选择首先进行基础设施建设，然后在基础设施建设的基础上发展教育信息化。

## 四、发达国家信息化促进教育资源均衡配置对我国的启示

作为发展中大国，我国与发达国家的经济发展还存在一定差距。同时，各地区间的发展不平衡，导致教育资源配置不均衡。要实现义务教育优质均衡发展，应首先着眼于利用信息化手段促进义务教育资源均衡配置。

### （一）教育信息化政策应将顶层设计与基层创新相结合

发达国家在进行教育信息化时均非常重视顶层设计，且保证了国家教育信息化规划的连续性，政策之间前后关联，力图做到分阶段、渐进式地解决实际问题。例如，美国制定并颁布了“国家教育技术计划”（National Educational Technology Plan，NETP），虽然不同阶段面临的教育信息化现状不同，但后期发布的计划均以前期发布的计划为基础，且侧重点不同。日本政府分别于 2001 年、2004 年和 2009 年提出了“e-Japan”“u-Japan”“i-Japan”三大教育信息化发展战略，以实现日本的信息化蓝图。这三个教育信息化发展战略体系的重点从基础设施到网络互联再到信息化应用，非常注重教育信息化政策的渐进性和连续性设计。韩国政府分别于 1996—2011 年提出了信息通信技术应用于教育的主要规划、信息技术应用于教育的主要规划。①

除教育信息化国家层面的规划外，发达国家还出台了一些补充政策和项目，以配合规划的实施。多方面政策的相互协同和补充，形成了较为完备的立体化政策体系，从而使政策的可实施性增强，实施效果得以最大化。例如，2008 年，美国国际教育技术协会颁布了第二版《面向教师的美国教育技术标准》（National Educational Technology Standards for Teachers，NETS-T），对技术的操作和概念、策划和设计学习环境、学习体验等方面的问题进行了规定，以此提升教师教育技术标准。2011 年，美国教育部颁布了《教育信息化的国际经验：最终报告》（International Experiences with Technology in Education：Final Report），以此评估国际教育信息化发展现状。2009 年，美国联邦政府出台了《2009 美国复苏与再

① 杨宗凯，吴砥. 信息技术推动教育创新发展[J]. 中国教育科学，2014(02)：56，57-91，233.

投资法案》，以保证教育信息化投资。

根据发达国家的典型经验，要重视教育信息化政策的顶层设计，注重全局性的部署和安排，注重基础教育信息化基础设施、人力资源、体制机制等方面的整体性、全局性问题，从宏观战略的高度进行科学规划，区分各项任务的重点和难点，制定教育信息化发展的阶段性目标和基本标准，并注重教育信息化资源的合理配置和布局优化。同时，要注重在缩小教育数字鸿沟方面进行基层创新。我国地域广阔且各地区的发展不平衡，各地区的教育信息化发展程度不一。我们除了吸收发达国家优化教育资源配置的典型经验之外，还要注重基层创新。例如，有些地方实行了“农村教学点数字学校”“联校网教”“家校通”等，有效地缩小了教育数字鸿沟，初步解决了农村教学点“开不齐课，开不好课”、农村留守儿童情感缺失等问题，取得了不错的效果。由此可见，我们要将顶层设计和基层创新相结合，想尽一切办法来缩小教育数字鸿沟。

### （二）重视对教育信息化持续不断的投入，促进教育信息资源合理配置

发达国家缩小教育数字鸿沟的一种典型经验，就是对教育信息化进行持续不断的投入。21 世纪以来，随着中小学“三通两平台”“农远工程”“电子书包”“教育云”等重大项目的开展和实施，我国教育信息化尤其是教育信息基础设施建设方面取得了丰硕的成果，但仍面临着基础设施薄弱、共建共享水平低、区域发展不均衡等突出问题，影响了教育信息化的均衡发展，导致区域教育鸿沟有扩大的趋势。我国教育信息化基础设施建设已经从起步阶段迈入了应用整合阶段，根据一些发达国家的典型经验，我们应该保持对教育信息化进行持续不断的投入，增加对农村和西部薄弱地区的教育投资，加快落后地区网络建设，完善信息基础设施，这有利于改善薄弱学校的办学条件，推动教育信息化进程，缩小区域间的教育鸿沟。同时，由于基础教育信息化投入是耗资巨大的系统工程，单纯依靠政府的投入，短时间内是难以实现缩小教育数字鸿沟这一目标的。因此，相关部门应建立和完善基础教育信息化投资融资机制，运用市场力量吸引社会团体、企业、个人及国外投资者为教育信息化运营和发展提供稳定的资金保障，从而实现教育信息化资源的合理配置。

### （三）重视教育信息化人力资源建设，缩小教育信息技术人力资源鸿沟

20 世纪 90 年代初，一些发达国家就开始高度重视教育信息化人力资源建

设，充分认识到了教师在教育信息化进程中的重要作用，采取多种措施对教师进行职前和职后培训，加强对教师的信息技术教育和培训，使他们适应信息化条件下的教学。信息技术被列入教师能力体系中，已经成为发达国家教师培训的必修课程之一。

美国高度重视教师专业发展，专门制定了面向教师的教育技术能力标准，并逐渐将其融入教师任职的职业资格条件中，关注教师的自我发展，提出要将教师的领导能力和教师的专业发展紧密结合，以此来适应数字化、全球化时代提出的新要求。①英国政府和教育界人士认识到，仅有基础设施和信息资源，没有好的教师将信息与通信技术有效地运用于教学中，也不能发挥信息与通信技术的作用，所以英国把对教师进行信息与通信技术培训作为整个基础教育信息化的一项核心内容。②为了保证中小学网络学习的高水平运作，日本十分重视提高教师的素质水平，将重点放在在职教师的培训和继续教育、提高师范类教育的信息化水平两方面。韩国中小学教师进行教育信息化进修的形式主要有三种，即教育人力资源部举办的培训活动、市（道）教育厅的培训活动、本校的培训活动。为了满足时代和社会的发展需求，韩国政府从 2011 年开始推进“智慧教育战略”，提出要提升教师的智慧教育实践能力，促进信息技术与教育教学的有效整合。③2012—2015 年，韩国面向所有教师开展了智慧教育培训。

由此可见，我们应该重视教育信息化的人力资源建设，加大对教师的教育信息化培训力度，实行全员培训和重点培训相结合，以促进教师教育信息化能力的提升；建立各种形式的网上教研社区，鼓励和组织高级教师、特级教师及教育研究人员参与信息化教学活动，以专家引领带动教师的专业发展和水平提升；增加教育信息化人员编制，并适当提升其福利待遇，激发其工作的积极性。

### （四）发展信息技术教育，提高学校的信息化应用能力

随着教育信息化的发展和教育改革的实施，在具有了一定的基础设施后，缩小教育数字鸿沟的关键就在于如何充分利用现有的信息技术资源。信息技术以网络和通信技术为核心，具有快速、及时、灵活、便捷的特点，利用信息技术可以突破教育信息资源配置的时间和空间限制，在很大程度上改变教育内容、课程设

① National educational technology standards for teachers[EB/OL]. (2008) [2023-10-30]. https://www.apple.com/education/docs/Apple-ISTE-NETS-Teachers.pdf.

② 楚琳，安升华. 英国国家课程体系中 ICT 课程改革动态分析[J]. 网络财富，2009（11）：9-10.

③ 刘超，黄荣怀，王宏宇. 基于知识图谱的新型教材建设与应用路径探索[J]. 中国大学教学，2023（08）：10-16.

置、教学方式及人才培养模式，使学生始终处于现代技术学习、探索和研究的氛围中，从而培养出有扎实基础知识、具有创造性、满足信息社会需要的人才。多年来，我国教育信息化发展参差不齐，薄弱地区和学校的教育信息化发展水平不高，由于缺乏有效的教育传播工具，客观上造成了公众知识水平的不平衡。信息技术的出现与普及，使得人们在同一时间接受相同教育、学习相同的知识成为可能。我国开展全民网络教育，应根据学校的差异在中小学校开展程度不同的信息技术教育，针对不同群体开发多样化的特色课程资源，保障所有适龄儿童和青少年都能公平地获得优质的数字教育资源，充分利用优质数字化教学资源为学生创设智慧化的教学环境，利用信息化环境培养学生的问题分析及解决能力，鼓励学生自主学习、协作学习，培养学生良好的学习习惯，使学生具备较高的信息素养，提高学校的信息化应用能力。

## 第二节　教育信息化与我国义务教育资源优化配置

### 一、信息化促进义务教育资源优化配置的优势

长期以来，由于地域发展的不平衡，我国义务教育的发展也出现了明显的不均衡。义务教育不均衡的一个重要体现就是教育资源的不均衡。在“互联网+”环境下，这种教育资源不平衡有望被打破。互联网时代，随着我国教育开放的大环境的建立，优质教育资源可以通过互联网连接在一起，人们随时、随地都可以获取所需的学习资源。知识获取的途径得到有效拓展，获取的效率得到了大幅提高，获取的成本则大幅降低，优质教育资源得到了极大程度的充实、丰富与传播。教育信息化还将实现教育资源的重新配置和整合。一方面，互联网能有效地发挥优质教育资源的作用与价值，从传统的一名优秀教师只能服务几十名学生扩大到服务几千名甚至上万名学生。另一方面，互联网连通一切的特性，使跨区域、跨行业、跨时间的合作研究成为可能，这也在很大程度上促进了不同地域、不同层次的教学交流，促进了教学研究水平的提升。当前，区域间的义务教育发展尚不平衡，农村和经济欠发达地区的办学条件和教育水平相对落后，教育资源不足等问题亟待解决。教育信息化可以使不同经济发展水平、不同文化发展程度、处于不同地理位置的学生平等地共享优质教育资源，为实现教育公平的目标提供路径选择。在硬件设施的保障与数字化平台的支持下，可以通过提供教育资源、网络培

训、即时通信、网络帮扶、虚拟实验室、网络教研等渠道，打破优质教育资源在时间、空间上的限制，打造一个汇聚丰富、优质教学资源的免费平台，以高效、便捷的手段实现资源共享，让学生不分地区、不分家庭背景、不分级别地共同接受平等的教育，从而逐步缩小区域、城乡、校际差距，提高教育质量，使教育资源配置不均衡的问题得到不断改善。可以设想，在“互联网+教育”的发展模式下，传统的因地域、时间、师资力量不均衡导致的教育鸿沟将逐步缩小甚至被填平。

## 二、信息化促进我国义务教育资源优化配置的现状

在以“优质教育资源班班通”为核心的数字教育资源共建共享方面，据教育部统计，2015 年初，全国已有很多学校建有校本资源，也有很多学校实现了全部班级应用数字教育资源开展教学。“一师一优课，一课一名师”活动平台报名近 326 万人。在以“网络学习空间人人通”为核心的教学创新方面，全国各级各类学校教师、学生开通网络学习空间的人数已增加到 3600 万人，有超过 30%的学校开通了网络空间，407 万名教师积极应用网络空间开展网络教研和教学活动，基于网络学习空间的混合学习、翻转课堂、协作学习等多种新型教学模式得到了广泛应用。[①]2015 年 6 月，“教学点数字教育资源全覆盖”项目全面完成，全国 6.4 万个项目教学点基本实现设备配备、资源配送和教学应用“三到位”，有效地满足了近 400 万偏远农村地区的孩子就近接受良好教育的愿望。[②]“教学点数字教育资源全覆盖”项目的推进，对于促进教育公平和教育信息化的深层次发展都具有重要意义。一方面，优质数字教育资源的配送有助于缓解落后地区师资力量薄弱的困境，有助于促进先进教育模式在课堂中的应用，提升教育质量，促进教育公平的实现；另一方面，数字资源是教育信息化发展的核心要素，优质数字教育资源的传播与扩散，为落后地区教育信息化发展注入了新鲜血液，有助于提高当地教育信息化发展水平，提升教育信息化发展质量。

在教育资源公共服务平台建设与应用方面，由中央电化教育馆（现为教育部教育技术与资源发展中心）负责建设和运营的国家教育资源公共服务平台，2014 年全国已有近半数教师开通平台账户，年总访问量超过 10 亿次，用户群体覆盖

① 我国教育信息化三年六突破[EB/OL].（2015-05-16）[2024-03-05]. http://www.moe.gov.cn/jyb_xwfb/s5147/201505/t20150516_188211.html.

② 教育部：全国 6.4 万个教学点实现数字资源全覆盖[EB/OL].（2015-06-26）[2024-03-15]. http://politics.people.com.cn/n/2015/0626/c70731-27210039.html.

全国15万所学校、1亿名中小学生。此外，全国还约有2/3的省份建成了省级教育资源公共服务平台，与国家平台形成了良好的互补关系。[①]

## 三、信息化促进我国义务教育资源优化配置过程中的问题

其一，教育信息化资源建设质量不高。各地区数字化教育资源建设存在明显差距，即教育资源“质”和“量”两方面都存在差距。资源建设质量不高是针对教育信息化整体发展而言的，主要体现在建设好的数字化资源无法很好地融入日常的教学活动和课外自主学习过程中。除了存在操作容易迷航、缺乏交互性等问题，还有很多资源建设内容大同小异，存在重复建设的问题，这不仅是资源建设质量不高的表现，更是一种资源浪费。另外，由于财务管理制度的缺陷，学校通常将有限的教育信息资源开发资金用于购买现成的商业软件。教育软件开发商为了追求商业利润的最大化，往往将这类资源开发成具有普适性的资源，真正切合教学实际需要的优质信息资源较少。现阶段，学校教育信息资源库内的绝大多数资源是教师开发的教学软件，而教师个人的软件开发能力有限，难以得到广泛应用。这类教育信息资源质量低下，在教学应用过程中往往会引起学生的反感。[②]

其二，教育信息化资源缺乏有效的共享和整合。一方面，资源建设本身存在不足。由于缺乏科学的理论指导和统一、规范的审核机制等，很多地区的数字化教育资源建设质量良莠不齐。由于缺乏统一的规范标准，教育信息资源市场不规范，再加上缺乏信息支撑体系，资源管理平台的兼容性不强和资源应用平台的适用性不强。而且，由于资源库多由各学校自行建设，一些学校难免会产生我的资源“我免费用，你付费用”的思想。这也在情理之中，毕竟学校投入了大量人力、物力、财力建设的资源库主要是为本校师生服务的，其他学校自然不能坐享其成。然而，关于其他学校如何有偿使用这些资源，目前又没有一个统一的运营机制。这就出现了当前盛行的学校资源库“闭关自守”政策，即资源库只对本校免费开放，而由于无法向校外用户收费，便直接不对外校开放。在“校校建库”的资源开发模式下，很难找到一个适合各级各类学校之间共享资源的运营机制，最终“校校建库”将人为地变成网络环境中的无数个信息孤

① 教育部教育信息化战略研究基地(华中). 中国教育信息化发展报告(2014)[M]. 北京：人民教育出版社，2016.

② 王珠珠，刘雍潜，黄荣怀，等.《中小学教育信息化建设与应用状况的调查研究》报告(上)[J]. 中国电化教育，2005(10)：25-32.

岛。[①]另一方面，各地区的教育资源自成体系，兼容性不强。各地区教育资源建设者的信息素养水平不同，对教育资源建设的理解也就不同，如资源的美观性、可用性、易用性等存在诸多差异，不能很好地实现整合。此外，各地区资源数据平台的技术不统一，很难实现数据库之间的无缝对接，从而影响了教育资源的有效整合和共享。

其三，教育资源的可用性差。主要表现在：第一，资源缺乏有效管理，学习者往往会迷失在海量信息之中而无法快速找到所需的真正信息。随着垃圾信息的逐渐增多，信息过载和信息迷航的现象越来越严重。第二，在众多教育资源中，有不少企业独立或主要承担资源建设任务。为了盈利，各家企业在技术的应用和内容的制作上都有自主选择权。教师必须把教学内容和资源平台很好地结合起来才能达到更好的教学效果，这在现实中是极其困难的。更多情况是教师为了满足平台的需要，对原来的教学活动进行调整，从而极大地影响了教师的教学思路和教学安排。很多资源缺乏必要的交互，不能很好地将教师和学生连接在一起，不利于教学质量的提升。[②]

## 四、信息化促进我国义务教育资源优化配置的对策与建议

### （一）充分发挥政府的作用

在促进优质教育资源共享的过程中，政府具有明显的优势。政府有两大显著特征：第一，政府是一个具有普遍性的组织，它覆盖并服务于全体社会成员；第二，政府拥有其他经济组织不具备的强制力。[③]在信息化促进我国义务教育资源优化配置的过程中，政府的推动具有主导性作用。政府的教育决策系统是自上而下运行的，学校、非政府组织及企业在这一外力的干预下可以实现积极的发展。通过提供教育经费，政府可以对优质资源共享的管理结构及资源最终共享的利用效率进行有效的调控和干预。同时，政府又能够作为相应的监管者来维护区域教育资源共享的有效性和共享标准的切实执行，维护共享中的利益均衡，促进区域优质教育资源的有效共享，实现教育质量的提升。

---

① 熊才平. 教育在变革——论信息技术对教育发展具有革命性影响[M]. 北京：科学出版社，2013.

② 魏先龙，王运武. 中国教育信息化均衡发展研究[M]. 北京：电子工业出版社，2015.

③ 斯蒂格利茨. 政府为什么干预经济——政府在市场经济中的角色[M]. 郑秉文，译. 北京：中国物资出版社，1998.

## （二）进行相关的制度和政策法规建设

相关制度和政策法规的建设是区域优质教育资源共享的保障与前提条件。[①]要实现真正的区域优质教育资源共享，就必须打破现有优质教育资源的配置格局，同时也需要教育行政部门做出相应的调整。因此，区域优质教育资源共享应借鉴并采纳科学有效、协调有序、分工明确的教育管理体制，建立并完善相应的制度和政策法规，为区域优质教育资源共享创造良好的制度与政策环境，通过制度改革和政策法规的完善来保障优质教育资源共享。21 世纪，我国进行了相应的制度和政策法规建设，《面向 21 世纪教育振兴行动计划》《教育部关于实施全国教师教育网络联盟计划的指导意见》等文件中明确提出了优质的网络教育资源共建共享的指导意见。《国家中长期教育改革和发展规划纲要（2010—2020年）》等更加明确地提出了促进基础教育区域的优质教育资源共享，要充分发挥现代信息技术的作用。但从现实来看，区域优质教育资源共享的相关政策的实施效果并不是十分理想。因此，一是国家要以立法的形式制定系统的教育资源共享的专门指导性政策，通过法律法规手段对区域优质教育资源共享活动进行调控。二是地方政府也要制定相应的法规及可操作的、可执行的具体意见，鼓励区域内的各方主体参与到优质教育资源共享之中。同时，地方政府还要建立健全区域优质教育资源共享的管理体制和运行机制，有效协调各共享主体间的利益分配等各种关系，在法律上保障优质教育资源共享的实现。最终，将共享内化为各个相关主体的一种自觉行为，并形成一种良性竞争、合作共赢的共享环境。[②]

① 孙照辉. 区域高等教育资源共享：内涵、理念与体制机制[J]. 哈尔滨师范大学社会科学学报，2012(05)：138-142.

② 黄荣怀，任友群，等. 信息化促进优质教育资源共享的理论与实践[M]. 北京：高等教育出版社，2017.

# 第六章　教育信息化与义务教育教师资源均衡配置

教师是教育资源中比较重要、核心的资源之一。[①]教师是教育教学的主力军，教师质量也是关系到教育质量优劣的关键因素，师资的优质和均衡配置是提升教学效果、教育质量的前提。均等化地配置教师资源的数量、高水平教师的比例，是真正实现义务教育优质均衡发展的基本要求。教师资源均等化配置与一般硬件资源配置有所不同，教师不是一次性投入资源，不但涉及专业化发展和个人能动性的发挥，还涉及其他资源的配套投入。在经济社会发展的新时期，教师资源均等化不仅涉及公共资源的公平配置取向，在很大程度上还会影响不同群体和个人能否公平地获得基本生存与发展所需的支持和服务。多年来，我国不同区域之间、同一区域内的不同学校之间存在师资配置不均衡，这一直是困扰我国教育发展的重要问题。由于经济、历史和社会等方面的原因，无论从教师学历、教师职称还是骨干教师的分布来看，我国城乡优质教师资源的配置都不均衡，农村的优质教育资源匮乏，直接导致农村教育质量低下，进而影响了我国城乡义务教育的优质均衡发展。因此，采用信息化手段，实现不同区域之间、城乡之间、同一区域内不同学校之间的教师资源均衡配置，对于促进我国教育公平，实现区域内义务教育优质均衡发展，具有重要的现实意义。

① 熊才平. 教育在变革——论信息技术对教育发展具有革命性影响[M]. 北京：科学出版社，2013.

# 第一节　发达国家信息化促进义务教育教师资源优化配置的经验

《国家中长期教育改革和发展规划纲要（2010—2020 年）》明确提出，到 2020 年，基本实现区域内义务教育均衡发展，努力缩小学校之间、城乡之间、区域之间的教育发展差距。目前，城乡学校在教师资源配置均衡化方面的问题日益突出。如何科学合理地配置义务教育教师资源，促进城乡义务教育均衡发展，已成为社会、政府、学校关注的话题。近年来，党和政府采取一系列措施来补充农村教师资源，如免费师范生政策、特岗教师计划、城乡教师交流制度等。“但受城乡发展不平衡、交通地理条件不便、学校办学条件欠账多等因素影响，当前乡村教师队伍仍面临职业吸引力不强、补充渠道不畅、优质资源配置不足、结构不尽合理、整体素质不高等突出问题，制约了乡村教育持续健康发展。”[①]虽然国家出台了一系列相关政策，但效果并没有达到预期。[②]

以计算机技术为核心的信息时代的到来，为解决区域内教师资源配置不均衡的问题提供了新的契机。联合国教科文组织认为，ICT 可以促进教育普及，实现教育公平，提供优质教学环境，提升教师专业水平并提高教育管理效率。[③]2012 年，教育部印发了《教育信息化十年发展规划（2011—2020 年）》，对教育信息化的发展进行了部署。2014 年，教育部等印发《构建利用信息化手段扩大优质教育资源覆盖面有效机制的实施方案》，通过构建利用信息化手段扩大教育资源覆盖面的有效机制，加快推进教育信息化，实现各级各类学校宽带网络的全覆盖，以及优质数字教育资源的共建共享。

在发达国家，利用信息化手段实现城乡教师资源均衡配置是实现义务教育均衡发展的重大战略举措。“他山之石，可以攻玉。”合理借鉴一些国家在利用教育信息化实现区域教师资源均衡配置方面的经验，对于促进我国实现义务教育均衡发展大有裨益。

① 国务院办公厅. 国务院办公厅关于印发乡村教师支持计划（2015—2020 年）的通知[EB/OL].（2015-06-01）[2024-03-01]. https://www.gov.cn/zhengce/content/2015-06/08/content_9833.htm.

② 付卫东，王继新，左明章. 信息化助推农村教学点发展的成效、问题及对策[J]. 华中师范大学学报（人文社会科学版），2016（05）：146-155.

③ 中国矿业大学公共教学服务中心. 教育信息化：联合国教科文组织的使命与行动[EB/OL].（2014-01-10）[2023-10-15]. https://gjzx.cumt.edu.cn/info/1041/1836.htm.

## 一、发达国家信息化促进义务教育教师资源优化配置的典型经验

区域内教师资源配置不均衡，同样是一些发达国家面临的一个难题。近年来，一些发达国家利用信息技术手段，主要通过开发信息化教学工具、加强教师信息化教学能力培训、加大优质教育资源建设力度和实行远程教育等手段来间接地实现区域内教师资源的均衡配置。

### （一）通过信息化教学工具的开发来优化区域教学环境

美国基础教育信息化是以 NETP 为导向进行的。1996—2016 年，美国教育部连续多次发布 NETP。一直以来，美国联邦政府高度重视信息化教学工具建设，形成了联邦政府投资为主，各州、基金会和社会捐赠为辅的教育信息化投入机制，也制定过为乡村地区教育信息化基础设施建设打下良好基础的教育信息服务折扣政策。①2008 年秋，经过前几次 NETP 的深入实施，信息化教学工具建设取得了重大进展。100%的公立学校拥有了接入互联网的计算机，97%的学校拥有了课堂教学用的计算机，58%的学校为教师购置了笔记本电脑等。在课堂教学设备购置方面，97%的公立学校可以在课堂上使用液晶显示屏（liquid crystal display，LCD）和数字光处理（digital light processing，DLP）投影。能够使用数码相机的公立学校占 93%，使用交互式电子白板的公立学校占 73%。②均衡化的城乡教师信息化教学工具建设为教育信息化的整体开展奠定了基础。2013 年，为解决学校高速网络配置不足，以及计算机、投影仪、数码相机、网络设备等的更新换代问题，美国实施了“连接教育”计划。在信息化硬件投入方面，美国联邦政府的资金投入连续增长，例如，2015 年总投入高达 47 亿美元，并且取得了阶段性成效。高达 54%的中小学生可以在课堂上使用以 Chromebook 为主的移动设备，94%的公立学校已经使用了电子白板。③除此之外，NETP 也倡导一线教师革新和使用合适的信息化教学工具，以促进教学创新和营造宽松的课堂教学氛

---

① 胡永斌，龙陶陶. 美国基础教育信息化的现状和启示[J]. 中国电化教育，2017(03)：36-43.

② Gray L, Thomas N, Lewis L. Educational technology in U. S. public schools: Fall 2008[EB/OL]. (2016-11-26) [2024-03-01]. https://files.eric.ed.gov/fulltext/ED509397.pdf.

③ Molnar M. Half of K-12 Students to have access to 1-to-1 computing by 2015-16[EB/OL]. (2015-02-24) [2024-03-01]. https://marketbrief.edweek.org/marketplace-k-12/half_of_k-12_students_to_have_access_to_1-to-1_computing_by_ 2015-16_1/.

围。因此，随着信息时代的到来，微视频、在线学习、移动APP、电子白板、移动设备、投票器、侵入式眼镜等新技术被引入课堂，使教师课堂教学发生了创新性的改变。①

韩国非常重视中小学信息化教学工具的开发。1996年，韩国政府颁布了相应政策，强调提升教师的信息素养及利用信息技术的技能。为了实现这一目标，韩国建立了覆盖全国的教育信息服务系统。该系统的重要任务是支撑教师教学项目的实践、利用教学资源提高教师课堂教学质量。②2000年，韩国中小学课堂的信息设备安装已经取得了较大的进展，据统计，师机比在小学、初中、高中的比例分别为1.3：1、1.5：1、1.5：1。③2001年，韩国发布了第二期教育信息化规划，重点强调了数字资源建设。这一时期，教育信息服务系统为教师提供数字教学素材以及教学方法指导。据统计，2005年，该系统的教师注册人数达到了385 939人。④2006年，韩国发布了第三期教育信息化规划，网络环境从有线转为无线，实现了教师使用便携式笔记本或平板电脑以适应无所不在的学习环境。2011年，韩国发布了“智慧教育”战略，主要着眼于教师教学课堂的改变，推广电子课本的开发应用、开发网络课堂与在线评价系统、建立云教育服务平台等。⑤自2011年开始，韩国教育信息系统每年接受220万美元的财政拨款用于研发电子教科书。⑥2014年，共有163所试点学校参加电子课本试点项目，教师通过使用动态的多媒体电子课本，以提高学生的创造力、批判性思维及自主学习能力。同年，据统计，韩国的中小学师机比已达到了1.4：1。⑦在高水平的信息技术教学工具的基础上，韩国的一些学校还搭建了教育云服务平台，开发了基于云的丰富的教学资源。通过多年持续不断地开发和建设，韩国基本实现了区域内信息化教学工具均衡，从而打破了区域内师资配置的不均衡。

自1998年以来，英国的基础教育信息化建设快速发展，与课堂教学相关的

① 胡永斌，龙陶陶．美国基础教育信息化的现状和启示[J]．中国电化教育，2017(03)：36-43.

② 吴砥，尉小荣，朱莎．韩国教育信息基础设施建设经验的启示[J]．现代远程教育研究，2014(05)：86-94.

③ Pohl J. Adapting education to the information age[EB/OL].（2015-12-31）[2023-12-30]. https://digitalcommons.calpoly.edu/cgi/viewcontent.cgi?article=1032&context=cadrc.

④ Pohl J. Adapting education to the information age[EB/OL].（2015-12-31）[2024-12-30]. https://digitalcommons.calpoly.edu/cgi/viewcontent.cgi?article=1032&context=cadrc.

⑤ 尉小荣，吴砥，余丽芹，等．韩国基础教育信息化发展经验及启示[J]．中国电化教育，2016(09)：38-43.

⑥ 张进宝，张晓英，赵建华，等．国际教育信息化发展报告(2013—2014)[M]．北京：北京师范大学出版社，2014.

⑦ 2014 White paper on ICT in education Korea[EB/OL].（2014-12-31）[2024-03-01]. https://core.ac.uk/download/pdf/51180855.pdf.

技术装备更是在英国中小学得到推广。截至 2010 年，90%的小学和 88%的中学为教师提供了台式机，89%的小学和 75%的中学为教师提供了笔记本电脑，91%的小学和 72%的中学为教师提供了数码相机，100%的小学和 86%的中学为教师提供了交互式电子白板。[①]根据英国教育传播技术机构（British Educational Communications and Technology Agency，BECTA）2010 年的统计数据，2006—2007 年、2009—2010 年分别有 56%的小学和 47%的中学拥有了学习平台。[②]截至 2010 年，67%的小学和 93%的中学拥有了学习平台。研究表明，英国的中小学教师主要是在备课、发送课程等环节使用学习平台，这有助于教师彼此之间分享教学思路和经验，提高教师的教学技能，增强教师的教学自信心，同时也有助于教师积累学习资源。信息技术与课程的融合是英国促进师资均衡配置的另一重要举措。英国政府开展的一项针对 167 所小学、中学和特殊学校的调查结果显示，2/3 的学校在 ICT 教学工具应用效果方面为优秀或良好，台式机、笔记本电脑、数码相机、互联网、虚拟学习环境、商业软件等 ICT 技术系统整合到其他课程中，优化了教师的教学方法，提升了教师的课堂教学质量。60%以上的中小学教师在课堂上至少有一半的时间会使用信息化教学工具来进行新课教学、演示与示范、复习、汇报等。同时，教师也频繁地使用信息化教学工具来支持学生小组学习、自主学习、评价、课后学习。[③]由此，信息化教学工具的使用已成为英国基础教育领域的一大特色，不仅革新了教师的教学方法和模式，也增加了学生学习的途径和资源。同时，英国通过不断优化信息化教学工具，实现了区域内教学环境的大致均衡，从而间接地实现了区域内教师资源的均衡配置。

### （二）通过加强信息化培训来提升教师的信息化教学能力

一直以来，美国联邦政府及州政府都十分重视利用信息技术来提高教师的专业素养和能力。联邦、州、各学区的教育行政机构出台了一系列计划和政策来提升农村及薄弱学校教师的信息化教学能力。2002 年发布的《不让一个孩子掉队法案》强调要加强教师信息化培训。2003 年，82%有因特网接入的公立学校或者学区为教师提供了培训，针对的主要是如何将因特网的使用整合到专业发展培训

---

① A guide to ICT in the UK education system[EB/OL]. (2009-01) [2024-03-01]. https://www.cafepedagogique.net/communautes/BETT2009/Documents/BETT2009%20-%20Les%20TICE%20en%20Grande%20Bretagne.pdf.

② A guide to ICT in the UK education system[EB/OL]. (2009-01) [2024-03-01]. https://www.cafepedagogique.net/communautes/BETT2009/Documents/BETT2009%20-%20Les%20TICE%20en%20Grande%20Bretagne.pdf.

③ Ofsted. ICT in schools: 2008 to 2011[EB/OL]. (2013-04-22) [2024-03-01]. https://www.gov.uk/government/publications/ict-in-schools-2008-to-2011.

中。同时，为农村 80%接入因特网的学校的教师提供了专业发展的机会，培训的主要内容是如何将因特网的使用整合到学科课程之中。数据显示，美国城市学校教师与市郊、农村教师接受教育信息化培训的比例几乎相当。[①]目前，在美国多个州实行的教师培训标准是由美国国际教育技术协会于 2008 年颁布的第二版《面向教师的美国教育技术标准》。在该标准的指导之下，相关部门采取的方式是 TPACK 理论框架，强调将学科知识、教学法、技术三者进行整合，以小组合作的方式结合课堂情境进行教学。[②]在教师培训资金投入方面，美国按照 NETP 的要求分阶段进行投资。1997 年，美国联邦政府计划 5 年为"技术素养挑战基金"（technology literacy challenge fund，TLCF）共投入 20 亿美元。1999 年，美国联邦政府为职前教师的"未来教师运用技术预备计划"（preparing tomorrow's teachers to use technology）项目投资 7.5 亿美元，参与项目的教师达到了 50%以上。2002 年，美国联邦政府利用"技术提升教育项目"（enhancing education through technology program）共投资 34 亿美元。[③]

俄罗斯教育相关计划规定，低年级教师、学科教师和信息学教师在信息技术方面培训的课时量分别为 50 课时以下、50—100 课时和 100 课时以上，并且针对各学科教师制定了不同的课程培训方案，主要内容包括多媒体手段的运用、Office 操作、信息技术和课堂的整合等方面。2000 年，10 万名信息学教师、60 万名计算机技术研究室管理员接受了培训，10 万名学科教师接受了进行整合课程的专门培训。与此同时，俄罗斯联邦政府还积极寻求与企业的合作。英特尔公司创立的"未来的教学"中心就是一个很典型的例子。2003 年底，在传统大学、师范大学和教师进修学院的基础上，俄罗斯开放了 18 个中心。截止到 2005 年底，俄罗斯共有 20 万教师和师范院校学生获得了在教学中熟练地应用计算机技术的实践技能。在一些地区，如新西伯利亚，所有的中小学教师都经过了实践训练。[④]

韩国政府向来高度重视义务教育教师信息化素养和能力的培养，通过加强教师信息化培训来提升区域内教师的信息化教学能力。1997—2000 年，每年约有 25%的教师接受培训，主要目的是提高信息化时代教师应对问题的能力，如文字处理、表格计算、因特网运用等。2000 年，国家教育信息系统可供教师开展工

① 钱松岭，解月光，孙艳. 美国基础教育信息化最新进展述评[J]. 中国电化教育，2006(09)：84-88.

② 胡永斌，龙陶陶. 美国基础教育信息化的现状和启示[J]. 中国电化教育，2017(03)：36-43.

③ Evaluation of the enhancing education through technology program：Final report[EB/OL].（2009）[2024-03-01]. https://repositorio.minedu.gob.pe/handle/20.500.12799/3399.

④ 解月光，孔森. 21 世纪初俄罗斯农村教育信息化的发展[J]. 外国教育研究，2008(03)：44-49.

作并和学生家长沟通，为教师提供优质的教学资源，并且可以通过此系统与其他教师进行研讨。同时，韩国政府制定了 ICT 技能标准，并且在此基础上推出了“教师信息素养认证体系”，相关教育部门和各地方学校将“证书”的获得情况作为教师升职、调任、聘任及录用的条件。同时，面向所有参加培训的教师，组织信息技术应用竞赛，以促进教师在课堂教学中运用信息技术，在竞赛中取得优异成绩的教师可以获得由政府部门颁发的各种荣誉，例如，现金奖励、职位晋升、海外培训基金等。[①]自 2001 年开始，韩国教育部实施了“适应 ICT 的教育推动计划”（ICT adapted education promotion plan），培训的内容主要为运用信息技术改进教学方法。截止到 2003 年，每年约有 33%的教师接受培训。[②]2006 年，韩国政府制定了教师进修管理制度，各级部门开始组织教师进行在线学习。2011 年，韩国推出了“智慧教育”战略，以提高教师的智慧教育实践能力，促进信息技术与教学的有效融合，大力开发信息技术培训课程。[③]

### （三）通过加强数字资源建设来弥补教师的数字鸿沟

法国在国家层面实施了一系列项目，旨在推动基础设施的建设和服务，并支持高质量数字信息资源的开发。2009 年，法国政府宣布投入 62 亿美元，专门用于 ICT 跨领域开发，尤其强调提供新型数字资源、推动宽带网络发展等。为了缩小城乡学校由于数字资源差异而造成的数字鸿沟，法国教育部发起了“数字农村学校项目”，旨在推动偏远地区的基础设施、硬件设备和教学软件的建设。该项目主要是为偏远地区的教师提供指导，为他们使用数字资源提供帮助，以选择最合适的数字教材和培训课程。同时，法国教育部开设的网站为所有教师提供包括法语、英语、德语等在内的各种版本的学习资源，其中最重要的数字资源来源于 Educnet 网站。该网站为全法国所有的教育相关者（主要是中小学教师）提供资源，通过简单注册便可享受大量的免费资源。该网站包括在线数字图书馆、可直接利用的 ICT 教学课件、指导如何将信息技术融入教学的视频指南、其他教育网站链接等，极大地方便了教师的在线学习和资源获取。[④]

英国政府非常重视数字教育资源的开发，早在 1998 年就推出了面向全社会学习者的教育资源门户网站“全国学习网络”，目前已成为全球较大的教育资源

① 邹菊梅，赵瑛. 韩国中小学 ICT 教育的现状及其启示[J]. 中国电化教育，2003（04）：74-76.

② 宋懿琛. 韩国教育信息化改革策略与发展趋势研究[J]. 中国教育信息化，2007（10）：82-83.

③ 尉小荣，吴砥，余丽芹，等. 韩国基础教育信息化发展经验及启示[J]. 中国电化教育，2016（09）：38-43.

④ 张力玮. 法国教育信息化概览[J]. 世界教育信息，2012（11）：22-26.

门户网站之一。英国的多媒体教育资源绝大多数由专业公司或者教育机构进行开发，教师不需要设计过于专业的课件，并且这些公司设计的相当部分资源是免费的。为了建立一种良性可持续发展的资源开发机制，大量商业公司开发的产品由英国教育传播与技术署（British Education Communication and Technology Agency，BECTA）和英国资格与课程管理机构（The Qualifications and Curriculum Authority，QCA）进行评估，通过评估的产品才可以发布到国家课程在线网站并列入学校可以采购的学习资源软件清单。为了鼓励学校购买教育资源，政府先后投资数亿英镑专门用于设立被称作电子化学习中心（Electronic Learning Center，ELC）的电子化学习专项基金。该基金由中央财政通过地方教育部门分配到所有学校，教师有权决定在已经通过评估的产品清单中选择需要购买哪些教育软件。①除了政府所做的这些努力外，地方教育部门也积极地建设辖区学校的区域教育资源门户网。例如，英格兰中部的沃里克郡教育局为辖区学校开发的教育信息网及社区电子学习项目，全部由郡政府投资，旨在推动辖区未来电子学习的开展。②

### （四）通过远程教育来提升教师的教学能力

加拿大高度重视农村与偏远地区学校的发展，保证其在技术条件、资金配套等方面与城市一致，体现了政府追求公平的价值导向。例如，安大略省的 E-Workshop 就是一个典型例子，该项目由教育部投资，课程专业小组负责技术报告，课程内容专家负责上传资源，安大略电视台（TV-Ontario）按照课程标准开发制作资源平台，并提供技术支持。该项目中的大多数资源都是全面开放的，为教师、学生提供各种服务。平台界面简单易操作，导航设计精致，因此受到了广大教师的欢迎。相关数据表明，每月有 15 000—18 000 名教师使用该平台，已有 100 万教师在该项目的远程培训中获益。安大略省还有一所具有约 80 年历史的名为“学习独立支持中心”的远程学校，专为北方偏远地区的教师和学生提供服务。③另一个典型例子是阿尔伯塔省的远程教育建设。为了让城市和偏远地区的教师、学生接受同等的远程教育，同时为发达地区和偏远地区学校提供“超级网络”（super net）的连接费用，使城市学校与农村学校享有相同的宽带，确保 60 多个学区之间全部实现网络视频会议系统的连接，阿尔伯塔省教育部分布式学习

---

① 何亚力. 漫步英国基础教育信息化[J]. 教育信息化，2006(13)：5-7.

② 何亚力. 漫步英国基础教育信息化[J]. 教育信息化，2006(13)：5-7.

③ 王珠珠，祁涛. 制度保障 均衡发展——加拿大远程教育发展启示录[J]. 中国电化教育，2008(04)：43-47.

资源中心为省内各个教育机构提供了省级授权的分布式学习资源，通过建立服务体系支持全省多所中小学的信息技术教育及学习。在宽带上运行的视频版权由政府出资购买，免费提供给各所学校使用。[①]

自20世纪70年代以来，美国就一直为解决偏远农村地区特殊教育教师短缺的问题而努力。其中，农村地区特殊教育师资培养远程教育计划就是充分利用现代科技，为偏远农村地区量身定做的特殊教育师资培养计划，也是贯彻《不让一个孩子掉队法案》的重要举措之一。[②]它主要包括三大计划：一是在缺少特殊教育教师的农村地区实施“早期干预计划”。该计划在肯塔基州实施，历时 4 年，目的是培养早期干预教师，为肯塔基州的农村地区家庭提供核心课程。[③]二是“把临时教师培养成教育者计划”，由肯塔基州的特殊教育计划办公室资助，于 2004 年启动，历时 5 年，目的是培养研究生层次的特殊教育人员，为肯塔基州的中度和重度残障学生提供服务。[④]三是“为重度残障儿童整合技术和为有特殊需要的儿童培养教师计划”，由美国特殊教育计划办公室资助，于 2004 年启动，为期 5 年，目的在于培养针对重度和多重残障小学生与中学生的特殊教育教师，主要集中在弗吉尼亚州和阿巴拉契亚极度缺少特殊教育教师的农村地区。[⑤]随着远程教育计划的持续推进，美国将会持续探索更有效的同步和非同步的组合技术模式。

澳大利亚教育部在 2015 年发布的报告《机遇源自学习（2013—2014）》（Opportunities Come from Learning 2013-2014）中提出，在过去的几年内，澳大利亚政府利用远程教育的方式促进偏远农村地区的教育信息化，极大地促进了教育公平。该报告指出，2013—2014 年，政府通过“积极合作项目”帮助来自乡村和偏远地区的 193 名基础教育教师接受在线研讨和培训。报告显示，2010 年启动的“在线诊断工具”项目通过 5 年的实施已经取得了一定的成效。此外，还实施了“数字教育革命”项目，2013—2014 年，用于数字教育的费用是 22.4 万澳元。[⑥]

① 王珠珠，祁涛. 制度保障 均衡发展——加拿大远程教育发展启示录[J]. 中国电化教育，2008(04)：43-47.

② 杨兆山，王守纪. 美国农村地区特殊教育师资培养远程教育计划[J]. 外国教育研究，2008(03)：35-38.

③ Jung L A, Galyon-Keramidas C, Collins B, et al. Distance education strategies to support practica in rural settings[J]. Rural Special Education Quarterly, 2006(02): 18-24.

④ Jung L A, Galyon-Keramidas C, Collins B, et al. Distance education strategies to support practica in rural settings[J]. Rural Special Education Quarterly, 2006(02): 18-24.

⑤ Ludlow B L. An international outreach model for preparing early interventionists and early childhood special educators[J]. Infants & Young Children, 2003(03): 238-248.

⑥ 刘健. 澳大利亚加强数字教育投入 促进教育公平[J]. 世界教育信息，2015(16)：76-77.

### （五）通过开发在线交流平台促进区域内教师的交流与合作

美国的“使学生成功的电子导师”（e-mentoring for student success，eMSS）项目是在线教师专业发展的一个成功案例，它是在美国国家科学基金会（National Science Foundation，NSF）的支持下，由全国科学教师协会（National Science Teachers Association，NSTA）、加利福尼亚大学圣克鲁兹分校新任教师中心（New Teacher Center，NTC）、蒙大拿州立大学科学/数学资源中心三方共同合作开发的在线环境。该项目的目的是创建一个可异步交互的在线学习网络，这可以使日程繁忙的教师、科学研究者摆脱时间和空间的限制，更加自由、充分地参与到项目中。在赛课（Sakai）学习平台的支持下，eMSS 最终发展成为一种以引导式、促进式对话为主的在线交互形式，以“导师-学员”为基本关系，由具有经验的科学教师（导师）、新任科学教师、科学家、项目促进者等构成共同体的在线学习平台。[①]eMSS 取得成功的关键之一是：它具有操作性较强的在线空间，分别为一对一空间、教学探究区、内容讨论区和面向导师的在线研讨活动区。在这些在线空间中，交互是活动开展的重要环节，这就说明该空间的教学活动是以参与学习的教师为中心的，重点突出师生交互。[②]同时，在该项目中，对话是主要的交互形式，导师、科学家与新任教师之间的引导式、促进式在线对话尤其普遍。eMSS 既引入了内容方面的专家（科学家），又引入了学科教学法方面的专家（经验丰富的科学教师），而且对特定学科的教学探究也始终面向新任教师的实际教学，这为加深教师对特定内容及其教学法的理解提供了充分的支持。[③]

英国的“教师学习设计环境支持”（learning design support environment for teachers and lecturers，LDSE）项目是在线教师发展探索的代表之一。该项目由英国伦敦大学教育学院知识实验室的劳瑞拉德（Laurillard）教授主持，牛津大学、伦敦都市大学等多所高校共同参与，旨在为教师营造学习设计的支持环境，最终促进教学效率提升和教师专业发展。[④]LDSE 项目主要在以下六方面进行探索：①基于认知科学和学习科学探索有效学习的过程和发生条件，并在此基础上生成有效学习设计的原则和基本框架；②开发面向对象的在线学习设计工具；③探索有效学习设计的理念、原则，构建学习设计的基本模块和框架；

---

① 王美，任友群. 美国 eMSS 教师在线学习项目述评[J]. 远程教育杂志，2009(01)：55-59.

② 杨冠英，李政，野菊苹. 在线教师专业发展的学习共同体交互策略研究——从 eMSS 项目中得到的启示[J]. 中国远程教育，2013(02)：60-64，96.

③ 王美，任友群. 美国 eMSS 教师在线学习项目述评[J]. 远程教育杂志，2009(01)：55-59.

④ 龙桃先，早李燚. 国内外教师在线自主发展文献综述[J]. 软件导刊(教育技术)，2014(12)：45-46.

④研究学习设计理念在网络工具技术条件下的实现途径和形式；⑤基于 Web2.0 技术，搭建学习设计开发、共享、讨论、反思和创新的平台，创建在线教师专业发展共同体；⑥考察影响教师展开在线合作广度和深度的因素，探索推动在线教师专业发展的原则和操作策略。LDSE 项目的重点在于，将教师教学实践和教师在线学习结合起来，提高教师在日常教育教学实践中的能力，发展教学技能。LDSE 项目为教师开发了用户界面友好、可操作性强的学习设计工具，在线学习的教师可以在设计工具的指导下，选择相应的学习模式；在可视的图形表征的引导下，依据既定的设计流程进行教学设计。这种工具通过提供整体模块布局的方式，能有效助力教师在教学设计中清晰地阐述其设计思想和意图，引导教师为学习者的有效学习设计相应的学习环境和具体的学习活动。同时，该项目为教师提供了大量在线教学设计案例和课程内容资源。在设计教学的过程中，教师可以参考他人的教学设计案例，依据学习者的情况和具体的教学情境与要求，对已有的教学设计进行调整和整合，选择性地使用课程内容资源，达到优化和创新学习设计方案的目标。①

## 二、对我国的启示

### （一）完善教师信息化培训机制，促进区域内的教师信息化教学能力均衡

如果说信息技术是威力无比的“魔杖”，那么教师就是操纵这一“魔杖”的“魔术师”。②教师在促进义务教育优质均衡发展方面起着关键作用，缺乏具备信息素养和信息能力的新型教师，义务教育优质均衡发展的目标便难以实现。教师的信息技术培训是提升教师信息化综合素养的重要措施。应确保每位教师都能接受培训，以掌握网络教学技能。教师教育信息化培训，应注意以下几个方面。一是要通过多种形式进行教师培训，给教师提供更多的培训机会，实现按需学习，快速提高教师的信息化教学能力。二是要根据年龄和学校差异分别进行培训。教师的年龄和学校差异使得教师对教育信息化各方面的认识和理解不尽相同，所以要根据教师的差异进行分组模块培训，教师可以依据自己的情

① 胡新建. 在线教师专业发展新理路：英国“学习设计支持环境项目”的探索与启示[J]. 外国中小学教育，2013(10)：50-54.

② 钟志贤，杨蕾. 21 世纪的教育技术：走进教育信息化——华东师范大学祝智庭教授访谈[J]. 中国电化教育，2002(03)：7-10.

况选择相应的模块学习，这样可以提高教师的学习兴趣，激发教师的学习动机。三是要积极引导，加强教师培训，鼓励教师利用现有设施，充分应用信息化手段进行教学和科研工作。教师可以利用博客、在线聊天工具、网上社区等信息化工具，与同行、专家和学者讨论交流，随时接受新的思想和观点。信息技术的发展促进了教师培训模式的创新，并出现了一系列新的形式。例如，基于网络平台开展教研活动，不仅能够突破时间及空间的限制，而且能通过同侪互助，对信息技术能力提升起到促进作用，更好地解决资源及经验共享的问题。通过建立合作名师工作坊等形式组织特级教师、教学名师与一定数量的教师结成网络研修共同体，让教师直接与专家进行有效的、针对性较强的交流与互动，这不仅有助于教师解决实际问题，也能实现区域内教师教学能力的均衡。

### （二）加大优质数字资源共享力度，弥补教师的信息技术数字鸿沟

加快优质资源共享是推进义务教育优质均衡发展的重要内容，重点工作不再是单纯增加财力和物力的投入，而是要利用信息技术将现有的各种软、硬件资源和人力资源有效整合，集中优质资源构建数字化教学资源库，实现动态组合的云共享，让各中小学的基础教学设施不再是孤立、被动地发挥作用，而是既能够为中小学共享外界资源提供条件支持，又能在合适的时候能动地促进教学。因此，在实践中，各学校应该以建设、实现和应用“三通两平台”为基础，以数字化校园建设为支撑，加快优质资源共享，同时鼓励并引导教师开展信息化环境下的新媒体新技术教学应用。

### （三）完善远程教育模式，实现城乡优质教师资源共享

信息化促进义务教育优质均衡发展，其中一个关键因素就是教师。目前，教师专业发展已成为教师教育改革的热点之一。教师要实现专业发展，必须具备继续学习的能力及继续教育的机会。教师培训机会不足、质量差、学习时间少等问题限制了教师的专业发展，而基于信息技术的现代远程教育平台为教师的远程培训提供了良机，网络远程研修和教师个人研修空间是其中的一种重要方式。网络远程研修包括以下核心观念：①参与，即推动教师全员参与、主动参与、乐于参与、深度参与；②开放，即倡导教师心态与思维开放、研修资源利用开放、研修过程开放；③互动，即强调教师与学生、教师与教师、教师与专业人员之间积极开展对话、交流和合作；④实践，即指导教师关注工作中的实际问题，研究面向课程与教学实践，在研究实践中提高教育教学能力；⑤反思，即要求教师不断进行自我审视，及时反思自己的思想、观念、言论和行为，通过系统全面的反思，

提炼研究成果，不断提升经验层次；⑥创新，鼓励教师尝试、探索和发现，研究新情况，创造新实验，“超越昨天，超越自我”。[①]教师个人研修空间是教师以文字、多媒体等表达方式，将自己日常的读书笔记、教学心得、生活感悟、教案设计、课堂实录、课件等上传到空间，并以日志的形式发表。此外，教师个人研修空间也可以作为网络远程研修的个人自主研修辅助平台。

## 第二节　信息化促进教师素质提升的作用和路径

身处知识经济、信息技术高速发展的时代，我们清楚地意识到“百年大计，在于教育”“教育大计，在于教师”，信息化手段已成为促进教师专业发展、提升教师素质的重要利器。20 世纪 90 年代以来，世界各国纷纷加快教育现代化的步伐，教育信息化已成为衡量一个国家教育综合国力的重要标志，各国将教育信息化作为国家发展战略的重中之重。可以说，教育信息化在整个教育领域掀起一场轩然大波，引发了前所未有的巨大变革，并成为 21 世纪教育发展的趋势和主流。

1996 年以来，教育部门采取了一系列发展教育信息化的措施，如设立试点学校，配备计算机机房、多媒体教室等。随后，在教育部颁布的《教育信息化“十五”发展规划（纲要）》《2003—2007 年教育振兴行动计划》的推动下，全国各地掀起了一轮又一轮波澜壮阔的教育信息化建设浪潮。为确保教育信息化计划得以实现，2004 年，教育部印发了《中小学教师教育技术能力标准（试行）》。这是针对我国中小学教师的第一个专业能力标准。它的颁布与实施是我国教师教育领域的一件具有里程碑意义的大事，对我国教师信息技术能力的提升产生了深远影响。2005 年，教育部正式启动“全国中小学教师教育技术能力建设计划”，将教师作为发展教育信息化的重要一环。为了全面提升中小学教师的信息技术应用能力，重点解决农村教师信息技术意识淡薄、能力不足的问题，促进广大教师在教育教学中有效应用信息技术手段，变革传统教学方式，促进中小学生有效学习和个性化发展，更好地适应信息化社会的挑战，2013 年，教育部印发了《关于实施全国中小学教师信息技术应用能力提升工程的意见》，启动全国中小学教师信息技术应用能力提升工程，计划到 2017 年底完成全国 1000 多万名中小学（含幼儿园）教师新一轮提升培训，开展信息技术应用能力测评，以评促学，激发教师持续学习的动力，建立教师主动应用机制，推动每位教师在课堂教学和日常工作中有效地应用信息技术。为了

① 左明章. 技术—教育—人的发展：教育技术价值论[M]. 北京：科学出版社，2018.

全面提升中小学教师的信息技术应用能力，促进信息技术和教育教学深度融合，2014 年 5 月，教育部颁布了《中小学教师信息技术应用能力标准（试行）》。该文件旨在运用现代教育技术手段优化教育教学过程，提高教育教学效果、效益和效率，既是信息时代对教师基本能力的要求，也是教师专业发展的重要内容。

教师作为教学活动的主导者，在教育教学活动中具有不容小觑的影响力。随着教育信息化的推进，对教师素质提出了较高要求，教师的角色不仅是传统的“传道者、授业者、解惑者”，还是学生的合作者，教学过程的组织者、管理者，更是相关教育资源的开发者、教育信息技术的操作者。信息化的进步也改变了传统“一块黑板、一本教科书、一张嘴”的教学模式，逐渐过渡到将电视、投影仪、计算机作为主要媒介。如今，教师不仅要具有良好的师德、广博的专业知识和较强的学习能力，还应掌握现代教育理念，把握教学规律，与时俱进。

## 一、信息化在促进教师素质提升过程中的作用

### （一）优化课堂教学方式，提升教师的课程开发与实践能力

传统教学中，教师充分利用课堂 45 分钟，将需要传授的知识一一罗列在黑板上，可以说教师是课堂的核心，学生则是专注于记笔记，缺少思考时间，更谈不上交流与讨论，这便是“满堂灌”的教学方式。伴随着教育信息技术的渗入，以及信息技术应用对教师提出的新要求，教学课堂发生了显著的转变。课堂上，教师的讲授时间逐步缩短，留给学生独立思考与自查的时间增加；教师开始频频使用多媒体等先进的电化教学设备，并在不减少课堂基本知识含量的情况下，生动地演绎课本知识，由过去以教学大纲要求为教学主导方向转向以扩充学生知识内涵为教学主导方向。

我们在各地的提升教师信息化素质实践研究和培训学习中发现，信息化的推动，使得教师的教育理论素养与实际教学能力得到了提高，改变了传统课堂凝重的学习氛围，优化了课堂教学方式，教师能够在教中学、教中做，纷纷撰写自己的教育心得，精心编写教学方案，提升了课程开发与实践能力和课堂教学效率。①

### （二）搭建教师成长平台，促进教师专业发展

教师专业发展是当今教育改革的重要议题，为广大教育工作者共同关注。教

① 何克抗，余胜泉，吴娟，等. 运用信息化教学创新理论大幅提升农村中小学教学质量促进教育均衡发展研究[J]. 电化教育研究，2009(02)：5-18.

师专业发展的核心内容是教师素质的提升。联合国教科文组织明确提出，利用包括 ICT 在内的多种方式提升教学质量，促进教师专业发展。①现代教育技术的进步和网络环境的创设，诸如一些网络教研活动、远程教育协作学习、优质教育资源网络建设活动等，为教师发展搭建了平台。教育信息化在提升教师素质的同时，也使得教师能够利用网络资源实现自身的专业发展。当今，教师的专业素质呈现出信息化特色，教师的角色呈现多元化发展趋势，教师日益成为学习的促进者、课程的开发者、行动的研究者和终身的学习者。毫无疑问，丰富多彩的网络资源和教育信息技术为教师的角色转换提供了可能，基于网络的虚拟学习群体的出现正在成为教师专业发展的理想平台。教师专业发展打破了传统的“培训班式”“专家讲座式”固有模式，出现了以教师信息素养为基准的教师专业发展模式。他们根据自己的需求和学习意愿，通过网络结成合作伙伴，建立论坛、博客、QQ 学习社群等协同发展模式，吸纳更多教师加入团队，使得信息化成为连接教师素质提升和专业发展的重要桥梁，能科学、高效地推动教师专业发展。

### （三）扩大教师交流范围，增强教师合作意识

交流是人们获取信息的一种重要手段，教师要掌握先进的教育理念和知识技能，必然要与教育领域的其他人进行交流，了解先进的教育教学理念和方法，了解优秀教师的成长经历，聆听专家学者对教学理念与问题的深入解读等，促进自己对教育问题的进一步思考，改进教学模式和方法，更新自己的专业结构和教学理念，从而适应不断变化的教育教学环境。②在教学工作中难免会遇到问题，教师经常会对遇到的问题进行集中研讨，统一讨论解决方案。随着信息素养的提升，教师能够通过网络，利用信息技术寻找更多解决疑难问题的渠道，在虚拟的网络环境中与来自各地的学科专家、资深教育专家及经验丰富的教师等，抑或是在论坛、博客圈、QQ 群中与威望较高的社区成员进行积极的互动交流、切磋琢磨，取其精华，借鉴有益的经验，并将其融入自己的教学工作中。社区成员精深的专业知识、丰富的实践经验、闪亮的人格魅力，引导着网络教师学习环境的建立。与此同时，网络教研活动中的成员来自四面八方，知识背景、人生经历、所处的社会环境各不相同，通过网络交流、相互借鉴，可以避免由于信息闭塞造成的获取信息不对等、理解偏差等问题，每一位教师都可以充分利用网络中的资源

① UNESCO. UNESCO strategy on teachers（2012-2015）[EB/OL].（2012-06-05）[2024-03-01]. https://unesdoc.unesco.org/ark：/48223/pf0000217775.

② 左明章. 技术—教育—人的发展：教育技术价值论[M]. 北京：科学出版社，2018.

开展科研合作，实现资源共享、优势互补，提高研究的信度和效度。

### （四）接受在职培训，形成教师终身学习观念

面对新时代的挑战，教师仅凭职前培训已经难以满足教学需求。不断变化的社会结构对教师提出了更高的要求——教师不仅要拥有更高的专业性，更要持续不断地更新自身的专业知识、提高专业能力，以适应不断变化的社会发展需要，这便凸显了教师在职教育的重要性。教师通过参加政府、学校组织的信息化培训，及时更新教学观念，纠正教学过程中出现的问题，进行充分的自省与检验，不仅能掌握教学方面的技能，而且能够在培训中提升自身的综合素质。信息化作为重要纽带，连接着教师素质提升与终身学习观念，能促使教师将利用教育信息化手段提升教师素质这一理念融入自身的职业生涯中。

### （五）缓解乡村教师压力，推动城乡义务教育均衡发展

乡村地区教育资源配置不均衡，骨干教师大量流失，使得留下来的教师压力倍增。当前，我国政府及教育相关部门积极推动农村及偏远地区电教设备建设，利用寒暑假组织教师进行集中的专业化培训，让教师逐步掌握现代教育技术，包括如何操作电教设备，以及如何利用网络资源进行备课、教研等活动，帮助乡村教师提高信息素质。在面对师资紧缺，许多规定的课程无法开齐、开好的情况下，教师可以通过网络视频学习、同步课堂等手段解决相关问题。发展乡村教育，关键在于教师，骨干教师的培养重点在于提升其综合素质。在信息化条件下，教师可以掌握更多知识和技术，并将其应用于课堂教学，这对于农村及偏远地区学校来说无疑是一项有益措施，可以暂时缓解乡村教师紧缺的局面，减小乡村教师的压力，有利于推动农村教育进步，进而推动教育均衡发展。

## 二、信息化在促进教师素质提升过程中存在的问题

### （一）教师在观念认识上的偏差

从观念认识层面来看，部分教师在信息技术的使用与教师主体作用的发挥方面存在问题，教师对自身教学系统的角色关系与作用价值存在一些误解，甚至出现了明显的极端情况。其一，过分依赖于信息技术，认为不使用现代信息技术就难以开展教学活动，在教学过程中不依照具体的教学内容对多媒体加以合理利用，而是盲目使用技术，这种观念认识支配下的教育信息技术仅为教学的形式服

务，教师成为教育技术的“被动使用者”，忽视了教学的本质。其二，弱化了现代信息技术对教学的作用和价值，部分教师视现代教育技术为专业发展的辅助工具，在进行课堂教学时对多媒体设备持“等、靠、要”的思想，很少能根据自己的教学实际创造性地开发具有实效性的多媒体课件等教学资源，只是机械地使用现有课件，没有体现出教师在“信息技术”与“人”之间关系中的主动性及创造性。其三，漠视现代教育技术对教学的作用和价值，部分教师认为课堂上多媒体、计算机等教学设备的使用，增加了教学负担，分散了学生的注意力，影响了教学进度。例如，有教师说：“如果我不懂数学知识，要完成数学教学是绝对不可能的，若不懂教学法知识，可能在教学效果上会受到一些影响，若不懂信息技术知识，至多是在形式上不时髦罢了。”

### （二）教师在整合自身的知识、技能方面存在不足

信息时代，教师必须具有较高的信息素养、较强的整合能力和反思能力。信息时代对教师能力提出了新要求，使得传统意义上的教师能力结构无法适应新时期教师培养和社会发展的需求。在信息技术高速发展且不断对教师教学施加影响的社会，有学者以舒尔曼（Shulman）的学科教学法知识框架为基础，提出了基于信息社会教师专业发展的新型专业知识 TPACK。它是学科知识（content knowledge，CK）、技术知识和教学法知识（pedagogical knowledge，PK）三者之间动态整合的产物，是关于教师在具体情景中如何利用技术进行教学的一种高度综合的复杂知识。TPACK 是现代教师专业知识的重要组成部分，它对于强化教师的现代教学意识、改善教师的能力结构、提高教师在信息化环境下开展教学的能力，有着不可替代的作用。从 TPACK 知识的视角检验我国教师专业知识发展的现状，可以发现，几乎所有的教师都认同学科知识对教师的教学起着奠基性的重要作用，许多教师已经认识到教学法知识对提高教学效果不可缺少。虽然我国极力推进提升教师信息素养进程，但是由于种种条件的限制，中小学教师的信息技术能力整体仍然处于偏低水平，主要表现在：教师对计算机、多媒体、网络等现代教学技术的操作不熟练，利用现代信息技术进行教学设计的能力薄弱；一些与教育技术相关的教学评价和管理工作难以开展；在农村偏远地区，教师年龄偏大，在将现代教育技术用于教学方面面临困难；等等。由此可以看出，面对 21 世纪中小学教师应具备的信息技术能力要求，我国中小学教师的学习任务较重。①

① 孙名符，李保臻. 信息技术支持下的数学教师专业发展策略探讨[J]. 电化教育研究，2009(11)：113-117.

### （三）教育信息资源匮乏

教育信息资源是提升教师信息素养的重要物质基础，教育信息资源建设关乎教师信息化教学的成败。当前，在学校中，信息化助推教师素质发展的一个重要阻碍就是信息化教学资源的结构性失衡。对于教师而言，制作教学课件需要耗费大量的时间与精力，但是利用多媒体、计算机进行教学，教学课件又是必不可少的重要资源，仅凭借教师一己之力无法完成教学资源的设计与开发。对于此类问题，学校的解决办法是购买教育资源库，满足教师对于教育信息资源的需求。因此，市场上琳琅满目的教育资源应运而生，几乎每个产品都号称有巨大的数据量，称得上“资源丰富”。然而，在实际教学中，教师们普遍反映，产品中缺乏有效信息资源，各种资源的重复率过高，其中还夹杂着众多没有参考价值的垃圾资源，而真正能满足需要、有价值的教学资源却很难找到。教育信息资源的匮乏严重制约了教师教育活动的开展，也影响了教育信息化的可持续发展。

### （四）信息技术教育教师培训止步不前，收效甚微

信息技术教育教师培训大致经历了三个阶段：一是信息技术技能培训；二是初级应用，主要表现在课堂演示课件使用及简单制作方面；三是信息技术与课程整合。教师能够将信息技术与学科课程整合用于课堂教学，是进行教师信息化培训的重要目标。纵观实际，多数教师可以熟练运用课件进行教学，但是师资信息技术培训与课程整合仍然是两个孤立的存在，相对于我国不断更新的硬件设备，教师培训的内容和模式显得相对落后，教师培训重量不重质。有人形象地指出教师信息技术培训呈现出“有思想没技术”“有技术没思想”并存的局面，培训缺少创新和突破，使得教师实践始终在初级层面徘徊。[①]在培训形式上，以培训班和组织专家讲座为主。培训班主要是侧重技术操作与技能培训的学习方式，由于班制统一，教师与具体教学情景的结合不够，技术对教师的课堂教学无法产生有意义的影响，也使教师利用信息技术进行教学的热情受到抑制。正如麦肯茨（McKenzie）认为的，传统的（信息化）专业发展项目没有能够点燃教师的热情，没有能够触动教师内心深处的教学理念。[②]相反，多数学校的做法似乎是在强化现有的（教学）行为，增强（教师对技术的）抵制情绪，进一步保证新的技术停留在学校教学生活的外围。专家讲座同样存在着一些问题：一方面，教师无

① 邓华声．中小学教育信息化工作中存在的主要问题及改进策略[J]．信息技术教育，2006（07）：24-25.

② 转引自顾小清．面向信息化的教师专业发展模式研究与展望[J]．中国电化教育，2003（08）：17-20.

法即时实践新学的技能；另一方面，教师即便当场接受其理论，但是缺乏后续实践的支持，因此这类模式收效甚微。这也是我国信息化提升中小学教师素质效果不佳的重要影响因素。

### （五）信息化建设重硬件轻软件、重设施轻应用

20 世纪 90 年代以来，我国开始进行教育信息化建设，伴随着经济、科技的发展，人们越来越意识到教育信息化对于促进现代化社会发展有重要意义。我国也逐年加大对教育信息化建设的投入，完善教育信息化基础环境，加快推进中小学“宽带网络校校通”，同时督促各地政府、教育部门保障农村学校信息化建设投入，全面改善欠发达地区义务教育薄弱学校的基本办学条件，在城镇小学推动数字校园、智慧校园等基础教育信息化建设，从硬件购置到软件配套，直至常规性支持与技术维护、人员培训等，投入了巨额经费。同时，这也暴露出了我国在通过信息化提升教师素质过程中的弊端：①重硬件轻软件。经费投入多侧重于硬件建设，设施维护、人员培训等相关费用明显不足。在乡村及偏远地区的学校，政府出资为教师配备了计算机，但是年龄偏大的教师却不知如何使用，青年教师只是会使用，但在出现问题后不能及时进行维修，一旦出现设备故障，只能等待技术人员处理。②重设施轻应用。我们发现，很多学校按照上级要求，集中配备了必要的多媒体、计算机等电教设备，但是使用次数屈指可数，教师对于这些电教设备仍然处于十分陌生的状态，长此以往，信息化设备的作用得不到充分发挥，教师素质提升难以实现，可谓本末倒置。

## 三、国外信息化促进教师素质提升的典型经验

在教育信息化过程中，一些国家充分意识到了教师在教育事业发展中扮演的重要角色，尤其是在现代技术蓬勃发展的时代背景下，利用信息技术提升义务教育教师素质已成为一种必要手段。

### （一）美国：为提升教师自主学习能力，搭建网络平台

在信息化快速发展的今天，网络资源铺天盖地，网络中涌现出大量可供教师开展自主学习以提高自身专业化水平的网络平台。美国的相关做法比较有代表性，主要有三类较为典型的网络支持。

#### 1. 组建专业的学会官网，为教师自主学习提供平台——以 AAPT 网站为例

美国物理教师协会（American Association of Physics Teachers，AAPT）官网

致力于提供最新的资源和研究，以帮助物理教育工作者开展专业发展学习。该网站的会员制是其一大特色，网站会根据会员的专业和学术背景，将其分为不同类型，并据此提供个性化的资源和信息。教师成为会员后，能够免费阅读协会创办的杂志中的部分文章。AAPT 每年都会举办多种活动，为网站会员提供专业化发展指导及网络交流的平台。相关活动主要有冬季和夏季年会、主题会议和物理教育资源研讨会。值得关注的是，AAPT 没有让官网形同虚设，而是借助网络这一新兴媒体，采用会员制方式扩大了自身的影响力，从而帮助更多的物理教育者提升自身的专业素养。网站不仅为教育者提供了丰富的资源，包括学术文章和课程标准研究等，也为教师的自主学习提供了资料；网站通过网络在线研讨会促进教师和学科专家、教育专家之间的交流，使得不同领域的学者有机会合作，丰富了教师自主学习的内容；网站的在线咨询功能为经验不足的新教师和经验丰富的老教师搭建了交流平台，能帮助新教师更好地进行职业规划，并为教师开展自主学习指明了方向。通过这一专业学会官网，更多的教师参与到专业发展活动中，这不仅提升了学会的影响力，也为促进教师专业素质发展提供了新平台。

2. 依靠项目网站建设，促进教师开展自主学习——以 WISE 项目为例

教师不仅是网络资源的使用者，也是资源开发的参与者。“基于网络的科学探究环境”（Web-based Inquiry Science Environment，WISE）是美国加利福尼亚大学伯克利分校的艾伦·贝尔（A. Bell）和玛西亚·林恩（M. Linn）在美国国家科学基金会的大力资助下，围绕“支持教师和促进终身学习：基于网络的整合型科学学习环境”这一课题展开的研究，旨在研究如何通过基于网络探究教学环境促进学习者进行知识的自主建构和合作建构。①教育相关部门和学校通过引导中学科学教师在网络环境中开展探究学习活动，使他们认识到自主学习探究活动的重要性，并真正理解科学与学习的本质。随后，教师与学科专家、教育专家、技术专家一起研究和设计基于网络的科学探究教学案例，并自觉地逐渐将其融入日常的课程教学实践中。同时，借助教师教学实践典型案例，融入探究平台的学习素材，供其他广大教师观摩、学习和应用，从而深入推广基于网络的科学探究教学。

在这一项目中，教师和教育专家、学科专家及技术专家紧密合作，共同开发网络资源。教师通过学习和实践提高自身的探究性教学技能，开展自主学习，并且在与学科专家、教育专家及技术专家的交流过程中，解决在自主学习时遇到的

① 吴伟，赵阳阳，熊耀华. 基于网络的科学探究教学：来自 WISE 的启示[J]. 外国中小学教育，2011(02)：33-37.

疑难点。这一过程不仅激发了教师自主学习的积极性，也强化了教师终身学习的认识观念。

3. 利用网络精确导航，提高教师自主学习的效率——以 OER Commons 网站为例

信息化时代的到来，使得互联网中涌现大量的网络教育资源。目前，网络上存在大量的开放性资源，这使得教师在寻求所需资源时往往感到眼花缭乱，耗费了大量时间，且资源的质量参差不齐。如何利用导航网站帮助教师快速方便地找到符合自身需求的高质量资源，从而提升其自主学习的效率与个人素质？全球开放教育资源共享网（OER Commons）树立了一个榜样。OER Commons 项目是由美国教育领域的知识管理研究协会（Institute for the Study of Knowledge Management in Education，ISKME）于 2007 年 2 月创建的。作为"休利特基金会全球开放教育资源运动"的一部分，该网站通过构建技术基础设施并开发教师培训模型，鼓励人们使用开放的义务教育资源，以期在所有层级的教育者中创建一种持续的分享文化。OER Commons 网站的优势在于，其拥有一套相对比较完善的开放教育资源评价机制。网站的评价机制分为管理员评价和用户评价两个方面：管理员审核通过的资源才能在网站呈现出来，确保了资源本身的质量；用户评价更多是对使用材料、在什么阶段使用，以及使用的建议等做出评价，为其他教师使用资源提供指导。OER Commons 的评价机制保障了教育资源和教师自主学习的质量，节省了教师搜集自主学习材料的时间，进而提升了教师自主学习的效率。[①]

## （二）英国：为了促进科学教师专业发展，建设科学学习中心

英国是世界上的科技强国之一，也是欧洲较早把计算机应用到教育中的先行者。2003 年起，英国政府高度关注教育信息化发展，投入较多资金建立科学学习中心网络，以支持中小学、继续教育学院的科学教师和实验技术教师的专业发展，希望通过系统的、以科学为核心的专业发展来提高科学教师的入职率、巩固率及其专业技能。[②]科学学习中心主要分为国家科学学习中心和地方科学学习中心。

1. 国家科学学习中心

国家科学学习中心于 2005 年秋季开课，旨在帮助科学教师认清其专业发展

① 孙欢，吴伟. 美国教师自主学习的网络支持探究[J]. 中小学信息技术教育，2014(11)：74-77.

② 谢恭芹，丁邦平. 建立科学学习中心网络，深化科学教师专业发展——英国科学教师专业发展及其启示[J]. 比较教育研究，2007(09)：83-87.

需要，为他们指明进入国家科学学习中心和地方科学学习中心的途径，通过学习与交流，帮助科学教师快速成长。国家科学学习中心绝大多数课程的学习时间在两天或两天以上，学员需要住宿。国家科学学习中心拥有完备的基础建设和完善的补给系统，包括旅馆、餐馆和休息区（宽敞舒适、通透性好）和一间大的教学实验室（配备了最先进的信息交流技术资源，可供中小学教师使用）。国家科学学习中心还有一个资源中心（以支持科学教学）和一个工作坊（在工作坊中，教师和技师可以设计、制作一些器材，因为教师在自己的学校没有必要的设备），以及讨论室、微机室、电视会议设备和能容纳 300 人的观众席。①

2. 地方科学学习中心

地方科学学习中心于 2004 年 10 月开课，每个中心都基于主办单位的优势，并与一流的科学组织和工业实体密切合作。各地方科学学习中心都在基地设立了卫星中心和网上资源，以使全国教师都有机会使用其资源，使本地教师有机会获得国家科学学习中心提供的资源和支持。地方科学学习中心配备了最新的实验室和信息技术资源，为教师提供最优的学习和实验条件。地方科学学习中心致力于提供高质量的专业发展课程，开创具有革新性的教学方法和创造性的参与方式，旨在使科学课堂更生动活泼，使科学教育更激动人心，更能激发学生的思维，与生活的联系更加密切，以满足不同学生的学习需要。各地方科学学习中心之间既有效合作、共享经验，又相互竞争，各具特色，其产生的作用远远超过了各个中心作用之和。英国科学教师的专业发展是由政府部门、专业组织、学科教学联合会等不同机构提供框架，教师之间通过竞争或奖励等方式获得学习机会，促进个人专业发展。②

### （三）日本：通过远程教育进行师资培训

在教育信息化方面，在亚洲国家中，日本一直走在前列。随着信息化浪潮的到来，日本政府意识到只有将科技与教育完美结合，才能在世界占有一席之地。

日本是现代远程教育起步较早的国家之一。20 世纪 80 年代末，日本便已开始利用现代远程设备对师资进行培训，在官方的努力和倡导下，相继建立起了全国视听信息系统和地方计算机信息系统。日本视听教育协会于 1987 年获得文部

① 谢恭芹，丁邦平. 建立科学学习中心网络，深化科学教师专业发展——英国科学教师专业发展及其启示[J]. 比较教育研究，2007(09)：83-87.

② 谢恭芹，丁邦平. 建立科学学习中心网络，深化科学教师专业发展——英国科学教师专业发展及其启示[J]. 比较教育研究，2007(09)：83-87.

省教育发展资金的支持，建立起了覆盖全国的视听网络系统。该系统可以随时将视听材料库和视听教育网络与全国任何一台私人计算机和电话连接起来，既可以供参加培训的人员查询各种资料，也可以让参训学员之间进行交流和联系。随着计算机和网络及数字多媒体的普及，日本开始利用成立专门从事远程教育培训的大学和在传统大学设立通信教育部等方式，开展现代远程师资教育培训，并且迅速在全国范围内推广。这些举措在当时确实成了日本现代远程师资培训的开端，为日后现代远程师资培训打下了坚实的基础。①

21 世纪后，日本多学科的融合加速，技术发展和教育应用实践逐渐趋于同步，为了满足日益蓬勃的教育事业的需求，日本教育工学振兴会开发实施了一个“信息技术指导人员培训”项目。该项目的主要研究成果之一就是研制了关于中小学教师信息技术培训的教材，并用这套教材来进行教师培训，可采用多种方式进行授课，既可以由有经验的主讲者提出培训要点，教师借助光盘自己学习，也可以进行集中培训。培训的一般做法是：在培训开始前，进行一次测试，即所谓的事前评价。采取事前评价的益处有三个方面：第一，教师能事先了解研修的内容，明确目标；第二，研修结束再进行测试时，通过前后两次测试对比，可以看出研修的成效；第三，可以使学员了解自己在掌握信息技术方面的强项和弱项，以确定自己的研修方向和重点，有效地利用研修时间。这一项目的主要目的是提高教师在学科教学中使用信息技术的能力。②

## 四、信息化促进教师素质提升的路径

21 世纪，世界各国纷纷加快了教育信息化建设步伐。教师作为教育信息化最关键、最直接和最活跃的因素，直接决定了教育信息化发展的成败，反过来，信息化作为一种手段，可以促进教师素质的提升，加速实现教育信息化这一宏伟目标。信息化促进教师素质提升的路径，具体包括以下几个方面。

### （一）迎接互联网时代信息化发展给教师带来的教学方式上的变革，纠正教师观念认识方面的偏差

信息技术具有个性化、智能化、移动化的特点。在教育领域，信息技术的进步引起教师教学方式的转变，从而使教师对信息技术的认识形成了全新的观念。

① 刘双喜．日本教师远程培训模式发展及启示[J]．中国成人教育，2015(09)：111-113.

② 刘文，刘世清．日本中小学教师信息技术教育的现状及启示[J]．中国电化教育，2002(10)：68-70.

基于网络技术的教学是互联网时代教学方式转变的一大重要特征。伴随着信息技术应用于教学领域，学习课堂发生了巨大变化，白板、计算机、投影仪取代了黑板、教案和粉笔，很多地区出现了翻转课堂、慕课、微课等新颖的课堂教学形式。教师的角色也发生了转变，教师采用讲授法和协作法来满足学生的学习需求，这是将学习的决定权交给学生的重要表现。互联网时代，教师可以通过互联网丰富教学内容，不必因循守旧，完全按照传统方式进行教学活动。可以说，这既给教学带来了极大的便利，也给教师提出了巨大的挑战。部分教师对信息化的认识不全面，或是极其看重信息技术对课堂教学的影响，或是认为课堂教学中信息技术的使用可有可无。对于这种片面的认识，教师要进行及时的更正。信息技术是实现教育信息化的重要手段，教师作为教育主体，应积极接受信息技术，努力提升个人的信息化技能。学校应从观念上纠正教师对信息技术的偏见，用正确的观念指导教师进行信息技术教学工作，鼓励教师使用信息技术，使教师感受到信息技术给课堂带来的变化、学生学习的进步及个人素质的提升。互联网在赋予教师大量可用于教学的资源的同时，也为教师开拓了更为广阔的发展空间。在网络教学环境中，为了满足教学需求，教师需要不断提升个人的能力和素养。这时，教师就由一位课堂教学者转变为网络学习者，教师需要灵活转变观念，充分地发挥学习能动性，选择学习内容，邀请他人进行合作学习，使学习变成一个“各取所需”的过程，尽情体验信息化带给教学活动的改变。

### （二）基于信息技术的个性化学习，实现教师自身知识整合和弥补技能方面的不足

在互联网时代，不同的学习者可以体验不一样的学习过程，形成多样化的知识结构和思维方式，这也对教师素质提出了更高的要求。信息技术手段可以为个别化学习提供重要的平台、资源，形成学习共同体。网络资源和平台具有开放性、共享性，可以提供人机交互等多种模式来满足多元化的学习需求。从 TPCK 视角检验我国教师专业知识发展的现状可以发现，部分教师还不具备整合信息技术的学科专业知识。要解决这一问题，就要利用“互联网+”时代的大数据，通过对学习行为的分析，形成智能化和个性化评价，进一步设计符合不同教师需求的个别化学习过程和内容。同时，要因材施教，充分认识到教师个体的差异性，根据教师之间的差异，为教师配置合适的学习课程，满足不同教师的专业发展需求，最终实现教师学科教育知识体系的完善和教学效能的提升。知识的整合与积累，是信息化提升教师素质的一个重要方面。但是，也不能忽视教师实践操作技能的提升，要改变传统的只是一味强调浅显层面的技术培训，如学习制作 Flash

动画、网页和课件等，设计更深层次的培训，如组织教师有意识地进行搜集获取信息、筛选整理信息、发布信息进行交流等知识型技能学习。[①]

（三）甄别网络资源，鼓励教师合力开发数字教育资源

网络上用于教师学习的教学资源纷繁复杂、质量良莠不齐。造成这种现状的原因如下：一方面，合理的资源内容建设体系尚未形成，服务企业主要通过各种途径收集资源，而非制作资源，并且由于其收集的资源与新课程标准、新课程教材不相符，不能随着教材内容的变化做出适当调整，导致这些资源的可用性不高，并随着教材的变化逐渐湮没在市场中；另一方面，由于知识版权意识薄弱，不同资源供给方之间存在相互抄袭的现象，各种资源在内容上出现了不同程度的雷同，长此以往，不仅会严重打击资源建设者的创作积极性，还会导致教学资源总体质量偏低，教师对资源的使用受到阻碍。

要破除教育资源匮乏对教师教学的限制，可以从三个方面入手：其一，在使用网络教学资源过程中，教师要学会进行甄别，取其精华，去其糟粕。我们无法完全规避现有网络资源的错综复杂，在使用过程中，教师只能事先阅读浏览，结合教学需要，筛选对教学有切实帮助的资源，切勿对所有教学资源“照单全收”。其二，鼓励教师合力开发教学资源。如果没有合适的教学资源，仅凭教师个人的力量设计、开发教学资源，加上繁重的工作负担，很容易使教师产生疲惫感。因此，相关教育部门可以鼓励教师充分利用集体研讨时间进行团队合作，探讨如何开发教学资源，促使教师之间有序分工，集思广益，协同创作，在依照教学需求制作出用于课堂教学课件资源的同时，检验自身对信息技术的掌握程度，提升个人的教学能力。其三，规范资源建设体系，抵制资源抄袭现象。在缺少合理的资源建设体系的情况下，为了达到个人利益最大化，形形色色的资源服务企业罔顾资源的可用性，抄袭现象层出不穷。这就需要企业和教师共同协作，企业应树立良好的商业信誉，开发制作有价值的教学资源投放市场，供学校教师购买使用，杜绝相互抄袭；教师也应自觉抵制抄袭过来的教学资源，尊重创作者的原创性。

（四）创新教师的信息技术培训模式，实现线上培训和移动学习的有机整合

首先，对信息技术培训与课程教学进行整合。教育相关部门和学校可以将对

① 桑国元，董艳．论“互联网+”时代教师信息素养内涵演进及其提升策略[J]．电化教育研究，2016（11）：108-112.

教师进行信息技术培训的重点放在提升教师收集、分析、处理、运用教育数据以及开发、制作教育资源的能力上。在培训过程中，要注意帮助教师提升将信息技术应用与课程教学结合的能力，重新构建教师培训新模式。教师可以整合各种教学方法，如专家报告、教师讲授、任务驱动和问题驱动教学、案例教学、合作与讨论学习、研究型学习、反思型学习、实验或模拟实验等，将其融入培训活动之中，与学科教学挂钩，在做中学，在反思中进步。同时，将过程评价与结果评价相结合，采取必要的激励措施，鼓励教师积极进取，高效地提升教学效果和培训质量，使培训成为信息技术与课程整合的典范，全面提升教师的信息化教学水平和教学智慧。

其次，革新教育信息化培训制度，吸引更多的教师积极参加培训。传统的培训存在以下不足：一方面，培训时间多集中于节假日，无形中增加了教师的负担；另一方面，只是简单地制定培训计划，对教师进行统一培训，忽视了教师的个性化、差异化需求，导致很多培训流于形式，整体的效果不甚理想。[①]针对这种状况，应采取如下策略进行调整：第一，调整培训时间，充分利用网络进行培训，教师可以依据个人的时间合理安排培训，不必将培训统一安排在假期；第二，依据教师对信息技术的掌握情况、教学学科等因素设置培训班级；第三，充实培训内容，保证培训课程具有针对性及实效性，帮助教师将培训知识内化吸收，逐步提升其素质。

最后，对线上培训和移动培训进行有机整合，开创培训新模式。在 Web2.0 环境中，移动学习是互联网时代提升教师信息技术应用能力和信息素养的重要途径之一。基于教学问题和教研项目的网络研修活动是 Web2.0 环境中教师教育技术能力培训的重要策略，包括如下活动和进程：信息化教学问题的提出—问题分析—信息搜集—信息分享—协作交流—提出方案—反思日志—过程监控。此外，微课、大型开放式网络课程（massive open online courses，MOOC）培训等形式也在很大程度上为教师线上学习和移动学习提供了便利。这些模式能够提高教师信息技术素养培训的效率，提升教师的专业发展能力，并能加深教师对信息技术本质特征的再认识。借助移动学习设备，教师可以在任何时间、任何地点进行学习。就学习过程而言，学习力求打破时间与空间的双重局限，使教师获得更大的学习自由，遵循自己的学习意愿；就学习方式而言，移动学习不是独立于其他学习方式而存在的；就学习结果而言，移动学习不仅仅是向移动终端输送或呈现内容，还能提升学习者的学习能力；就学习硬件资源而言，移动学习的便携设备是

① 谢安邦. 教师教育信息化与教师信息素养的提升[J]. 教师教育研究，2004(05)：8-12.

可获取并可以无限次使用的，极大地节约了经济成本。线上学习和移动技术的有机结合，弥补了传统培训的诸多不足，能够使网络资源的共享和交互性优势得到充分发挥。

### （五）政府、高校和企业应为教师利用信息化提升素质创设良好的物质环境，搭建基础平台，共同打造各层级的学习型社区

以北京师范大学现代教育技术研究所的“四结合”（“学科教学改革、创新精神培养、实践能力训练、信息技术运用”四者结合）和“跨越式”教学（包括网络环境与非网络环境跨越式教学）实验为例，许多参与实验的学校成为信息技术与课程整合的“学习共同体”，相互借鉴经验，建设数字校园。我国建设教育技术学习型社区的具体措施包括：提供进行网上交流与学习的社区，如 K-12 信息技术与课程整合社区等，都是目前知名的教育技术学习型社区；定期组织专家进行指导，传授最新的技术和理论，促进教育技术专家与学科教师的互动；组织骨干教师参观有信息技术与课程整合特色的学校，借鉴经验，参加面向全国的信息技术与学科整合经验交流会，以开阔思路、拓展视野；定期举办信息技术与课程整合的区域交流会、研讨会等。①由此可见，积极营造浓厚的信息技术学习交流氛围至关重要，它要求对硬件和软件文化给予同等重视，同时强调实操与理论的并行发展，通过推动教师之间及学校之间的深入交流与合作，共享宝贵的经验与资源，集结众智，实现知识的有效共享与传承。这一举措不仅有助于提升教师的专业素养和技能水平，更能显著提升学校教学的信息化水平，为培养更多具备信息素养和创新能力的优秀人才奠定坚实基础。

总之，教师素质提升是一个循序渐进的过程，不能一蹴而就。在信息化浪潮席卷教育领域的时代背景下，教师素质的提升并非仅仅局限于对信息技能的简单掌握和运用，或是简单地将信息技术与课程进行机械整合。其更深层次的内涵在于，教师是否能够真正将所学的信息技术内化为自身知识技能体系的一部分，实现深度融合与吸收。换言之，这需要教师能够创造性地以多样化的方式将信息技术灵活运用于各种类型的课堂教学之中，并在教育教学的实践中不断寻求突破与创新，从而真正实现教师素质的全面提升。

---

① 刘志波，郑良栋. 当前我国中小学教育信息化进程中的主要误区及其对策[J]. 电化教育研究，2004(08)：75-78.

# 第七章　教育信息化与乡村学生全面发展

习近平总书记指出："培养什么人、怎样培养人、为谁培养人是教育的根本问题，也是建设教育强国的核心课题。"[①]教育的目标是促进学生的德智体美劳全面发展，培养社会主义事业建设者和接班人。在乡村，有很多学生是留守儿童，他们长期经历着"隔代抚养"的处境，长时间脱离父母的教育监管。然而，由于祖父母的受教育水平有限，他们往往难以为孩子提供满足其成长需求的家庭教育。这种状况往往导致乡村学生养成了一些不良的学习习惯和生活习惯，成了他们成长道路上的阻碍。相关部门应该通过信息化手段，促进乡村学生"五育"融合，提升乡村学生的数字素养、计算思维和创新思维等，实现智能时代乡村学生全面发展。

## 第一节　教育信息化与乡村学生"五育"融合

2019 年，中共中央、国务院印发《关于深化教育教学改革全面提高义务教育质量的意见》，提出"突出德育实效""提升智育水平""强化体育锻炼""增强美育熏陶""加强劳动教育"这一"五育"并举的指导方针。《中国教育现代化 2035》明确提出了"五育"融合的教育发展目标。这表明教师应该更加注重全面发展、融合发展，同时促进德育、智育、体育、美育和劳动教育的有机融合。从

① 习近平在中共中央政治局第五次集体学习时强调 加快建设教育强国 为中华民族伟大复兴提供有力支撑 [EB/OL].（2023-05-29）[2024-03-01]. https://www.moj.gov.cn/gwxw/ttxw/202305/t20230529_479780.html.

“五育”并举到“五育”融合，体现了当前我国教育教学改革的发展趋势。然而，目前，我国的“五育”融合还处于持续发展阶段，存在“五育”过程割裂、“五育”融合效果不理想等问题。云计算、大数据等新兴智能技术的兴起，不仅促进了智能教育的发展，也为学校“五育”融合的发展带来了新的机遇。然而，城乡教育质量发展的固有差距，如同一道难以逾越的鸿沟，使城乡学校在“五育”融合发展水平上呈现出显著的差异。受限于经济条件、师资力量等多重因素，在推进“五育”融合的进程中，乡村学校可能会遭遇更为严峻的困境。这不仅制约了乡村学校的发展，也影响了乡村学生综合素质的全面提升。因此，我们需要正视这些差距和困境，积极寻求解决之道，努力推动城乡教育质量的均衡发展，为乡村学校的“五育”融合创造更加有利的条件。

## 一、智能时代乡村学校的“五育”融合

### （一）“五育”融合的内涵

目前，关于“五育”融合的内涵界定主要包括三大类：一是从“融合”一词的语义延伸出“五育”融合。有学者区分了“五育”并举和“五育”融合的概念，认为“五育”融合是“五育”各部分相互渗透的结果，存在于学生的日常学习和生活中，最终实现“一育”中渗透“五育”，在“五育”中实现“一育”。[①]还有学者认为，“五育”之间不是相互独立的，应遵循联系、贯通、整合的逻辑，系统地理解其内在关联。[②]二是基于相关理论理解“五育”融合的内涵。刘登珲等从系统论的观点出发，认为“五育”融合是依照一定的逻辑思路，从目标、内容、实施等方面出发，将“五育”各要素整合成系统有机的整体，促进学生德、智、体、美、劳全面发展的过程，具有均衡性、平等性、关联性、整体性四个方面的特点。[③]三是基于教育生态学的理论进行界定，认为“五育”融合不是“五育”各要素的简单拼凑或叠加，而是将“五育”融入学生日常的课程教学和校园活动中，更加注重“五育”之间的相互交叉、相互渗透。[④]基于此，本书将“五育”融合视为动态发展的过程，认为“五育”中的各要素具有共同的育人目标与理念，

---

① 崔学鸿. “五育互育”：高效促进学生全面发展[J]. 中小学管理，2020(02)：37.

② 李帆. 打通学生综合素质培养的多元通道[J]. 中小学管理，2019(07)：40-42；李政涛，文娟. “五育融合”与新时代“教育新体系”的构建[J]. 中国电化教育，2020(03)：7-16.

③ 刘登珲，李华. “五育融合”的内涵、框架与实现[J]. 中国教育科学（中英文），2020(05)：85-91.

④ 宁本涛. “五育融合”与中国基础教育生态重建[J]. 中国电化教育，2020(05)：1-5.

在发展过程中呈现出相互联系、彼此渗透的态势，在实施主体、内容等方面实现均衡性、持续性发展，最终达到“五育”高度融合的局面。

### （二）智能时代的特征

智能时代是新兴智能技术蓬勃发展的时代，以大数据为代表的智能技术是继云计算、物联网之后，整合融媒体交互、互联网、大数据自主智能及物联传感等技术[①]，以其具有的数据量庞大、输入和处理速度快、数据表征的多样化和真实化等核心特征，逐步发展为极具智能时代特征的颠覆性技术[②]。其核心价值在于预测与分析，基于海量的大数据构建模型与分析，挖掘事物的变化规律，预测事物的发展趋势，并根据预测结果采取有效的干预措施。[③]简而言之，智能技术以其高效性、便捷性、客观性、科学性和精确性等显著特征，正逐步改变着我们的生活与工作方式。它依赖复杂精细的算法与模型，不断推动信息化社会的进程。然而，我们需要清醒地认识到，智能时代的核心并非仅仅在于技术的先进与否，更在于以人类的思维方式为支撑，不断发展和完善智能技术。通过数字化和智能化的手段，我们得以实现人与人、人与物、物与物之间的深度联结，从而构建一个更加智能、高效、便捷的社会。具体到教育领域，智能技术的介入促进了智能教育的发展，更加强调数字素养、情感和高阶思维等的培养和提升。智能时代，教学形态呈现出新的特征，例如，全纳教育理念、平等的师生关系、个性化教学等。[④]本书关注的重点在于智能时代育人模式的变革，聚焦于乡村学校“五育”融合育人模式的现状及存在的问题，探索“五育”融合育人模式与信息技术融合的具体路径。

## 二、智能时代乡村学校“五育”融合的现实诉求

### （一）智能时代乡村学校“五育”融合的发展机遇

随着社会的不断变迁，教育领域的改革也在加速推进，新时代的“五育”融

① 柳立言，张会庆，闫寒冰. 智能时代乡村教师专业发展的困境、机遇和实践路径[J]. 中国电化教育，2021(10)：105-112.

② What is big data?[EB/OL]. (2014-01-07)[2014-03-01]. http://www.villanovau.com/university-online-programs/what-is-big-data/.

③ 刘雍潜，杨现民. 大数据时代区域教育均衡发展新思路[J]. 电化教育研究，2014(05)：11-14.

④ 许亚锋，高红英. 面向人工智能时代的学习空间变革研究[J]. 远程教育杂志，2018(01)：48-60.

合既是推动教育教学改革的重要抓手，也是促进学生多元发展的有效路径。“五育”融合的最终目标在于促进学生的发展。鉴于“五育”（即德育、智育、体育、美育和劳动教育）是一个紧密相连、不可分割的整体，我们有必要从多个维度深入剖析其丰富内涵。只有当这五个方面以共同体的形式相互协同、持续发展，达到高度的融合状态时，学校教育才能实现价值的最大化。这样的教育模式不仅能最大限度地激发学生个体的潜能，还能引导他们逐步成长为具有全面素养的“完整”之人。因此，我们必须致力于推动“五育”深度融合，为学生的全面发展创造更加优越的条件。但学校的改革发展需要内外部力量的共同支持，乡村学校受制于城乡二元发展结构，无论是办学质量、教育资源抑或是师生素质，都与经济发达地区的学校存在一定差距。因此，在教育改革的背景下，相比城市学校，乡村学校往往显得力不从心。智能时代的到来，为“五育”融合提供了新的发展思路与途径，尤其是对于乡村学校而言，更是一次发展机遇。本书致力于探究智能时代如何助力乡村学校实现“五育”融合的深入发展，此举不仅有助于提升乡村学校的育人质量，也能在一定程度上解决城乡教育发展不均衡的难题。通过深入研究和探索，我们期望能够找到一条适合乡村学校“五育”融合发展的智能化路径，为乡村教育的未来发展注入新的活力和提供动力。

### （二）智能时代乡村学校“五育”融合的现实困境

#### 1. 乡村学校“五育”融合过程条块分割，背离育人初衷

乡村学校在推进“五育”融合的过程中，存在明显的条块分割现象。一方面，这源于“五育”融合的国家标准尚未确立。尽管国家在政策层面上倡导“五育”融合的育人目标，但由于缺乏具体的融合标准，“五育”融合的进程在政策制定与学校行动之间往往出现脱节。这导致部分乡村学校在面对新的教育理念时，仍处于观望或预设阶段，缺乏足够的外部支持和内生动力推动教育改革。乡村学校的“五育”融合，从理论嵌入到高度融入，从初步改革到系统建设，都面临着巨大的挑战。另一方面，育人目标的偏离也是乡村学校“五育”融合困难的重要原因。受“唯分数论”思想的束缚，原本应和谐共生、整合发展的“五育”逐渐走向了重智育的发展道路。这种割裂的育人体系使得乡村教育逐渐陷入“偏于智、疏于德、弱于体、抑于美、缺于劳”的现实困境，从而远离了全面育人的教育发展目标。

长期以来，“五育”的各部分逐渐演变成相对孤立的个体，各自为营，缺乏深度的协作与互通。具体而言，智育因其重要性而在日常教学中占据主导，德育

则多依赖思政教育，往往沦为应付检查的形式主义；体育和美育因被视为副科而流于形式，难以真正发挥其应有的作用；劳动教育更是被遗忘在角落，很少被关注。这种割裂的发展模式在课程设置和学生评价等方面表现得更为明显，严重阻碍了"五育"融合的发展。在这种单一注重学科知识的教育模式下，学生难以领会不同学科间的内在联系，更难以将所学知识与实际生活相结合。这导致"学生全面发展"的理念成为空谈，无法真正落地。[①]

当前，中小学阶段智育"一家独大"的局面仍未得到根本性改变。乡村学校由于教育理念的更新滞后和师资力量的不足，"五育"融合的难度进一步加大。这不仅影响了乡村教育的质量，也制约了乡村学生的全面发展。

2. 乡村学校"五育"融合资源分散，存在资源壁垒

"五育"融合是一项系统工程，依赖师资力量、课程资源等多方面的投入与支撑。然而，乡村学校在这些关键资源的配置上相对有限，面临着资源投入的诸多壁垒，这无疑会影响"五育"融合的发展进程。由于缺乏充足的师资和优质的课程资源，乡村学校在推进"五育"融合时显得力不从心，难以达到预期的效果。具体体现在以下几个方面。

其一，乡村学校普遍面临着教师数量不足和质量不高的问题，结构性缺编现象尤为严重。特别是在体育、音乐、美术等学科上，教师的匮乏使得这些学科的建设逐渐被边缘化，这无疑挫伤了教师发展的积极性。与此同时，乡村教师的专业素质有待提高，尤其是在音体美等领域，很多教师并非科班出身，专业能力不强。这导致在有限的课时内，他们难以充分发挥学科教育的作用，影响了乡村学生的全面发展。

其二，课程资源建设与"五育"目标的契合度不高。目前，在中小学构建"五育"融合的课程资源时，其往往忽视了"五育"各要素的个性与共性，也未能充分结合学校自身的优势与特色，这使得课程资源的建设缺乏对学校实际情况的深入观照。同时，"五育"各要素在课程目标、课程内容及教学设计等方面仍处于相互割裂的状态，未能形成高度融合的局面。这一问题不仅存在于城市学校，同样也在乡村学校中凸显，因此必须引起高度重视。"五育"融合要求相关部门和学校要充分考虑"五育"要素的均衡、整体发展目标，系统设计"五育"融合的课程资源。

其三，当前，教师和学生对"五育"融合的适应性普遍不高。新的教育改革

① 张新民. 课堂整体改革：提高"五育融合"有效性的路径与策略[J]. 教育科学论坛，2021(31)：5-9.

在给学校发展带来机遇的同时，也给师生带来了更重的负担，这在一定程度上影响了“五育”融合的发展质量。这一现象表明，“五育”融合对教师提出了新的挑战和要求。教师不仅需要保证教学质量，还需要在有限的教学时间内，巧妙地将“五育”发展的要求融入日常教学中，以促进学生学业、心理、生活等多方面的发展。这在增加教师的工作压力的同时，也为他们提供了更大的教育创新空间。

3. 乡村学校“五育”课堂模式单一，削弱教学效果

在“五育”融合的大背景下，如何有效提升培育质量，已成为各学校要解决的重要问题。课堂教学作为提升学校质量的核心阵地，其重要性不言而喻。然而，传统的单一教学模式已无法适应时代的发展需求，更难以促进每位学生的全面发展。因此，在“五育”融合的时代背景下，积极探索多维教学模式显得尤为重要，这不仅具有深远的教育意义，更是时代发展的必然要求。相对于经济发达地区的学校而言，在乡村学校，“五育”融合的课程建设、师资力量等都处于相对较低的水平，在“五育”融合课程建设方面仍面临诸多困境。具体体现在以下几个方面。

其一，乡村教师的教学理念更新不及时。在智能技术飞速发展的今天，如果教师选择封闭自我，拒绝接纳新的教学理念与方法，那么其教学效果不仅会受到严重影响，自身也极易陷入职业倦怠的境地。然而，目前部分乡村中小学教师仍存在教学理念与时代脱节、“五育”融合理念不同步的现象，这无疑成了“五育”融合发展的绊脚石。

其二，乡村教师的教学能力参差不齐，数字化水平相对较低。受制于学历水平、教育资源、经费投入等方面的因素，乡村教师的课前信息化课件制作能力、融合技术的课堂教学能力、课后互动与反馈能力还有很大的提升空间。同时，乡村教师在职前培养和职后培训方面都面临诸多发展限制，特别是在智能技术迅猛发展的当下，其数字化能力相对较弱，这无疑会阻碍信息技术与教育教学的深度融合。

其三，乡村学校的教研质量不高，影响了“五育”融合教学模式的推进。乡村学校多采用传统的方式开展教研，与其他优质学校的交流互动不够，在某种程度上限制了乡村教师对新的教育理念、教学模式的接受与整合。因此，未来乡村学校应积极借助信息化手段，以混合式教研为抓手，努力创新“五育”融合的线上线下一体化的教学模式，全面提高乡村学校“五育”融合的教育质量。

4. 乡村学生“五育”评价机制固化，影响评价实效

目前，中小学在“五育”融合的评价模式上呈现出统一化和模式化的倾向，

尽管众多学校已逐渐转向多元评价的方向，但这种转变仍主要停留在对德、智、体三方面的考量上。更为严重的是，许多学校甚至出现了以智育标准为主导，引领其他“四育”发展的评价导向。在乡村学校中，这一现象尤为突出。这不仅严重背离了“五育”融合的价值导向，也在一定程度上削弱了评价的效果与质量，进而影响了学生素质的全面提升。

尽管德育、智育、体育、美育、劳动教育各自拥有相应的评价体系与标准，但仍存在一些不容忽视的短板。举例来说，智育评价体系过于倚重分数，很少关注学生的学习动机、学习投入等非智力因素，导致评价片面化；在体育和美育的实践中，往往只重视技能的掌握，却忽略了相关素养的整体提升，使得评价显得单薄；至于劳育，其评价更是流于形式，甚至存在滥用其他教育领域评价标准的现象。另外，“五育”中的部分成果难以直接观察和量化，尤其是德育。德育深植于学生的日常学习和生活中，其德性、道德等方面的真实情况难以通过单一的客观指标来准确捕捉。因此，各学校需要统筹考虑“五育”发展的综合目标，构建一个真正融合“五育”的评价体系。这一体系不仅要全面涵盖“五育”各个方面的培养成效，还要从综合性的视角来评价其融合的程度。其中，如何界定与测度“融合度”成了一个亟待解决的问题。另外，在制定“五育”融合评价标准时，不能简单地将各个体系叠加，而是要找寻“五育”各个部分之间的区别与联系，凝练出高度融合的“五育”评价标准。

## 三、智能时代乡村学校“五育”融合的实践理路

### （一）顶层设计：强化智能时代“五育”融合的政策引领

提升“五育”融合质量的核心在于深入探究“融合”的渐进过程与持久机制。新时代背景下，“五育”融合作为教育领域的重要变革，其推进离不开相关政策文件的强力引领。这意味着相关部门和学校需要对“五育”融合有系统的认识，进行整体性的设计，并对评价标准进行统一部署，以确保“五育”融合能够在正确的轨道上稳步发展。目前，国家尚未出台关于“五育”融合的具体评价标准，因此需要学校联合教育行政部门、科研机构、相关企业等协同发力，促进“五育”融合国家标准的建立，进而构建符合各校特色的“五育”融合框架及标准。

具体到学校层面，乡村学校应摒弃“五育”割裂的传统发展观念，确立全新的学校未来发展方向。乡村校长可以积极发挥总领全局的关键作用，以先进的教

育理论为先导，引领学校教育改革的稳步前行。他们应将融合发展的理念深深植入学校未来的发展蓝图之中，为学校描绘出一幅“五育”协同发展的美好画卷。在这一过程中，乡村校长需要带领学校领导层和教师团队，在实践中不断探寻“五育”各要素之间的内在联系，寻找它们之间的融合点，将原本相互割裂、彼此分离的教育形态巧妙地串联起来。他们应将“五育”视为一个紧密相连的整体，共同探索并制定出符合学校实际、具有可操作性的“五育”融合发展的制度与路径。同时，学区间开展交流与合作，集思广益，共同探讨各自在“五育”融合过程中遇到的问题，形成“五育”融合的区域发展共同体。另外，各学校应在“五育”融合的培养目标下，以融合度为逻辑起点，建立并完善“五育”融合的实施、评估与监督机制，通过制度保障“五育”融合的高效推进。

关于实施机制，乡村学校应在政策的指引下讨论并制定具有可行性的行动方案，根据学校实际情况有序推进融合进程；关于评估机制，以国家政策为指导方向，根据具体实施情况制定相应的评估标准，并在实践中不断修正；关于监督机制，教育部门和学校可以成立专门的监督小组，借助智能化手段实现对学校“五育”融合动态的全面监测。除此之外，乡村学校还应继续强化学校的信息化建设，在“五育”融合发展理念中融入智能教育的发展要求，善于利用云计算、大数据分析等技术构建智慧学习环境，为学生提供数字化、网络化、个性化的教育服务。

### （二）资源搭建：完善乡村学校“五育”融合资源协同机制

完善资源协同机制是促进乡村学校“五育”融合的重要保障。首先，学校应积极创设“五育”并举的智能化学习环境，实现学习过程的全方位记录、学习资源的有效整合、学习空间的无缝衔接、学习情境的深度感知、学习服务的精准适配。[①]乡村学校的信息化条件有限，因此在创建智能学习环境时，应考虑乡村学校信息化的实际水平，尽可能地开发适合乡村学校发展的智能化学习环境，在现有基础上强化信息化硬件设施建设，并开发线上线下结合的“五育”融合教育资源，保障数字资源的多样化和综合化。其次，各学区形成合力，共同设计“五育”融合的教学活动。由于经费限制、优质资源短缺等原因，乡村学校自主开发“五育”融合活动的能力较为有限，因此可以发挥学区的合力，城市优质学校可以帮扶农村学校开展“五育”融合活动，在活动中渗透“五育”的培养，例如，研学旅行活动有利于开阔学生的视野，促进学生进行自然探究，提高其社会实践

① 祝智庭，彭红超. 技术赋能智慧教育之实践路径[J]. 中国教育学刊，2020(10)：1-8.

和问题解决能力，培养其责任感和家国情怀。[①]诸如此类的活动将拓展性学习与教育性实践相结合，在活动中开展探究式学习，能促进德、智、体、美、劳之间的深度融合。同时，乡村中小学也可以联合教育管理部门、高校共同研发以教材为基点的融合式资源，即教育部门发挥引导作用，高校发挥研究优势，乡村中小学提供一线教学实践经验，深度挖掘与解读教材中的“五育”内容，进行教学设计。最后，利用人工智能技术搭建智能化的教育实践平台，打破实体课堂与教育实践场所之间的界限，打造智能仿真教育实践平台，实现多维空间的实时互动，带给学生沉浸式的实践体验。

### （三）教学重构：提升乡村教师“五育”融合数字化教学能力

教师作为“五育”融合的主要实践者，其所具备的能力和素养与“五育”融合质量密切相关。智能时代，乡村学校的“五育”融合，不仅需要乡村教师具备融合教学能力，更要具备数字化的融合教学能力。这就需要乡村教师转变育人观念，将“五育”融合的理念渗透到日常教学过程中，即在“五育”融合理念的基础上优化教学设计、课堂教学、教学总结等环节，同时提升智能教育素养，在教学中融入智能技术。

在教学设计环节，乡村教师需要深度挖掘教材中蕴含的“五育”融合培育价值，并巧妙地将乡土文化的独特魅力融入其中。结合乡村学生的理解能力和个性特点，精心策划教学内容，旨在激发学生的学习兴趣和积极性。同时，乡村教师还应积极提升开发“五育”融合课程的能力，推动具有鲜明特色的“五育”融合校本课程的研发，以满足学生全面发展的需要。

在课堂教学环节，乡村教师要具备敏锐的洞察力，善于发掘“五育”融合的资源，并学会运用智能技术进行课程的制作与创新。在此基础上，教师还应积极探索“五育”融合教学模式的创新，以推动教育教学改革。已有研究表明，项目式学习是一种行之有效的方法，它能够有效解决“五育”割裂的困境。通过问题驱动的方式，项目式学习能够聚焦于关键学科知识与素养，让学生在真实的问题情境中实现学科与学科、学科与实际生活之间的紧密联系和互动。这样的教学方式不仅有助于加深学生对知识的理解与运用，更能实现“五育”融合的育人目标，为学生的全面发展奠定坚实的基础。[②]因此，提升乡村教师“五育”融合项目式学习的设计与实施能力显得尤为重要。学校应积极开展项目式学习的教研与

① 李政涛，文娟．“五育融合”与新时代“教育新体系”的构建[J]．中国电化教育，2020(03)：7-16.

② 陆康其，杨玲．以项目化学习推动五育融合的探索[J]．上海教育科研，2021(07)：83-87.

评课活动，为乡村教师提供广阔的学习与交流平台。在此过程中，学校可以充分利用网络教研的便捷性，为乡村教师提供实时的支持和指导。同时，优质学校应当积极组建项目式学习指导团队，定期深入乡村学校，为乡村教师的项目式学习课程教学进行细致的指导，并进行点评。

在教学总结环节，教师应以批判性和反思性的视角，对教学过程进行深入的追溯与反思，不仅要总结成功的经验，更要针对存在的问题进行深刻剖析，并提出切实可行的解决方案。

### （四）评价改革：构建智能技术支撑的“五育”融合评价体系

评价能够有效地检验育人成果，同时兼具监督与激励的作用。在“五育”融合的背景下，对学生、教师的评价要遵循素质教育的评价导向，在融合的基础上体现以人为本的思想，摒弃以往不科学、不合理的评价导向，探索全面系统的综合素质评价体系。具体而言，构建智能技术支撑的“五育”融合评价体系，可以从评价内容、评价方法、评价结果三个方面着手。

在“五育”融合的评价内容上，强调全面性、综合性的评价。现有的评价体系包括“五育”各方面的单独评价标准，融合评价效果的统一标准尚未建立，这会割裂“五育”之间的关系。智能时代“五育”融合评价体系构建的重点在于，评价融合“五育”的课程教学与学生多元发展的效果。

在“五育”融合的评价方法上，构建数据驱动的过程性评价机制，动态地跟踪和记录学生的学习与成长过程，实现对学生德智体美劳的全面、动态、综合的评价。例如，关于德育的评价，可以建立学生德育档案数据库，记录学生的品德养成轨迹；关于体育的评价，可以基于数据采集学生的体测结果，分时段评价学生的运动能力和身体素质；关于劳动教育的评价，可以专设“劳动评价学分银行”，改变以往忽视劳动教育的现象，以学分制的评价方式激励学生参与劳动教育的积极性，同时还可以实现对学生劳动成长轨迹的动态画像构建。另外，要加快推进基础教育“新基建”（新型基础设施建设）的步伐，尤其是要完善乡村学校的信息化设备建设，促进评价方式的转变，缩小城乡差异。例如，计算机视觉技术通过模拟人类视觉系统实现对数字图像或视频的感知，该技术被用于课堂自动阅卷、搜题等环节①，在简化评估过程的同时，还能实现对评价的过程性记录，为后续教育决策提供支撑。除此之外，评价体系的建立需要政府发挥作用，结合高校、科研机构的实地调研与研究结果，构建适用于不同教育主体，包括

① 李艳莉，陈娟. 人工智能时代成人教育变革前景、困境及路径[J]. 成人教育，2021(11)：1-7.

"一育"标准和"五育"融合标准的多元评价指标体系。

在"五育"融合的评价结果上，评价结果的呈现应当注重个体差异和个性化发展。评价结果不仅仅是对学生学习成果的量化展示，更重要的是通过评价结果来指导和促进学生的全面发展。评价结果应该包含以下几个方面：首先，评价结果应为每个学生提供个性化的反馈，帮助学生认识到自己在德、智、体、美、劳各方面的优势和不足，从而有针对性地进行改进和提升；其次，评价结果应该具有指导性，能够为学生的未来发展提供建议和方向，包括对学生兴趣的发掘、潜能的挖掘及职业规划的指导；最后，评价结果应该能够动态地反映学生的成长变化，通过持续的跟踪和记录，形成学生的成长档案，为学生的发展提供连续性的支持。

### 四、结语

在智能时代，如何有效运用智能技术促进乡村学校"五育"融合的发展，不断优化乡村学校"五育"融合的课程资源、教学模式、评价机制，促进乡村学生的全面多元发展，已成为当下教育改革的重点，也是改善城乡教育不均衡发展现象的重要途径。而且，乡村教育质量的提升也会推动乡村振兴的进程，带动整个乡村事业的发展。

值得注意的是，当前智能技术对乡村学校发展的推动作用尚不够显著。尽管技术的引入能够引发教育模式和教学方法的革新，但我们必须以辩证的视角审慎地评估技术产生的实质性影响。特别是在本书重点关注的"五育"融合与智能技术的结合方面，我们更应保持理性的态度，深入洞察智能时代背景下乡村学校"五育"融合的发展潜力和方向。只有这样，才能有效推进乡村学校"五育"融合的加速发展，为乡村教育的进步贡献力量。

## 第二节　智能时代乡村学生数字素养培养

随着大数据、5G 等技术在全球范围内的广泛应用，智能时代的序幕已然拉开。在这个时代，智能技术正深刻改变着人们的生产、生活、学习和社交方式，使得我们身处的世界更加数字化、智能化。数字技术日新月异，不断推陈出新，不仅丰富了人们的生活方式，也提高了社会运行的效率。在这样的背景下，数字素养逐渐成了人们在社会生存的必备素养，掌握数字技术、理解数字世界成为每个人需要具备的基本能力。世界各国纷纷将国民数字素养视为影响本国经济发展和国际地位的关键性要素，积极加强数字素养教育，培养具备数字化思维和技能的新一代人才。尤其是对于中小学学生来说，提升数字素养尤为重要。2021 年 10 月，中央网络安全和信息化委员会印发《提升全民数字素养与技能行动纲要》，明确提出“将数字素养培育相关教育内容纳入中小学教育教学活动”。《“十四五”国家信息化规划》也指出，要实行全民数字素养与技能提升行动，在大中小学设置常态化、场景化数字技能课程，激发数字创新潜能。

## 一、智能时代乡村学生数字素养的概念

不同时期的不同研究者都曾对数字素养进行过阐述。“数字素养”（digital literacy）这一概念最早是由以色列学者约拉姆·艾希特-阿尔卡莱（Y. Eshet-Alkalai）于 1994 年提出的。艾希特-阿尔卡莱认为，数字素养是数字时代人类必备的技能，它由图形图片素养、再创造素养、分支素养、信息素养、社会情感素养五部分构成。[①]联合国在《变革我们的世界：2030 年可持续发展议程》（Transforming Our World：The 2030 Agenda for Sustainable Development，简称“2030 年议程”）中指出，数字素养即个体通过数字技术恰当获取、有效管理、深入理解、精准整合、流畅沟通、客观评价及创新创造的能力，在不同的情境中，它可以包括计算机素养、媒介素养、信息素养。[②]有学者对“数字素养”的界定如下：数字社会，公民学习、工作和生活应具备的一系列素质与能力，包括数字意识、计算思维、数字化学习与创新、数字社会责任等。[③]迄今为止，数字素养经过媒介素养、计算机素养、信息素养等多个发展阶段，已经逐步演化为一个涵盖广泛、内涵丰富的综合性概念。

数字素养不仅包括数字知识和技能，还包括态度、情感和价值观等方面的内容。在智能时代，培养乡村学生的数字素养，需要综合考虑国家的育人目标和经济社会对人才发展的期望。我国的教育旨在培养可靠的社会主义建设者和接班人，这要求我们的教育必须符合智能人才培养的规范，并定期组织培训，使教师能够不断提升自身在信息技术教育教学方面的能力，进而提高他们的数字素养和

① Eshet-Alkalai Y. Digital literacy: A conceptual framework for survival skills in the digital era[J]. Journal of Educational Multimedia and Hypermedia, 2004 (01): 93-106.

② Nancy L, David W, de la Jimmy T, et al. A global framework of reference on digital literacy skills for indicator 4. 4. 2[EB/OL]. (2018-06) [2024-03-01]. https://unesdoc. unesco.org/ark:/48223/pf0000265403.

③ 提升全民数字素养与技能专家系列解读|多措并举培育数字素养 让互联网持续释放普惠效应[EB/OL]. (2022-08-11) [2023-10-30]. https://www.cac.gov.cn/2022-08/11/c_1661844747392538.htm.

数字能力。与此同时，还应为学生开齐开足信息技术相关课程，并配备相应的智能教学设备。引导学生使用这些智能设备，可以增强他们对数字安全、数字隐私和数字伦理等方面的认知和体验。这样，学生不仅能够逐步掌握与自身年龄和认知水平相匹配的媒体与信息素养知识和技能，还能在实践中形成正确的数字态度和价值观，为未来的全面发展奠定坚实的基础。

当前，在物联网、大数据、云计算、人工智能等技术的快速发展和经济社会需求的驱动下，信息化向智能化迈进，以数据资源为重要生产要素、以全要素数字化转型为重要推动力的数字经济蓬勃发展。国家对数字素养教育开展了积极的探索，这给乡村教育的发展提供了许多新的机遇。

## 二、智能时代发达国家学生数字素养培养的典型经验

### （一）国家政策与时俱进，基础设施紧随其后

国家政策作为纲领性文件，对全国中小学学生数字素养的培养具有指导性作用。教育基础设施是发展教育事业必需的基础物质资源和重要的支撑条件。教育发展的先行条件离不开政策的指引和基础设施的补充。

就这两方面而言，一些发达国家做出了很好的示范。2010 年，美国联邦通信委员会向国会提交了国家宽带计划，其中包含了数字素养提升的任务，免费为一些家庭提供宽带服务，并建立数字素养提升相关学习网站①；在美国的《绘制成功之路：美国 STEM 教育战略》（Charting a Course for Success：America's Strategy for STEM Education）中，强化 STEM 教育的战略部署路径之一就囊括了“提升数字素养和网络安全”的要求。2018 年，荷兰发布的《荷兰数字化战略：为数字化的未来做准备》（Dutch Digitalisation Strategy：Preparing for a Digital Future）指出，荷兰学校教育数字化战略发展的目标是帮助新一代青年掌握良好的信息通信技术知识和基本技能、具备媒体素养，荷兰初等教育和中等教育将数字素养列入学校教育的学习领域，将发展学生数字素养和实践技能置于重要位置，以期学生更好地为未来做准备。②2015 年，澳大利亚发布的报告《国家创新与科学议程》（National Innovation and Science Agenda）中，明确提出了“人才和技能领域”计划，旨在全面提升澳大利亚全体公民的数字素养与 STEM 素

① 中国教育科学研究院国际与比较教育研究所. 新科技革命：全球数字化教育在行动[M]. 北京：科学出版社，2020.

② 魏小梅. 荷兰中小学生数字素养学习框架与实施路径[J]. 比较教育研究，2020（12）：71-77.

养；2017 年，《澳大利亚 2030：通过创新实现繁荣》（Australia 2030：Prosperity through Innovation）发布，提出了 30 项建议，其中就要求所有公民具备数字技能。[①]英国在 2018 年发布的《产业战略：人工智能领域行动》（Industrial Strategy：Artificial Intelligence Sector Deal）中指出，投资 4.06 亿英镑进行包含数字和技术教育在内的技能教育，投资 10 亿英镑进行数字基础设施建设。德国在 2016 年发布的《数字世界的教育战略》（Educational Strategy in Digital World）中也要求在基础教育领域全面落实数字素养教育，促进学习方式变革。法国政府通过颁布实施“高速法国计划”与“投资未来计划”，为基础教育领域的数字化建设提供了坚实的资金支持和行动保障。这两项计划的实施，使得数字化工作在基础教育领域得到了广泛普及，个性化电子档案系统也得到了全面配备。[②]

由此可见，一些发达国家在增强国民数字素养方面达成了广泛的共识，普遍认为学生作为国家未来发展的中坚力量，应被视为数字素养提升的首要学习群体。为了有效推进学生的数字素养教育，一些发达国家纷纷出台相关政策，通过加强基础设施建设，为学生数字素养的提升提供了坚实的政策支持和物质基础。

### （二）数字素养框架明确，评价方式较为成熟

在政策的明确指引和基础设施的有力支持下，进一步提升中小学学生的数字素养，还需要构建完善的数字素养框架。这一框架需要明确界定素养的多个维度，并细化相关标准，以便更精确地确定学生需要提升的能力范围。同时，建立科学的评价方式至关重要，它不仅有助于学生自我认知，发现薄弱环节并推动自我提升，更能帮助教师因材施教，实现个性化教育。此外，教师评价还能促进教师的专业成长，使其逐步成为数字素养教育的目标群体，共同推动学生数字素养的全面提升。

首先，一些发达国家的数字素养框架已经相当明确和完备。在德国的《数字世界中的教育》（Bildung in der digitalen Welt）中，基础教育部分特别推出了“数字世界的素养”框架。这一框架涵盖了 6 大核心要素：搜索、处理与储存信息的能力，交流与合作精神的培养，创作与展示技能的锻炼，保护与安全行事的意识提升，解决问题与采取行动的实践能力，以及分析与反思能力的深化。同时，该文件还明确要求将数字素养融入学校的整体发展规划中，确保这一框架内

① 李佳熹. 澳大利亚中小学数字素养教育的发展概况及启示[J]. 世界教育信息，2020（08）：48-56.

② 张娟. 英国发布人工智能领域产业战略具体行动[J]. 科研信息化技术与应用，2018（03）：93-95；孙旭欣，罗跃，李胜涛. 全球化时代的数字素养：内涵与测评[J]. 世界教育信息，2020（08）：13-17；李永智，秦琳，康建朝，等. 数字教育赋能教育强国的国际观察[J]. 电化教育研究，2023（11）：12-20.

容成为各中小学制定教学大纲和课程计划的重要基石，为培养适应数字时代的学生奠定坚实的基础。[①]

其次，无论是学生评价还是教师评价，西方一些发达国家都有一套较为完备的体系。2019 年，联合国教科文组织在报告《关于数字素养监测评价工具的建议》（Recommendations on Assessment Tools for Monitoring Digital Literacy）中提出了 4 种测评方式：欧洲统计局的数字技能指标（Digital Skills Indicator，DSI）、法国的数字素养实践评估（Pratique des Informations et du Numérique，PIX）、丹麦用来测试公民数字素养的在线工具——“数字素养轮”（Digital Competence Wheel，DCW），还有基于《欧盟教育工作者数字胜任力框架》（European Framework for the Digital Competence of Educators）开发的用于教师数字素养测评的官方推荐测试——Check-In。[②]目前，欧洲国家普遍存在 4 种数字素养测试，除了要求所有学生和部分学生参与的测试外，还有学生自愿参与的测试，以及作为国家或教育主管部门教育质量监测的抽样测试。前 3 种都是针对学生个体的测试，第四种往往是关注国家教育效果的测试。在测试手段上，也逐渐采用数字技术手段。瑞典从 2018 年 6 月开始尝试使用数字设备进行测试，并且计划在 2021 年后实现全面数字化。2016 年秋季开始，芬兰的考试逐渐数字化。德国“数字云”项目能够在网络化的学习场所中跟随学生的考试，借助云端记录学生的学习过程和学习结果，从而客观地评价学生的表现。值得一提的是，近年来，区块链技术也备受瞩目。其强大的功能，能够完整地记录师生的成长历程与成就认定，因而成了法国等众多国家乃至整个教育界的关注焦点。区块链技术的应用，无疑将为教育领域带来前所未有的变革与机遇。

### （三）线上线下项目助力，教师提升路径拓宽

俗话说得好，教师若想给予学生一碗清澈之水，自身则需拥有一桶满溢之水。同理，要想提升学生的数字素养，教师的数字素养提升同样至关重要。教师数字素养的培养主要分为两大阶段：职前培养和在职培养。

就职前教师的培养而言，其数字素养的提升主要从师范生培训与入职前教师培训两大方面着手。

关于师范生培训，以英国的布拉德福德大学为例，导师充分利用 Moodle 虚

① 刘宝存，岑宇. 世界教育数字化转型的动因、趋势及镜鉴[J]. 现代远程教育研究，2022(06)：12-23.

② 高欣峰，於冰双. 国际数字素养评价与认证分析——以欧洲 4 个典型工具为例[J]. 成人教育，2022(10)：86-93.

拟学习平台，为师范生提供丰富多样的在线学习资源和教学视频，帮助他们深入理解并掌握数字化教学技能。此外，学校还定期举办数字素养相关讲座，结合图书馆和在线数据库的丰富资源，全方位提升师范生的数字素养。值得一提的是，英国一些大学还采取了校园多部门联合培养的创新模式。图书馆为师范生提供了海量的数字资源，让他们能够在广袤的知识海洋中畅游；信息技术部门则负责提供先进的信息技术培训和服务，确保师范生能够熟练运用各种数字化工具，为未来的教学生涯做好充分准备。这种多部门协同作战的培养方式，不仅有助于全面提升师范生的数字素养，更为他们未来的数字化学习和生活奠定了坚实的基础。自 2017 年开始，奥地利所有教师都需要接受数字技能培训，参加数字技能监测和 6 个学分的数字素养课程。①

关于入职前教师培训，西班牙对职前教师的数字素养要求有以下三点：①熟悉数字教材、数字工具、教学策略等；②对数字教材、数字工具和学习资源进行辩证分析和合理选择；③能够利用数字工具和数字资源达到教学目的。②

爱尔兰将信息与通信技术列为教师必学科目，入职前也会为教师的数字素养提升提供系统化的校本课程。③2018 年 6 月，爱尔兰教育与技能部发布了《2018 年学校数字计划》（Digital Strategy for Schools 2018），指出爱尔兰教师数字素养的提升要贯穿于教师一体化专业发展过程中，也要为在职教师提供优质的数字素养培训。瑞典国家教育局积极引领并成功建立了教师在线培训平台，这一平台汇聚了丰富的专业化培训数字资源，为广大教师提供了便捷的学习途径。教师只需在线上参与培训并完成相应的测试，即可轻松获得证书，极大地提升了他们的学习效率和专业水平。此外，瑞典还在各地区建立了资源共享库，这些资源共享库不仅促进了教师间的交流与互动，还实现了当地优质资源的共享。英国在促进教师继续教育方面采取了一些非正式学习方式：第一，提供在线学习资源，使用 MOOC 和其他在线视频课程和培训资源；第二，组织教师网络会议和计算机会议，以及一些相关机构组织的会议；第三，在地方当局或学校安排了顾问，教师可以随时提问；第四，为教师提供与专家一对一谈

---

① 付卫东，杜萍，胡中波. 智能时代西方发达国家中小学教师数字素养培养的经验及启示[J]. 教师教育论坛，2023(01)：4-10.

② Spain: Common digital competence framework for teachers[EB/OL]. [2017-10-24]. https://www.cedefop.europa.eu/en/news/spain-common-digital-competence-framework-teachers.

③ 付卫东，杜萍，胡中波. 智能时代西方发达国家中小学教师数字素养培养的经验及启示[J]. 教师教育论坛，2023(01)：4-10.

话的机会；第五，组建教师专业社区或论坛等。[①]

综上所述，无论是职前还是职后，这些国家都是通过线上线下多种手段和渠道，全方位地助力教师提升数字素养，从而有效减少他们在数字素养提升过程中面临的困难。这些措施不仅帮助教师明确了提升的方向和内容，更为他们提供了切实可行的提升路径。作为学生学习和成长的引路人，执教者的优秀与否直接关系到学生的未来。只有执教者具备优秀的数字素养，才能培养出更多具备高水平数字素养的学生，帮助他们更好地适应数字化时代的发展需求。

### （四）纳入常规基础课程，重视相关思维培养

课程是提升中小学学生数字素养的关键一环。为了使学生充分认识到数字素养的重要性并付诸行动去提升，必须将数字内容充分融入课程中，显著提高数字素养在课程中的比重，进而提升数字素养课程的地位。在这种理念的指引下，一些西方国家果断进行了课程改革，不仅关注课程的数量与形式，更注重课程的质量与深度。其精心制作优质课程，巧妙地将对学生思维能力的培养融入其中，确保学生的数字素养提升的同时，其思维能力也得到同步发展。

就课程改革而言，早在 20 世纪初，英格兰的中小学就勇敢地踏上了课程改革的征程，将数字素养教育巧妙地融入学科教学之中。2013 年，英国教育部更是明智地决定以计算课程教育取代原有的信息技术教育，这一举措不仅使学生能够更好地提高数字素养，更显示出英国对 ICT 与其他课程融合的重视。[②]与此同时，德国也在积极探索数字素养教育的有效途径。柏林与勃兰登堡州携手合作，共同制定了一套精心设计的媒体教育课程方案，并从 2018 年开始付诸实施。这套课程严格遵循德国“数字世界的素养”框架要求，通过系统设计的跨领域任务，全面培养学生的数字素养及其他能力。每个任务都涵盖了信息、传播、分析、表示、反思和制作 6 个方面，确保学生在完成任务的过程中能够全面提升自己的数字素养水平。[③]芬兰在 2016 年发布的国家课程标准中，特别强调要将信息技术与其他课程融合，促进其在学校教育教学中的实际应用，还对 1—9 年级学生的编程水平提出了要求。[④]美国“总统 STEM 教育备忘录”将中小学计算机教育与美国国防联系起来，在“北极星计划”中将培养计算机素养和数字素养列为

① 肖君，尹烨彬. 瑞典中小学 ICT 教育的挑战与机遇[J]. 中国电化教育，2016(09)：24-29；付卫东，杜萍，胡中波. 智能时代西方发达国家中小学教师数字素养培养的经验及启示[J]. 教师教育论坛，2023(01)：4-10.

② 李冰，蔡雨蝶，黄静蕾. 英国 K-12 阶段计算思维教育分析与启示[J]. 基础教育参考，2023(05)：18-26.

③ 徐斌艳. 德国青少年数字素养的框架与实践[J]. 比较教育学报，2020(5)：76-87.

④ 王超男，邓莉. 培养学生核心素养的芬兰经验[J]. 留学，2024(11)：11-13.

STEM 教育内容的重中之重。[①]

关于思维培养方面，2012 年，美国计算机科学教师协会（Computer Science Teachers Association，CSTA）指出，数字技术教育已不只是帮助学生掌握技术工具的操作能力，更应促进学生在“计算思维”“合作与交流”等方面综合发展。[②]2015 年，澳大利亚数字化技术课程标准强调，在数字化社会中，人们需要具有利用逻辑、算法、递归和抽象等计算方法认识事物的能力，计算思维教育就是要发展学生利用具有程序特征的工具与方法，创造、交流和分享信息，更合理地管理项目。[③]瑞典要求学生学会利用数字技术来完成各学科课程的学习，其中包括利用数字技术拓展自己的学习思维，培养学生学习的创造性和批判性能力。[④]德国联邦政府在《数字教育协定》（DigitalPakt Schule）中指出，教师要在教学中强化学习的过程和结果导向，增强对学生创造性思维和批判性思维的训练。[⑤]

在数字素养课程上，一些发达国家通过延长教学时间和增加课程出现频率的方式，有效提升了学生对数字素养的重视程度。在此过程中，其不仅关注教学的方式方法和内容的传授，更加注重培养学生的思维能力。毕竟，授人以鱼不如授人以渔，在传授知识的同时，培养学生的思维方式和解决问题的能力，才是教育的真正目的。

## 三、智能时代我国乡村学生数字素养培育的现状

### （一）基础设施建设逐步改善，资源共享更加便捷

第一，乡村学校数字基础设施建设日益完善。“校校通”工程、农村中小学现代远程教育工程和“三通”工程等推动了教育信息化迅速发展，解决了大部分乡村学校的基础设施、资源的应用问题。大多数乡村学校安装了信息终端设施，学校数字教学环境逐步得到改善。国家把中西部地区和乡村学校的信息化作为重要突破口，加大政策倾斜和扶持力度，建设了不同层次的信息基础设施。在对口

① 李玲丽，杨华，莫晓霞. 国家行动：美国联邦 STEM 教育项目研究[J]. 世界教育信息，2024(06)：38-43.

② 许欢，尚闻一. 美国、欧洲、日本、中国数字素养培养模式发展述评[J]. 图书情报工作，2017(16)：98-106.

③ Digital Technologies(Version 8.4) [EB/OL]. [2015-07-05]. https://www.australiancurriculum.edu.au/f-10-curriculum/technologies/digital-technologies/.

④ Ministry of Education and Research. Förslag till nationell digitaliseringsstrategi för skolväsendet 2023-2027 [EB/OL]. [2023-08-24]. https://www.skolverket.se/getFile?file=10849.

⑤ 王素，姜晓燕，王晓宁. 各国出台国家数字化发展战略，全球“数字化”教育在行动[N]. 中国教育报，2019-11-15(5).

支援中，很多东中部省份把中小学多媒体教室建设、优质教育资源共享作为援建的重要内容。因此，乡村学校现代化基础设施正在逐步完善，扫除硬件障碍、缩小城乡教育数字化差距、实现城乡教育发展一体化指日可待。[①]

第二，在线教学使乡村孩子有了不同的选择。共享教育使优质教育资源得到了更合理的配置，极大地提高了资源的利用率。它不仅将校园内与校园外的教育连接在一起，能够在不同时间提供不同学科的教育，还推动了不同区域学习资源的共享。国家在义务教育领域建设了约 1.5 万个学时的视频教育资源库，并向所有农村中小学校免费开放，还开通了职业教育信息资源网，促进了资源汇聚与共享。[②]学生可以跨越区域、省市的界限，聆听全国范围内最优质的课程。国家教育资源公共服务平台的发展向收集全国乃至世界上最好的课程资源方向迈进，增强了在线教育的服务功能，乡村学校师生可以通过各种学习终端快速轻松地访问所有的教育教学资源。借助城乡教育发展共同体，一些学校充分利用教育资源公共服务平台上的优质资源，以信息化手段推动乡村教育实现高质量发展，通过不同学校和区域之间的资源共享，极大地促进了乡村教育的进步，同时也为实现教育公平奠定了坚实的基础。

### （二）教师角色转向多样化，教师专业素养有所提升

第一，人工智能技术推动乡村教师角色的转变，使其趋向多样化。在传统的师生关系中，教师往往是课堂教学的主导者、知识的传递者，学生则处于较为被动的地位，被动地接受知识。智能时代，数字技术应用于教育中，使得教师的地位发生了巨大改变。教师角色从传道授业的解惑者转向信仰和价值观的引领者、教学活动的组织者、个性化学习的协助者、学生心灵的呵护者，实现了学生主体地位的转变。另外，数字技术打破了师生互动的时空限制。传统的师生互动一般发生在学校，局限于固定的时间和场所，这一教育教学方式对学生创造性思维的发展不利。人工智能技术支持的教育能够突破师生互动的时空界限，将教育场所从实体学习延展至虚拟社区，学生的自主学习时间也更加灵活，还可以实现与教师或同伴间的实时互动。

第二，数字技术促进乡村教师能力发展，提高其专业素养。智能时代，对教师信息技术能力的要求大大提升，教师要能够合理地使用设备、技术、软件，获

① 邱利见，刘学智．人工智能时代的乡村教育振兴：机遇、挑战及对策[J]．教育学术月刊，2023(05)：47-53.

② 中国教育报．关注农村教育信息化：E 网连村校　世界任遨游[EB/OL]．(2013-03-07)[2024-03-01]．http://edu.people.com.cn/n/2013/0307/c1053-20708691.html.

取、管理、整合、评估和交流各类数字信息，并在此基础上使用数字技术重组学习环境，加工和创造数字资源，将技术与教学融合，提高课堂教学成效，进行知识创新。在教育实践中，教师需要借助数字素养来完成数据整合、资源开发等任务。然而，在此过程中，教师不仅需要妥善协调与技术之间的关系，还面临着数据安全与伦理等多方面的挑战。[①]这就需要乡村教师不断学习和进步。智能技术也为乡村教师的专业发展和个人进步提供了新渠道，比如，通过网络平台学习名师的教学经验，城乡教师通过云端进行集体备课等。面对新技术带来的机遇与挑战，乡村教师需要积极提升自身的数字素养，以应对技术变革给教育实践带来的挑战，并紧抓教育数字化转型的契机。这样做，能够弥合数字鸿沟，进一步推动教育公平的实现。

## 四、智能时代乡村学生数字素养培育面临的挑战

### （一）优质教育资源结构性短缺，数字资源使用率不高

第一，“数字歧视”依然存在，城乡数字鸿沟仍然很大。基础教育信息化工作的推进，虽然成功解决了大部分中小学校信息化从无到有的问题，但不容忽视的是，区域之间、城乡之间及学校之间在信息化水平上仍然存在显著的差距。例如，政府在推进信息化工程时，会考虑不同地区、不同学校的差异，采用不同的技术模式连片推进。在这样的情况下，必然会产生或新增数字鸿沟。为什么条件差的地区不能采用更好的技术模式或设备？实际上，乡村地区直接采用移动学习模式可能更为经济高效，同时也更具便利性。鉴于乡村教育发展相对滞后，城乡教育差距依然显著，乡村孩子同样应当享受到信息技术进步的成果。乡村地区更需要借助信息技术来扭转教育发展滞后的局面，并鼓励乡村学校实现自主发展，崭露头角。因此，充分利用互联网的优势，推动优质教育资源在乡村教育中的共享与应用，是缩小城乡教育差距、推动乡村教育高质量发展的重要途径。

第二，数字化基础设施不完善，数字资源利用率有待提高。学习环境的建设是实现学与教方式变革的基础。为学习者提供更加便利、舒适、有效的学习环境，是教育发展的重要方向。无论是基础设施与资源建设，还是教育技术培训，均应紧密结合教育教学、科研服务和教育管理改革发展的任务来推进。然而，目

① 孔令帅，王楠楠. 如何发展教师数字素养——联合国教科文组织的路径与启示[J]. 中国远程教育，2023(06)：56-63.

前的发展逻辑却往往是先建设后应用，过分强调建设而忽视了应用。更糟糕的是，建设的动力和需求并非源自实际应用的需求，而更多是受到经费管理方式的影响。因此，很多建设工程仅停留在建设阶段，未能得到有效应用，或者即便有所应用，也更多的是形式上的展示，不能真正产生实效。尽管媒体宣传了众多应用案例，但我们不难发现，其中一些应用案例仅是示范课而非日常教学所需。部分应用甚至违背了信息技术与课程整合应用的规律。此外，有些工程项目在规划时并未明确真正的用户群体，例如，课程资源究竟是服务于教师还是学生？管理平台是为师生服务还是为学习管理者或技术人员所设计？事实上，仅仅完成基础设施建设并将资源传递至学校，并不意味着应用就会自然产生。因此，尽管农村教育信息化基础设施建设已取得显著成效，但要从全面建设迈向深度应用，仍面临着诸多挑战。

### （二）信息化教学应用不广泛，常态化学生应用场景缺失

第一，乡村教师的数字意识薄弱，信息化教学应用不广泛。要提高乡村学生的数字素养，教师是根本。信息科技必修课程已经成为中小学生数字素养培育的主要渠道，尽管乡村学校已经普及信息科技课程，信息技术与课程整合的理念逐渐深入人心，但是在实际教学中，信息科技课程在师生心中的地位相对较低，信息科技课程教师的工作积极性也不高，教师的配备长期不足，导致数字素养培育与其他素养培育相比长期处于被忽视、挤压和侵占的状态。与其他课程相比，其内容多与课时少的矛盾也相对突出。[①]同时，我们也注意到乡村教师的信息化意识相对薄弱，其信息技术应用能力发展呈现出不平衡的特点。信息意识是指个体对信息及信息活动的自觉能动反应，表现为对事物的敏感性、观察和分析能力、判断力及对信息创新的追求。在教学领域，体现为教师能够清晰地认识到自身教学中是否需要信息技术的支持，以及教学内容是否适合利用信息技术进行辅助教学。提升乡村教师的信息化意识和应用能力，对于促进乡村教育的信息化发展具有重要意义。然而，还有相当一部分乡村教师不会使用计算机和常用的软件，很多乡村教师尚不具备运用信息技术改革传统教学的教育技术能力。[②]因此，充分发挥信息技术在教育教学中的作用，推进信息技术与教学深度融合，运用信息技术引领教学模式变革，还有待进一步深化。

---

① 吴砥，朱莎，王美倩. 学生数字素养培育体系的一体化建构：挑战、原则与路径[J]. 中国电化教育，2022(07)：43-49，63.

② 裴英竹. 大学生数字素养及其培养策略[J]. 社会科学家，2022(09)：128-133.

第二，乡村学生的数字化学习环境缺失，学习条件不充分。智能时代，要求学生能够通过移动终端，随时随地接入学习平台进行自主学习，以适合自身的方式和速度习得知识和技能。2022 年，我国未成年网民规模已突破 1.93 亿，小学生互联网普及率达到 95.1%。城乡未成年人互联网普及率差距持续减小。①然而，城市与农村青少年在数字技术使用上存在显著鸿沟。农村青少年亟须通过数字基础设施来掌握必要的数字技能。尽管乡村学校努力为教师提供必要的数字化教学环境，却无法保证学生拥有足够的使用条件。更为严峻的是，在实际教学过程中，师生间常常出现教学时间争夺的情况，这导致学生难以及时获取信息并应用技术，从而严重制约了乡村学生数字化能力的提升。

### （三）家庭社会缺乏正向引导，管理机制和政策引领匮乏

第一，在引导学生增强正确的数字素养意识等方面，家庭与学校缺乏合力。②随着农村劳动力前往城镇谋生、寻求发展，农村人口出现了大规模的流动现象。这一现象导致许多农村儿童以“留守儿童”或“随迁子女”的身份，在农村学校或城镇学校接受教育。一方面，家长的言传身教对青少年有重要的榜样示范和引领作用，然而由于缺乏父母的关爱和教育，农村留守儿童往往易产生不好的生活习惯，在正确使用数字化电子产品、辨别数据的真实性、维护自身的安全与个人隐私方面的安全意识不强。如果缺乏家长的指导与监督，他们有可能沉溺于电子游戏或者各种网络内容不能自拔，有可能不能分辨网站的有害信息，有可能因为没有必要的安全意识在智能设备上泄露个人或家长的隐私，被诈骗钱财等。数字素养的培育是责任观和道德观教育的重要组成部分，它要求青少年深刻认识到自己对他人和社会的责任，并树立正确、高尚的道德观念。然而，农村中小学普遍缺乏专门的心理和生活指导教师，这使得为留守儿童提供专业化的指导变得尤为困难。更为严峻的是，这些学校难以有效补偿家庭教育的缺失，导致留守儿童在学习生活及品格培养方面面临诸多挑战和困难。另一方面，由于生活稳定性较差，且生活水平和生活质量与城镇儿童有较大差距，加之外界的支持措施不健全，随迁子女也面临很多心理和教育问题。

第二，学生数字素养培育的专门性政策文件不足。国家教育政策具有统领、协调和规范约束等功能，在促进学生数字素养形成和发展过程中起着重要作用。

---

① 共青团中央维护青少年权益部，中国互联网络信息中心．第 5 次全国未成年人互联网使用情况调查报告[EB/OL]．(2023-12) [2023-10-30]. https://qnzz.youth.cn/qckc/202312/P020231223672191910610.pdf.

② 郑彩华．数字化时代中国学生数字素养的培育及提升[J]．青年学报，2021(04)：64-70.

我国现阶段尚未正式颁布数字素养教育政策，而关于加强学生数字素养教育的信息也仅在国家新闻和机构发文中有所提及。因此，虽然政府和教育行政部门对学生数字素养的关注度越来越高，政策力度也不断加大，强调在数字化环境下应注重发展学生的数字素养能力，但我国关于学生数字素养的培养处于起步阶段，尚未制定宏观教育政策来引领学生数字素养的发展，缺少专门培养学生数字素养的标准框架和发展学生数字素养的纲领性文件。

## 五、智能时代乡村学生数字素养培育的实践进路

### （一）实现优质资源互通共融，保障教学资源精准利用

第一，实现优质资源互通共融。优质资源互通共融的应用模式是实现其充分应用的重要途径。通过充分利用教育资源公共服务平台的优质资源，并借助城乡教育发展共同体，可以促进区域内外、城乡学校之间的优质资源互通共融。这一举措有助于以信息化手段推动乡村教育实现高质量发展。城乡教育发展共同体是通过网络建立起来的一种结对帮扶机制，旨在促进城乡学校的紧密合作与共同发展。这一共同体通过建立捆绑式结对发展关系和互助共同体，以及向乡镇学区派驻管理团队等方式，开展多种形式的教育科研、课堂教学、学生活动等方面的交流。在这个过程中，优质资源实现了高效应用，借助网络平台开展诸如“网络研修”“同步课堂”“同课异构”等活动，有效提升了教师的教学能力。同时，乡村学生也能享受到与城市学生同等水平的教育资源，满足了欠发达地区乡村学校的教学需求，以及多样化和个性化的教育需求。因此，应积极建立由城市学校、教育机构和乡村薄弱学校共同参与的基于网络的发展共同体，鼓励城市学校和教育机构支持乡村教育教学，以便更多的大中小学、研究机构、社会团体、慈善基金、公司企业和其他社会资源与资源匮乏的乡村学校实现结对帮扶。

第二，实现优质教学资源的校本化及精准利用。无论是在线教学、“三个课堂”还是“双师课堂”，都是“输血式”的优质教育资源应用，真正“造血式”的优质教育资源共享应用不能简单地停留在如何通过线上线下共享资源上，关键是如何把优质教育资源运用到乡村学校的课堂教学中。实现优质教育资源的校本化，就是让优质资源落地与乡村学校的需求相融合，适合当地学校学生的实际，让学生有实实在在的学习获得感和力量感。在这个过程中，教师进一步了解、熟悉资源，并将其应用到实际课堂教学中，也会有一定的收获。对于乡村学校来

说，优质教学资源校本化就是充分利用国家、省级或其他教育资源平台上的优质数字资源，以中心学校为龙头，集合所辖村校的全部教师力量，集中创建、选择、下载优质资源，让其落地、本地化，共研共建，使之校本化，以符合学校教育教学的实际和满足师生的需求。在这一过程中，乡村教师应秉持“拿来主义”的原则，即有选择性地获取所需资源，进行辨别与挑选，取其精华，为我所用。在充分利用现有专用教育教学资源平台或公共网络平台上的教育教学资源的同时，乡村教师还可以根据学校实际情况，建立校本化的资源库，以凸显学校特色，应对网络不通畅的情况，并方便教师使用，从而有效地解决资源应用不充分的问题。

### （二）大力提升教师数字素养，优化创新教育教学模式

第一，加大信息技术与学科教学深度融合的培训内容比例，适时启动乡村教学智慧教学试点示范项目，提升乡村教师利用技术创新教学的能力。此外，对于教师培训及其专业发展，不能完全依赖国家和地方政府组织的骨干教师培训或远程培训，校本培训和研修、教师自发组织的网上社区，也要发挥更实际的作用。例如，中国教师发展网的“中小学教师网络研修平台”可以满足教师在教学、教研等方面的需求，教师借助网络研修社区丰富的资源、灵活的学习方式，通过社区平台上的“研修坊”参与在线集体备课、网上实践反思研讨、教学研究等网络研修活动，增加自己的专业知识和提升相应的能力。

第二，将数字素养教育融入教学过程，改变教育的育人目标、育人方式。过去的教育理念以灌输知识和强调机械记忆为主，但在人工智能成为人类的记忆外存和思维助手的时代背景下，这种理念已经显得过时。如今，培育学生的爱心与同理心，将知识转化为实际能力，以及培养批判性思维、创造力和协作能力，已成为教育的重心。作为专门的育人机构，学校必须适应社会的需求，对育人目标和育人方式进行相应的调整。

首先，学校应按照国家规定，全面开设并充实信息技术的相关课程，确保课程的质量。同时，还需配备先进的数字教学设备和专业的任课教师，以保障教学效果。此外，学校应鼓励名师和骨干教师积极响应新课标的要求，依托当前的课改项目与教育信息化项目，开展课程实践探索。这些实践探索可以引导学生自主建立资源库和资源网，利用数字资源进行自我学习能力的开发，从而促进其数字素养的提升。[①]

① 施歌. 中小学生数字素养的内涵构成与培养途径[J]. 课程·教材·教法，2016(07)：69-75.

其次，乡村学校在数字校园建设中要以促进乡村学生数字素养的提升为目标，打破各个学科之间的壁垒，集合多个学科的教师开展联合教研，进行跨学科内容的整体设计，将数字素养培育内容有重点、有区别地融入不同学科之中，从而实现数字素养培育内容的跨学科融合。同时，要保证学生在学校生活中能够运用智能化设备及相关软件，为学生使用数字设备提供充足的条件。[①]

### （三）实现家校社多方协同，共促学生数字素养提升

第一，学校、家庭协力共进，共同培育学生的数字素养。学校可以充分利用现代信息技术，开展乡村学生联网辅导试点计划，利用互联网为农村学生提供个性化的在线辅导服务，解决家长无力辅导孩子的难题。但家庭是学生生活的主要场所，家长是学生的终身老师，家庭教育对青少年的影响深刻且长远。因此，仅仅依靠学校给学生提供的教育是不够的，相关部门应当加大对《中华人民共和国家庭教育促进法》的宣讲力度，鼓励县（区）层面建立线上线下家长学校，提升乡村学校学生家长的数字素养与数字技能。[②]

第二，充分调动社会力量，发挥其在乡村数字素养教育中的“杠杆”作用。这里的社会力量不仅包括专业机构，还包括互联网企业、公益组织、政府相关部门等。具体举措如下：①面向学生，拓展企业与学校合作的机制，合作开发具有乡村特色的数字素养网络课程，并组织在线科普讲座，与乡村学校有限的师资和课程形式互为补充；②面向教师，与政府合作，利用在线教育平台开展教学培训，丰富乡村教师在数字素养方面的授课方法，提高效果；③面向家庭，借助数字化加强家校合作，并通过数字素养推广活动、开展科普讲座等形式，加强对家长的数字素养教育，使其更加重视青少年的心理健康发展。[③]

第三，完善落实本土化的相关政策，保障学生数字素养的提升。提升学生的数字素养，必须要建立适合中国国情的框架标准，以及配套的组织管理、安全保障等政策和制度支持，加快培养高素质、高层次人才，从而适应数字技术全面融入社会交往和日常生活的新趋势。美国、欧盟、日本等国家和地区正在将数字素养课程融入国民教育课程体系，建立了相对成熟的数字素养培养模式。同时，社会组织也会直接承担相当一部分公民数字素养教育的任务，以此

---

① 宋灵青，许林，朱莎，等. 我国初中生数字素养现状与培育策略——基于东中西部 6 省市 25032 名初中生的测评[J]. 现代远程教育研究，2023(03)：31-39.

② 杨现民. 系统推进乡村教育数字化转型[J]. 唯实，2023(01)：85-86.

③ 郑云翔，钟金萍，黄柳慧，等. 数字公民素养的理论基础与培养体系[J]. 中国电化教育，2020(05)：69-79.

形成了一套多主体、多元化、全方位的公民数字素养培育体系[①]，具有较强的国际影响力，已经在世界范围内成为合格数字公民培养的重要指南，可以为我国加强数字素养培育提供重要启示[②]。但任何体系的构建既应该有普适性，也应该有针对性，这就要求制定的标准具有一定的层次性。因此，我们要在借鉴其他国家有益教育经验的同时，考虑如何使先进经验本土化。[③]例如，我国的信息素养教育有着较为成熟的体系，针对这一现状，可以将数字素养教育融入信息素养教育之中。

## 第三节　智能时代乡村学生计算思维培养

计算思维（computational thinking）作为智能时代的产物，并非直接等同于计算机科学。它的基本过程在于明晰个体在解决问题时的内部心理机制，即一种运用计算工具和方法来解决问题的思维活动和方式。计算思维旨在有效地解决各种问题。近年来，乡村教师已经有意识地在课堂教学中培养学生的计算思维，为学生成为创新型人才奠定了良好的基础。

数字技术的强势崛起促进了大国教育博弈焦点的转变，计算思维培养为未来数字化大国的人才竞争提供了新视点和着力点。2017 年和 2022 年，在教育部两次对义务教育信息科技课程标准进行的修订中，计算思维均被纳入学科核心素养中，并且明晰了计算思维实践活动应围绕抽象、分解、建模、算法设计 4 个表征维度展开。《义务教育科学课程标准（2022 年版）》也要求学生通过对客观事物进行抽象和概括，进而建构模型，并运用模型分析、解释现象与数据，描述系统的结构、关系及变化过程。其中隐含的科学素养表征也和计算思维有着契合之处。[④]显然，将计算思维嵌入或内化于基础教育的发展逻辑之中，旨在培养全球时代学生的数字胜任力，适时回应了党的二十大报告中“实施科教兴国战略，强化现代化建设人才支撑”的战略部署，也为促进基础教育阶段计算思维教育在全国的普及提供了重要依据。

---

① 许欢，尚闻一. 美国、欧洲、日本、中国数字素养培养模式发展述评[J]. 图书情报工作，2017(16)：98-106.

② 段胜峰，张雅雯. 智能时代信息素养培养的国际经验及启示[J]. 现代大学教育，2023(01)：58-65，112.

③ 张春华，韩世梅，白晓晶. 面向未来发展的数字素养及其培养策略——基于《新媒体联盟地平线项目数字素养战略简报》的研究[J]. 中国远程教育，2019(04)：9-16.

④ 中华人民共和国教育部. 义务教育科学课程标准(2022 年版)[S]. 北京：北京师范大学出版社，2022.

当前，围绕区块链、云计算、大数据、人工智能、元宇宙等新兴技术形成的产品不断在乡村场域涌现，乡村社会正加速步入智能时代。智能技术正在重塑乡村生活场景，并深刻变革着人们的思维方式。具体来说，大数据为乡村产业的兴旺和社会治理提供了多元、科学且精准的数据支持，实现了数据的有效耦合；智能农业机器的应用，则在很大程度上帮助农民摆脱了繁重的手工劳作。同时，以云计算为核心构建的网络服务模式进一步拓展了乡村与外界的协作空间。这些智能技术的应用，不仅提升了乡村的生产效率和社会治理水平，也极大地改善了农民的生活品质，为乡村的可持续发展注入了新的活力。显然，仅凭专业知识和技能的劳动者已难以满足乡村社会发展的需求。当前，我们急需培养的是能够适应乡村计算社会，并具备解决复杂问题能力的时代新人。这类人才应该能够运用计算思维开展人机协同的探索与实践，成为乡村智能化发展的中坚力量。近年来，尽管教育扶贫政策已让越来越多的乡村学子走进高等教育的殿堂，但他们步入社会后的实际地位却远低于大众的期待。因此，乡村教育者必须重新定位培养目标，明确应该培养具备何种素质和能力的人。培养乡村学生的计算思维，不仅为快速变革的智能化乡村社会提供了有力的人才支撑，成为推动乡村发展的重要力量，而且有助于提升乡村学子适应未来社会可持续发展所需的数字化生存能力。我们需要聚焦于智能时代乡村学生计算思维培育的逻辑起点，深入剖析当前培养过程中面临的现实困境，并进一步探索突破的路径。通过这些努力，我们期望能够引导乡村教育实践主体全面审视教育改革，并为乡村人才改革、智能时代乡村教育发展、数字化乡村建设等研究领域提供有益的借鉴和参考。

## 一、智能时代乡村学生计算思维培养的内在逻辑

### （一）历史逻辑：计算思维教育的缘起与落点

“计算思维”这一概念最早可以追溯至 20 世纪 80 年代，由麻省理工学院教授西摩·佩珀特（S. Papert）首次提出。2006 年，美国卡内基梅隆大学教授周以真对计算思维概念做出了界定，即运用计算机科学的基础概念解决问题、设计系统及理解人类的思维过程。[①]随着计算思维概念研究与实践的深入，研究者对计算思维的解读也呈现出不同的视角，大致可归结为四类：一是基于计算科学视角

① Wing J M. Computational thinking[J]. Communications of the ACM, 2006 (03): 33-35.

的工具技能应用①；二是基于思维过程视角的程序化思维方式②；三是基于问题解决能力培养强调计算思维的附属性③；四是基于智能时代数字素养培育视角的计算思维多元要素④。此种观点日益被教育研究者关注，原因在于数字化、网络化、智能化的社会生态变迁，使人类的生产、生活、学习与思维方式发生了深层次变革，数字素养也越发重要，成为未来社会判断公民是否为数字公民的关键指标。传统计算思维以问题分解、算法、抽象和自动化等为核心要素，显然无法满足公民数字化生活的需要，而融入数据思维、可视化理解、数字情感与伦理等多元要素，更符合时代发展的需要。尽管国内外众多学者理解计算思维的角度不尽相同，但不可否认的是，面对智能化、普及化、大众化的多维度社会发展事实，计算思维教育蕴含着适应多维度社会发展教育需求的内在价值意蕴。计算思维的内在价值是数据抽象、模型建设、自动化实现和解决问题，是一种兼具数学思维、工程思维、科学思维的跨学科性思维。⑤通过计算思维教育，个体能够将多种科学思维活动融合，构建动态的、综合的思维架构，这对于提升学生解决问题的能力具有重要意义。计算思维教育已逐渐融入不同学科、场景乃至生活的各个方面，从儿童时期开始培养计算思维，已成为世界各国在人才培养方面达成的共识。因此，计算思维已成为发达国家义务教育课程计划的重要内容。政府和科研机构纷纷颁布计算思维教育的相关标准框架，落实政策及研究报告，这些举措共同承载着国家意志、社会发展及个体发展的要素基点，旨在通过计算思维教育满足国家培养战略新型人才的时代需求。譬如，2018 年，美国国际教育技术协会颁布了首个冠以“计算思维”名称的标准文件《计算思维能力标准（教育者）》（Computational Thinking Competencies Standards for Educators），对于开展计算思维教育实践具有里程碑意义。2022 年，欧盟委员会发布了《义务教育计算思维研究》（Reviewing Computational Thinking in Compulsory Education），指出所调

① Hemmendinger D. A plea for modesty[J]. ACM Inroads, 2010(02)：4-7；Brennan K, Resnick M. New frameworks for studying and assessing the development of computational thinking[EB/OL]. (2012)[2024-03-01]. https://www.researchgate.net/publication/265797241_New_frameworks_for_stu dying_and_assessing_the_development_of_computational_thinking.

② Aho A V. Computation and computational thinking[J]. The Computer Journal, 2012(07)：832-835.

③ 孙立会，王晓倩. 计算思维培养阶段划分与教授策略探讨——基于皮亚杰认知发展阶段论[J]. 中国电化教育，2020(03)：32-41.

④ Kallia M, van Borkulo S P, Drijvers P, et al. Characterising computational thinking in mathematics education: A literature-informed Delphi study[J]. Research in Mathematics Education, 2021(02)：159-187.

⑤ 姜洋，衡红军，李俊生. 基于计算思维层次化认知的大学计算机教学改革实践[J]. 中国大学教学，2020(11)：59-63.

查的29个欧洲国家中，有25个国家将计算思维纳入国家法定义务课程，并且其他国家也正在试点或拟定方案，不久将在国家战略规划中融入计算思维。①

2021年，联合国教科文组织面向全球发布了《共同重新构想我们的未来：一种新的教育社会契约》（Reimagining Our Futures Together：A New Social Contract for Education），强调世界仍广泛存在着不平等现象，教育的力量尚未满足建设一个公正、公平和可持续的世界的需求。在智能时代热潮的推动下，各行各业依托计算机技术实现纵深发展，计算机网络已无处不在。计算思维已不再局限于计算机专业人员，更不能单纯归为计算机学科的范畴。每一位受教育者都应享有接受计算思维教育的机会，因此计算思维教育应致力于实现教育公平。教育公平不仅是国际社会共同追求的教育理想状态，也是我国教育改革的重要价值取向。新时代的教育致力于高质量发展，既注重提高效率，也追求高质量的教育公平。乡村教育是我国教育高质量发展的关键环节，坚守教育公平的价值准则，推动乡村学生计算思维的培养，不仅符合乡村教育高质量发展的内在要求，更是促进教育公平的重要途径。同时，依据长板理论，乡村教育的高质量发展势必推动乡村整体振兴，把乡村学生培养成为具备计算思维能力和现代理念的时代新人，为乡村振兴铸造新引擎的同时，也彰显了乡村学生计算思维培养独特的意蕴和张力。因此，相关部门应该围绕计算思维发展及其教育公平的落点，为推动乡村地区学生计算思维培养建构起逻辑闭环。

### （二）时代逻辑：催生乡村数字公民培养新诉求

新一轮数字革命，以信息化、智能化为鲜明标志，正逐渐成为中国乡村社会高质量发展的强大动力。在这一进程中，人工智能、大数据、5G、云计算、区块链、元宇宙等智能技术相互融合、集聚，有效激发了乡村的内生潜能，为乡村社会描绘出崭新的图景，催生了众多新业态和新模式。例如，基于深度学习和神经网络算法技术的自动化农业机器人的推广应用；依托大数据开发的病虫害监测与治理系统。一系列智能软硬件设备，如智能系统和人工智能机器人等逐渐融入乡村居民的生产生活，但它们蕴含的智能化理念和问题解决方式，在呈现形式、工具应用方法等方面与传统的乡村社会形态有着显著的差异。因此，当乡村居民置身于数字技术的浪潮之中时，他们可能会面临人机协同方面的适应难题，即所谓的“水土不服”。在这种情况下，具备以计算思维为代表的公民数字素养就显

① 付卫东，汪琪. 智能时代乡村学生计算思维培养：内生逻辑、现实困境与实践进路[J]. 教育导刊，2024(03)：34-42.

得尤为重要，它成为乡村居民适应数字化乡村社会发展的关键要素。然而，面对以自动化和智能化为特征的数字化社会，身处其中的异质化群体之间本身就在数字技术资源的“享有”和“使用”上存在数字鸿沟。2021 年 3 月，中国社会科学院信息化研究中心发布调研报告《乡村振兴战略背景下中国乡村数字素养调查分析报告》，报告中的数据显示，农民群体的数字素养得分为 35.1 分，显著低于其他职业类型群体，比平均分值 43.6 分低了 19.5%。①由此可见，我国城乡数字鸿沟问题正在发生矛盾转向，即由基础设施鸿沟转向素养鸿沟。2021 年 11 月，中央网络安全和信息化委员会办公室在《提升全民数字素养与技能行动纲要》中明确指出，培养具有数字意识、计算思维、终身学习能力和社会责任感的数字公民。②可见，计算思维是公民数字素养培养的重要表征维度。作为智能时代的产物，它是一种运用计算工具与方法求解问题的思维活动，是智能社会中每个人都应掌握的思维方式。计算思维有助于乡村居民深刻洞察数字化产物的本质和所处数字化时代的特征。它能够将计算机虚拟世界与现实世界中的问题、现象和规律进行连接和推理。同时，计算思维与其他数字素养维度的相互融合，能够构建与数字技术和谐共生的人机关系，确保乡村居民能够顺利适应快速发展的数字化社会。例如，在计算思维教育中，算法分析的学习有助于学习者对个性化推荐算法形成批判性认识，有效避免在短视频娱乐或购物过程中受到“算法黑箱”的影响，从而保护乡村数字弱势群体的权益。因此，培养乡村学生的计算思维是提升公民数字素养的关键一环，有助于为乡村社会孕育出具备数字能力的下一代。学生通过自身的计算思维认知和实践，能够反哺乡村社会的其他群体，为乡村智能生态注入更多的数字化基因，并从源头上阻断数字素养鸿沟的代际传递。

### （三）技术逻辑：夯实乡村学生计算思维培养新动能

乡村教育高质量发展离不开数字技术的支撑和引领作用。我国先后颁布了《教育信息化 2.0 行动计划》《数字乡村发展行动计划（2022—2025 年）》《数字乡村建设指南 2.0》等文件，强调以教育数字化助力乡村教育实现高质量发展，促进智能技术深度融入乡村教育全要素和全过程。数字技术与乡村教育整合创新，可以突破学校、班级、学科的边界，在合理的教学秩序中不断增强教学活力，使

---

① 中国社会科学院信息化研究中心．乡村振兴战略背景下中国乡村数字素养调查分析报告[EB/OL].（2021-03-11）[2023-04-20]. http://iqte.cssn.cn/yjjg/fstyjzx/xxhyjzx/xsdt/202103/P020210311318247184884.pdf.

② 中央网络安全和信息化委员会办公室．提升全民数字素养与技能行动纲要[EB/OL].（2021-11-05）[2023-04-20]. https://www.cac.gov.cn/2021-11/05/c_1637708867754305.htm.

乡村教育得到新的发展和实现新的突破。数字技术是重塑教育生态，以及保障教育均衡和质量的有效工具。①随着智能技术在乡村教学实践中的深化应用，教学环境、资源和工具得到了全面的重构和升级。特别是在我国乡村教育面临优质资源短缺、师资结构不均衡、教育治理相对滞后等挑战的背景下，智能技术通过跨时空深度融合与协同，从设计、实施到评价，为乡村学校计算思维教学提供了更多的可能性和更强的灵活性。这一变革为乡村学生计算思维的培养注入了新的动能。因此，智能技术的赋能模式为乡村学生计算思维培养开辟了广阔的场域，而乡村学生群体、教育需求及独特的乡土特色等因素，也持续吸引着技术力量的强势介入。

具体来说，乡村地区的学生通过数字教育平台能够获取优质的数字资源，并在虚拟数字人教师和智能学伴的辅助下，完成计算思维的学习服务，从而提高他们独立解决问题的能力。同时，借助知识图谱、数据分析等技术，自适应学习系统能够实时跟踪乡村学生的学习情况，精确诊断并反馈他们的学习状态和薄弱环节。此外，基于元宇宙和虚拟现实技术的计算思维虚拟实训平台，通过创建虚拟的生活问题场景、计算比赛和活动场域，抽象现实场景，能有效地促进乡村学生抽象思维的发展。无论采用何种技术动能，智能技术都是推动乡村学生计算思维培养的重要动因之一。因此，各学校必须认真把握技术语境下乡村学生计算思维培养实践的各个环节，确保教育实践的针对性和有效性。

### （四）人才逻辑：发掘厚植于乡土社会的人力资本

人才作为乡村振兴的第一资源要素，是全面推进乡村振兴的强大动力源。2021 年，中共中央办公厅、国务院办公厅印发《关于加快推进乡村人才振兴的意见》，提出“坚持把乡村人力资本开发放在首要位置，大力培养本土人才”。然而，中央财经大学主持发布的《中国人力资本报告 2022》显示，2020 年，我国农村人力资本总量为 414.4 万亿元，仅占全国人力资本总量的 13.3%。②可见，我国乡村人力资本总体水平较低，仍然是制约乡村振兴的重要因素。乡村振兴，人才是关键，乡村学生计算思维培养的根本旨归是培养适应智能化乡土社会全面发展的人才。从愿景到行动，乡村振兴战略正推动着乡村教育和人才培养的提档

① 黄荣怀，王运武，焦艳丽. 面向智能时代的教育变革——关于科技与教育双向赋能的命题[J]. 中国电化教育，2021（07）：22-29.

② 中央财经大学人力资本与劳动经济研究中心. 2022 年中国人力资本指数报告发布[EB/OL].（2022-12-22）[2023-12-19]. https://guancha.gmw.cn/2022-12/22/content_36251439.htm.

升级。面对智能化乡村社会的演进，相对于传统知识与技能的掌握，学生更应当具备相应的思维能力。计算思维作为人类科技创新的三大支柱（计算思维、理论思维、实验思维）之一，是当代学习者应掌握的一项分析和解决问题的能力①，培养乡村学生的计算思维，切合乡村振兴战略的需要。例如，培育具有计算思维能力，懂农业、爱农村的乡土人才，使其理解机器的工作逻辑，提升人机协同能力，进而促进其与乡村智慧化基础设施和智能化机械设备的融合共生，最终实现运用计算机科学概念和数字化技术对乡村现实问题进行系统设计和求解。换言之，基于乡村智能化情境，如果没有足够数量拥有计算思维的人才作为支撑，就失去了未来乡村新技术、新产业、新理念孵化的思维认知基础，甚至还会制约现代化乡村振兴政策的落实与推广。

## 二、智能时代乡村学生计算思维培养的现实困境

### （一）传统育人理念尚未转变，乡村学生计算思维培养协同支持效应遮蔽

乡村教育应顺应智能化社会对人才培养的需要。当前，乡村教育面临教育数字化转型，乡村教育发展需要提质升级。政府部门已然意识到智能技术对发展乡村教育的重要作用，但传统的乡村育人理念并未完全转变为智能化时代的育人理念。具体而言，表现在以下三个方面：一是受传统技术主义思想的影响，政府在乡村建设中重视智能工具的“技术凸显”，对乡村本土居民的品格塑造和价值观养成缺乏重视，造成“生命凹陷”。其表现为：部分乡村学校前期主要将经费投入智能设施环境建设，而后才进行人的数字素养培训，这种“重技轻人”的观念间接导致了乡村学校思维教育的长期缺位。二是部分乡村学校强调教育是为了升学，重视功利性的知识技能教育，忽视了思维提升的素质教育。例如，部分学校领导认为计算思维是“虚”的，所以将计算思维教育视为乡村学校“锦上添花”的选项。三是家长的“离农”观念。一些家长认为上学是农村孩子的唯一出路，以成绩这一单一指标要求孩子，导致孩子的创新思维无法得到有效发展。因此，受制于乡村多元主体的传统育人理念，对乡村学生计算思维培养缺乏紧迫感和危机感，乡村学生计算思维教育很难获得协同支持的空间。

---

① 张文兰，闫怡，刘盼盼. 教育者计算思维教学能力及其发展路径——美国 ISTE《教育者标准：计算思维能力》解读与启示[J]. 中国远程教育，2020(07)：60-68.

## （二）信息科技课程迷失，乡村学生计算思维培养脱离育人根本

信息科技课程中融入的分治、递归、可视化和动态规划等策略性知识元素，其核心在于解决复杂问题，这些元素成为学生计算思维培养的重要基石。相关实证研究充分证明，信息科技课程中的教学实践，能够有效提升学生的计算思维能力。这些教学实践不仅能帮助学生掌握计算思维的核心方法，还促进了他们在实际中解决问题的能力，为未来的学习和职业发展奠定了坚实的基础。[①]因此，如果脱离信息科技课程的核心体验场，乡村学生计算思维的培养便成了“无本之木”。然而，当前乡村教育依然面临着信息科技课程迷失的困境。据调查，2020年，我国乡村小学信息技术教师共有 96 376 名，平均每个农村教学班仅有 0.10 名信息技术教师。[②]教师队伍严重匮乏，致使乡村学校难以依据新课标的要求独立开设信息科技课程，乡村学校面临信息科技课程“难开足”的问题。另外，在乡村信息科技课程教学实践中，学科教学内容偏向“知识普及”“工具应用”，这种应用型导向的教学致使学生的高阶思维素养被湮没，学生计算思维培育更是沦为教学的“荒地”。一项针对 23 个省（市）的调查显示，65.9%的乡村学生反映自己不会认真学习信息科技课程。[③]除此之外，笔者基于在湖北省多所乡村学校的调研访谈发现，由于信息科技课程的边缘化，一些乡村教师丧失了自我发展的内驱力，很难将新课标理念赋能实际教学，多数信息科技课程教师的教学处于“失标”状态。与此同时，乡村学生长期受到主副科观念的影响，信息科技课程学习意识匮乏，教师难以管理课堂，进而影响了信息科技课堂的教育实效，乡村学校面临信息科技课程“难开好”的问题。

## （三）乡村教师专业发展孤岛效应，计算思维跨学科效能难以凸显

教师专业发展是教师的知识、技能更新和深化的动态过程。然而，由于乡村教师所处的特殊地域，加之受到自然环境、技术等因素的限制，乡村教师专业发展被搁置或延缓，逐渐趋于静态封闭，最终形成孤岛效应。一方面，由于乡村学

① 傅骞，解博超，郑娅峰. 基于图形化工具的编程教学促进初中生计算思维发展的实证研究[J]. 电化教育研究，2019(04)：122-128；张学军，岳彦龙，梁屿藩. Python 课程中数字化游戏教学培养高中生计算思维的实证研究[J]. 电化教育研究，2021(07)：91-98.

② 刘善槐，朱秀红，王爽，等. 技术嵌入与资源优化——信息技术对农村教师编制需求结构的调节作用研究[J]. 中国电化教育，2022(07)：7-15.

③ 李毅，杨淏璇. 城乡义务教育信息化发展的困境与对策[J]. 湖南师范大学教育科学学报，2022(03)：97-108，114.

校师资结构性缺编问题[①]，乡村教师无法开展集体性的教研活动，繁重的教学任务致使教师跨学科教研难以持续，教学研究也因缺乏统筹规划、组织协作而寸步难行。另一方面，乡村教师由于交流渠道单一、狭窄，各自仅保留着师范教育阶段习得的学科知识和教育通识知识，教师获取新课标知识和新教学理念的途径相对较少。针对全国 40 所乡村学校的调研数据显示，每月能够参与 1 次市级研修的乡村教师比例仅为 14.42%。[②]尽管现阶段乡村教师的研修途径不断拓宽，但仍然存在着研修内容吻合度低、知识体系陈旧等问题。例如，有调查显示，在乡村教师信息化培训中，约 93%的教师反映培训内容以操作技能为主，忽视了新教育理念的普及和思维培养。当今，计算思维发展趋于大众化和普适化，学生计算思维培养跨学科实践成为国际共识。[③]我国乡村教师专业发展中显现出的孤岛效应，钝化了其对计算思维概念的理解、识别和探寻，教师协同开展计算思维跨学科教育活动更是步履艰难。

## 三、智能时代乡村学生计算思维培养的实践进路

### （一）顶层设计：助推乡村学生计算思维培养的理性接纳

首先，强化乡村学生计算思维教育的制度供给，完善落实政策保障，推动建立系统化、精细化和在地化的乡村计算思维育人机制。一方面，在国家有关政策的基础上，地方教育行政部门应重新建构计算思维教育与乡村教育宏观规划相结合的顶层设计，分层分类制定计算思维融入乡村教育的相关制度设计、实施保障体系及常态化落地政策等实施规范，同时应重点考虑总体规划、融入方案、焦点任务、组织实施等内容，形成切合乡村实际场域、关联聚合、统筹推进的乡村学生计算思维培养体系。另一方面，凝聚多方智慧和力量协同共商，统筹规划覆盖学前、小学和中学等学段的计算思维教育方案。教育主管部门应会同高校专家、一线教师和社会少儿编程培训机构共同制定各学段的计算思维培养的教师要求和学生标准，包括教师实施计算思维教学的课堂规范和学

① 郭晓琳. 乡村学校学科结构性师资缺失及其优化策略研究—— 一项基于扎根理论的研究[J]. 教师教育研究，2022(05)：108-115.

② 李晓庆，刘微娜，李希铭，等. 智能化技术助力乡村教师专业化发展的实践路径——基于我国 40 所乡村学校的调研[J]. 教师教育学报，2022(05)：37-46.

③ 张瑾，徐紫娟，朱珂，等. 国际视阈下跨学科整合计算思维的课程模式研究[J]. 现代教育技术，2022(12)：49-57.

生所需完成的具体实践活动。同时，依据乡村各学段学生的特征、思维认知水平，由浅入深、从点到面引入计算思维核心素养，构建一个系统连贯、衔接有效的乡村学生学习体系。

其次，乡村学校作为学生计算思维培养的核心场域，应当建立起计算思维教师“教”和学生“学”的活动系统。乡村学校可以将“以赛促学，以赛促教”作为动力机制，鼓励教师开发计算思维校本课程和开展计算思维跨学科教学竞赛，推动校域的学生计算思维培养特色化和多元化，并将成果形成典型案例，以“工作动态”“活动简报”“成果展示”“经验借鉴”等多种专题形式进行宣传推广，最大限度地唤醒乡村教师计算思维教学的热情，从而带动更多的乡村教师更新教育理念。同时，鼓励乡村学生积极参加国际性或全国性的计算思维竞赛，为学生计算思维学习成果的输出提供渠道，如 Bebras 国际计算思维挑战赛、谷歌全国中小学生计算思维与编程挑战赛等。此外，乡村学校应积极对接公益组织、民营机构、高校支教团队等社会主体，基于线上线下混合开展计算思维讲座、机器人与编程学习训练营、计算机科普公益课堂、中小学生计算思维知识科普等活动，寻求乡村计算思维教育内源式发展与外援式增长的交叉点。例如，王康等在湖北省宣恩县开展了为期 3 个月的学生计算思维“送培送展”活动，实践结果表明，其对乡村学生计算思维能力的提升作用显著。①

最后，乡村学生计算思维教育的落地与家长的教育观念息息相关，因此要打破乡村学生家长“唯升学”“唯成绩”的思维，促使家长摒弃传统的教育观念，唤醒其培养孩子未来参与社会竞争的核心高阶素养的意识。一方面，大力宣传计算思维对于学生未来成长的重要作用，提升家长对数字化教育理念的认知水平。家长参与和体验学生计算思维教育过程，便于其客观地认识学生计算思维的发生过程，深度体悟教育行为，进一步促进乡村家长对计算思维教育价值的接纳和探寻。另一方面，借助家校合作平台，融入学生计算思维成长内容，提高家长对学生计算思维的认同感，引导家长为乡村学生计算思维的长效化培育建言献策。

### （二）技术重构：打造乡村学生计算思维泛在育人空间

首先，借助智能技术适配学生学习过程，为乡村教育主体泛在计算思维教育提供科学、精准的技术支持。一是基于深度学习算法的学习分析技术为学生计算

① 王康，姜新华，彭林. 基于共生理论的乡村编程教育振兴模式构建与实证研究[J]. 中国信息技术教育，2022(11)：80-84.

思维培养提供风险预测，通过定时集中收集学习者的多模态数据，包括学习者情绪、表情、学习投入度等特征，综合研判，及时发现学习者计算思维发展的潜在风险，从而帮助乡村学生改进思维认知方式。二是结合知识图谱、深度知识追踪、强化学习、人工智能生成内容（artificial intelligence generated content，AIGC）等技术，构建一个针对乡村学生的计算思维自适应学习系统。该系统通过深入分析学习者的原始特征、知识表征状态及动态人机交互数据，依托大语言模型提供的动态资源池，生成与学习者当前知识水平和学习需求相匹配的个性化计算思维学习资源序列。这种自我调节与机器调节相结合的学习模式，不仅确保了乡村学生的计算思维能够实现迭代式、关联式的发展，更在牵引式学习中提供了坚实的技术支持。此外，依托云计算的虚拟化技术整合计算思维学习和教学实施、评价等常用干预工具，如 Scratch、App Inventor、XMind，集成云端可视化软件平台适配手机、平板电脑、计算机等多端系统，为乡村教师和学生提供“低地板、高天花板”的计算思维软件工具。这可以极大地降低计算思维工具的使用门槛和费用，使更多人能够轻松接触先进的计算思维学习工具。

其次，不能教条地认为思维教育是知识的陈述，而是需要学生借助现实场景开展实践活动，进行思维的理解、体悟和摸索。由于乡村场馆资源匮乏，师生缺少计算思维体悟环境，可以借助虚拟现实、增强现实（augmented reality，AR）、混合现实等仿真技术创设环境，拓宽乡村学生的计算思维育人场景。一方面，致力于提供公共场馆资源服务，使乡村学生得以享受无边界的计算思维场馆体验。其一，创建虚拟数字图书馆、博物馆、科技馆，以及增强现实计算思维体验平台等；其二，突破乡村地区资源和环境的局限，为乡村学生提供沉浸式的知识感知和模拟问题解决的环境。在这些虚拟场馆中，学生可以通过问题识别、资料收集、方案构建、模型设计等方式，全方位、全过程地感知和体验计算思维的实践价值。另一方面，相关部门应积极推动乡村虚拟教研室的建设，旨在汇聚乡村教育领域的共生力量，形成跨区域、跨学科或跨专业的泛在知识共同体。激励乡村教师开展常态化的“云端”教研活动，能缩短乡村教师更新先进知识理念的周期，促使不同的学科教育理念在乡村教师群体中迁移流动。这样乡村教师能够更深入地理解不同学科的知识理念，从而更好地开展跨学科教学。

最后，集成计算思维评测工具链接大数据技术，构建全国性的乡村学生计算思维监测平台，实现全域学生监测数据的实时可视化，预判思维发展鸿沟风险，适时进行干预和反馈。通过对区域学生群体计算思维发展的动态监测，生成不同地域学生思维发展的“能力地图”，精准识别教育变革过程中的弱势地区和弱势学生群体，强化教育资源投入，从而有效地规避思维鸿沟的风险。另外，基于个体评测数据生成学生的计算思维画像，可以为乡村教师开展数据驱动式计算思维教学评价提供参考。

### （三）要素优化：探索乡村学生计算思维在地化教育生态

首先，优化乡村教师培养，为乡村计算思维教育的实施提供源头活水。一方面，优化乡村教师供给。高校应当依托“硕师计划”“特岗计划”“优师计划”等乡村教师定向培养政策，将教师计算思维理论和实践融入培养方案，并在不同学科教学课程中引导师范生将计算思维深度融合于本学科实践过程中，培养具备计算思维基本素养的乡村定向教师。例如，在“现代教育技术”必修课程或“STEM 教育”“人工智能教育应用”等选修课中引入计算思维新单元，以供师范生研修实践。另一方面，优化乡村教师专业发展。例如，可以构建乡村教师计算思维工作坊和校内跨学科教学实践“双端”共同体，为乡土场域内的教师提供教学交流与分享平台。研究证明，通过计算思维工作坊开展教师培训，教师的计算思维教学能力在短期内能够得到显著提升。①

其次，优化乡村课程资源。充足可用的课程资源是教师开展教学的支持条件，乡土课程和乡土教材可以作为乡村计算思维教育在地化的重要资源载体。乡村学校可以在在地化理念的支持下，基于现有乡土课程，将计算思维概念或实践活动嵌入课程设计方案，力求计算思维成为新乡土课程开发的基本评价维度。同时，整合隐性和显性的本土教育资源，分解计算思维的表征维度，开发乡土教材，重点关注不同维度与教材不同章节的契合性与灵活性，在差异化的学科教材中采用隐性浸润式、单元化合式、活动嵌入式等多种融合手段，形成优质化与在地化的乡土教材。例如，STEM 课程与培养学生计算思维互利共生。②乡村具有开展 STEM 教育的学科资源③，乡村学校可以以学生的计算思维发展为目标，促进 STEM 课程的乡土实践。在乡土元素和 STEM 课程的加持下，计算思维的教育价值将不断提升。另外，各学校可以以乡村“双减”课后服务为契机，用好国家中小学智慧教育平台，有的放矢地开展计算思维教育实践。国家中小学智慧教育平台现已建成十多个优质育人资源板

---

① Bower M, Wood L N, Jennifer W M, et al. Improving the computational thinking pedagogical capabilities of school teachers[J]. Australian Journal of Teacher Education, 2017(03): 53-72.

② 司建，张立昌. 乡村 STEM 教育：实现可能、现实困境及因应对策[J]. 中国远程教育，2022(08)：53-59，69，79.

③ 李幸，张屹，黄静，等. 基于设计的 STEM+C 教学对小学生计算思维的影响研究[J]. 中国电化教育，2019(11)：104-112.

块，同时覆盖国家博物馆资源，以及清华大学、北京大学等知名高校线上博物馆资源。教师可以突破乡村教育资源匮乏的藩篱，利用平台丰富的资源开展课后服务，助力学生学习科普知识和计算思维方面的知识。

最后，优化教学实施过程。除信息科技教师外，其他学科的教师也应积极关注本学科与信息科技学科的新课标，深入理解和把握本学科的核心素养。在实际教学中，教师可以参考计算思维整合框架，结合乡土元素，发掘学科教学蕴含的计算思维素养。例如，在语文、英语、政治等文科的阅读写作模块中，教师可以引导学生通过解构文章来练习计算思维中的分解和抽象技能；地理教师可以结合本地区特有的地形地貌特征，让学生通过手绘地形图来锻炼建模技能；生物教师则可以结合当地水资源环境建设设置相关问题，以此来锻炼学生的问题解决能力。通过这样的跨学科融合教学，不仅可以提升学生的计算思维素养，还能增强学科间的联系与互补，促进学生的全面发展。同时，教师还应关注乡村学生计算思维发展的学段差异，小学低年级侧重任务的趣味性和生活化，如分解动物部位、识别肢体特征，对动植物进行归类等；小学高年级学生可以利用相关计算思维工具开展实践，如教师在课堂教学中使用思维导图总结课程知识、利用 Scratch 软件编写二十四节气小游戏等；中学生则能够抽象生活中的实际问题，借助乡村环境的真实案例，可以锻炼和发展学生的逻辑和形象判断能力，如让学生收集空气质量数据，分析乡村生态环境保护问题、使用各种工具设计民俗产品等。另外，值得注意的是，以往城市地区计算思维教学实践中产生了大量支持工具和教学模式，如 Tynker、ToonTalk、“轻游戏”教学模式等。对于乡村计算思维教学实践中工具的选取和模式应用，教师应当避免“向城性”的价值取向，综合乡村学校现有基础设施和资源条件理性选择。

### （四）评价改革：运用多种方法进行乡村学生计算思维评价

首先，问题测试。问题测试包括以问卷、量表的形式开展的问卷测试，是计算思维中最常用，以及便于操作与管理的评价方式。量表是通过设计项目和维度的测试集组合而成的计算思维测试题。问卷则多用于对主体态度、意见等数据的收集。这种评价方式易于实现，但缺点在于过于静态化与文本化，是一种总结性的评估方式，忽略了学习者的学习过程。

其次，行为分析。行为分析是一种对事件过程中的表现进行观察、记录与分析的方法，特别适用于分析学生的问题解决、团队合作等行为。对于乡村学生的学习过程而言，行为分析具有显著的价值。然而，观察、记录和分析这些行为的过程确实相对复杂且耗时，但这对培养计算思维是十分有益的。在编程等实践活动中，通过行为分析，我们可以观察到学生在遇到结果不符合预期时，是否能够及时修改并反复测试，这反映了他们的计算思维能力和问题解决策略。因此，尽管这一过程复杂、耗时，但行为分析对于提升乡村学生的计算思维能力和问题解决能力具有建设性的作用。

最后，作品评价。作品评价是在乡村学生完成学习任务后，对其掌握相关概念熟练程度的一种评估方式。通过深入分析作品中涉及的编程模块，我们可以统计出代码模块的使用频率，并据此分析学生对不同计算概念的掌握程度。这种基于作品的评价方式，不仅关注项目成品的质量，更鼓励学生自由表达解决问题的过程，从而展现他们深层次的思维和学习成果。通过这种方式，我们能够更全面地了解学生的学习状况，并为他们提供更有针对性的指导和帮助。

在智能时代，针对乡村学生计算思维的培养，我们需要根据不同环境、不同学习阶段的学生，采用多样化的方式和途径，从多个角度对他们的概念知识、实践技能、情感态度进行个性化的培养。在计算思维的培养过程中，我们特别需要关注解决问题的思维过程，并努力展现学习者的成长轨迹，包括他们的过去、现在和未来。同时，我们也要认识到，提供可靠且有效的计算思维工具，是乡村学生顺利融入教育课程体系的必要条件，这对于促进他们的全面发展具有重要意义。

## 第四节 智能时代乡村学生创新思维培养

人工智能正在加速革新我们的生活，我们需要牢牢抓住“5G+智慧教育”时代的契机，为乡村教育的振兴提供坚实的数字技术基础。党的二十大报告指出：“教育、科技、人才是全面建设社会主义现代化国家的基础性、战略性支撑……全面建设社会主义现代化国家，最艰巨最繁重的任务仍然在农村。”21 世纪强调的核心素养框架之中的创新素养，已然成为人才培养的重中之重，重视对乡村学生创新思维、创新人格及创新技能的培育，是促进乡村教育发展的关键一步，更是全面推进乡村振兴的重要手段。现阶段，依托乡村场域空间发展起来的创新素养培育，就是乡村人才培养的关键。2023 年 5 月，教育部办公厅印发《基础教育课程教学改革深化行动方案》，提出要坚持因地制宜、因校制宜，把国家统一制定的育人“蓝图”细化为地方和学校的育人“施工图”，这更加强调了学生在地化培育的迫切性。本书研究结合时代背景及乡村学生创新素养在地化培育的需求，廓清乡村学生创新素养在地化培育的现实困境，探索乡村学生创新素养在地化培育困境的消解路径，为促进乡村振兴发展培育创新型人才奠定基础。

## 一、乡村学生创新思维在地化培育的内在逻辑

### （一）乡村振兴战略发展创造有利的培育条件

乡村文化振兴是乡村振兴的核心，是铸魂工程。①党的二十大报告提出了全面推进乡村振兴，旨在进一步推动乡村经济发展，以及改善农民的生活水平。

首先，教育作为乡村振兴战略的重要支撑，其首要体现是将基本公共教育服务有机融入乡村的整体基本公共服务体系之中，从而增强对总体战略的支撑。②在全面推进乡村振兴战略的过程中，我们致力于统筹乡村基础设施与公共服务的整体布局。其中，教育作为这一体系的重要组成部分，必将得到更多的资金和人力资源支持，以提升乡村学校的教育质量。这预示着乡村学校将迎来一股新的活力，包括更先进的基础学习设施、更丰富的师资力量以及更优质的教学资源，从而为乡村学生创新素养的本地化培育奠定了坚实的基础。

其次，乡村振兴战略强调产业发展，鼓励农民创业就业及进行科技创新。这为乡村学生提供了更多的实践机会和创新平台。学生可以参与到当地的创新项目中，从实践中掌握更多的知识和技能。乡村学生创新素养的培育必须扎根于乡土，浸润乡村文化，确立“为生活而教、为生活而创”的理念，在广阔的乡村中全面开展生活教育。③通过与当地的企业及社区的紧密联系，乡村学生可以更好地了解学习知识，在解决问题的过程中发散思维，进行项目式学习，提出创新解决方案。

此外，乡土文明在乡村振兴战略中占据举足轻重的地位，其关键在于培养农民的文明素养与责任感。这一价值观的深入传播，对乡村学生的素质教育而言尤为重要。积极参与社区建设和文化活动，不仅能增强乡村学生的创新意识与团队合作精神，还能增强其对社会问题的敏感度与关注度，进而提

① 陈文胜，李珺. 全面推进乡村振兴中的乡村教育研究[J]. 湘潭大学学报（哲学社会科学版），2021（05）：74-79.

② 杜育红，杨小敏. 乡村振兴：作为战略支撑的乡村教育及其发展路径[J]. 华南师范大学学报（社会科学版），2018（02）：76-81，192.

③ 郑程月，张文宇. 乡村学生创新素养培育的逻辑内涵、现实困境与实践路径[J]. 当代教育科学，2022（03）：11-17.

升他们的创新素养。加强教育基础资源建设、鼓励在社会实践中勇于创新，以及培养社会责任感等举措，均为乡村学生创新素养的培育提供了更加广阔的舞台与发展空间。

### （二）人工智能技术发展提供强大的技术支撑

随着人工智能技术与教育的深度融合，以及互联网的蓬勃发展和信息技术的普及，乡村教师和学生都置身于一种全新的境遇之中。只有牢牢把握这一时代的机遇，才能更好地培养创新素养，实现个人与乡村教育的共同发展。《教育部关于实施第二批人工智能助推教师队伍建设行动试点工作的通知》明确提出，积极推进人工智能、大数据、5G 等新技术与教师队伍建设的融合。人工智能技术为乡村教师的培训学习提供了强大的技术支撑，具体表现在以下两个方面。

一方面，互联网的普及为教师提供了案例学习平台，比如，国家中小学智慧教育平台为广大教师和学生提供了海量的知识与资源，不仅方便教师参加培训工作、设计教学过程，还能帮助教师轻松寻找多媒体资源并借鉴优秀教学方法，为教师的教学提供了多元化的思路。同时，教师可以将自己的成功教学实践案例上传至平台，形成综合性实践教学优秀案例库，加大这些案例的推广应用力度，进一步推动教育成果的“在地化”，促进教育教学的创新发展。

另一方面，人工智能技术可以为乡村学生打开新的学习之门，比如，借助虚拟现实技术，可以模拟当地的农业和工业环境，这不仅避免了实地勘察可能带来的安全隐患，还允许学生在一个“真实”的虚拟世界中进行探索和学习，从而有效实现创新素养的在地化培育。通过这种方式，乡村学生能够更加安全、高效地获得多元化的学习体验，为他们的未来发展奠定了坚实的基础。教育部于 2023 年 2 月发布的数据显示，到 2023 年 2 月，全国中小学（含教学点）互联网接入率达到 100%；99.9%的学校出口带宽达 100M 以上，超过 3/4 的学校实现了无线网络覆盖，99.5%的学校拥有了多媒体教室。[①]乡村学生也可以通过多媒体与实地学习相结合的方式培养创新思维，比如，通过在国家中小学智慧教育平台的德育、课程教学、体育、美育、劳动教育、课后服务、教师研修、家庭教育、教改经验、教材 10 大板块中学习相应的知识。尤其值得一提的是，这一平台还提供了课堂上难以学到的特色课程。学生可以将这些线上学习所得与课堂讲解及当地特色实践相结合，通过亲身参与和体验，进一步提升创新素养能力。

---

① 教育部：全国中小学（含教学点）互联网接入率达到 100%[EB/OL].（2023-02-09）[2024-03-01]. http://www.moe.gov.cn/jyb_xwfb/xw_zt/moe_357/2023/2023_zt01/mtbd/202302/t20230213_1044232.html.

### （三）创新型人才的缺失映射培育的迫切需求

实施科教兴国战略，强化现代化建设人才支撑，创新是第一动力。①乡村地区作为国家经济和社会发展的重要组成部分，也需要培养具备创新意识和能力的人才。因此，乡村学生创新素养的培育成了乡村实施创新驱动发展战略的必要举措，可以通过“本土化”的教学实现更加个性化的创新素养培育。

其一，随着党的十九大提出乡村振兴战略，农业农村现代化日渐驶入快车道，乡村工业、农业的需求发生了巨大的变化。传统的男耕女织逐步被机械化的生产代替，席卷而来的是对创新型人才及科技发展的需求。乡村学生是乡村创新型人才的重要潜在发展对象，相关部门应该从娃娃抓起，从小培育乡村学生的创新素养，以确保他们未来能够满足乡村迅速发展对创新型人才的迫切需求。

其二，智慧农业的兴起为乡村学生提供了更多的学习与实践机会，让他们从小就能通过所见所闻逐渐树立创新意识。农村实现可持续发展，人才是第一资源，智慧农业的发展更是离不开创新人才。实践是连接知识与素养的桥梁，只有通过学科实践在情境中对学科知识加以应用和创造，才能培养学生的核心素养，实现创新型人才的培养。通过运用信息技术、物联网和人工智能等新兴技术，乡村学生可以参与到智慧农业项目中，在实践中培养创新素养。这样会促使一批又一批的创新型人才不断涌现，促进乡村振兴可持续发展。

### （四）义务教育培养目标提供培育的指导方向

义务教育阶段培养目标是国家人才发展战略的重要组成部分。《义务教育课程方案（2022 年版）》（简称新课标）完善了培养目标，从有理想、有本领、有担当三个方面明确了时代新人培养的具体目标和要求，重视创新精神和实践能力的发展，从而培养德智体美劳全面发展的时代新人。其中“有本领”的具体要求包括乐于提问，敢于质疑，学会在真实情境中发现问题、解决问题，具有探究能力和创新精神。

首先，为乡村教师设计教学目标指明了方向。新时代的义务教育培养目标不仅仅是围绕学科知识展开的，更是注重培养青年一代成为适应社会发展的具有创新精神、问题解决能力的新青年。新课标提出基于各学段学生的核心素养发展水平和课程内容建立可测评的学业要求，并且对创新素养的培育不只限于信息科技课程，而是贯穿于语文、数学、英语等课程中。新课标提出的具体而详细的学业

---

① 习近平. 高举中国特色社会主义伟大旗帜 为全面建设社会主义现代化国家而团结奋斗[N]. 人民日报，2022-10-26(001).

要求给乡村教师提供了一束光，为培养乡村学生的核心素养指明了方向。

其次，为乡村学生学习指明了行动的方向。一个明确精准的学习目标可以成为学生的灯塔，乡村学校和教师结合当地本土文化及核心素养的要求，将其与教学内容及实践相结合，做出符合学生特点的、符合实际条件的细化的教学目标，引导学生主动了解并结合教师设置的教学目标制定适合自己的学习目标。新课标将“创新素养”细化到了可直接参考的标准，包括学习过程中进行总结与反思等，以及对产生的作品进行展示交流等实践活动。新课标在各方面都展现出对学生综合能力包括创新能力培育的重要性，对于乡村学生创新素养的培育有重大意义。

## 二、乡村学生创新思维在地化培育的现实困境

### （一）乡村师资短缺与乡村学生个性发展的矛盾

教师资源的匮乏使得乡村教师难以有充足的时间和精力兼顾各个方面的教学工作。当前，新时代背景下人民日益增长的美好生活需要和不平衡不充分的发展之间的矛盾在乡村地区尤为凸显，这主要体现在城乡之间及乡村内部教育资源的不均衡发展上。[①]一些地区的教学点由于师资匮乏，采用复式教学模式，短时间内确实能够改善偏远地区学生人数、教师人数少的问题，让每个乡村学生都能够有学上，但多个年级的学生一起上课，久而久之，就会忽略学生的年龄发展特点，教师没有精力针对不同年龄段的学生进行教学设计、教学实施及教学评价，更是忽略了学生创新素养发展的年龄差异。再者，繁重的教学任务（“一师一班”“一校一师”等），使乡村教师没有多余的时间认真地研讨学习，导致现有的乡村教师教研呈现出“懒洋洋”的氛围，也难以创设研修共同体专门探讨乡村不同年龄阶段的学生创新素养培育的特点及培育的方法。

乡村教师普遍缺乏地方性知识，这在一定程度上限制了他们在地化培养学生创新素养的能力。受到“乡村教师”身份的限制及“单一城市取向”的影响，再加上内心存在的“身份逃离感”，许多乡村教师并不会主动进行乡村课程的设计，进一步制约了乡村教育的创新发展。[②]一些教师只是把在乡村教学当作升职的“跳板”。有调查表明，云南乡村教师近 80%有流动（调动）及流失（改行）

① 陈时见，胡娜. 新时代乡村教育振兴的现实困境与路径选择[J]. 西南大学学报（社会科学版），2019(03)：69-74，189-190.

② 朱静. 乡村教师质量发展状况透视及思考——基于重庆市三区八县 1630 名教师的调查[J]. 教育科学论坛，2023(20)：42-47.

意愿[①]，农村地区难以吸引高水平的教师，出现了“优秀教师流失，师资力量薄弱，难以留住教师”的困境。其中，部分教师并非本地居民，对当地的乡村文化了解不足；另一部分教师则认为自己不会长期留在乡村，因此缺乏融入乡村大家庭的意愿。在这样的情况下，教师自然不会主动将乡村文化融入教学设计之中，更不会考虑到学生因所在场域不同而呈现出的心理、习惯、学习方式等特征差异。这种忽视个性化、在地化发展的教学方式，导致了创新素养培育的缺失，不利于乡村学生的全面发展。

### （二）政策要求与乡村课堂实际教学情况的差距

首先，一些乡村学校未将创新素养与课程及政策相结合。《中小学综合实践活动课程指导纲要》强调学生综合运用各学科知识，认识、分析和解决现实问题，提升综合素质，着力发展核心素养，特别是社会责任感、创新精神和实践能力，以适应快速变化的社会生活、职业世界和个人自主发展的需要，迎接信息时代和知识社会的挑战。然而，由于种种条件的限制，一些乡村学生很难获得在校外兴趣培训中提升创新素养的机会。

其次，学生繁重的学习任务、僵化的教学模式等，从根本上阻碍了乡村学生创新素养的提升。随着“双减”政策的实施，城市学校纷纷开展各种形式的课后服务，创新素养的培育不仅仅局限于课堂知识学习中。但是，反观乡村地区的学校，有的学校确确实实开展了课后服务，但由于基础设施及师资的限制，只能开展一些体育类的活动；有的学校的课后服务流于形式，实则还是上课；还有的学校根本没有开展课后服务。乡村学校课后服务发展困难、教育水平参差不齐、社会教育资源短缺等“发展困境”使得“双减”有效落实受到挑战，乡村教育发展中的已有“问题”在“双减”背景下更为凸显。[②]由于缺乏对实践的重视，乡村学生与自然、社会、乡土人文和自我的内在联系被割断了。因此，许多问题也随之而来，例如，乡村“双减”政策落地作为创新素养培育的载体流于形式，影响了乡村学生创新素养的在地化培育。

### （三）乡村传统教学方式与创新教育理念的冲突

乡村学生创新素养的在地化培育，绝不是单纯采用传统的教学方式能够实现

① 王艳玲，李慧勤. 乡村教师流动及流失意愿的实证分析——基于云南省的调查[J]. 华东师范大学学报（教育科学版），2017（03）：134-141，173.

② 李艳，李家成. “双减”布局下的乡村教育发展：问题与突破[J]. 教育学术月刊，2023（04）：33-40.

的。中小学教育是一个人成长的起点，是创新素养培育的基石，对于乡村学生而言更是教育的黄金时期。在乡村，学生的学习成绩往往成为他们走向外部世界的唯一通道，遗憾的是，不少学生在完成九年义务教育后，因学业成绩不佳而陷入困境，无法适应社会的快速变化，面临升学无门、回乡无路、进城无技的尴尬境地。这凸显了在义务教育阶段全面培养学生各项素质能力的重要性。然而，当前一些乡村学校仍过于强调"分数论"，采用"以教师为中心"的教学模式，导致学生主体地位缺失，探究能力和创新能力的发展受到严重限制。

另外，现代技术在乡村教育中的使用率不高，难以紧跟时代步伐实现信息技术与乡村教育的深度耦合。伴随着大数据、云计算、物联网、虚拟现实、生物识别、区块链等技术的涌现，人类已迈入了"智能化生存"的时代①，乡村学校也应该与时俱进，否则就会被吞没在人工智能时代的浪潮里。但是，目前乡村学校教育的智能化仍存在以下问题：其一，教师的教学观念与思维固化，未认真研读相关学科的新课程标准，认为没有教学智能化的必要性且对新的教学方式理解尚浅；其二，乡村地区的大多数学校还未充分利用人工智能技术来辅助教学，且偏远地区乡村教师的视域受限导致教师无法真正实践；其三，在基础设施完备的情况下，乡村教师利用现代信息技术培育学生创新素养的能力受限。

## 三、乡村学生创新思维在地化培育的实践进路

### （一）因人而异，遵循乡村学生创新思维培育特点

乡村学生创新素养的在地化培育是一项全方位、多维度的任务，绝非片面追求某一方面的提升，而是致力于实现个性化、乡土化、综合性及全面发展的目标。在培育过程中，必须坚持以人为本的原则，将乡村学生作为核心对象，深入了解和尊重其思维发展的特点。

第一，充分利用教师队伍的"新鲜血液"及社区的力量，关注乡村教师创新人格培养，进行本土化的培育。首先，教师在乡村创新型人才成长发展中所起的作用是综合的、长期的，且其影响是潜移默化的。学生的成长历程中，教师的培育不可或缺。因此，要培养学生的创新人格，首要前提是关注教师创新人格的培养。乡村学校不应制定条条框框来严格限制教师的教学行为，而应适当放权，为教师提供一定的自由空间。这有助于培养教师解决问题的多元能力，增强他们在教学设计方面的创新意识，并塑造其积极的心态等创新人格特质。其次，2020

① 岳伟，闫领楠. 智能时代学生主体性的异化风险及其规避[J]. 中国电化教育，2023(02)：90-97.

年，教育部等六部门发布《关于加强新时代乡村教师队伍建设的意见》，提出“加强定向公费培养。各地要加强面向乡村学校的师范生委托培养院校建设，高校和政府、学生签订三方协议，采取定向招生、定向培养、定向就业等方式，精准培养本土化乡村教师”。从长远发展来看，培养乡村学生的乡土情怀与创新素养，增强乡村学生的归属感，有利于他们将来留在家乡，为家乡培养本土化的乡村教师。因为他们熟知自己家乡的文化特色，这样能形成良性的教育循环系统，从本源上解决乡村教师不能进行乡土课程设计培育学生创新素养的问题。最后，乡村教师可以通过家校社联合育人，解决教师本土化知识不足的问题。例如，可以依托乡村空间资源，回归乡村情境，联合乡村学生家长与社区人员，从符合乡村学生认知的社区环境出发，着手开展教学，将地方的地理环境资源（如利用土地进行劳动教育）、历史文化资源（如纪念馆、历史博物馆）、人文资源（如当地老人的故事）充分利用起来，创设具有地方特色的本土化社会实践基地，使乡村学生独有的环境空间资源变为创新素养培育的载体。

第二，结合皮亚杰的认知发展理论分析学生的年龄认知特点，在培育中遵循学生创新能力发展的特点。乡村学校要结合大数据技术实施乡村学生个性化的精准评价，根据学生的年龄特征、心理状态、知识水平，基于书本知识的巩固、扩展，有目的、有计划、系统性地激发学生的创新思维，开阔学生的视野。思维的养成是知识不断获取的过程，也是学习者认知发展变化的过程，皮亚杰提出的认知发展理论很好地解释了儿童认知的形成与发展过程，成为此后儿童发展相关研究的理论支撑及发展基础。①创新思维作为一种人类独有的思维活动②，其培育也要遵循学生认知发展的一般规律。前运算阶段（2—7 岁）的儿童，正处于幼儿园时期，他们往往表现出“以自我为中心”和“思维集中化、刻板化”等特点。在这个阶段，儿童的创造性思维主要通过他们的好奇心来展现，他们会在有限的知识和经验范围内，从自我中心出发，具体行为有探究反射、爱问问题等。到了具体运算阶段（7—11 岁），儿童进入了小学时期，他们开始具备简单抽象思维的能力。在这个阶段，小学生思维的独立性得到了极大的发展，这是奠定他们创造性人格发展基础的重要时期。进入形式运算阶段（11—16 岁），青少年处于中学时期，他们具备了抽象逻辑思维和辩证思维。在这个阶段，学生的创造性思维得到了迅速发展，他们能够运用已有的知识和相关技能创造性地解决现实中

① 孙立会，王晓倩. 计算思维培养阶段划分与教授策略探讨——基于皮亚杰认知发展阶段论[J]. 中国电化教育，2020(03)：32-41.

② 辞海编辑委员会. 辞海(第六版世博珍藏版)[M]. 上海：上海辞书出版社，2010.

遇到的问题。然而，值得注意的是，随着年级的升高，青少年的创造性倾向却呈现出倒 V 形的发展趋势[①]，可能是年级越高学业压力越大导致的。所以，随着学生年龄的增长和认知水平的提高，教师要有意识地根据学生的年龄特点开展创新思维培育的教学，提升学生的创新思维品质。

### （二）因地制宜，多途径培育乡村学生的创新思维

乡村学生创新素养的在地化培育绝非简单地复制他人的教育经验，教学方式的变革更非一蹴而就。乡村学校必须寻求真正的个性化方法，深入乡土文化，开发具有地方特色的校本课程，积极开展劳动教育等活动。同时，利用课后服务这一平台，全面培养乡村学生的创新素养。只有通过多途径、多方面的努力，才能真正激发乡村学生的创新思维，促进他们的全面发展。

首先，巧妙结合本土文化创建校本课程，在创建过程中不断探索与创新，打开在地化实践培育的新思路。教育部办公厅印发的《基础教育课程教学改革深化行动方案》提出，学校要建设校本课程，将课程理念、原则要求转化为具体的育人实践活动，构建体现学校办学特色的课程育人体系，注重持续优化。以课堂教学为主渠道进行创造教育，乡村学校校本课程的开发可以结合当地特色因地制宜，要组建一个专门的团队，团队人员包括专业课程开发人员、有丰富教学经验的当地教师，以及了解当地文化的社区人员。实践是检验真理的唯一标准，要在不断的实践中验证其是否能够真正培养学生的创新素养，在实践中不断改进和优化。比如，处于戏曲之乡的学校可以将当地的戏曲文化变为该校独具特色的校本课程；处于渔业之乡的学校可以将当地各种鱼类的识别及成长过程编制为校本课程；处于茶叶之乡的学校可以将茶文化作为校本课程，促进学生对家乡的了解，也能在学习与实践中培养学生的创新能力。

其次，在乡村开展劳动教育，充分利用农村资源，培育学生的创新素养。劳动教育为乡村学生搭建了培育创新思维的重要实践平台，在做中学、学中做、做中想、想中探索，会使学生的思维变得更加活跃。乡村学校可以发挥农村独有的优势，将劳动教育与课程内容有机结合进行教学设计，利用多学科融合开创个性化、本土化的教学方式，培育学生的创新素养，实践做中学的教学理念，并在亲自动手实践中培养学生的各方面能力与素养。创造性思维与动手能力的培养是教育工作的重中之重，它深刻体现了素质教育的核心目标和鲜明特点。素质教育强调学校和家长应摒弃单一的分数评价观，充分认识到实践动手能力与学习成绩同

① 赵学勤. 创新能力培养与学生质量评价策略[J]. 教育理论与实践，2000(01)：22-25.

等重要。[①]传承千年的农耕文化和劳动惯习，是乡村学校劳动教育的基础性优势。[②]随着现代技术与传统文化的深度耦合，乡村学校开展劳动教育课程，在形式和内容上都有着得天独厚的优势。在劳动教育教学过程中，不仅能够在实践中培养学生的创新素养，更能够通过社区文化及农业的科技变化，培养乡村学生的乡土情感与创新意识。

最后，正确把握“双减”政策的内涵并贯彻落实，依托课后服务培养乡村学生的创新素养。课后服务的开展不一定必须要有先进的设施设备、专业的特长教师，善于利用现有的资源，能够为课后服务打开一扇新的大门。课后服务可以成为培育学生创新素养的有效载体。乡村学校可以根据自身的办学特点，将自然生态、历史传统、风俗文化等在地化、本土化的乡土资源融入日常教育教学之中[③]，丰富课后服务的形式与内容，打造多元化、个性化的创新型课后服务。比如，乡村学校可以利用农村的广阔天地开展简易式的植物探索课程，让学生暂时脱离课本的内容教学，培养学生的探索发现能力及创造力。乡村学校也可以组织学生开展创造发明活动，其核心在于鼓励学生创造出具有创新性的产品或作品。在活动中，要鼓励学生利用田野里的小花小草，发挥他们的创造力，编织设计出他们喜爱的物品。当然，也可以组织交流介绍活动，让学生分享他们的创作过程和成果，从而进一步解放他们的思维，培养他们的动手能力和创新能力。

### （三）因势乘便，人工智能赋能乡村教学方式革新

人工智能时代，乡村教育也应与时俱进。随着智能技术的不断融入，乡村的教学方式正逐渐展现出创新性、真实性和多样性的新面貌。互联网、大数据等智能技术的应用，可以显著提升乡村教育教学的信息化水平，优化教育管理流程。这不仅有助于提升教育质量，更能助力实现“让每一个乡村儿童都能接受公平而有质量”的教育目标，为乡村儿童的未来发展奠定坚实的基础。[④]

第一，人工智能平台可以给教师与学生提供信息化学习平台，促进城乡之间优质资源的共建共享。例如，用好国家中小学智慧教育平台，助力乡村学生创新素养的在地化培育。扎实推进国家智慧教育公共服务平台建设，可以有效助力学

① 叶上雄. 素质教育的重点：培养创新精神和实践能力[J]. 中国教育学刊，2000(02)：8-11.

② 任卓，秦玉友. 乡村学校劳动教育课程开发：深层困境与路径选择[J]. 河北师范大学学报(教育科学版)，2023(03)：116-121.

③ 许锋华，马祥. “双减”政策下乡村学校课后服务：意义、困境与优化路径[J]. 当代教育论坛，2023(04)：98-107.

④ 姚炎昕，雷江华. 人工智能赋能乡村教育振兴的限度及超越[J]. 中国电化教育，2023(05)：43-48.

科教育和素质教育的创新性变革①，帮助乡村教师打开新的创新素养培育之门。一方面，乡村教师可以通过平台学习更多优秀教师培育学生创新素养的方式方法，找到新的教学思路。平台上的科技、劳动、历史文化等方面的课程，为乡村教师提供了丰富的教学资源，通过与学校所在地域文化特色的整合设计，可以形成适合学生的个性化的创新素养在地化培育方案。另一方面，教师可以把成功的经验案例以微课、PPT、MOOC 等形式上传至平台，形成优秀案例供他人学习。虽然每个地方的乡俗文化不同，每个地域的资源条件也不同，但是乡村学生创新素养在地化培育的思路大同小异。

第二，现代技术促进了城乡教师研修共同体的构建，在学习中潜移默化地改变了乡村教师教学的思路。改造并提升乡村薄弱学校教学水平的关键在于，改变其教育生态、激发教师潜能，改变教师固化的教育思维。②5G 时代，远程教育得到进一步发展，云计算、大数据、人工智能、虚拟现实等技术使乡村教师与城市教师、普通教师与名师在专业上可以建立相互通达、持续融合的机制。城市优秀师资力量能给乡村教师带来更多的新技术、新方法及新理念，促进乡村教师信息技术水平的整体提高，推动资源共建共享，整合校本化的数字教育资源，开展跨校的交流和共享。

教师在探究性学习中要鼓励学生自主创新，在基于问题的学习中培育学生的创新思维。具体而言，可以从以下几个方面着手。

首先，针对学生已有的经验，利用虚拟现实技术（如虚拟实验室、虚拟科技馆、虚拟文化历史馆、具有当地特色的工厂），引入游戏化、仿真化的学习场景和资源开展项目式学习，提高学生的学习参与度，激发学生求知的欲望和解决问题的好奇心与想象力，从而培育乡村学生的创新素养。

其次，结合研究性学习或探究性课程开展 STEM 教育，让乡村学生通过现实生活中的问题，广泛收集资料，制定研究计划，选择研究方法，组织课题实验，开展成果交流活动，从问、想、做、评四个方面着手，以整合的教学方式促进学生创新思维的发展。开放性问题能够帮助学生理解任务的定义，并在此过程中充分运用他们关于相关性、熟悉性、创造性和兴趣的直觉知识。③以自主、合作、探

① 柳立言，龙安然，安敏. 国家中小学智慧教育平台赋能“双减”课后服务的创新路径研究[J]. 中国电化教育，2023(07)：78-84.

② 张恩德，刘增花. 名师工作室促进乡村教师专业发展的使命、内容与路径[J]. 教育理论与实践，2022(29)：16-20.

③ Ablin J L. Learning as problem design versus problem solving: Making the connection between cognitive neuroscience research and educational practice[J]. Mind, Brain, and Education, 2008(02)：52-54.

究学习为主的“做中学”教学方式，使乡村学生能够有机会探索周围世界的奥秘，激发其好奇心和探索欲，使他们在观察、提问、设想、动手实验、表达、交流等学习过程中提高探索创新的思维与能力，获得全面发展。

最后，乡村各科教师应结合信息技术与新课标的要求，构建基于创新素养的评价体系。每个乡村学生都在不同领域展现出色，而多元评价方式则能精准地针对教学目标进行评价，确保每名学生都能体验到多巴胺奖励系统带来的愉悦与成就感。多巴胺作为一种神经递质，能够使学生在学习的过程中产生愉悦的情绪[①]，从而降低乡村学生因学习成绩不好而产生自卑心理的概率，促进乡村学生对探索性学习充满好奇和热爱，在探究性学习中保持乡土情怀，提升创新素养。

## 第五节　智能时代乡村学生乡土文化认同教育

文化是一个国家和民族的灵魂，乡土文化经过了长期的积淀，记录着乡土社会的变迁，凝聚着本土人民的生存精神与劳动智慧，展现了地方优秀的人文特色及精神风貌。2021 年，中共中央、国务院印发《关于全面推进乡村振兴加快农业农村现代化的意见》，明确指出“深入挖掘、继承创新优秀传统乡土文化”。关于乡土文化，梁漱溟先生曾经说过，中国文化以乡村为本，中国文化的根脉在乡村。[②]乡土文化本身具有知识性、趣味性、实用性和情感性。乡村学生在接受教育时，能够充分利用乡村社会中的风土人情、人文景观及民俗技艺等本土特色文化资源，深入学习乡村文化，从而激发对乡土文化的认同感和归属感。这一过程有助于他们形成独特的世界观和本土观，进而建构起完整的乡土知识体系，为未来的成长与发展奠定坚实的基础。

### 一、智能时代乡村学生重构乡土文化的多重价值

乡土文化作为深植于五千多年农耕文明的瑰宝，历经世代变迁，其蕴含的文化道德追求始终深刻影响着乡村学生的价值取向与行为规范，成为中国文化连绵不断、历久弥新的内在支柱。乡村学生是乡村的重要组成部分，他们扎根乡村，对于重塑乡土文化具有不可替代的价值，是传承与发扬乡土文化的重要力量。

① 张家军，张佳丽. 基于脑科学的课堂教学设计研究[J]. 教育理论与实践，2019(22)：56-59.

② 中国文化书院学术委员会. 梁漱溟全集(第一卷)[M]. 济南：山东人民出版社，1993.

1. 智能时代乡村学生推进乡土文化发展的基本动力

乡土文化作为一种在长期社会生活中积淀而成的精神财富，具有深厚的生活基础，是乡村学生学习的根基。智能时代，大数据、物联网及人工智能等新兴技术的广泛应用，从根本上革新了乡村学生学习的方法及思维模式，驱动学习模式向智能化、多样化及个性化的方向转变。乡村学生既是乡土文化的建设者与传播者，也是乡土文化发展的基本动力。他们充分发掘智能时代的新技能，以改革创新的文化精神为引领，致力于繁荣乡土文化，塑造出与智能时代特征相契合的文化景观。在这一过程中，乡村学生不仅实现了乡土文化创造力的转变，更是塑造了自己的主体精神，从而为乡村社会的持续发展奠定了坚实的基础。

2. 智能时代乡村学生适应乡土文化变迁的必然举措

事物处在不断发展与变化中，乡土文化的内涵和外延也必然随着时代的演进进行相应的调整。乡土文化涵盖农村社会、民俗、生态等多个方面，而乡村学生能否适应智能时代，关键在于他们的思想站位如何。乡村学生应当以尊重与珍视的态度对待优秀的传统乡土文化，避免漠视、轻视甚至否定。他们应以新时代的思想为指导，摒弃传统文化中的糟粕，汲取其精髓，并积极发掘与利用乡土文化资源。结合智能时代的新文化、新技术，乡村学生应积极主动地以主人翁的姿态投身于乡土文化的发展之中。这样不仅能有效解决乡土文化发展不充分导致的文化生活缺失问题，还能直接利用智能时代的文化基础设施，促进乡土文化基础设施建设，实现乡土文化供需匹配，从而缩小乡土文化与城市文化之间的差距，助力乡村社会均衡发展。

3. 智能时代促进乡村学生学习乡土文化的内在支撑

内因是推动事物发展的根本动力。在乡土文化的发展过程中，智能化是重要的推力，但它们是外在于乡土文化学习的力量，乡村学生则是乡土文化建设的主体。换言之，唯有乡村学生关注乡土文化发展，尤其是对乡土文化怀有深深的眷恋，期望助力乡村文化建设，才能弘扬乡土社会的优秀传统。因此，增强乡村学生学习的内在动力，有利于促进乡村学生对智能时代乡土文化的理解，提升其科学文化素质，为振兴乡土文化培养出全面发展、高素质的新型乡村学生。同时，随着智能化水平的持续提升，不少乡村学生选择向城市转移，导致乡村出现了空心化现象。为了应对这一挑战，必须加快乡村社会建设的步伐，并努力引领乡村学生对乡土文化产生强烈的自信和渴望。只有他们真正形成对乡土文化的认同与肯定，才能更加愿意融入乡村社会，积极投身乡村文化建设。这不仅能够拓宽智能时代乡村建设的空间，还能凝聚起振兴乡土文化的强大内在动力。

## 二、智能时代乡村学生乡土文化认同培养方略

认同是唤醒自觉与行动产生的内生力量源泉，是乡村学生发挥主体性和自觉性的理想途径。为了突破乡土文化教育过程中乡村学生在乡土文化传承方面面临的困境，需要紧密结合学生的实际需求，深入挖掘本土资源的丰富内涵。同时，还应自觉加强教育情怀的培养，增强职业认同感，丰富文化底蕴，并不断提高综合育人的能力。只有这样，才能逐步承担起乡村文化传承的重任，切实履行文化育人的崇高使命。

### 1. 学习具有乡土元素的课程内容，丰富乡土底蕴

乡村学生自幼在乡村环境中成长，虽然对乡土文化有一定的认知，但这种了解往往不够系统。除了学习课程知识外，他们还应深入学习风土人情、人文景观、民俗节日等与乡土文化紧密相关的内容，从而形成乡土文化认同。在安排学习内容时，为使学生尽快适应乡土文化与积累乡土经验，学校应将乡村生活体验和参与乡村文化活动纳入学习考核的范畴。在课程的选择上，学校应鼓励学生主动学习具有乡土特色的基础课、行动与分享课、修习课等，旨在引导学生面向未来，传承文化。这样不仅能有效培养学生学习乡土文化的兴趣，增强他们对乡土之根的认识，还能有效引领乡村教师积极参与乡土文化教育，共同推动乡土文化的传承与发展。

### 2. 融合专业生活与社会生活

浓厚的乡土文化深深植根于乡村学生的内心，与他们的专业情怀和对乡村社会的热爱紧密融合，这主要体现在他们的核心素养与文化价值观中。首先，在核心素养方面，乡村学生需要不断拓展和深化自身的知识构成。除了学习学科知识外，他们还应深入学习和理解乡土文化知识，从而丰富自己的知识结构。这样他们就能更好地利用乡土资源，提高学习质量。此外，乡村学生对乡村社会与乡土文化的认同感、归属感、参与感和责任感至关重要。他们应善于运用乡土资源来拓展乡村课堂的深度，借助乡土知识来弥补教材的局限性。这样他们就能更加积极地投身于乡土文化学习，为繁荣乡村社会贡献自己的力量。同时，他们还应以高度的责任感和使命感，积极参与乡土文化的挖掘和再创新。其次，在文化价值观方面，乡村学生需要明确乡土文化的价值所在，树立正确的文化价值观。在形成文化价值观的过程中，他们应明确自己的使命，主动学习适应现代化生活的知识和技能，同时

提升处理现代文明与乡土文化关系的能力，以实现自身的全面发展。

3. 优化认知评价，以乡土文化增强乡土认同感

在城市文化的强烈冲击下，乡土文化往往被边缘化，被视为“保守”的代表。在升学压力的影响下，某些乡村学生对乡土文化的认可逐渐被功利化思想替代。这种不恰当的认知评价无疑会弱化乡土文化的真正价值。乡村学生必须深深扎根于乡土，全面掌握乡土知识文化，并积极践行乡土知识文化的传播。简而言之，乡村学生对乡土文化的态度需要经历一个从“认同”到“认知”再到“实践”的过程。这个过程不仅是情感激发和认同的过程，更是文化意识形成的过程，能够提升他们在乡村社会中的人际交往敏感度。通过这一过程，乡村学生可以改善对乡土文化的情感认知评价，自觉生成强大的责任感与使命感，坚定学习乡土文化的理想信念。同时，他们需要明确自身的职业规划，确定前进动力，不畏艰辛，勇敢地承担起乡土文化建设与发展的重任。

# 第八章　教育信息化与乡村义务教育教师队伍建设

百年大计，教育为本；教育大计，教师为本。中小学教师队伍建设不仅关系到义务教育均衡发展，而且直接关涉广大中小学学生的切身利益，关系到社会的公平、公正与和谐。2014 年 9 月，习近平总书记在北京师范大学考察时强调，“国家繁荣、民族振兴、教育发展，需要我们大力培养造就一支师德高尚、业务精湛、结构合理、充满活力的高素质专业化教师队伍，需要涌现一大批好老师”。他还进一步指出，“一个人遇到好老师是人生的幸运，一个学校拥有好老师是学校的光荣，一个民族源源不断涌现出一批又一批好老师则是民族的希望”。[①]截止到 2019 年 2 月，我国约 35%的初中、66%的小学、35%的幼儿园设在乡村，乡村学校是我国覆盖面最广的基层教学单位。[②]因此，大力加强乡村教师队伍建设，是确保城乡教育真正实现一体化发展和优质均衡发展，让广大农村适龄儿童公平接受教育的关键。教育信息化是促进乡村教师队伍建设的重要抓手，充分利用信息技术手段，是新时期加强高质量乡村教师队伍建设的关键。

① 习近平号召全国广大教师：做党和人民满意的好老师[EB/OL].（2014-09-09）[2021-03-01]. https://www.gov.cn/govweb/xinwen/2014-09/09/content_2747519.htm.

② 潘铎印. 振兴乡村教育关键在师资[EB/OL].（2019-02-25）[2023-10-30]. https://jiaoyu.jczynet.com/1150_1.html.

# 第一节　人工智能与乡村义务教育教师职前职后培养一体化

我国教师教育体系实行的是师范院校职前培养与进修院校职后培训的“双轨制”，两轨各自独立。实际上，这种二元结构无法适应教育事业发展，且对教师的专业发展不利。为了落实“中小学教师国家级培训计划”（简称“国培计划”），培养卓越乡村教师，推动乡村教育发展，需要基于终身教育理念，实现乡村教师职前职后培养的可持续发展，由“双轨制”逐渐过渡为适合乡村教师终身学习的一体化体系。“创新教师教育模式，培育符合新时代要求的高质量乡村教师”是《教育部等六部门关于加强新时代乡村教师队伍建设的意见》中对乡村教师培养提出的要求。智能时代，随着教学改革的不断推进，人工智能技术能够推动乡村教师职前职后培养向一体化转型，助力乡村教师队伍建设向更高的层次发展。

## 一、人工智能赋能乡村教师职前职后培养一体化的必要性和紧迫性

### （一）适应智能时代乡村教育变革的需要

振兴乡村，教育先行。智能时代，乡村教育逐步走向“智慧化”。人工智能的应用，能够有效减轻教师负担及促进学生的个性化学习，已成为乡村教育变革的重要内在驱动力。借助人工智能系列算法强大的数据统计分析功能，能够深入挖掘教育背后的规律，揭示教育现象的本质，从而为调整教学模式、优化教学资源提供极大的便利。

在乡村教育生态平衡视角下，乡村教师及乡村定向师范生是发展乡村教育的中坚力量，其职前职后培养一体化效果关系到乡村教师队伍建设及乡村教育高质量发展，最终决定了乡村教育变革的进程。传统意义上，乡村教师职前职后培养一体化存在“脱节”现象。例如，一些高校在制定师范生职前培养目标时，未充分考虑乡村的实际教学环境，与乡村教育实际需求脱节；师范生对乡土文化的认同感低，教学实践多在城市学校进行；等等。新形势下，人工智能的推进能够有效衔接乡村教

师职前职后培养过程，进而推进乡村教育教学变革进程，促进乡村教育生态平衡。

智能时代背景下，基于人工智能的乡村教育变革对乡村教师提出了新需求。人工智能使乡村教师从繁杂的工作中解放出来，教学过程中的智能数据分析为教学提供了依据及参考，同时也要求教师具备较高的智能素养。“教师主动适应信息化、人工智能等新技术变革，积极有效开展教育教学”是《中共中央 国务院关于全面深化新时代教师队伍建设改革的意见》中提出的要求。因此，为了统筹落实“国培计划”，乡村教师职前职后培养过程应适应国家教育改革需求，迎合智能时代特点，建立地方政府、师范院校与乡村中小学协同培养机制，培养教育理念一致、师德高尚、教学知识与技能专业且具备较高素养的专业型乡村教师队伍，在提高师范生及乡村教师教学质量的基础上，全面推进乡村教育变革。

### （二）加强新时代乡村教师队伍建设的需要

在城乡教育一体化背景下，乡村教师队伍建设作为推进乡村教育高质量发展的主要力量，在一定程度上能够扭转城乡教育发展失衡的现状。智能时代，新兴技术为乡村教师队伍建设提供了新思路。乡村学校应充分发挥 5G、人工智能等新技术的助推作用①，以人工智能助推教师队伍建设，优化教师管理。②乡村教师职前职后培养一体化是乡村教师队伍建设中的重要一环，但培养体系仍不完善。我国教师教育体系形成了培养与培训分离，培养与培训机构并存而隶属不同的二元结构③，师范生与乡村教师的教育理念不一致、研修过程不成体系等问题突出，导致乡村教师专业发展缓慢，影响了乡村教师队伍建设。人工智能技术的运用能够有效衔接乡村教师职前职后培养过程，助推乡村教师师德师风建设、城乡一体流动及教师专业发展，为推动乡村教师队伍建设提供有力支持。

乡村教师队伍建设主要存在以下几个方面的问题。

首先，乡村教师职前培养与乡村实际存在脱节现象。职前培养主要依赖于师范院校，旨在培养卓越的乡村教师。然而，目前师范院校设置的课程目标往往与乡村教育的实际需求相脱节，导致培养出来的教师难以适应乡村教育的特殊要求。此外，生源素质的下降及“离农”现象的加剧，也间接影响了乡村教师队伍的整体质量。

---

① 教育部等六部门关于加强新时代乡村教师队伍建设的意见[EB/OL].（2020-07-31）[2021-03-01]. http://www.moe.gov.cn/srcsite/A10/s3735/202009/t20200903_484941.html.

② 教育部等六部门关于推进教育新型基础设施建设构建高质量教育支撑体系的指导意见[EB/OL].（2021-07-01）[2021-03-01]. http://www.moe.gov.cn/srcsite/A16/s3342/202107/t20210720_545783.html.

③ 杨长久. 困境与应对 聚焦现代信息技术对教师专业成长的影响[J]. 中国现代教育装备，2022（22）：74-76.

其次，乡村教师职后培训的效果不尽如人意。在职教师的培训内容主要包括师德师风、教育理论知识及技能培训等方面，培训方式多为校本培训、专家讲座和高校进修等。然而，目前乡村教师参与职后培训的积极性普遍较低，培训内容往往显得枯燥且缺乏实用性，同时相应的评价机制也存在不足，这些因素都直接影响了乡村教师队伍建设。

最后，乡村教师职前职后培养一体化存在脱节问题。职前和职后培训在目标、内容及实施机构等方面存在差异，导致师范生与在职乡村教师在教育理念、教学方法和职业素养等方面存在明显的差异。这种差异不仅影响了乡村教师队伍的整体素质，也制约了乡村教育的持续发展。

因此，借助人工智能技术的赋能，可以创新培养模式，推进乡村教师职前职后培养的一体化进程。这不仅有助于提升乡村教师的专业素养和教育教学能力，还能够促进乡村教师队伍的整体优化，为乡村教育的振兴提供有力的人才保障。

### （三）顺应教育“新基建”发展形势的需要

教育新型基础设施建设，简称“新基建”。从狭义上看，它是高质量教育支撑体系的“基座”；从广义上看，它是教育系统整体运转的支撑体系，具有虚实融合、数据驱动、跨界协同及双向赋能四大特征。[①]推动教育“新基建”能够缩小城乡教育差距，对于促进教育公平、乡村教育高质量发展具有重要意义。一方面，“新基建”的推进能够让人工智能技术真正落地，提供广泛的技术应用场景。在乡村义务教育教师的职前和职后培养一体化过程中，可以通过技术驱动实现研修活动的整合，并采用多种方式动态采集同一现象、过程或环境中的多模态数据，以实现感知的一体化[②]，构建师范生及乡村教师教学及学习画像等。在此基础上，乡村教师的精准教学、学生的个性化学习才有可能。另一方面，人工智能技术运用于乡村教育教学过程，能够促进教育“新基建”的升级与转型。技术发展势头迅猛，迫使传统教育生态发生转型，引发教育模式革新，进而助力教育“新基建”进一步升级与融合创新。

“新基建”与乡村教师职前职后培养一体化存在双向赋能关系，具体体现在两个方面：一是“新基建”为乡村教师与师范生之间交流互通、分享优质教育资源等搭建了平台。《教育部等六部门关于推进教育新型基础设施建设构建高质量

---

① 杨宗凯. 教育新基建：高质量教育体系的支撑力量[M]. 北京：科学出版社，2021.

② 钟薇，李若晨，马晓玲，等. 学习分析技术发展趋向——多模态数据环境下的研究与探索[J]. 中国远程教育，2018(11)：41-49，79-80.

教育支撑体系的指导意见》中指出："深入应用 5G、人工智能、大数据、云计算、区块链等新一代信息技术，充分发挥数据作为新型生产要素的作用，推动教育数字转型。"为进一步推动人工智能技术在教学中的应用，加快乡村"新基建"建设，促进智能时代乡村教育生态构建，需要师范生及乡村教师具备较高的智能素养及数据素养。二是师范生及乡村教师的教育理念更新、教学方法改进及教学手段升级，对教育"新基建"提出了新的要求，这就要求"新基建"平台、资源及应用必须做出系统性改变，以适应教学的需要。总之，利用人工智能技术优势，创新乡村教师职前职后培养一体化模式，是顺应教育"新基建"发展形势的需要。

## 二、人工智能赋能乡村教师职前职后培养一体化的优势

作为新一轮科技革命浪潮下形成的战略性技术，人工智能技术正在作为"新工具"向教育领域渗透，在乡村教师职前职后培养一体化进程中扮演着重要角色。

### （一）乡村教育理念一体化

理念是关于教育发展的一种理想的、永恒的、精神性的范型①，是教育主体对教育规律及现象的把握与认识。乡村教育理念即对乡村教育教学规律、学生特点等方面的认知，是乡村定向师范生融入乡村教育的"导向牌""定心剂"。乡村教育理念主要包括乡土社会融入一体化、乡土文化认同一体化、乡村学校扎根一体化、乡村教学契合一体化、乡村学生关爱一体化。乡村教育理念是决定师范生能否长期扎根乡村学校的内在驱动力，只有培育师范生正向的乡村教育理念，才能源源不断地为乡村学校输送热爱乡村教育、为乡村教育做贡献的"后备军"。

人工智能技术能够革新师范生的教育理念，推动乡村教师职前职后教育理念一体化。教师职前职后培养一体化的理论源于"终身教育"理念。该术语最早是 1965 年由联合国教科文组织成人教育局局长保罗·朗格朗（P. Lengrand）正式提出的，是指一个人在各个教育阶段接受教育的总和。在教师教育培训体系中，终身教育首先体现在教师职前职后教育理念一体化方面。除考虑健全的师范生培养机制和完备的职后教师培训体制，还要探索如何形成一体化的教师职前职后教育理念衔接模式。

一是建立虚拟乡村社区，助力师范生融入乡土社会，增强文化认同感。虚拟

① 李萍，钟明华. 教育的迷茫在哪里——教育理念的反省[J]. 上海高教研究，1998（05）：22-25.

社区通过互联网为社会群体提供了不受时空限制的交流平台，使他们能够共同探讨话题，进而形成紧密的社会关系。虚拟乡村社区作为虚拟社区在乡村领域的拓展，整合了同一地域内的高校师范生、乡村教师及乡民等多元群体。其核心作用在于帮助师范生更好地感知乡村环境，增强他们的社会融入感和文化认同感，这是确保师范生的教育理念与乡村教师保持一致的重要前提。首先，利用某一区域内的乡村建设数据库、DBpedia 数据集等，建立乡村信息（如田园景观、地貌、风俗、乡村学校等）知识图谱，借助知识图谱实现相似资源推荐，供社区内成员交流，增强师范生的乡土情怀。其次，设立乡土文化模块。目前，师范院校在培养师范生时，主要侧重于教育教学能力的提升，较少涉及文化认同层面的培养。因此，在虚拟乡村社区中，可以利用远程互动交流的形式，让师范生深入了解乡土文化的发展现状。同时，要以社会主义核心价值观为引领，充分融合师范生建设乡村文化的智慧。这不仅可以促进乡土文化的自我更新，还能推动乡土文化价值观向更先进、更符合时代需求的方向发展。

二是更新课程体系，创设点对点平台，激发师范生扎根乡村学校的热情。点对点，即师范生对接乡村中小学进行一系列教学交流活动。首先，师范院校要将乡土课程融入师范生课程体系中，围绕“扎根乡村”“教学契合”“关爱学生”三大主题，开设相关的乡土课程，强化师范生的乡村教育理念。师范院校可以将虚拟现实与慕课相结合，充分利用师范生的碎片化时间，开设大规模的在线开放课程[①]，支持师范生随时随地进行非正式学习。其次，开展线上线下相结合的教学研讨。师范院校可以将师范生与乡村教师面对面交互和远程交互结合起来，定期安排师范生去点对点乡村学校进行短期实习，切实感受乡村教学或定期开展远程智能研讨，进行双向互动。最后，建立点对点关爱学生平台。关爱学生是教育的前提，师范生要坚持德育为先，热爱乡村儿童，引领乡村学生形成正确的价值观。例如，通过机器学习技术，开发评测乡村学生心理的软件，采用数据挖掘技术分析可能存在潜在心理问题的乡村学生，并及时干预。在乡村学校，留守儿童居多。留守儿童教育问题仍是义务教育之痛，师范生或是乡村教师应格外关注留守儿童的心理健康，及时给予其生活上的关心与帮助。

### （二）乡村教育环境沉浸式感知一体化

《教育部等四部门关于实现巩固拓展教育脱贫攻坚成果同乡村振兴有效衔接的意见》指出：“启动实施中西部欠发达地区优秀教师定向培养计划，组织部属

① 杜颖. VR+教育：可视化学习的未来[M]. 北京：清华大学出版社，2017.

师范大学和省属师范院校，定向培养一批优秀师资。”乡村定向师范生对于乡村教师队伍建设及乡村教育发展的重要性不言而喻，乡村适应能力是决定其能否扎根乡村的重要因素。师范生不仅要具有扎实的专业知识和较强的实践能力，还应增强自身的乡土意识，了解乡村的文化、制度及当地学生特点，具有强烈的发展乡村教育的责任感。

人工智能技术能够从新的角度助力师范生沉浸式感知乡村环境，包括教学环境及文化环境。在乡村振兴背景下，乡村教学基本环境得到了较大改善，但与城市学校之间仍存在一定差距。城乡二元结构容易导致师范生身份认同混乱。乡村文化是乡民在日常劳作中长期积淀形成的，既包括自然地理环境、人造环境等物质要素，又包括生产方式、组织制度、价值观念等非物质要素。[①]乡村学校可以将人工智能技术与虚拟现实技术结合，创新师范生感知乡村教学环境及文化环境的路径。

一是建立虚拟教室，帮助师范生感知真实乡村教学环境并进行教学实践。虚拟现实技术通过计算机的仿真建模能力，创建虚拟三维空间场景，具有交互性、沉浸性、多感知性等特点。基于虚拟现实技术创建的虚拟教室包括两方面内容：其一，模拟乡村教学场景的虚拟现实教室；其二，师范生用于实训的虚拟微格教室系统。首先，可以通过 3D Max、VEGA 等工具软件开发并生成场景，利用声音采集设备、头戴式立体显示器、眼动仪、动作捕捉仪器等硬件支撑，配置数据采集软件，建设乡村学校真实教学场景。通过捕捉师范生的眼动、肢体、面部表情等数据，结合人体姿态识别、面部表情识别等技术，传递师范生感知乡村教学环境时的情感信息。其次，可以基于上述虚拟现实教室，构建多元化的虚拟教学情境。教学过程完成后，系统将师范生的语言和行为信息与自身已建立的常模做比较，完成自动评价[②]，与语音识别技术及肢体行为分析技术的进一步结合能够使评价更加精准。

二是建设乡村文化宣传与交流平台，增强师范生的乡土意识，基于 C-UGS（coordination-university，government，school）协同培养模式，发挥政府、高校、乡村学校及媒体在师范生培养过程中的重要作用。首先，依托大众传媒宣传乡土文化，在智能技术的协同下，使媒体信息传播流程更加智能化。物联网、人工智能技术的出现，宣告了“万物皆媒，人媒共生”的泛媒化时代的到来[③]，使信息传播更加迅速。我国高校应借助基于新兴技术催生的新一代大众传

① 徐颖. 乡村教师定向师范生乡村文化认同及其培养研究——以 Y 大学为例[D]. 扬州大学，2021.

② 陈淑洁，仇星月，叶新东. 基于虚拟现实技术的微格教学系统设计[J]. 实验技术与管理，2018(04)：121-125.

③ 高红波，陈成. 物联网对视频媒介进化的影响研究[J]. 新闻爱好者，2019(04)：34-36.

媒平台，渗透乡土风貌、乡土人情，增强师范生对乡土文化的认同感。其次，人才培养的落脚点仍在培养乡村定向师范生的高校，应该以高校为主导，建立星形网络模式，连接政府、乡村学校及其他机构，建立乡土文化交流平台。师范生是主要的平台使用者，通过平台的推广与使用，其能够增强与政府及乡村教师的紧密联系，畅所欲言并发表心声，更好地解决师范生的困惑，提高其认同感及归属感。

## （三）乡村教师教学评价一体化

教学评价是对教学过程的价值判断，能促使教师关注教学内容、教学结构、教学主动性等内容，具有诊断和反馈功能。[①]中共中央、国务院印发的《深化新时代教育评价改革总体方案》指出："突出教育教学实绩。把认真履行教育教学职责作为评价教师的基本要求。"受软硬件设施、教学理念等的限制，乡村学校教学评价具有其特殊性。在多元共治视角下，除专家、同行、学生等主体外，师范生参与乡村教师教学评价，有利于乡村学校教学评价理念的更新，也能促进师范生更好地体会和理解乡村教师教学评价的特征。

人工智能技术能够创新乡村教师的教学评价方式，且能生成师范生参与乡村教师教学评价的新模式。多元共治强调治理主体的多元化，各主体既相互独立又紧密联系，能充分发挥各自的优势。[②]任何企业、机构和个人都可以成为治理的主体，为实现一个目标共同努力。相关部门应基于多元共治理念，运用人工智能技术搭建平台，使师范生、乡村教师、学生等主体共同参与乡村教师教学评价，共同为促进乡村学校教育教学、实现乡村教育高质量发展出谋划策。

一是打造动态的综合评价系统，促使师范生参与乡村教师教学评价。该系统主要包括教学基本要素，如教学方法、教学管理、教学内容、教学设计、教学反思等。首先，师范生及专家远程观看乡村教师的教学视频，通过系统中的听评课模块对教学方法、教学管理及教学内容进行评价。另外，语言是师生课堂中最主要的交流方式，教师运用基于词连接的语言分析技术，从语言（语言可以是通过语音识别技术获得的字符串）中将语言知识还原出来，呈现出语言携带的知识[③]，因此这部分通过教师语言表现出来的内容可以被转换为知识性内容，

---

① 高巍，王莉娟. 如何通过教学促进大学生主动学习?——美国大学 STEM 课堂教学评价系统 PORTAAL 研究及启示[J]. 开放教育研究，2019(01)：55-61.

② 李平原. 浅析奥斯特罗姆多中心治理理论的适用性及其局限性——基于政府、市场与社会多元共治的视角[J]. 学习论坛，2014(05)：50-53.

③ 李良炎. 基于词联接的自然语言处理技术及其应用研究[D]. 重庆大学，2004.

再结合数据挖掘技术分析其涉及知识的广度与深度，进行评价。其次，对乡村教师教学设计、教学反思等文字性内容，通过文本分析中的内容分析技术压缩成词组数据，可以根据分类字典对文本进行分析。

二是建立情感分析系统，帮助师范生认识乡村教师的教学特征。该系统主要包括非教学基本要素，如乡村教师的声音、面部、手势、体态等。语音处理以声学、语言及心理等多学科为基础，以信息论、控制论和系统论等理论为指导，通过模式识别和统计分析等现代技术手段发展成新的学科。[①]语音情感识别技术是其一大分支，也是情感计算的重要研究领域，计算机能够根据语音信号识别乡村教师的情感状态。另外，基于深度学习的面部表情识别技术也是情感计算的重要研究内容，特征脸和弹性匹配是两种主要的人脸识别算法[②]，能通过隐马尔可夫模型（hidden Markov model，HMM）、K 最近邻（K-nearest neighbor，KNN）算法等进行表情分类，传达面部表情呈现出的情感状态。人体姿态识别技术能够对人体结构进行建模、定位与分割，分析手势、体态等传达出的情感信息。张丹等提出了一种基于人体骨骼预定义的识别分类方法，能有效解决基于视觉的体态识别对环境要求较高、抗干扰性差等问题[③]，还能够有效识别乡村教师在课堂复杂环境中手势、体态等传达的情感信息。

### （四）乡村教师研修一体化

教育部办公厅印发的《乡村教师网络研修与校本研修整合培训指南》指出："有效利用教师网络研修社区，为乡村学校持续提供专家指导和优质课程，建立校本研修常态化运行机制。"然而，乡村教师职前职后培养仍呈现出"脱节"现象，师范生对"研修"的理解仍停留在理论层面。实际上，师范生提前适应乡村教师研修模式，有利于未来更快、更好地融入乡村教学环境；师范生参与研修过程，有利于其运用理论知识指导乡村教学。

人工智能技术能够创新研修模式，构建师范生与乡村教师研修共同体模式，且使研修更灵活、方式更加多元。1881 年，德国社会学家斐迪南·滕尼斯（F. Tönnies）在《共同体与社会》一书中首次提出了"共同体"这一概念，主要用来表述群体成员之间可以共同分享经验，同时在共同成长过程中形成共同信仰和

① 李德毅. 人工智能导论[M]. 北京：中国科学技术出版社，2018.

② 丁嵘，苏光大，林行刚. 特征脸和弹性匹配人脸识别算法的比较[J]. 计算机工程与应用，2002(07)：1-2，19.

③ 张丹，陈兴文，赵姝颖，等. 基于 Kinect 骨骼预定义的体态识别算法[J]. 计算机应用，2014(12)：3441-3445.

社会认同感，也可以称为“忠诚关系和稳定的社会结构”。[①]基于共同体理论，可以运用人工智能技术使研修共同体体现智能时代特点，促进师范生与乡村教师研修“共同智慧”。

一是搭建区域智慧研修平台，助力师范生参与乡村教师研修过程。基于本体知识构建技术、实体关系挖掘技术等关键技术的知识图谱，能够分别为师范生及乡村教师研修构建画像模型、推荐个性化资源，并诊断教学障碍，基于研修过程产生的多源异构数据，以结构化形式呈现其复杂关系，还可以融合学科专家领域知识提供数据和知识双重驱动的信息处理方式。同时，可以利用文本分析技术将研修过程中的非结构化数据转化为有意义的数据，通过隐含狄利克雷分布（latent Dirichlet allocation，LDA）模型和K最近邻模型对海量数据聚类降维，定性地判断文本主题。在这些技术的支撑下，区域研修平台更加智慧化，处于同一地域的高校师范生与乡村教师借助区域研修平台进行线上线下相结合的混合式研修，集成平台中的名师课堂教学视频、集体备课、自主研修、专题讲座等数据，采用数据挖掘技术分析师范生与乡村教师研修的特点，预测未来学习发展趋势，推动区域研修常态化发展。

二是创建在线研修资源库，帮助师范生与乡村教师共享优质资源。教育相关部门、学校可以汇集MOOC、学堂在线、超星尔雅等在线资源平台的数据，基于区域内高校及乡村学校校本资源库建设在线研修资源库。机器学习的过程可以描述为机器基于客观数据（例如，师范生或乡村教师登录资源库的次数、访问的资源类型等数据），采用特定算法和模型，自动学习一定规模数据中蕴含的规律性信息，对用户进行个性化资源推荐、学习障碍诊断分析等。基于多层神经网络的深度学习方法，可以进一步挖掘师范生与乡村教师研修的共性特征，利用学习大数据不断迭代优化其共性学习特征。此外，师范生与乡村教师还可以作为资源开发者，共同开发研修资源。

## 三、人工智能赋能乡村教师职前职后培养一体化面临的困境

人工智能关键技术为乡村教师职前职后培养一体化带来了机遇，指明了发展方向。值得关注的是，人工智能技术是一种尚未成熟的革命性、颠覆性技术[②]，

① 斐迪南·滕尼斯. 共同体与社会[M]. 林荣远，译. 北京：商务印书馆，1999.

② 孙伟平. 人工智能与人的“新异化”[J]. 中国社会科学，2020（12）：119-137，202-203.

且乡村学校软硬件设备尚不完善、师范生积极性调动困难等问题突出。因此，人工智能推动乡村教师职前职后培养一体化进程中仍面临以下三重困境。

## （一）基础设施困境

教育部等六部门印发的《关于推进教育新型基础设施建设构建高质量教育支撑体系的指导意见》指出："教育新型基础设施建设（以下简称教育新基建）是国家新基建的重要组成部分，是信息化时代教育变革的牵引力量，是加快推进教育现代化、建设教育强国的战略举措。"乡村学校基础设施整体薄弱，尤其是支持人工智能、大数据、5G 等新兴技术的新型基础设施经费投入不足且设施运行维护难等问题，严重阻碍了新型基础设施的建设与发展，难以搭建师范生与乡村教师交流的平台，整体上影响了乡村教育的质量。

首先，乡村学校新型基础设施经费投入不足。办学经费短缺是乡村教育高质量发展的瓶颈之一，既影响了乡村定向师范生去乡村学校任教，又影响了乡村教师教学质量的提升。一是经费来源不足。乡村学校办学经费来源单一，主要依靠中央和地方财政拨款，社会筹集经费渠道窄；乡村学校学生较城市学校人数少，所划拨的教育经费也少。二是经费管理不善。经费的统筹运用对于保障教育系统的顺畅运转至关重要。然而，目前存在着一些严重的教育财政问题，如一些学校违规挪用"两免一补"资金、校舍及信息化设施改造与维修费用的现象屡见不鲜，这不仅影响了教育资源的有效利用，也阻碍了乡村教育的正常发展。同时，乡村教师专业发展专项资金、津补贴等费用被随意支出，导致教师队伍建设缺乏稳定的经费支持，进而影响了乡村教师的专业发展。此外，县级财政滞留农村教育经费的时间过长，这不仅降低了资金的使用效率，也加剧了农村教育经费的紧张状况。县级财政投入的减少更使得农村义务教育财政投入的"挤出效应"显著，即原本应该用于教育的资金被其他非教育性支出挤占。这些问题共同导致了新型基础设施建设进展缓慢，形成了重建设而轻投入的不良局面。

其次，乡村学校新型基础设施运行与维护难，例如，建设与维护脱节，设备长期处于闲置或利用率低的状态，且缺乏相应的人员进行维护与管理。一是乡村教师的信息化意识不强。新技术引入给乡村教师课堂教学带来了"技术恐慌""技术迷茫"问题，习惯传统的"黑板+粉笔"授课方式的老教师难以适应新技术手段，部分年轻教师的信息技术应用能力低，未受过专门培训，导致新型基础设备形同虚设。二是缺乏技术维护与管理人员。较多设备由于长期未使用或使用不规范出现故障，而乡村学校受地理位置的限制，设备提供方维修周期较长，且乡村教师自身也缺乏维修设备的能力，因此新型基础设施运行与维护难成为“新基建”面临的一大难题。

### （二）人工智能治理困境

技术发展日新月异，尤其是人工智能技术的迅速崛起，给现有的治理体系带来了前所未有的挑战。传统社会治理理论主要围绕互联网领域展开，以解决互联网带来的问题为主。然而，新一轮科技革命催生的人工智能技术与互联网技术的作用机理和发展机制存在显著差异，这使得传统的治理手段难以有效应对。

人工智能技术的快速发展也带来了巨大的潜在风险，不仅涉及技术层面，更关乎伦理道德。因此，必须高度重视人工智能技术的伦理道德及技术风险，并加强对其治理体系的建设。目前，人工智能技术的治理体系尚不完善，这就要求相关部门尽快采取有效的治理措施，以应对现实的迫切需求。人工智能技术对乡村教师职前职后培养一体化产生的影响主要体现在以下两个方面。

首先，对人工智能伦理道德问题的重视不足。人工智能技术的快速发展带来了众多的伦理问题，这些问题有极大的风险。随着从弱人工智能到强人工智能再到超人工智能的演进，人工智能的计算推理能力和学习能力不断增强，这在一定程度上对人的主体地位构成了威胁。然而，目前尚不存在一个能够有效协调道德价值观和个人私利的人工智能伦理系统。[①]师范院校及乡村学校的技术受众面广，包含大量的教师及学生个人信息，其数据及隐私安全问题至关重要。相对于城市学校而言，乡村学校缺乏完善的人工智能赋能教育监管体系，极易受到侵犯。此外，人工智能技术的广泛应用为师范生及乡村教师获取信息提供了更加便捷的途径，例如，智能机器能够利用大数据分析用户的行为和喜好，进而形成精确的用户画像。然而，在这一过程中，如果智能算法与用户信息的匹配出现失误，就可能导致大量与教学无关的信息被推送给用户。此外，隐私泄露的道德伦理问题及智能推送的价值伦理问题日益凸显，亟待解决。

其次，人工智能技术风险逐渐增加。人工智能技术带来的风险比一般技术带来的风险更为复杂，例如，滥用人脸识别技术侵犯师生的信息安全，加之互联网及社交媒体产生的数据更新速度快[②]，由于技术问题导致的乡村留守儿童、单亲家庭等数据泄露现象时有出现。此外，由于人工智能技术仍然存在不透明性，其

---

① Jean-François B, Shariff A, Rahwan I. The social dilemma of autonomous vehicles[J]. Science, 2016(6293):1573-1576.

② 尼克. 人工智能简史[M]. 北京：人民邮电出版社，2017.

潜在危险难以被发现。正如有学者所说，人工智能有可能失控，而哪怕只有一点风险，都会造成生死攸关的严重威胁。[①]人工智能技术在使乡村教育发生颠覆性变化的同时，其未知风险也是无法预估的，例如，人工智能算法偏见使编程工程师容易忽视乡村教育的特点，设计出的算法模型不能满足乡村教师的需求。

### （三）人才培养困境

在推进乡村教师职前职后培养一体化的进程中，人工智能的应用显得尤为关键，要实现这一目标，迫切需要那些对人工智能产业发展及教育应用具有深刻理解和丰富实践经验的人才。然而，目前我国在人工智能领域的发展水平与发达国家相比仍存在一定差距，尤其是在人才培养方面，现有的人工智能人才数量和质量尚不能满足社会的需求，这也在一定程度上制约了人工智能技术在教育领域的应用和发展。

2017 年，麦肯锡的相关分析结果显示："中国只有不到 30 所大学的研究实验室专注于人工智能，输出人才的数量远远无法满足人工智能企业的用人需求。"[②]一是缺乏创新能力。创新意识及创新精神的缺乏使我国的一些行业难以在人工智能方面做出有益探索，进而影响了产业创新及发展。二是缺乏跨学科应用能力。人工智能是哲学、心理学、计算机科学、教育学等多学科交叉融合的一门学科，忽视任何一门学科都难以培养出综合性的高端人才。三是培养体系不连贯。人工智能人才培养的着力点仍在高校，而中小学尤其是高中对人工智能的重视程度不够，导致人才培养体系无法有效衔接。

## 四、人工智能赋能乡村教师职前职后培养一体化的优化策略

### （一）优化"新基建"经费投入并提高使用成效

一是加快完善乡村教育经费保障机制，开拓经费投入渠道，建设新型基础设施。首先，加大投入力度，拓宽经费来源渠道。在义务教育均衡发展背景下，中央财政应继续加大对农村义务教育阶段经费的投入，地方政府应建立国家专项转

① 安东尼·塞尔登，奥拉迪梅吉·阿比多耶. 第四次教育革命：人工智能如何改变教育[M]. 吕晓志，译. 北京：机械工业出版社，2019.

② 金诗雨. 助力 AI 人才培养"人工智能 AI+"教育解决方案在京发布[EB/OL].（2017-04-20）[2024-03-01]. https://society.huanqiu.com/article/9CaKrnK26sC.

移支付资金的分摊机制，确保乡村学校有经费使用自主权，以建设新型基础设施。县级财政在能力范围内帮扶乡村学校，可以设立“新基建”专项资金，增加补给，补充缺口，促进农村教育均衡发展，并监管乡村学校制定经费来源与使用规章制度。国家明确农村学校可以开辟多种渠道筹资办学，因此要鼓励社会团体资助乡村学校的“新基建”，一定程度上可以缓和资金紧缺矛盾。其次，在资金有限的前提下，优化农村义务教育经费配置。目前，我国农村义务教育经费实行“以县为主”的管理体制，县级政府要发挥财政管理的作用，推进财政制度公开，建立健全问责机制，追查并严肃解决擅自挪用、挤占经费的问题。政府监管“新基建”经费落到实处，可以提高乡村学校经费的使用效率，加快建设新型基础设施。

二是提高乡村教师的智能素养，规划地方技术人才引进制度，以提高新型基础设施使用效果。随着“校校通”“班班通”等工程的推进，我国乡村学校的基础设施得到了很大改善，“新基建”也在加快推进。然而，其使用效果仍不佳，阻碍了乡村教师职前职后培养一体化进程。首先，“新基建”要求乡村教师具有更高的智能素养。在使用多媒体等基础设施的基础上，面对“新基建”带来的新型教学平台及教学工具使用问题，地方政府及乡村学校要协作开展教师信息素养及智能素养提升培训工程。同一地域乡村学校的发展水平不同，相关部门要鼓励优先开展“新基建”的乡村学校以点带面，逐渐推进区域乡村教师信息素养及智能素养提升。其次，合理制定设备维护人才引进制度。由于乡村学校经费紧缺，外聘设备维护人员会增加乡村学校的经济负担，地方政府应在能力范围内承担这部分费用，或参考公费师范生培养政策，对接当地职业教育学校，培养一小批“乡村定向技术生”服务乡村学校“新基建”的设备维护与管理工作。

### （二）完善人工智能治理政策及体系

一是贯彻落实人工智能伦理相关政策文件。2016 年，英国的科学和技术委员会（Science and Technology Committee）发布的报告《机器人技术和人工智能》（Robotics and Artificial Intelligence），阐述了人工智能监管带来的伦理道德、法律及社会经济效益问题，指出要最小化其潜在危险。2020 年，美国发布《人工智能应用监管指南》（Guidance for Regulation of Artificial Intelligence Applications），为联邦政府监管人工智能提供了指引，从公众对人工智能的信任、公众参与规则制定等方面提出了监管原则。2021 年，中国的国家新一代人工智能治理专业委员会发布了《新一代人工智能伦理规范》，旨在将人工智能伦理道德融入人工智能全生命周期。由此可见，各国对人工智能伦理的重视程度已上升至国家层面。

与高等院校及城市中小学相比，乡村学校是极易受到侵害的主体之一。为避免人工智能带来的伦理问题及技术风险，我国要继续完善乡村学校人工智能监管法律及政策文件，明确权利主体及责任归属，通过立法使人工智能技术可管可控，对于威胁乡村教师及学生隐私及安全的行为，要健全问责机制，明确责任主体，确保人工智能运行在一个政府监管、社会参与、主体明确的环境中。任何人脸识别与采集软件、语音识别软件及数据采集和分析机构等都应遵守规范，切实保障乡村教师及学生的隐私及数据安全。

二是建立多元共治治理体系。人工智能技术日新月异，其治理范式需要由单一的以国家为中心的“硬法”模式向以多主体为中心的“软法”模式转变。[①]首先，法律是维持社会秩序的重要手段，国家应立法监督人工智能技术违法现象，继续完善人工智能伦理及技术风险等层面的政策文件，建立明确的人工智能监管体系。其次，人工智能各行业相互监督，围绕人工智能伦理问题尤其是数据泄露、智能推送的价值问题等，建立投诉机制，确保人工智能技术安全运行。再次，人工智能的社会属性决定了社会公民有权参与对其的监管，且公民作为技术使用者，也要提升自身的责任意识，使用人工智能技术时遵守道德和安全规范。最后，高等院校及乡村学校应理性看待人工智能技术，在技术赋能教育及职前职后培养的同时，切忌产生依赖心理，警惕其可能产生的危害。总之，要坚持“预防为主”的原则，国家及社会各团体要携手构建多元共治共同体。此外，人工智能治理是全球问题，会影响全球化进程，因此探索人工智能全球治理体系也至关重要。

### （三）注重人工智能人才培养

一是注重培养有创新能力的复合型人工智能人才。将人工智能人才引入乡村学校能够加强乡村教师队伍建设，提升新型基础设施的使用效果及效率，对于人工智能赋能乡村教师职前职后培养过程中相关平台的搭建能发挥重要作用。2017 年，国务院印发的《新一代人工智能发展规划》提出：“重视复合型人才培养，重点培养贯通人工智能理论、方法、技术、产品与应用等的纵向复合型人才，以及掌握‘人工智能+’经济、社会、管理、标准、法律等的横向复合型人才。”首先，高等院校在设置人工智能课程体系时，要注重多学科交叉融合，注重创新能力培养，在确保人工智能基础知识前沿性的基础上，结合

① Gasser U, Almeida V A F. A layered model for AI governance[J]. IEEE Internet Computing, 2017(06):58-62.

人工智能产业领域分层次设计人工智能专业课程。其次，建立政府、高校、产业等多方协同的人工智能人才培养模式。以政府为主导，给予高等院校资金支持，开发人工智能课程，给予产业园资金、政策上的支持，培养重点人才，建设政府-高校-产业多方协同育人机制。

二是注重人工智能人才培养的连贯性。具体而言，在基础教育领域引入技术，在高等教育领域培养人工智能专业人才，在职业教育领域提升就业竞争力。[①]首先，中小学要重视培养学生的人工智能商数（artificial intelligence quotient，AIQ），开发人工智能课程或建设人工智能实验室等助力学生体验人工智能技术。中国要在人工智能时代实现民族的伟大复兴，同样要让年轻一代掌握编程技能，有很高的AIQ。[②]其次，高等院校要积极实施“人工智能+X复合型”人才培养模式，强调人才的素质及能力，以需求为导向，与产业对口，培养人工智能专业人才。最后，职业院校与人工智能行业统筹，在职业教育领域增加人工智能培训，吸引优秀产业建立人工智能实训基地，为社会培养技能型人才。

## 第二节　教育大数据与乡村义务教育教师队伍建设

教育信息化是国家信息化建设的重要组成部分和战略重点，具有基础性、战略性、全局性的地位，将深刻变革教育理念和教学模式，肩负着支撑和引领教育现代化的历史使命。党的十九大报告指出，要“推动互联网、大数据、人工智能和实体经济深度融合”。发挥大数据的技术优势，实施“互联网+教育”等，促进基本公共服务均等化，是改善民生的重要路径。

2012 年，联合国在白皮书《大数据促发展：挑战与机遇》（Big Data for Development：Challenges & Opportunities）中指出，大数据时代已经到来，大数据的出现将会对社会各个领域产生深刻影响。[③]大数据影响的不仅是我们生活的方方面面，还改变了我们理解世界的方式。当下，大数据正成为一股热潮，世界各国都在加快大数据战略布局，以抢占新一轮科技革命的制高点。

---

① 余胜泉. 人工智能+教育蓝皮书 2018[M]. 北京：北京师范大学出版社，2018.

② 王作冰. 人工智能时代的教育革命[M]. 北京：北京联合出版公司，2017.

③ Big data for development: Challenges & opportunities[EB/OL].（2012-05）[2024-03-01]. https://unstats.un.org/unsd/trade/events/2014/Beijing/documents/globalpulse/Big%20Data%20for%20Development%20-%20UN%20Global%20Pulse%20-%20June2012.pdf.

# 一、教育大数据的内涵、基本特征和主要功能

## （一）教育大数据的内涵

教育大数据（big data in education，BDE）是指在整个教育活动过程中产生的，以及根据教育分析需要采集到的一切用于教育发展并可以创造潜在价值的数据集合。①每个教育相关者既是教育数据的生产者，也是教育数据的消费者。教育大数据来源主要包括学习管理系统（learning management system，LMS）、MOOC、开放教育资源（open educational resources，OER）和智慧课堂教学环境等。教育领域的大数据有广义和狭义之分，广义的教育大数据泛指所有来源于日常教育活动中人类的行为数据；狭义的教育大数据是指学习者行为数据，主要来源于学生管理系统、在线学习平台和课程管理平台等。②

## （二）教育大数据的基本特征

大数据范式的产生在认知方式和实践规范上为教育研究提供了一种全新的研究视角，将传统的教育研究从单一路径转向了多重研究路径，在认识论、方法论及工具论（或技术）层面实现了科学主义与实证主义的结合，形成了数据理性支持的教育科学研究理念或逻辑。③通过对教育大数据的获取、存储、管理和分析，可以构建与学习者学习行为相关的模型，分析学习者已有的学习行为，并对学习者未来的学习趋势进行科学的预测。④其基本特征如下：一是海量性。教育大数据属于互联网数据的一个子集，数据量巨大。二是多样性。教育大数据产生于各种教育活动中，包括教学活动、管理活动、科研活动和校园活动等。教育大数据包括课程数据、课堂数据、网络学习行为数据、影响个体学习但与学习行为不直接相关的数据。三是实时性。教育大数据具有高度个性化的特点，它能够关注每一名学生的行为表现。这些个性化的数据一经产生就能够被精准地记录下来，通过传感设备实时地进行采集。四是流动速度慢。教学活动的周期性决定了

① 杨现民，唐斯斯，李冀红. 教育大数据的技术体系框架与发展趋势——“教育大数据研究与实践专栏”之整体框架篇. 现代教育技术，2016(01):5-12.

② 徐鹏，王以宁，刘艳华，等. 大数据视角分析学习变革——美国《通过教育数据挖掘和学习分析促进教与学》报告解读及启示[J]. 远程教育杂志，2013(06)：11-17.

③ Yang X M, Tang S S, Li J H. Technical system framework and development trend of education big data——The overall framework of “research and practice column of education big data”[J]. Modern Educational Technology, 2016(01): 5-12.

④ 肖君. 教育大数据[M]. 上海：上海科学技术出版社，2020.

教育大数据具有周期性，而且持续时间较长。教育活动的复杂性决定了教育数据流转速度慢。五是蕴含着巨大的价值。教育大数据作为一种无形的资产，为教学、科研、后勤、管理、安保等各项工作提供了科学的依据。它能够从烦琐的教育数据中发现相关关系、诊断现存的问题、预测未来发展趋势，充分发挥在提升教育质量、促进教育公平、实现差异化教学、优化教育资源配置等方面的巨大潜能。六是价值密度低。教育大数据的价值依赖数据的挖掘，只有对海量数据进行挖掘分析，才能对用户形成价值。

### （三）教育大数据的主要功能

大数据时代，教育数据将会成为学校最重要的资产，学校将成为教育大数据生态系统的基础，班级、实验室、课本和课程是较为重要的数据平台。数据科学家维克托·迈尔-舍恩伯格（V. Mayer-Schönberger）等在《与大数据同行：学习和教育的未来》一书中指出，大数据将使学习发生三大改变：能够随时收集学习中的双向反馈数据；可以真正满足每个学生的个体需求；可以通过概率预测优化学习内容和学习方式。[①]教育大数据的主要功能具体如下。

一是为精准教学提供支持。在学校和教育机构中，管理者时常会遇到无法及时掌握教学与管理状况的问题，这也导致了教育管理常常是粗放的、由直觉驱动的。在学校和教育机构的精准管理和科学决策上，数据具有重要的支持、调节作用。教育大数据为有效改进教学方式、提升教育质量提供了途径，它能够从促进教学模式创新、实现精准学习评价、优化教学决策及提升教学质量等方面，实现课堂环境和网络环境下的教学整体优化与变革。[②]

二是发现教育规律。教育大数据研究需要汇集数据，数据汇集需要大量研究者群策群力，也需要有行之有效的组织机制。大数据对于研究教育现象、发现与探索教育规律，具有重要的借鉴意义。规律的发现，需要对特定研究主题进行长期研究，需要大量标准化数据的支持，需要对基于数据的研究与协作广泛支持。对于重要的教育研究主题，设定数据标准，进行长期纵向跟踪和广泛横向比较研究，是探索教育规律的有效途径。

三是为适应性教学提供支持。在大数据的支持下，教师可以根据自身的需求对学生的学习进行监测，并通过设定学习标准对学生进行自动化或半自动化的评价。在数据的支持下，教师可以结合自身的教学经验对学生进行诊断和干预。在

---

① 维克托·迈尔-舍恩伯格，肯尼思·库克耶. 与大数据同行：学习和教育的未来[M]. 赵中建，张燕南，译. 上海：华东师范大学出版社，2015.

② 杨现民，田雪松，等. 中国基础教育大数据 2016—2017：走向数据驱动的精准教学[M]. 北京：科学出版社，2018.

教师的训练下，大数据工具将为教师的教学提供更有力的支持。大数据工具将成为教师最好的帮手，而不是竞争者。对教与学的支持是大数据在适应性学习中应用的两个侧面。基于数据，学生的学习状态得以完整记录，学习系统可以推送定制化内容，教师也可以更有针对性地开展教学。

## 二、教育大数据助推乡村教师队伍建设的优势

教育大数据在赋能乡村教师队伍建设的过程中，新技术可以提高乡村教师的教学能力，使教学方式更现代化、更具吸引力、更省时。同时，可以提高教育质量，对于促进教育公平、优质均衡发展具有重要的作用。

### （一）教育大数据可以提升乡村教师的综合素质

乡村教师的综合素质是振兴乡村教育的关键。教育大计，教师为本。促进乡村学校内涵式发展，关键在于提高乡村教师的综合素质。教育大数据能够为乡村教师的综合素质提升创造有利条件。

一是教育大数据技术为乡村教师因材施教提供途径。教育大数据有助于乡村教师对学生的学习行为进行有效分析。对于教育工作者而言，学习分析意味着基于挖掘教育数据的潜在信息，建构更好的教学方法，定位学习困难人群。借助数据分析，教师可以通过诊断学生在课堂的行为表现，对原有模型进行调整，使课程内容更加符合学生的个人需求。乡村教师运用大数据技术可以因材施教，更好地调整和改进教学方法，重构教学计划，完善课程设计，并且有机会看到自身教学行为、教学习惯、教学风格的变化过程，认识到自身教学中存在的问题，实现个性化专业发展。通过对学习过程行为数据的分析，乡村教师能够全面了解每一名学生的真实学习水平，以及在学习中出现的问题等。乡村教师通过对学生学习行为过程和学习结果的数据分析，能够发现学生对知识点的掌握情况，识别教学设计存在的问题并加以改善。

二是教育大数据助力乡村教师精准教学，提高教师的专业化水平。运用教育大数据，教师可以正确认识不同的学生，了解每一名学生的真实情况。乡村教师通过大数据分析可以随时掌握学生对每个知识点的掌握情况。如个性化教学（School of One[①]，SO1）是美国纽约市教育部门的一项初中数学教改项目，其特

---

① Cole R，Kemple J，Segerit M D. The Research Alliance for New York city schools—Assessing the early impact of school of one: Evidence from three school-wide pilots[EB/OL].（2012-06）[2023-10-30]. https://www.issuelab.org/resources/14758/14758.pdf.

点是以学生为中心，采用大数据分析和适应性技术预测每名学生的学习进度和存在的问题，并根据个性化需求提供学习服务。SO1 学习分析算法每天需要分析的数据包括学生的学习历史和背景，前一天的评估数据，以及可用的教室、内容、人员和技术；确定哪些课程内容在统计学上最适合哪种类型的学生，然后它会为每名学生和每名教师生成一个独特的每日时间表，且每份每日时间表和教学计划都是自动调整的，以适应每名学生的学习节奏、能力，并提供最有效的学习方式。

对课堂教学行为数据进行及时分析和评估，能够帮助乡村教师发现课堂教学存在的问题，辅助乡村教师研究并制定出相应的对策和措施，助力乡村教师精准教学。同时，乡村教师能通过本地校园网、教育网站等数据库获得需要的教学信息，能够极大地丰富教育教学内容，有助于提高教师教育教学质量和信息素养。

### （二）教育大数据可以加强教育教学评价

2020 年，中共中央、国务院印发的《深化新时代教育评价改革总体方案》指出，“教育评价事关教育发展方向，有什么样的评价指挥棒，就有什么样的办学导向……坚持科学有效，改进结果评价，强化过程评价，探索增值评价，健全综合评价，充分利用信息技术，提高教育评价的科学性、专业性、客观性”。通过全新的评价方式，相关部门可以利用教育大数据构建立体多面、反馈及时的评价系统，为教师教学评价提供更明确、更全面的维度，在衡量学习效果与教学能力等问题时，更多地考虑评价主体的特点与教学目标取向。

一是通过课堂教学行为大数据，增进乡村教师反思。课堂教学行为大数据是一种无形的资产，是教师和学校专业发展的重要资源。基于大数据的教育评价聚焦本班学生的综合素质情况，准确把握教师的教育水平，利用数据技术跟踪教师成长过程，运用回归分析、关联规则挖掘等技术帮助教师分析教学方法的有效性，增进教师反思。有学者指出，课堂教学行为大数据不仅可以让我们发现不同教育发展水平地区教师课堂教学行为的差异，从而帮助中等薄弱地区的学校与教师通过改善课堂教学行为提高教学质量，也可以促进优质教育地区更快地总结、概括出课堂教学的出色经验和突出教师的实践性知识，从而实现优质教育资源在知识层面的共享与流动，助推教育均衡发展。[①]反思本身是教师学习的必要条件，然而教师为了使反思更有效，就必须在他们的专业发展中接受挑战与获得支

---

① 王陆. 大数据中的教学相长[EB/OL].（2016-10-13）[2023-10-30]. https://news.gmw.cn/2016-10/13/content_22432090.htm.

持。[①]教育大数据强化了教育评价的诊断、引导、调整功能，为乡村义务教育学校教师的全面发展、终身成长提供了更为科学的评价指导。

二是教育大数据丰富了考核方式，能增进乡村教师教学评价。考核评价是教学管理的重要环节，是加强和改进教育教学过程，以及促进人才培养质量提升的重要途径。教学评价是对教学进行全面的评价和判断，包括对教师“教”的评价和对学生“学”的评价。在以数据为基础的常态化教学反思系统中，教师从常态化的教学过程中提取反映学生目标达成及其相关影响因素的指标，通过数据量化，清晰地把握自身教学的定位，制定相互配合的行动计划。对反映学生能力的数据进行分析，教师可以制定出弥补集体能力缺陷的策略与方法。教师通过教师行为大数据和学生学习行为大数据分析，借助有效的教育科研方法，对教育教学中的数据进行采集并诊断，实现基于数据的课堂教学改进，探索教育规律。教育大数据使评价内容更加多元、丰富，不仅体现了学生的学习成绩，而且体现了学生的身心健康、专业技能、成长体验、个性发展等方面的情况。其评价内容从单纯对知识掌握情况的评价，转向知识、能力和素养三者并重的复合型评价；评价手段从传统的考核、测评，转向基于大数据的采集、分析。基于教育大数据的教学评价能为促进学生自我发展和教师教学反思、提高学校的教育质量提供有力支撑。[②]

### （三）教育大数据可以促进乡村师资均衡配置

由于地理位置、发展水平等现实因素的限制，乡村地区的师资队伍配置不均衡现象或将长期存在。城乡教师资源配置不均衡是城乡教育不均衡的主要原因之一。借助教育大数据等平台，可以有效地促进乡村地区师资配置，促进教育均衡发展。

一是在线直播平台促进优质教育资源共享。应用大数据，教育弱势地区和弱势群体及其需求将得到精准定位，通过精准的教育资源配置模型，可以弥补当前教育资源分配模式的缺陷。2015 年，沪江网推出支持乡村小规模学校的“互+计划”，以 CCTalk 直播平台为依托，提供多样的网络课程，让许多乡村中小学学生有机会开设科学等课程。平台上特色课程的免费共享，在很大程度上缓解了乡村教师教学资源不足的问题。[③]MOOC、翻转课堂、在线课程等都运用了大量的大

① 余胜泉. 大数据时代的未来教育[J]. 中国民族教育，2017（Z1）：8-11.

② 王凤肆，等. 教育大数据——考核评价数据分析、挖掘与应用[M]. 北京：科学出版社，2020.

③ 苏漪. 互联网支教在行动：“互+计划”催生“卢氏模式”教育公平实践[EB/OL].（2017-10-31）[2023-10-20]. http://www.gongyishibao.com/html/qiyeCSR/12723.html.

数据工具，通过大数据进行学习分析和学习资源匹配，为每一名学生提供丰富的学习资源和学习环境。

二是教育大数据的分析运用实现学校师资优化配置。乡村学校发展的不均衡不仅体现为师资数量的不均衡，也体现为师资质量的不均衡。乡村学校由于地理位置的限制，教学网点分散，师资队伍整体素质不高，年轻教师群体小，小科目及音、体、美教师严重不足等现象，导致乡村教师分布不均衡。教育大数据平台为促进乡村教育均衡发展提供了支持。我国已经建立学校、教师、学生三大基础数据库，在全国实行学生和教师“一人一号”、学校“一校一码”，为每一名学生、教师和每一所学校及其资产建立全国唯一的电子档案。这些档案的建立可以有效地整合我国的教育数据资源。通过对这些教育数据资源的分析，可以动态监管乡村教师换岗、转岗，以及学生学籍、转学、升学等轨迹，从而有效地解决乡村教师资源配置不均及重点学校分布不合理等问题。在教育大数据背景下，实现管理数据化，有助于打造一支高效的乡村教师队伍，利用数据技术便于对教师进行全面考核，确保在岗教师的数量，合理分配教师资源。总之，利用信息化手段治理乡村学校，可以提高乡村学校的运营效率。

三是使用大数据能有效减轻乡村教师的负担。“人工智能+大数据精准教育”系统利用大数据技术，可以对学生的学习进度、学习效果、学习习惯进行跟踪和分析，系统后台可以准确对乡村学生进行用户画像，找到乡村学生的薄弱知识点，形成乡村学生学情报告。在传统的考试分析中，教师一般通过阅卷来了解学生哪一题得分多，哪一题得分少，但是这样的方法只能聚焦到 1—2 个问题上。通过大数据分析，教师可以知道学生具体的得失分比例等问题。例如，通过对班级每个学生成绩中丢分知识点的统计，可以计算出班级学生对知识点的掌握情况，将学生写错的题目按知识点进行归类，以便快速地分析班级的学习情况，通过考试成绩的数据来发现问题，便于教师进行相应的学习指导。同时，利用大数据技术进行快速选题、智能组卷、作业布置、在线考试、作业点评等功能，教师可以通过筛选年级、学科、知识点、题型、难度等关键指标搜索到需要的习题，并生成智能化试卷，也可以系统性地设置试题类型、难度系数、考查的知识点等指标，一键生成符合要求的试卷。①借助大数据技术进行乡村学生成绩的统计与分析，大大减轻了乡村教师的工作负担，促进了教学水平的提高。利用大数据对作业进行批改，切实减轻了教师繁重的作业批改负担，乡村教师可以以更积极的心态进行教育教学。

① 周宝荣. 大数据时代的教师专业成长[J]. 数字教育，2020(05)：1-8.

## 三、教育大数据助推乡村教师队伍建设的困境

从整体上看，教育大数据等技术逐步与乡村教师队伍建设、教师教学管理等融合，推动教育管理方式和教育教学模式变革的效应正逐步显现。同时，教育大数据助力乡村教师队伍建设的过程中还存在一些问题和不足。

### （一）乡村学校网络基础设施建设有待完善

《乡村教师支持计划（2015—2020 年）》的出台，有力提升了乡村教育质量，促进了城乡教育公平。但从总体上看，乡村教育仍是教育现代化建设的短板，乡村教师队伍仍然是新时代教师队伍建设的薄弱环节。随着乡村经济的发展和基础教育改革的深化，乡村学校的潜在问题也愈加凸显，乡村学校网络等基础设施及资源的缺乏影响了乡村教育的发展。

一是乡村学校硬件设施不齐全，教育大数据的平台建设薄弱。我国当前义务教育实行"经费省级统筹，管理以县为主"的教育财政投资体制，但是县级财政无法保证义务教育支出，各级政府对农村义务教育的投入不足，尤其是乡镇义务教育经费是整个教育经费中的薄弱环节。由于各地财政收入水平存在差异，很多县级财政几乎没有能力承担项目配套经费。从 2001 年开始，教育部已经将信息技术课程列入中小学必修课程。[①]当信息技术课程开设得如火如荼时，一些乡村学校连足够的信息技术设备都还没有。城市教师用计算机辅助教学时，一些乡村教师甚至还不会熟练地操作计算机，一些乡村学校"一位教师一台计算机"的目标还远不能实现。在这样的情况下，对于教育教学来说，教育大数据即使再方便，但对乡村学校来说也起不到应有的作用。基础教育信息化发展区域性失衡必然导致传播学意义上人与人之间的知识沟扩大趋势。[②]校园网作为教育大数据运行的关键，承载着学校的管理信息化、教学信息化等方面的改革，也是发挥计算机网络基础设施作用、促进城乡教育均衡发展的重要载体，但是仍有部分乡村地区校园网的建设还未落实。

二是城乡之间信息技术课程的开设及师资力量存在差距。20 世纪 70 年代，美国传播学者蒂奇诺等提出了知识沟的理论假说，认为社会经济地位高者通常能比社会经济地位低者更快地获得信息，因此，大众媒介传递的信息越

① 中华人民共和国教育部. 教育部关于在中小学普及信息技术教育的通知[EB/OL].（2010-01-28）[2023-10-30]. http://www.moe.gov.cn/ s78/A06/jcys_left/zc_jyzb/201001/t20100128_82088.html.

② 熊才平. 信息技术环境下的教育资源城乡共享[M]. 北京：科学出版社，2008.

多，两者之间的知识鸿沟也就越有扩大的趋势。①一些乡村学校的教师无法熟练应用 Excel、SPSS 等基本的教学数据分析与处理工具，数据分析、数据解读及数据交流的能力还存在很大的不足；缺乏应用数据与家长、同事及领导开展交流对话的能力，家校、师生、教师之间难以建立起支撑家校合作的数据联系。一些乡村教师的现代教育技术运用能力普遍不足，一些村小办学点甚至还未配备相应的多媒体教学设备，技术的制约导致多媒体设备使用率低，一些设备长期闲置。

### （二）乡村教师数据素养有待提高

教师的数据素养是指教师运用数据知识、数据思维、数据技能解决数据逻辑下的教育教学问题的专业能力。②乡村地区教师的数据素养偏低，主要表现在以下两个方面。

一是乡村学校数据素养培育滞后。当前，部分乡村教师的数据素养不高、数据意识淡薄，数据知识更新过慢，培训效果甚微。由于一些乡村学校资金短缺，教师缺少外出学习的机会，教育信息闭塞，教师不能及时获取先进的教学理论，面对信息化教学下对教育大数据的运用更是力不从心。由于生活环境的限制，乡村学校普遍存在教师年龄偏大的现象，年龄较大教师由于多年的教学习惯与生活方式，思想固化，教育教学方式不能适应新时代的要求。面对具有个体差异性的学生群体，尤其是乡村教育体系仍延续着流水线、填鸭式的教育模式，乡村教师固有的思维方式、教育观念等无法适应大数据时代对教师素质的要求。

二是乡村学校教学评价体系不健全。在传统教育方式的影响下，一些乡村教师对学生学业的评价主要是依据学生的考试成绩及教师个人的主观印象，导致评价不够全面、客观和合理。单一的考试评价无法获得学生学习状况的信息，不能进行及时的诊断性评价。教师成长的第一步在于教师自身的反思、教师自身的评价和教师的自我改造。在传统的教学备课活动中，乡村教师主要是参考大量与教学内容相关的资料，主要通过书本等获得信息，信息来源有限。教学评价体系不健全，乡村教师无法完全了解自己的教学效果；缺乏学校的规范性评价，容易导致教学懈怠；缺乏教学反思，不利于乡村教育的良性发展。

---

① Tichenor P J, Donohue G A, Olien C N. Mass media flow and differential growth in knowledge[EB/OL]. (1970)[2024-03-01]. https://www.jstor.org/stable/2747414.

② 周宝荣. 大数据时代的教师专业成长[J]. 数字教育，2020(05)：1-8.

（三）教育大数据治理体系尚未形成

在教育方面，教育大数据是一笔宝贵的财富，教育大数据的开放共享在增强个性化教育的同时，也导致出现了教育数据泄露的问题，如果保护不当，则会带来严重的安全问题和社会问题。

一是教育大数据安全管理存在风险。教育大数据发展过程中的数据质量与安全问题成为制约教育大数据产业发展的突出障碍。教育大数据项目的校企合作机制与规约机制不清晰，管理上存在较大的数据安全风险。随着数据的不断增加，对数据存储和访问的安全性要求越来越高，利用大量公共数据集可以推断很多信息，这使得乡村学校师生个人的隐私成为人们担忧的问题。在描绘大数据的美好图景时，相关部门也必须正确认识教育大数据可能带来的分析结果错误、师生个人隐私泄露等潜在风险。

二是产品类型较为单一，缺少有影响的实践案例。当前，我国教育大数据市场主要是以考练测评类产品为主，重点关注如何提高学生的考试得分，以此满足广大家长、师生升学的诉求。当一款产品在市场上成功推出后，与其相似的产品便不断涌现，市场上跟风现象严重，长此以往，会导致教育大数据市场提供的服务同质化。教育大数据产品虽然很多，但是真正融入教育教学实践的却很少，在学校、地区或者能在更大范围内产生实质性影响的应用实践更是屈指可数。教育大数据在促进基础教育发展与变革上的真正价值尚未得到体现，还不能给广大教育工作者及相关行业人员提供足够的证据。同时，当前很多企业在研发教育大数据产品的过程中，难以摆脱传统的思维，对实际教育教学业务缺乏深入理解，在数据源的选择、指标权重设计等方面往往不符合或违背教育规律，构建的数据分析模型的准确性和有效性亟须提升，这都直接影响了基础教育大数据应用实践的推进。

（四）教育大数据人才供应不足

一是教育大数据人才数量性短缺。《2018 全球大数据发展分析报告》指出，大数据产业相关人才占中国整体就业人口规模的比例仅为 0.23%，相比美国的 0.41%、韩国的 0.43%、芬兰的 0.84%、以色列的 1.12%，仍有进步空间。[①]《猎聘 2019 年中国 AI &大数据人才就业趋势报告》显示，中国大数据人才缺口高达

① 中国拥有全球近六成大数据人才 但这一缺口不容忽视[EB/OL].（2019-05-18）[2024-03-01]. https://edu.sina.cn/2019-05-18/detail-ihvhiews2730712.d.html?from=wap.

150 万。[①]我国教育数据挖掘刚起步，人才缺乏是一个重要的限制，目前还没有形成良好的大数据人才培养机制，能够驾驭教育大数据的数据工程师和分析师更是稀缺。

二是教育大数据人才结构性短缺。截至 2019 年，我国已有 480 余所高等学校获批数据科学与大数据技术专业。但在目前的教育体系下，高校人才培养过多地偏向于理论和技术，与现实业务对接较少。业务决定技术，而不是根据技术、工具等来考虑业务。[②]将理论与实践紧密结合，切实解决实际问题，是目前相关部门在大数据人才培养过程中需要重点思考的方向。现有的人才结构不能满足大数据时代对人才的需求。2017 年，清华大学经管学院互联网发展与治理研究中心联合职场社交平台领英发布的报告《中国经济的数字化转型：人才与就业》显示，大数据与人工智能领域人才缺口明显，“技术+管理”人才一将难求。该报告指出，目前中国 85%以上的数字人才分布在产品研发类，而深度分析、先进制造、数字营销等职能的人才加起来只有不到 5%。[③]

## 四、教育大数据助推乡村义务教育教师队伍建设的策略

### （一）建立多元化的学校基础设施和网络环境

一是加大对乡村地区的财政投入。县级政府财力的虚弱导致农村义务教育没有充足的经费支持，但其却承担着农村义务教育大部分的投入责任。[④]中央财政需要加大对农村地区的教育投入，加大转移支付力度，完善基础教育资源配置，给予必要的配套经费和政策支持，加强县域内教育资源公共服务平台建设，改善乡村地区的教育信息化现状，提供政策与经费保障。同时，要坚持以乡村教育需求为导向，加强定向公费生培养，建立面向乡村学校的师范生委托培养院校；加大对乡村教师培训的财政补贴与支持力度，构建各级教师发展机构、教师专业发展基地学校和“三名”（名校长、名班主任、名师工作室）工作室五级一体化乡村教师专业发展体系；发挥 5G、人工智能等新技术的助推作用，深化师

① 新职业——大数据工程技术人员就业景气现状分析报告[EB/OL].（2020-04-30）[2023-03-01]. http://cbdio.com/image/site2/20190902/f42853157e261ed6c9e638.pdf.

② 中国大数据人才培养体系标准（第一版）[EB/OL].（2021-08-19）[2024-03-01]. https://www.chinacpda.com/upload/file/202108/20210819163526_62449. pdf.

③ 大数据人才缺口明显 “技术+管理”人才一将难求[EB/OL].（2017-11-23）[2024-03-01]. https://www.gkzhan.com/news/detail/106131.html.

④ 蔡亮亮. “以县为主”体制对农村义务教育管理的挑战与对策[J]. 教育科学研究，2013（07）：46-49，55.

范生培养课程改革，实施中小学教师信息技术应用能力提升工程 2.0。

二是完善乡村学校网络建设。其一，设置良好的人工智能硬件设施，构建学校智能环境。其二，增添人工智能设备，引入智能终端，拓宽数据信息收集渠道，为开展大数据智能分析创设先决条件。其三，整合教学资源系统规划建设，在软硬件资源及教学资源的管理体制上进行系统规划。其四，政府和地方企业加大对当地薄弱学校的帮扶力度，建立校园网等基础设施，提高学校的信息化水平，配置必要的软硬件工具。

### （二）加强乡村教师队伍数据素养教育

一是乡村教师主动增强数据意识。数据素养是大数据时代教师的核心素养之一，数据意识强的教师能积极主动地分析数据，及时发现数据的相关性，并超越数据本身诠释数据的含义。①教师可以通过参加专家报告或地区组织的培训活动，了解数据对教育变革的推动作用。乡村学校可以通过对乡村教师开展教育大数据素养培训、智慧课堂研讨等活动，从意识形态、基础知识、核心技能和思维方法四个层面提高教师的数据素养。同时，乡村学校要制定教师数据素养评估标准和考核办法，以考核和评价来促进教师数据素养的提升；向教师普及教育数据的基本知识与理念，帮助教师更好地认识与理解教育数据的价值，以及教育数据思维对教学工作的重要意义；培养教师对数据的兴趣和好奇心，主动了解、分析和研究数据的应用价值；增强教师的数据意识，使其具备基本的数据处理技能，通过理念、技能和方法的培养，让教师能够基于大数据开展教育决策、教育评价、教育管理和教育科研等方面的创新。

二是学校带头提高教师的数据素养。在实践中，乡村学校要高度关注教师的专业发展。在实践中，乡村学校管理者要综合运用校内外的教育大数据资源，深入了解乡村教师的工作状态、发展目标与发展潜质，综合乡村学校的发展诉求，以智能技术为支撑，加强信息化技能培养，为乡村教师制定个性化、专业化的发展方案，建立一支专业化、信息化的乡村师资队伍，助力乡村教师专业发展。

### （三）注重大数据体制体系管理

一是构建教育大数据管理体制。首先，通过深入探寻解密大数据的内在规律，解决不同存储系统中的数据编码和格式上的差异问题，实现不同系统间的数据共享，可以减少教育大数据在应用中的数据分析错误、师生隐私等风险。其

① 张进良，李保臻. 大数据背景下教师数据素养的内涵、价值与发展路径[J]. 电化教育研究，2015(07)：14-19，34.

次，加快制定和完善相关法律法规，从法律上界定、规范公开数据与私有数据的边界，构建面向大数据研究应用的伦理准则；加强技术攻关，构架有效的数据隐私保护技术体系和平台，确立隐私设计原则，制定规范标准，重视隐私增强技术及隐私影响；通过加大相关宣传力度，强化利益相关方的隐私保护意识与专业知识，提高各责任主体对数据安全的敏感性，增强其辨识能力。

二是创新教育大数据产品体系。创新是智能时代人才的主导素质。相关部门应该从教育教学视角思考教育大数据产品的体系架构和流程设计，高度重视需求分析环节，并根据用户反馈进行快速的产品迭代优化。同时，要积极寻求与高校、中小学、科研机构等的合作，深度挖掘教学业务需求，增强教学数据分析模型的科学性。[①]随着国家招生考试制度的改革及其他一系列教育改革的推进，应试教育将逐步转向真正的素质教育，教育的需求会变得多样化和个性化。对于教育大数据产品的成功研发与应用推广，企业一方面需要准确把握中小学的实际教育需求；另一方面又要与高校、科研机构协同攻克关键技术难题，设计有效的产品应用模式和策略。教育大数据产品市场应及时进行创新，提供多样的特色服务产品，满足用户的多元需求。全国各地教育行政部门、学校、教育培训机构等应合理借鉴国际上教育大数据应用方面的经验，总结有价值的运用模式与案例，合理应用教育大数据。

### （四）加强教育大数据人才供给

一是增加人才培养数量。学校要制定相关的智能新技术教学与管理及技术人才使用制度，建设面向学校管理者和专职人员的新技术培训与考核制度，提升管理队伍的技术水平；建设智能专项人才引进、晋升机制，吸引新型智能技术人才加入学校管理，可以定期邀请企业技术人员或数据分析师为教师提供专项技能培训，不断提高教师的数据处理与分析能力。同时，企业也应逐步介入教育大数据专门人才的培养过程，与高校协同建设更具有实用性、更专业化的教育大数据课程资源，培养适应乡村学校的高素质数据人才。

二是优化人才培养结构。人才培养是一个渐进的复杂过程，对于大数据时代人才的培养，宏观研究较多，微观研究较少。深入推进大数据技术在乡村教育领域中的应用和发展，首先需要培养一批了解大数据的教师，以及具备大数据采集、分析、处理技能，同时善于研究、挖掘大数据的人才。在此过程中，他们应

① 刁生富，张斯仪. 教育的革命：大数据与个性化教育探讨[J]. 山东科技大学学报（社会科学版），2019（02）：28-35.

该能够将数据挖掘、数据分析、人工智能、数据可视化等技术与教育实际问题相结合。另外，要采取政策引导、重点任务扶持、资金补贴等方式，加强对乡村学校大数据人才的培养，打造多层次、多类型、高素质的大数据人才结构。乡村学校大数据人才的培养，既要有政府、社会宏观层面的研究，也要有学校、个体、学科和专业等微观层面的研究。

## 第三节　人工智能技术与乡村义务教育教师队伍建设

当前，我国教育的短板仍在乡村教育。乡村教师队伍建设直接关系到乡村教育振兴。实现乡村教育振兴，关键在于建设一支高素质、专业化、创新型的乡村教师队伍。2018 年，教育部印发的《教育信息化 2.0 行动计划》明确提出，要大力提升教师信息素养，推动教师主动适应信息化、人工智能等新技术变革。当前，我国乡村教师队伍建设还存在一些短板，利用人工智能技术提高乡村教师队伍质量，对于加强新时代乡村教师队伍建设，实现义务教育优质均衡发展，具有非常重要的现实意义。

### 一、人工智能的内涵及关键技术

#### （一）人工智能的内涵

“人工智能”的概念最早是在 1956 年的达特茅斯会议上被正式提出的，标志着一门新学科的确立，引起了学术界的广泛关注。人工智能作为一门交叉学科，涉及计算机科学、信息学、仿生学、生物学、语言学等多门学科，它是利用计算机控制机器模拟、延伸和扩展人的智能，目标是能够利用和人类相似的反射过程来执行复杂的任务。[①]其中，“智能”包括感官理解和互动能力、思维能力、学习能力、推理能力、编程能力、提取信息能力和预测能力等。人工智能持续火热的驱动力来自技术本身的提高，主要包括高质量和大规模的海量数据使得人工智能应用成为可能；计算力提升突破瓶颈，以图像处理器（graphics processing unit，GPU）为代表的新一代计算芯片提供了更强大的计算力；以多层神经网络模型为

① 安东尼·塞尔登，奥拉迪梅吉·阿比多耶. 第四次教育革命：人工智能如何改变教育[M]. 吕晓志，译. 北京：机械工业出版社，2019.

基础的算法，使得机器学习算法在图像识别等领域的准确性取得了飞跃性的提高；大数据技术在存储、清洗、整合方面为海量数据提供了技术保障，提升了深度学习算法的性能。[①]

## （二）人工智能的关键技术

### 1. 云计算和大数据

云计算是一种按使用付费的模式，它为用户提供了便捷、可用的网络访问，使用户能够按需进入可配置的计算资源共享池。这些资源涵盖了网络、服务器、存储设施、应用软件和各类服务，并且能够快速供应，几乎无须用户进行大量管理工作或者与服务商进行烦琐的交互。[②]云计算具有访问灵活、支持在线协作与文件存储等优势，成为公司或学校等进行资源储存、备份、软件服务等的解决方案。

大数据是一种规模大到获取、存储、管理、分析方面大大超出了传统数据库软件工具能力范围的数据集合。[③]大数据具有规模大、速度快、多样、密度低、真实的特点，是人工智能的基础，各类信息系统和传感器的数据是未来大数据的核心。伴随着物联网的发展，数据开始以指数级增长，大量的数据被应用到人工智能算法模型的训练中，又在结果输出上不断优化，从而使人工智能向更为智能化的方向发展。云计算、大数据相辅相成、互相促进，成为驱动人工智能发展的两个核心动力，人工智能技术能够对海量的教育数据进行挖掘，形成对教育发展现状的趋势分析，实现科学、高效的教育管理和决策。

### 2. 机器学习

机器学习领域的奠基人之一、美国工程院院士米切尔（Mitchell）教授认为，机器学习是计算机科学和统计学的交叉，也是人工智能和数据科学的核心。他在撰写的经典教材《机器学习》（Machine Learning）中给机器学习下的经典定义为：利用经验来改善计算机系统自身的性能。[④]机器学习致力于研究如何通过计算的手段，利用经验改善系统自身的性能，其根本任务是数据的智能分析与建模，进而挖掘数据的价值。机器学习面向数据分析与处理，以无监督学习、有监

① 杨正洪，郭良越，刘玮. 人工智能与大数据技术导论[M]. 北京：清华大学出版社，2019.

② 余胜泉. 人工智能+教育蓝皮书 2018[M]. 北京：北京师范大学出版社，2018.

③ 刘化君，吴海涛，毛其林，等. 大数据技术[M]. 北京：电子工业出版社，2019.

④ 转引自李德毅. 人工智能导论[M]. 北京：中国科学技术出版社，2018.

督学习和强化学习等为主要研究领域，提出和开发一系列的模型和计算方法，如基于支持向量机（support vector machine，SVM）的分类算法、稀疏学习模型等。机器学习为我们带来了众多革新，包括高效的网络搜索、流畅的机器翻译、高精度的图像理解和识别，这些技术极大地改变了我们的生活方式。在教育领域，机器学习同样展现出了卓越的优势，不仅在学生学习建模、学生行为建模方面有所建树，还能精准预测学习结果并提供个性化的资源推荐。总体而言，机器学习能助力教育教学，提供更加智能化、人性化的服务。

3. 自然语言处理

比尔·盖茨（B. Gates）曾说过，语言理解是人工智能皇冠上的明珠。[①]自然语言处理是人工智能和语言学的分支学科，主要研究计算机和人类之间使用的自然语言进行有效通信的各种理论和方法，主要包括语义分析、词性标注、句法分析、文本分类、信息检索、机器翻译、情感分析等。[②]自然语言处理技术推动人工智能进步，从而使人工智能技术可以落地生根。自然语言处理在教育领域中有诸多研究和应用，例如，在智能辅助学习方面，智能语言教学系统可以帮助学习者提高学习效果；在主观题自动批阅方面，自然语言处理技术可以为学生提供英文自动批改在线服务，帮助学生通过自主练习提升英文写作能力。

4. 人机交互技术

人机交互是计算机科学和认知心理学相结合的产物，同时涉及人体工效学、社会学、生理学、医学、语言学、哲学等诸多学科。人机交互研究的是系统与用户之间的交互关系，它不仅观察和分析人与计算机的现有交互方式，还会对新的交互方式进行探索和设计。[③]

人机交互的实现，将人工智能与机器人技术有机结合，促进了人工智能技术的发展。人机交互包括基于可穿戴设备的人机交互和基于深度网络的人机交互。近年来，多样化的人机交互越来越多地被引入教育领域，如语言交互模式被广泛应用于英语口语自主学习中，学习者能够直接以语音方式与智能系统随时随地进行多次对话练习，并得到系统的自动、及时的评判和纠正，让学生真正开口表达，从而提升其实际的口语运用能力。

① 转引自余胜泉. 人工智能+教育蓝皮书 2018[M]. 北京：北京师范大学出版社，2018.

② 余胜泉. 人工智能+教育蓝皮书 2018[M]. 北京：北京师范大学出版社，2018.

③ 余胜泉. 人工智能+教育蓝皮书 2018[M]. 北京：北京师范大学出版社，2018.

## 二、人工智能助力乡村义务教育教师队伍建设的优势

### （一）人工智能技术促进乡村义务教育教师专业发展

教师的专业素养是提高教师队伍质量的关键。当前，乡村教师专业素养普遍偏低，其主要原因在于，受地理环境等因素的制约，乡村学校优质的教师资源较为分散，难以定期进行系统的专业培训，不利于教师之间的沟通交流和学习。大部分乡村教师的学历不高或者本身是非师范专业毕业，教育教学能力、知识的专业化程度不高，导致教学质量难以大幅度提高。

人工智能技术为乡村教师实现智慧学习提供了有力支持。虚拟现实和增强现实都是利用与图像、视频、三维模型等相关的技术，营造视觉、听觉、触觉等多种感官的数字化虚拟世界。它们都综合运用了多方面的智能技术，包括计算机图形学、仿真技术、多媒体技术、人工智能技术、计算机网络技术、并行处理技术和多传感器融合技术等。[①]运用虚拟现实和增强现实等技术，可以为乡村教师创设在线学习空间，并针对乡村教师的个性化需求，提供个性化的学习资源，构建乡村教师专业发展的全新模式。

一是构建虚拟培训教室，可以增强乡村教师参与培训的积极性。增强现实通过计算机技术将虚拟的信息叠加到真实世界，从而使真实的环境和虚拟的物体实时融合到同一个画面中。虚拟教室是指综合运用计算机图像、三维模型等创设的虚拟学习环境，它能够将真实的教师培训场景通过三维模型表现出来，让教师产生身临其境的感觉。乡村教师可以结合自己任教的科目和学习兴趣选择合适的学习方案，灵活安排学习时间和学习进度。同时，乡村教师可以通过线上教研室、教师学习论坛、视频会议等方式和其他在线学习的教师进行互动交流，避免了传统教师培训的固定讲授模式和教师交流学习在时间与空间上的局限，增强了乡村教师的学习积极性和自主性。在乡村教师学习过程中，数据引擎技术能够及时记录乡村教师的学习表现、学习时长、学习内容和学习进展，针对每个乡村教师的学习情况进行评价，并在课程结束时针对教师的学习状况出具培训报告，及时为乡村教师提供反馈和指导。

二是建立虚拟学习资源库，可以满足乡村教师的个性化学习需求。虚拟现实技术能够突破时空的限制，在教育中的应用主要包括营造虚拟仿真环境进行教学、模拟技能训练、构建虚拟角色等，具有沉浸性、交互性、想象性的特征。[②]

① 余胜泉．人工智能+教育蓝皮书 2018[M]．北京：北京师范大学出版社，2018．

② Burdea G C, Coiffet P. Virtual Reality Technology[M]. New York: John Wiley and Sons, 2003.

虚拟学习资源库就是虚拟现实技术应用的一个很好范例，能够为乡村教师提供精品在线课程和数字化资源，满足乡村教师在线学习的需要。教育专家、各地学校的骨干教师可以与技术设计人员、软件开发人员、评估人员组建教育资源研发团队①，共同研发优质的乡村教育课程，为乡村教师提供不同领域、不同学科、不同年级、不同教学模式的课程学习资源。同时，可以利用文本挖掘技术、知识库技术和多媒体语义分析技术帮助乡村教师检索学习资源，结合乡村教师自主探究学习的内容，形成本地教师教育资源库，并基于乡村教师不同的学习偏好，为乡村教师推荐最佳的学习资源，实现乡村教师个性化的专业学习。

三是开展远程智能教学研讨，可以提升乡村教师的专业化水平。相关部门可以利用虚拟现实技术推动城乡教师实现远程智能互动研讨学习，组建乡村教师校际联盟教研中心，形成以区带县、以县带乡、以乡带村的逐级帮扶教研组织。②教研人员可以在线上讲授课程，对乡村教师进行线上教学指导，帮助乡村教师解决日常教学活动中的困惑。在开展教研活动的过程中，乡村教师可以通过电子设备终端和参与教研的教师进行互动交流，提高教研活动的效率。乡村学校可以利用远程视频会议、在线协作软件和社交媒体等工具，使城市和乡村的教师及专家建立协作关系，形成在线学习与交流专区。相关部门可以通过开展智能帮扶乡村教师的活动，提升乡村教师的专业化水平，构建乡村教师区域化教研团队，提高乡村教师队伍质量。

### （二）人工智能技术助推乡村义务教育教师师德师风建设

党的十九大将立德树人作为教育的根本任务。师德是教师主体的一种品质、一种修养，具有鲜明的独特性。习近平总书记高度重视师德师风建设，指出“评价教师队伍素质的第一标准应该是师德师风”③。《教育部等六部门关于加强新时代乡村教师队伍建设的意见》明确提出，要加强师德师风建设，激发教师奉献乡村教育的内生动力。在人工智能环境下，乡村教师能够实现泛在化的师德教育学习，享受无处不在、无时不在的学习服务，有利于提高自身的师德素养，实现立德树人的根本目标。

一是建立智慧师德教育平台，实现乡村教育育人过程的显性化。人工智能借

① 席梅红．人工智能支持的乡村教师专业发展未来构想[J]．现代基础教育研究，2020(03)：49-54.

② 席梅红．人工智能支持的乡村教师专业发展未来构想[J]．现代基础教育研究，2020(03)：49-54.

③ 习近平．在北京大学师生座谈会上的讲话[EB/OL]．(2018-05-02)[2024-03-01]．http://www.moe.gov.cn/jyb_xwfb/moe_176/201805/t20180503_334882.html.

助技术手段能够汇聚各方智慧，使育人过程中的知识显性化，并通过大数据将育人规律以更精确和明确的方式呈现出来。在育人方面，人工智能可以被看作打开“育人黑箱”的强有力工具，可以帮助我们更深入地理解育人过程是如何进行的。例如，教育云平台根据乡村教师的师德建设实际情况，在资源库中进行检索，构建乡村教师师德教育知识图谱，并利用参与度分析法和内容分析法等自动化的交互文本分析技术，获取教师进行师德教育学习的参与度、学习内容等信息，智能化安排教师的师德教育学习进度，定期向教师推送教育理论等重要的学习资料，构建数字化、个性化的师德教育系统。

二是通过智能诊断，加强师德建设监管。数据挖掘是指有组织、有目的地收集数据、分析数据，并从大量数据中提取有用的信息，从而寻找数据中存在的规律、规则、知识，以及模式、关联、变化、异常和有意义的结构。数据挖掘是统计学、数据库技术和人工智能等技术的综合。数据分析是用适当的统计分析方法及工具对收集的数据进行处理与分析，提取有价值的信息。[①]相关部门可以利用数据挖掘和数据分析技术动态监测乡村教师的职业道德行为，实时掌握乡村教师队伍思想状况和作风建设进展，并对乡村教师的师德行为进行智能诊断，及时发现并整改乡村教师队伍中存在的不良行为倾向和问题。

三是开展智能师德榜样评比活动。首先，借助大数据采集技术，对乡村教师参加师德培训、职业道德行为等方面的信息进行记录，将师德评比数据进行可视化，为师德模范的评选提供科学依据。其次，利用自然语言处理技术，构建乡村教师师德模范案例库，激励乡村教师向榜样学习，自觉规范自身的职业道德行为，努力提高自身的道德素养和道德情操。以人工智能育人好老师为例，其一，梳理并筛选优秀育人案例，主要包括问题行为、问题诊断、问题解决策略；其二，通过人工标注和自然语言处理的方式抽取高频词，建立育人词库；其三，构建育人知识图谱，利用图谱技术建立各实体之间的关系，为教师提供个性化的育人方案。[②]

### （三）人工智能技术赋能乡村义务教育教师减负增效

由于乡村教师的数量相对短缺，许多学校专任教师不足，教师数量难以满足教学需求，一名教师要教好几门学科，有些农村小规模学校甚至是“一师一

---

① 杨正洪，郭良越，刘玮. 人工智能与大数据技术导论[M]. 北京：清华大学出版社，2019.

② 余胜泉. 人工智能+教育蓝皮书 2018[M]. 北京：北京师范大学出版社，2018.

校”，师生比例严重失衡①，乡村教师的教学工作强度增加。乡村教师除了备课、上课、批改作业，还要管理班级事务，对留守儿童、单亲家庭子女等特殊群体学生进行思想教育工作。此外，乡村教师还要负责教学行政工作，例如，教学检查、考核、评比等活动，耗费了乡村教师大量的精力和时间，严重影响了教师的正常教学工作。繁重的工作任务对乡村教师的身心健康产生了不利影响，也使乡村教师无暇顾及自身的专业发展，影响了教师教学能力的提升。

联合国教科文组织在《教育中的人工智能：可持续发展的挑战和机遇》（Artificial Intelligence in Education：Challenges and Opportunities for Sustainable Development）中提到，教师应善于利用人工智能技术，提高科研和数字分析能力、管理技能、批判性思维和计算思维能力，以及用技术代替重复性工作。②随着人工智能技术的发展，越来越多的人工智能工具被广泛应用于教育领域，成为教师教学的得力助手，如智能教学助手。智能教学助手汇聚了教学情境、教学资料、学生学习等方面的数据③，并利用图像识别技术、自然语言处理技术和人机交互技术等来辅助乡村教师工作，将他们从烦琐的事务中解放出来。

一是人工智能技术赋能变革传统的教学模式。随着人工智能技术和教育教学的深度融合，传统课堂逐步向智能课堂发展。智慧课堂是利用大数据、云计算等信息技术创设的智能化、高效课堂，能够实现课堂反馈及时化、交流互动立体化、资源推送个性化。在课前环节，智慧课堂信息化平台为乡村教师提供了学生的知识掌握情况，预设教学目标，并向学生推送所要预习的内容，教师根据学生的预习反馈情况确定教学目标、内容、方法等。在课中环节，通过语音情绪识别和面部表情识别功能，了解乡村教师的授课风格和学生上课时的状态，并记录教师在课程中讲授、板书、互动的时间，以及学生的情绪和行为数据，帮助教师分析不同授课方式的教学效果，促使教师选择最佳授课方式。同时，语音识别和自然语言处理技术运用深度学习算法，可以辅助乡村教师进行口语测评，有效纠正和改进乡村学生的英语发音不标准和语言表达不清晰的问题，解决乡村英语教师口语教学的现实难题。在课后环节，可以通过自然语言处理技术对乡村教师讲授的内容进行提取，为学生提供学习资料进行巩固复习④，并利用智能诊断等技术帮助教师分析每个学生的课堂表现，生成学生课堂学习报

① 吴梅，许晓君. 我国乡村教师队伍建设面临的困境及其破解[J]. 当代教育科学，2017(06)：61-64.

② 转引自陈向东. 中国智能教育技术发展报告(2019—2020)[M]. 北京：机械工业出版社，2020.

③ 余胜泉. 人工智能+教育蓝皮书2018[M]. 北京：北京师范大学出版社，2018.

④ 李兆义，杨晓宏. “互联网+”时代教师专业素养结构与培养路径[J]. 电化教育研究，2019(07)：110-120.

告，及时为乡村教师提供教学反馈。

二是人工智能技术辅助乡村教师的教学工作。智能教学助手可以为乡村教师备课提供丰富的课件、教案、习题等教学资源，根据乡村教师常用教学情境和学生的知识结构、学习能力的数据分析结果，从知识库、资源库、练习库中提取相关内容进行教学设计，为乡村教师提供多种教学设计方案供其选择，提高乡村教师的备课效率。课程结束后，智能教学助手可以通过一系列的算法，对学生的知识掌握情况进行分析，选择不同难度的题目为其制定个性化的作业，促进学生对知识点的掌握、巩固和提升。学生完成作业后，不再由教师对作业进行批阅，智能作业批改系统运用自然语言处理技术和语义分析技术对学生的作业进行批阅，不仅减轻了乡村教师的工作负担，而且使教师能够全面掌握班级学生的知识掌握情况。例如，智能作业批改系统能够自动识别学生的作业，并对错误的地方进行批注和修改，准确指出学生存在的问题，使学生能够及时查漏补缺。人机交互技术可以协助乡村教师为留守儿童和农村单亲家庭子女在线答疑解惑，能有效缓解他们的心理焦虑和满足其情感渴求。

三是人工智能技术提供个性化的教育评价。人工智能技术在教育领域的应用，使得乡村教师不再仅仅满足利用试卷的形式对学生的知识掌握程度进行定点的静态测量，还可以利用各种不同类型的计算设备及相关技术对学生的高阶认知、元认知、心理及身体健康等进行多角度的综合评价。由于当前乡村学校“大班额”现象普遍，乡村教师所教的学生较多，他们只能通过考试评分和作业对学生进行评价，无法对学生进行个性化的指导，难以觉察学生的不良行为。智能测评技术强调通过一种自动化的方式测评学生的发展。所谓自动化，是指机器承担一些教师负责的工作，包含体力劳动、脑力劳动或认知工作。通过人工智能技术实现的自动测评方式，可以实时跟踪乡村学生的学习表现和学习方法，促进乡村教师反思教学方式，提高教学质量。例如，“批改网”便是一个以自然语言处理技术和语料库为基础的在线自动评测软件，它能够解析学生英语作文与标准语料库中语料之间的差距，对乡村学生作文进行即时评分，并提供改善性建议和知识分析结果，能大大减轻乡村教师的工作负担，提高工作效率。同时，人工智能中的大数据技术可以对影响乡村学生学习态度、习惯的因素进行深入分析，剖析影响乡村学生不良表现的深层次原因，为乡村教师提供精确的分析报告，及时对乡村学生存在的问题进行干预和引导。例如，利用机器学习技术，通过设计并开发具有相应评测功能的软件和平台，记录乡村学生各类交互行为数据，通过人机交互和数据分析技术对乡村学生的行为进行评价，及时发现乡村学生的不良行为并给予适当的干预，能够起到提示乡村学生的高危行为和潜在风险的作用。

总之，人工智能技术赋能变革传统的教学模式，辅助乡村教师的教学工作，提供个性化的教学评价，大大减轻了乡村教师的工作负担。正如有学者所说，人工智能卸下了数百年来教师身上的行政负担，让他们能去做更有意义的事；还让教师的教学变得更有吸引力，更有成就感，教师也更有激情。这不仅能降低教师的辞职率，还能招来更多的好老师。[①]

## （四）人工智能技术提高乡村义务教育教师治理效能

人工智能技术发挥作用的基础是拥有海量的数据，因此依托数据而存在的人工智能技术必将促进教育治理的数据化。经过数据化的各种信息更加清晰、明确，可以根据数据来制定计划、做出决策、评估工作等。目前，我国乡村教师队伍建设还存在教师结构性失衡、教师编制不足、教师职称评定认定难和教师评价方式不合理等问题，利用智能化系统和教育大数据，可以对乡村教师队伍进行全方位的精准分析和可视化分析，实现自动化管理、实时监控、智能诊断和及时反馈，加快乡村教师治理体系现代化的进程。

一是人工智能技术可以精准匹配乡村教师资源。从技术原理来讲，人工智能技术主要由数据和算法两部分组成，可以通过海量数据不断地计算而提高决策的效果。[②]一些研究者利用教育大数据构建了乡村教师资源分布的动态图，旨在对乡村教师的任教学科、年龄、职称、学历等关键信息进行整合与分析。基于这些分析，能够更加有效地协调乡村教师资源的分布。特别是对于音乐、美术、体育等学科，可以借助智能机器教师为学生提供高质量的课堂教学，从而有效弥补乡村教师在这些学科上的学科性失衡。并且，人工智能技术的关键功能之一就是预测，借助云计算、数据挖掘等技术，能够从海量的数据中发现事物之间隐藏的关系，探索潜在的规律，通过分析、建模、模拟和预测结果，使教育决策更精准、更具预见性、更科学。因此，相关部门可以根据乡村学校的教学需求和办学规模，运用智能算法科学预测未来几年对不同学科教师数量的需求状况，为教育部门和师范院校制定人才培养计划提供数据参考，为乡村学校提供合理的师资配比。

二是人工智能技术可以优化乡村教师编制管理。利用数据挖掘技术和空间分析方法可以统计各地区乡村教师的学历、教研能力、教龄等信息，相关部门可以建立乡村教师基本情况数据库，并对岗位设置、教师轮岗、人员招聘等实行智能

---

① 安东尼·塞尔登，奥拉迪梅吉·阿比多耶. 第四次教育革命：人工智能如何改变教育[M]. 吕晓志，译. 北京：机械工业出版社，2019.

② 李德毅. 人工智能导论[M]. 北京：中国科学技术出版社，2018.

化的统筹管理，实现乡村教师编制结构动态调整。此外，由于每个乡镇的人口结构、人口流动、经济发展、教育状况各不相同，县级教育主管部门配备乡村学校紧缺型学科教师的难度很大。人工智能技术可以运用机器学习分析预测乡村学生的规模、乡村学校的发展规模和紧缺型学科教师的需求数量，合理设置乡村教师编制数量，适当增加紧缺型学科教师的编制，有效解决乡村教师短缺的问题。

三是人工智能技术可以创新乡村教师评价方式。电子学习档案袋（e-learning portfolio，ELP）是人工智能环境的产物。电子学习档案袋是依托现代网络技术对教育教学过程进行真实的记录，关注评价发展性、反思性功能的一种有效的质性评价记录方式。[①]通过建立乡村教师个人电子档案袋[②]，将乡村教师的教学实践过程、参与教研次数、培训进修时长等信息记录下来，在对乡村教师进行评价时，利用数据分析系统对相关信息进行挖掘分析，形成直观化、客观化的评价报告，改变了以往单一的教师评价方式，并将评价结果反馈给乡村教师，使他们能及时解决在教学中存在的问题，促进乡村教师专业化发展水平的提高。

总之，相关部门应通过人工智能系统对多元数据进行精准分析，及时发现乡村教师队伍中的问题和不足，并提出相应的建议供教师和教育管理者参考，逐步实现乡村教师治理工作精准化，形成动态的乡村教师治理模式，提高乡村教师队伍的质量。

## 三、人工智能助力乡村义务教育教师队伍建设面临的困境

### （一）乡村学校网络基础设施建设有待完善

受地理位置、信息化设施建设等因素的制约，人工智能技术难以在乡村学校推进。主要表现为：一是教育信息化设施较为滞后。乡村教师难以正常使用智能化设备进行教学工作，人工智能技术优化课堂教学的作用无法得到有效发挥。二是智能设备建设资金不足。人工智能技术在教育领域的应用是时代发展的产物，其研发、设计、测试等流程都要耗费大量的资金，需要政府提供专项资金支持。目前，我国实行“以县为主”的教育财政管理体制，乡村由于资金不充足，无法为各所学校提供智能化教学的数字环境。三是智能设备维修问题难以解决。乡村学校缺乏专业的设备维修人员，加之学校地理位置偏远、资金紧缺等原因，无法及时修理教学设备，对乡村教师的教学工作造成了困扰。

① 李韧. 自适应学习：人工智能时代的教育革命[M]. 北京：清华大学出版社，2018.

② 和学新，褚天. 人工智能时代教育变革的理性思索[J]. 河北师范大学学报（教育科学版），2020（06）：112-118.

## （二）人工智能伦理道德面临挑战

有学者指出，人工智能从技术走向生活，在成为人类助手和朋友的同时，我们更要关注其产生的伦理问题。[①]人工智能助力乡村教师队伍建设过程中，由于缺乏法律约束和专业化的指导，产生了一系列伦理道德问题，主要表现在四个方面：一是数据隐私安全问题。适当的隐私与边界是人类社会伦理秩序的必要组成部分，对隐私的保护也成了几乎所有文明社会的法律和伦理共识。在技术不发达的条件下，隐私很容易被规范和保护，人们纵然有窥视的心思，却没有窥视的手段，然而人工智能的发展改变了这样的格局。[②]教师和学生的个人信息、地理位置等私人信息都会被智能教育系统获取[③]，既然大数据是人工智能得以生存和发展的前提，那么大数据蕴含的隐私信息也就成为不得不交予的资源，隐私交给第三方，隐私泄露的问题会不可避免地呈现出来。这些数据一旦泄露，就会造成数据安全问题，使乡村教师和学生个人的利益受到侵害。例如，乡村留守儿童、单亲家庭子女信息，以及乡村大龄教师婚恋信息等，都存在数据隐私安全问题。二是智能教学束缚了乡村教师的专业发展。大数据能够全面收集教育教学信息，并为教师推送个性化的教学设计方案等，但也会导致一些乡村教师过度依赖数据算法分析，缺乏对教育数据的甄别和判断能力，限制了乡村教师专业能力的提高。三是人工智能限制了乡村教师和学生的社交能力的提升。机器可以模仿人类的情感，但永远也不能感知情感。牛津大学的卡尔·弗雷（C. Frey）和迈克尔·奥斯本（M. Osborne）曾表示，虽然算法和机器人目前可以完成一些社交活动，但还是很难识别出人类的自然情感，要让其对这些情绪做出回应就更难了。伊恩·戈丁（I. Goldin）的观点很明确，即机器不可能具备那些人类特有的素质，也就是爱、情绪和情绪反应。[④]因此，人工智能的过度使用，可能会限制乡村教师和学生的社交能力，难以充分保证师生和生生之间的情感交流。四是算法偏见可能会导致乡村教师发展风险。凯文·凯利（K. Kelly）在《失控：机器、社会与经济的新生物学》（Out of Control：The New Biology of Machines，Social Systems，and the Economic World）中指出，人们在把自然逻辑输入机器的同时，也将技术

---

① 瑞恩·卡洛，迈克尔·弗鲁姆金，伊恩·克尔. 人工智能与法律的对话[M]. 陈吉栋，董惠敏，杭颖颖，译. 上海：上海人民出版社，2018.

② 李勇坚，张丽君，等. 人工智能——技术与伦理的冲突与融合[M]. 北京：经济管理出版社，2019.

③ 尹耀金. “互联网+教育”在特殊教育中的应用——以宁夏特殊教育发展应用情况为例[J]. 宁夏教育科研，2019(01)：8-10.

④ 转引自陈向东. 中国智能教育技术发展报告(2019—2020)[M]. 北京：机械工业出版社，2020.

逻辑带到了生命之中，机器人、计算机程序等人工制造物也越来越具有生命属性。这一说法成为关于人工智能算法歧视的广泛引证。虽然智能算法本身是一种数学形式的代码表达，然而在设计、运用和发布的过程中都离不开设计者和开发者的主观意志，人们可能把已有的歧视嵌入程序设计之初而犹未察觉，而智能算法有可能会把这种歧视扩大。①同样，由于算法设计人员对教育方法、教育理论、师生关系等方面的教育专业知识关注较少，容易忽视乡村教师发展的实际需求，开发者可能会设计出错误的算法模型，对乡村教师队伍发展造成不良影响。因此，相关部门需要治理人工智能所引起的伦理道德问题，加强对数据安全的重视，使人工智能技术更好地为乡村教师发展服务。

### （三）人工智能技术人才严重短缺

国内人工智能领域的主要问题在于教育人才培养的速度与行业发展速度不匹配。随着人工智能技术在教育领域的应用不断推进，需要培养具有扎实的人工智能技术和知识素养的复合型人才。目前，乡村学校的人工智能人才难以满足实际需求，主要表现为：一是乡村学校缺乏人工智能方面的教师。乡村学校存在教师数量短缺的问题，熟练掌握教育信息技术的教师更是少之又少，无法满足乡村学校人工智能教学的现实需要。二是乡村教师教学需要人工智能技术人才的专业指导。部分乡村学校虽然积极推行智能化教学，但是缺乏专业的人工智能技术人员的指导，乡村教师在实施智能化教学过程中无法解决设备故障，不知如何筛选和处理教育数据，人工智能教学的价值没有真正得到体现。三是乡村教师不愿意使用人工智能教学设备。一些乡村教师年龄较大，不愿意主动学习新的教学技术，加之对新技术的掌握和运用能力不高，仍然按照传统的教学模式和方法进行教学，忽视了人工智能对教育教学的推动作用，导致乡村学校使用人工智能技术进行教学的进度缓慢。

### （四）乡村教师的信息素养、数据素养和智能素养亟待提升

在大数据和人工智能时代，信息素养、数据素养和智能素养是教师应该具备的基本素养。这三种基本素养对教师的思维能力、教育技术能力、读懂学生的能力有着重要的影响。②当前，我国乡村教师的信息素养、数据素养和智能素养相对薄弱，教师利用智能化教学技术的能力有待提高，缺乏对教育大数据进行深入

① 转引自李勇坚，张丽君，等. 人工智能——技术与伦理的冲突与融合[M]. 北京：经济管理出版社，2019.

② 刁生富，吴选红，刁宏宇. 重估：人工智能与人的生存[M]. 北京：电子工业出版社，2019.

挖掘的能力。主要原因在于：一是乡村教师对上述三种素养缺乏重视。教师尚未充分认识到人工智能技术对于提高教育教学质量的重要性[①]，对人工智能的认识不明晰，难以将人工智能技术和日常教学工作结合起来，仍根据自己的教学经验判断学生的学习状态。二是乡村教师的信息素养、数据素养和智能素养培养不足。教师对人工智能教学工具和数据处理软件的运用不熟练，对计算机科学和数理统计学等相关基础知识的了解较少，导致乡村教师无法进行人工智能辅助教学并对教育数据进行分析和解读。三是乡村教师的教育数据隐私安全意识不强，对数据隐私保护仍停留在认识层面，在具体操作上缺乏数据安全保护措施。

## 四、人工智能助力乡村义务教育教师队伍建设的策略

### （一）优化乡村学校智能教育基础设施建设

一是建立多元化的乡村学校人工智能基础设施投入机制。深入推进人工智能技术的应用，需要政府、学校、企业等利益相关者建立良好的协作关系，通过合理分工，调配社会资源，丰富乡村学校人工智能资源供给。政府应将人工智能的经费投入纳入教育信息化发展规划中，确保中央、省和县（区）级政府均有专项投入。县（区）政府部门在分配资金时，要适当地向乡村学校倾斜，确保用于智能化教学的基础设施、教育数据库建设、光纤宽带入网系统等建设资金。[②]尤其要加大对不发达地区学校的人工智能基础设施的投资，为其提供智能化教学技术支持，实现优质教育资源共享；通过风险投资、创业投资基金及资本市场融资等多种渠道，引导社会资本支持乡村学校人工智能发展；落实对人工智能中小企业和初创企业的财税优惠政策，通过高新技术企业税收优惠和研发费用加计扣除等政策，促进乡村学校人工智能基础设施的完善。

二是优化乡村学校人工智能技术环境。作为教育信息化的重要组成部分，乡村学校资源环境建设必须随着人工智能技术的进步及与教育融合的创新持续地改进，以丰富多样、有效供给的资源环境为未来智能化和个性化的信息化教育提供有力的支持。相关部门应通过政府购买、学校配置和社会捐助等多种形式，加强乡村学校智能化教学硬件设施建设，提升网络工具的配置水平，为乡村教师提供智能化的教学工具，提高工作效率，减轻乡村教师的工作负担，使乡村教师有充沛的精力投入教学工作中。

---

① 于海波. 人工智能教育的价值困境与突破路径[J]. 湖南师范大学教育科学学报，2020(04)：56-62.

② 张惠惠. 未来已来：人工智能对教育育人的挑战与应对[J]. 现代教育科学，2019(08)：8-12，50.

三是通过校企合作建设智能化教育平台。通过乡村学校和企业签订合作协议的方式，企业为乡村学校提供智能化教学平台，创建基础知识资源库、教学数据库等。同时，相关部门应根据乡村学校的实际情况和教师的工作需要不断更新和完善智能化硬软件设备，更新人工智能教育资源库和学校教育数据库，优化智能化教学分析技术，为乡村教师提供更好的智能化服务。

### （二）强化人工智能和教育大数据治理

一是加强对人工智能和教育大数据的监管。首先，相关部门应加快制定人工智能和教育大数据的相关法律法规制度，促进人工智能教育产品的研发者和使用者的自律。其次，实行教育隐私数据采集标准化，进行合理的数据清洗和脱敏，保护教育数据的安全，确保教育数据的合法使用。再次，建立人工智能数据安全监控平台，对教育数据的采集、分析、保存等流程设置标准并加以监管，定期评估教育数据隐私风险，及时采取合理的隐私保护措施，切实保障教育数据安全。最后，将学校的教育数据隐私保护能力纳入校园安全评价体系，切实提升广大教育工作者的数据隐私保护意识和能力。

二是建立人工智能和教育大数据的研究机构。首先，加强教育领域专家和人工智能专家之间的合作，使技术研发人员了解教育发展的实际需求，将教育理论、教育的现实问题等融入算法框架中，不断优化教育人工智能算法模型。[①]其次，构建专业化的教育数据质量和评估体系，精准分析乡村教师队伍建设的现状及问题，为乡村教师队伍建设提供科学、高效的智能决策和管理服务。

三是高度关注人工智能技术理论道德问题。2017 年，国务院印发的《新一代人工智能发展规划》指出："开展人工智能行为科学和伦理等问题研究，建立伦理道德多层次判断结构及人机协作的伦理框架。"为此，相关部门要加强风险预防与约束引导，积极应对人工智能在师生伦理、算法歧视等方面可能产生的问题，探索制定数据收集、使用补偿机制和定期审查追责机制的可行性，保证人工智能技术在乡村教师队伍建设中得到安全、可靠使用。

四是提升乡村教师的教育数据伦理素养。教育数据伦理素养是教师在使用教育数据时应遵守的道德信念和行为规范。通过教育数据伦理素养培训，乡村教师能了解教育数据伦理的相关知识及法律法规，自觉遵守教育数据伦理的道德标准，合理使用教育数据。同时，要提高乡村教师甄别教育数据的能力，教师在使用教育数据时，要确保数据的真实性和可靠性，积极探究并改进智能教育资源的

① 赵磊磊，姜蓓佳，李凯. 教育人工智能伦理的困境及治理路径[J]. 当代教育科学，2020（05）：3-7.

不足之处，避免过度依赖智能技术，增强乡村教师使用智能教学工具的独立性和能动性。

### （三）重视人工智能专业人才培养

一是深化师范生培养体系改革，在师范生课程培养体系中增设人工智能教育和数据素养课程，使师范生掌握人工智能教育的理念、智能技术的应用、智能教育的态度和价值观、教育数据伦理知识等。[①]首先，鼓励师范院校设立人工智能教育学院，开设人工智能相关专业，丰富人工智能教育内容，形成“人工智能+X”的新模式，推动人工智能与数学、语文、物理学、生物学、心理学、社会学、法学等学科的交叉融合。其次，健全人工智能人才培养机制，鼓励企业逐步介入人工智能技术人才培养过程，与师范院校协同培养更实用、更专业的高素质人工智能技术人才。

二是实施人工智能师范生定向培养计划。首先，鼓励师范院校制定人工智能师范生定向培养计划，为乡村学校输送技术型人才。其次，培养师范生对乡村文化的认同，增强他们对乡村教育的热爱，促进教师职业道德素养和责任感的提升。最后，提高人工智能专业人才的工资待遇，通过特殊补贴的方式，提高他们对工作的满意度和幸福感，吸引更多年轻的人工智能专业师范毕业生到乡村学校任教。

三是加强校企人工智能产学研合作。各大高校应与科技企业合作，为学生提供人工智能项目建设的实践平台，在人才培养过程中，实行科研训练、应用创新的递进式教学，注重产学研的深度结合。[②]此外，在乡村学校开展人工智能教育试点，鼓励乡村教师在教学实践中探索智能化的教学模式，及时解决在教学过程中遇到的问题，引领乡村教师改变传统的教学方式，积极应用人工智能技术。

### （四）培养乡村教师的信息素养、数据素养和智能素养

信息素养、数据素养和智能素养的形成，需要教师时刻保持对数据、信息、智能等方面的基础知识和实操条件的敏感度，提高教师对教学活动过程中的价值信息进行收集、存储、提纯、分析、决策、批判等方面的实践能力，最终帮助教师在茫茫数据海洋中高效而准确地筛选有价值的教育资源。

一是给予乡村教师信息素养、数据素养和智能素养培训支持。政府部门应为

① 余胜泉. 人工智能+教育蓝皮书2018[M]. 北京：北京师范大学出版社，2018.

② 张慧，黄荣怀，李冀红，等. 规划人工智能时代的教育：引领与跨越——解读国际人工智能与教育大会成果文件《北京共识》[J]. 现代远程教育研究，2019(03)：3-11.

乡村教师培训提供专门的经费支持，积极鼓励各地开展乡村教师的信息素养、数据素养和智能素养培训工作。人工智能教育资源研发团队要结合乡村学校的实际情况，为乡村教师提供优质、适切的学习资源，并给予针对性的指导，确保他们有能力选择、评估和使用恰当的技术和资源，以提高乡村教师的参与度和学习积极性。

二是加强乡村教师信息素养、数据素养和智能素养的培训工作。首先，制定乡村教师培养方案及其标准，明确信息素养、数据素养和智能素养的内容和发展目标，并不断完善培训方案。其次，将三种素养的培训纳入乡村教师在职培训。再次，在“国培计划”中增设在职乡村教师的信息素养、数据素养和智能素养的培训，并将其列为教师职称评定的必备条件之一，提高乡村教师对三种素养的重视程度。最后，丰富乡村教师培训形式，除了采取传统的现场培训、专家讲座外，还可以采取在线培训、个性化培训及教师微培训等。

三是增强教师的信息素养、数据素养和智能素养意识。乡村教师要积极探索智能化教学模式，结合学科特点、学生情况和个人的教学风格，将教育数据的理论、技术融入教学实践中，分析各类教学数据，及时改进教学方式，提高教学效果。乡村教师之间要加强合作和交流，分享通过数据改进教学的经验，不断提升教师应用数据改进教学的自我效能感，增强自身的数据意识。

## 第四节　教育数字化转型与乡村义务教育教师队伍建设

随着日常生活中技术使用的频率激增，教育中不可避免地会出现数字化转型问题。[①]尤其是在新的时代背景下，我国加速了教育数字化转型的步伐，将教育数字化转型提上日程，明确了教育数字化转型对推动教育变革、助力高质量教育体系构建的重要意义。2021 年，教育部等六部门发布了《关于推进教育新型基础设施建设构建高质量教育支撑体系的指导意见》，强调教育要实现高质量发展，必须以“教育新基建”为基准，促进线上线下教育融合发展，推动教育数字转型、智能升级、融合创新。《教育部 2022 年工作要点》指出，实施教育数字化战略行动，积极发展“互联网+教育”，加快推进教育数字转型和智能升级。为了推进教育数字转型，教育部启动实施教育数字化战略，建立了国家智慧教育云平台。

① Balyer A, Öz Ö. Academicians’ views on digital transformation in education[J]. International Online Journal of Education and Teaching, 2018(04)：809-830.

为了响应时代的号召、满足民意的需求，党的二十大强调推进教育数字化，建设全民终身学习的学习型社会、学习型大国。中小学教师是教育数字化转型实现的主角之一，既是推动教育数字化转型的重要力量，又是教育数字化转型的服务对象和受益者。[①]教育部等八部门印发的《新时代基础教育强师计划》强调，高质量教师是高质量教育发展的中坚力量，提升中小学教师的信息技术应用能力、挖掘和发挥教师在人工智能与教育中的作用十分重要。2023 年 7 月，《教育部办公厅关于开展 2022 年暑期教师研修的通知》印发，鼓励教师在国家智慧教育公共服务平台上学习，提升教育教学能力。此外，新课标要求充分发挥现代信息技术的支撑作用，促进信息技术与学科课程融合，拓宽各学科的学习空间，提高学生的学习能力，促进评价方式的变革。社会、政策、时势让中小学教师的核心素养和工作方式都呈现出一系列新动向，这就要求中小学教师要思考自身的角色定位，提高自身的能力，以更好地适应当下的环境。在深入推进教育数字化转型的进程中，中小学教师如何认识自身价值、精准定位自身角色，以促进科技兴国战略的实施、加快教育现代化进程，已然成为我国教育领域重要的理论命题和实践命题。

## 一、教育数字化转型背景下中小学教师角色定位的现实意义

### （一）中小学教学工作数字化的现实要求

各地区的相关文件都对数字化教育转型提出了要求，如《北京市“十四五”时期教育改革和发展规划（2021—2025 年）》要求推进教育与现代科技深度融合发展，构建“空中课堂”，建设“双师课堂”，打造“融合课堂”[②]；《河北省教育事业发展“十四五”规划》指出，要推进信息技术与教学深度融合，积极开展微课、慕课等新型教学模式研究和实践，全面提升教师的信息化教学能力[③]。数字化技术元素正在渗入中小学教师的教学之中，如使用在线教育平台进行授课，使用智能技术对学生进行多模态分析等，能拓宽教师教学渠道、创新教学评价方

① 康丽，冯永亮. 教师要主动拥抱数字化转型[N]. 中国教师报，2022-09-21(02).

② 北京市教育委员会. 北京市“十四五”时期教育改革和发展规划（2021—2025 年）[EB/OL].（2021-09-30）[2022-11-09]. http://jw.beijing.gov.cn/xxgk/zfxxgkml/zwgkjhgh/202109/t20210930_2506772.html.

③ 河北省教育厅. 河北省教育厅关于印发《河北省教育事业发展“十四五”规划》的通知[EB/OL].（2021-09-17）[2022-11-09]. http://www.hee.gov.cn/col/1410097726928/2021/11/02/1635818892033.html.

法。因此，中小学教师需要深刻认识到数字技术在教育领域中的重要作用，明确自身在数字化转型中扮演的角色，找准定位，只有如此才能更好地发挥数字技术的应用与赋能功能，做好教育工作。

### （二）促进学生数字素养全面发展的客观需要

明晰教育数字化转型背景下中小学教师的角色定位，是促进学生数字素养全面发展的客观需求。在疫情背景下，在线教育已经成为常态，中小学教师与学生的教学互动存于云端，云听课、云学习、云提交、云批改、云交流等活动逐渐成为大势所趋。基础教育阶段的学生正处于“三观”形成时期，对网上的信息辨别能力较弱，数字素养能力也较弱，因此中小学教师将数字素养的培养融入学科教学之中是十分有必要的，能够很好地规避风险。新时代，我国亟须培养大批具备良好数字素养与技能的高素质人才。数字素养的培养需要从小做起，中小学教师是学生数字素养培养的重要奠基者。俗话说：“地基打不好，何以建高房？”同理，如果学生一开始就没有在教师的熏陶之下养成良好的数字素养意识，如何为之后成为数字时代的高素质人才做准备？在数字时代，国家的发展离不开数字素养的培养，而教师则是培养这一素养的关键所在。2022 年新课标中也强调教师要实施数字化教学，引导学生自主塑造数字素养。由此可见，中小学教师的责任重大，必须要找准自身在数字时代的角色定位，才能够在促进学生数字素养全面发展上发光发热。

### （三）推动教师队伍专业化进程的实际诉求

明确教育数字化转型背景下教师的角色定位，是推动各个中小学教师队伍专业化进程的实际诉求。从实践层面来看，教育数字化转型可以简单理解为中小学教师（教育工作者）将知识图谱、资源推送等新技术和新方法应用于教学实践，创新教学方法，推动教育变革。教育数字化转型的关键是数字技术带来的数字价值①，要求中小学教师能够充分认识到数字的价值所在，并利用其进行教育教学创新和变革。为了适应数字智能时代的发展要求，中小学教师需要树立终身学习的理念，学习新技术、新内容、新方法、新模式，思考如何将新技术融入教育教学之中，提高信息技术应用能力，提高教育教学质量。在此过程中，中小学教师也会不断进行三省：“我今天学了什么？”“我今天做了什么？”“我做得怎么样？”也就是说，教师会重新思考自身在其中扮演的角色，找准定位，强化专业

① 胡姣，彭红超，祝智庭. 教育数字化转型的现实困境与突破路径[J]. 现代远程教育研究，2022(05)：72-81.

知识，提高数字素养和专业素养。之后，投入更多的时间、精力和激情去研究、创新、实践，进而推动教师队伍的专业化发展。

## 二、教育数字化转型背景下中小学教师的角色定位

### （一）数字化教学的终身学习者

在教育数字化转型的背景下，数字技术的广泛应用不仅为中小学教师带来了极大的便利，同时也对他们提出了明确要求：坚持终身学习，勇于改革教学。李锋等指出，教育数字化转型推动教育从学校的阶段学习向适应社会发展的终身学习转变。①在数字化转型背景下，教师可以通过教学资源个性化生成技术、教学资源个性化推荐技术辅助教育教学，通过学情分析、智能助理、课堂行为管理、微课实录、智能批改等数字技术应用产品开展差异化教学，通过学习数据采集、学习者画像、智能测评、学习路径规划等技术助力学生进行个性化学习，通过虚拟现实技术、全息技术等开展体验式教学，通过钉钉、QQ、腾讯会议等平台实现同步/异步课堂，通过研修平台、MOOC 等与全国乃至全世界的名师交流。由此可见，教育数字化转型可以突破教学过程的时空限制，赋能各个教学环节，提高教育教学质量；打破优秀教师资源共享的限制，赋能教师自身，推动教育优质均衡发展；满足学生的个性化需求，促进学生个性化发展和全面发展。在这个过程中，教师不再只是简单的“传道授业解惑者”，更多的是数字化教学的终身学习者。当今社会，科技日新月异，中小学教师需要通过学习和使用新技术了解其特性和适用的教学场景，逐步形成“识材-施教-发展”的统一理解②，助力数字教育的发展；学习如何使用数字技术赋能教育，了解数字技术应用在教育领域中的风险并采取规避措施。

### （二）教学新模式的探索者

数字技术的进步助推教育的变革，中小学教师不仅需要做一名合格的数字技术的应用者，更要做一名富有创新精神的教学新模式的探索者。数字化转型背景下，互联网、大数据、人工智能、虚拟现实等新技术的变革，使教师面临着新的教学挑战：如何学好并用好数字技术，使其赋能教育教学？《教育部关于实施全

① 李锋，顾小清，程亮，等．教育数字化转型的政策逻辑、内驱动力与推进路径[J]．开放教育研究，2022（04）：93-101.

② 刘邦奇，聂小林．走向智能时代的因材施教[M]．北京：北京师范大学出版社，2021.

国中小学教师信息技术应用能力提升工程 2.0 的意见》指出，信息技术应用能力是新时代高素质教师的核心素养，强调了中小学教师信息技术应用能力的内生动力与教育教学质量提升、未来教育发展之间的密切关系。如今的中小学教师身处数字时代，面对的教学对象是从小生活在数字时代、与互联网做伴、与手机和平板电脑同行的“数字土著”。为了能够激起他们的学习兴趣、制定符合当代学生的教学方案，直观、生动、形象的数字技术能提供很好的助力，这也要求中小学教师自主学好、用好数字技术。学好技术是一门手艺，而用好技术则是一门学问。基础教育要做好，关键在于中小学教师要处理好数字技术与教育的关系，应用好数字技术。中小学教师需要明白数字技术是为教育服务的，是用来减轻师生负担、优化教学方式的。正如季瑞芳等所言，数字技术为教学带来了无限可能，中小学教师在数字协作环境下开展在线教学，通过互联网技术随时随地学习，通过学习分析与自适应技术实现精准教学或个性化教学。[①]由此可见，无论从时代层面、国家层面还是学校层面、师生层面来看，中小学教师都需要提高自身的信息技术应用能力，成为一名合格的数字技术应用者，实时进行教学调整，应用新技术，探索教育教学新模式，变革教学方式。同时，要树立正确的教育技术观，深刻认识到信息技术赋能教育的三个层次：信息技术充当教学媒体赋能教育、信息技术延展师生能力赋能教育、信息技术化作教育技术赋能教育[②]，更新教育理念，重构学生的学习模式，让数字技术真正赋能教育。

### （三）数字化资源库的完善者

中小学教师不仅是数字化技术的应用者，还是数字化资源库的完善者。学生每天和教师在一起的时间可能比和父母在一起的时间还要长，可以说教师是最了解学生的需求的。教师在学会应用数字技术的基础上，还应该能够结合学生的学情、学校的校情，从海量的数字资源中筛选出适合教学的资源。教师往往更清楚现有网上数字资源存在的缺陷与不足，而这些不足之处正是需要中小学教师运用所知所学去弥补的。这项工作的完成不仅能够助力教师的教学工作，还能够促进基础教育的均衡发展，推动教育现代化的实现。

新课改提出教学需要以人为本，中小学生需要的是较为直观、生动、形象的

---

① 季瑞芳，李国云，张春华，等. 数字技术应用赋能基础教育创新发展——2022 年《基础教育创新驱动力报告：技术驱动篇》概览[J]. 中国现代教育装备，2022(10)：15-19.

② 王杰文. 信息技术赋能教育的三个层次——基于中小学教师信息技术应用能力提升的视角[J]. 中国教育学刊，2022(06)：1-6.

教学内容呈现形式，而由动画、图片、视频等组成的数字资源库能够满足这一需求。但是，中小学教师在使用这些数字资源库时，应该根据需求进行筛选。在寻找不到合适的数字资源进行教学的时候，中小学教师只能花费时间去制作课件、微课等，比如，利用万彩动画大师的丰富元素、变体动画、配音、点线动画、音视频剪辑等功能，制作微课或课件，以丰富教学方式；利用 Mugeda 等平台制作创意教育课件，以帮助学生提高自主学习能力；利用微助教、雨课堂等平台完成课程资源的设计，以革新教学模式。由此可见，数字技术的介入，使得中小学教师的教学资源获取等变得更加便捷、高效，但是也对中小学教师提出了更高的要求，即具备一定的数字素养和专业素养，能对海量的数字教学资源加以辨别，择适而用，择优而用。数字技术要落到实处，还需要教师对教育资源进行把关与加工。例如，学校或市面上存在的基于新技术平台建设的数字化资源库，需要中小学教师担任起数字化资源库的把关者、建议者和完善者的角色，携手共创一个“因材施教、个性发展”的网络学习平台。这也为基础教育课程的顺利实施、城乡教育的优质均衡发展提供了有力的资源保障。

### （四）学生数字素养全面发展的引导者

在数字教育环境下，中小学教师作为学生德智体美劳全面发展的促进者的角色没有变化，但要求其同时扮演学生数字素养全面发展的引导者的角色。就课堂教学而言，在新型的中小学课堂教学中，师生之间的交流互动大多在数字环境中展开，如使用希沃白板进行互动，使用平板电脑进行小组分享，使用手机+投影的方式展示学生作品。这就要求学生在数字化平台上搜索资料时，要能够辨别信息的真伪和有用性；在使用数字化平台搜索和分享资料时，要注意保护个人隐私，明晰所分享的材料是否能够保证真实性，线上交流的言辞是否符合数字伦理规范。就日常学习和生活而言，在线学习在基础教育领域的发展是大势所趋，在线教学也成为常态。在网络平台上，师生进行教学互动时，学生线上的发言和留言是否符合数字伦理规范、线上作业是否科学地利用了网络信息资源，以及数字化教学工具和平台的使用是否真正提高了学习效率和生活幸福感，这些问题都值得教师深入思考。因此，中小学教师需要在日常课堂教学中融入数字素养教育，明确学生数字素养的发展方向。在提升学生数字技能的同时，教师还应引导学生学会辨别信息真伪，创造性地使用信息技术助力学习，并严格遵守数字伦理规范，以适应日益数字化的生存方式和生活方式。此外，教师需要以身作则，充分发挥引导者的作用，通过自身的数字素养示范和引领，推动学生数字素养的全面发展。

### （五）师生关系的重构者

在教育数字化转型视域下，中小学教师扮演着师生关系重构者的角色。云、网、端相结合的互联网基础设施建设正在逐步完善，并应用在教师课堂教学中，服务于学生自主学习。随着学习资源的日益丰富和学习渠道的多样化，学生的知识领域得以广泛拓展，甚至可能会超越其当前阶段应有的水平，这种“青出于蓝而胜于蓝”的现象正逐渐成为一种常态。与此同时，如李海峰等所言，师生关系也在发生着潜在变化，师生之间的关系不再只是权威的教学关系，更多的是互相促进的学友关系；不再只是工业化的生产关系，更多的是农业化的生态培养关系；不再只是知识内容的传授关系，更多的是信源的寻径导游关系；不再只是知识习得共同体，更多的是公共关系的文化共生体。①中小学教师积极走进学生生活，不仅要在物理世界中建立平等的师生关系，在虚拟世界中同样如此。他们敢于承认并正视学生针对教师指出的不足，并向学生学习；尊重每个学生的独特个性，包容学生的“缺点”，并充分利用技术优势，突破传统培养模式的局限，为学生提供精准教学，以助力学生的全面发展和个性化成长。同时，他们关注并把握学生“三观”的方向，引导那些辨别是非能力尚显稚嫩的学生学会独立思考，从而在网络学习的海洋中轻松自如地探索，寻找人生的真正意义。

中小学教师作为基础教育的中坚力量，亟须认识到教学成效与师生关系融洽程度和教师角色定位息息相关。面对纷繁复杂的世界、虚虚实实的社会、真伪难辨的信息，中小学生难免陷入迷思，如何获取和学习有用的资源、如何保持真实的自我、如何寻找自我意义、如何确保精神生活的品质等，日益成为其数字化成长道路上需要进一步思考的问题。②这也意味着中小学教师需要重新审视师生关系，思考如何以亦师亦友的身份帮助学生走出困境，助力学生成长为数字时代所需的合格数字公民。此外，虚拟现实、元宇宙等技术拓宽了学生的学习空间和想象空间，互联互通、资源共享的开放学习环境为师生交互打开了新世界——虚拟交互，师生之间的交流互动可以不受时空的限制，这也使得师生交互面临着具身体验与感知联觉弱化、师生关系裂解、思维逻辑异化等风险。③因此，面对数字技术带来的新机遇与新挑战，中小学教师的责任重大，重构师生关系的存在形式以提高教学效能刻不容缓。

---

① 李海峰，王炜．“互联网+”时代的师生关系构建探析[J]．中国教育学刊，2018(07)：81-87.

② 肖凯．中学生的数字化成长与教育[M]．北京：科学出版社，2021.

③ 毛迎新，谭维智．数字媒介时代师生交互的特质嬗变、潜在风险与路向澄明[J]．开放教育研究，2022(05)：39-48.

## 三、教育数字化转型背景下中小学教师角色的实践进路

### （一）“知”：平衡数字教育，营造和谐的育人环境

其一，平衡数字教育，找准自身定位。

首先，处理好数字教育与传统教育的关系，提高学生对新型教育的接受度。中小学教师应立足于学校教育现状，依托机器学习、知识图谱、大数据、云计算等技术的优势，弥补传统教育中答疑不及时、教学不精准、需求不清晰等不足，构建一个充满智慧的学习空间。与此同时，思索传统教育在历史的长河中经久不衰的原因，准确定位数字教育和传统教育的关系——数字教育并不意味着抛弃传统教育，而是对传统教育的优化与升级。作为数字教育的实施者之一，中小学教师应当意识到自己不仅仅是知识的传递者，更应该是教育优化的建议者和实施者，要深入了解学生，使用“新武器”，如“新平台”“新教学”“新课程”“新交互”，提高学生对新技术、新教育的接受度和认可度。

其次，探索己之供与生之求的平衡点，以学生获得感为着力点，科学应用新技术。新技术衍生的教育智能管理与服务等产品可以辅助教育决策、提供定制化教育资源，为中小学师生减轻压力，但也提出了新挑战，即中小学教师是否有能力根据学生需求提供最优产品或技术，甚至创新已有数字资源赋能教育？在此过程中，中小学教师需要回顾以往的教学情况，根据以往的经验，借助现在已有的智能技术动态地分析自身能力和学生需求变化，在数据、时间和经验的加持之下，追寻己之供与生之求的平衡点，绘制出多维度的师生教学供需线，创新教学方法，为促进数字教育发展贡献一份力量。中小学教师需要分年龄段分析学生需求在知识层面、心理层面、思想层面、行为层面上的具体表现，不断进行数字化学习，归纳、总结、评判市场上已有的与教学相关的数字资源库资源的优劣、风险等，重整市场和校内数字资源，辅助构建或完善具有学校特色的校内或学科专业资源库，扮演数字化资源库的设计者、数字化资源库的应用者、数字化教学的终身学习者等角色，平衡师之教与生之学，在“物理+虚拟”世界中拉近师生关系，提高学生在知识、心理等层面上的获得感，实现教学远中求近、稳中求进的目标。

最后，缩小理想教学与现实教学的差距，提升自身的数字能力。事物的理想状态是平衡，教学的理想状态自然是理想教学与现实教学的动态平衡。在教育数字化转型视域下，学校要组织“线上+线下”教研团队建设，开展跨学科教学应用、信息技术教学应用等多方面的培训，构建教师增值评价体系，以基于数据的

评价方式辅助中小学教师认识自我，以人-机和人-人相结合的监督形式提高教师的数字能力，以数字教研资源聚合促进中小学教师的专业化发展。

其二，坚持以身作则，营造和谐的育人环境。

首先，落实数字意识培养，潜移默化地提高学生的数字能力。教育引导人，反过来，人也是需要教育引导的。数字意识是中小学教师践行数字教育、实现队伍专业化发展的关键要素，也是推动学生数字化健康成长的重要突破口。大多数中小学教师能凭借其较强的辨别是非和自主学习能力，在日常的学习、生活、工作中不断增强自身的数字意识。然而，在数字时代，信息纷繁复杂且充满诱惑，中小学生的辨识能力和自控能力相对较弱，因此他们的数字意识需要教师的正确引导才能朝着正确的方向发展。中小学教师应以引导者的身份，深刻认识到课堂教学是培养学生数字意识的主阵地。在充分发挥课堂教学作用的同时，借助数字技术辅助教学，同时注重调动学生的主观能动性，共同探讨数字世界的“魅力”与“诱惑”，从而提高学生的数字意识，帮助他们树立正确的数字伦理观，共同构建一个和谐、健康的学习空间。

其次，赋予数字技术灵魂，引发师生共鸣。一方面，从学校和社会的角度而言，要基于师生所需，充分利用“互联网+”、大数据等信息技术，创建专题学习网站以供师生学习，设计在线答疑系统以解生惑，引入在线考试系统以推动精准教学，设置虚拟学习社区以促进学生全面发展，实现“用技术、赋教育、促发展”的目标。另一方面，就教师自身而言，中小学教师要基于成长所需，创设并完善学生数字化成长电子档案袋，赋予电子档案袋“记忆加持”功能，帮助学生在回顾中养成反思的习惯；要在教师专业数字化成长专题网站上分享典型的案例，以先进典范帮助其寻找提高自我的方式，以不良事例警示中小学教师反思自身，把握自身的角色定位。

### （二）“行”：挖掘数字深度，推动新型教学实践

其一，紧抓教育信息化，更新教师教育理念。

首先，着眼教育信息化，瞄准未来教育的发展方向。未来教育一定是构建在互联网上的，一定是以学生为主体的、以互联网为载体的，构建一个开放、共享、绿色的网络学习空间，人人皆可学，时时可分享，处处皆安心。教师应该以创新为抓手，利用大数据等现代信息技术挖掘、分析教育问题的可能原因，利用虚拟现实等技术创设具身学习空间，增强学习的情境性和体验性；以协调为核心，从数字的可靠性和经验的可鉴性两方面出发，分析学生主体诉求，提供个性化学习方案，缩小学生之间的差距。

其次，强化专业知识，认清数字教育的本质。一方面，中小学教师需要保持教育的核心使命不变，即“育人”，以应对数字时代带来的各种变化。数字教育的本质在于培养适应数字时代的合格公民。为此，中小学教师应始终围绕这一使命实施和改革教学，积极吸收最新的理论成果，坚持与时俱进的教育理念，以培养出符合国家需要、适应时代发展的优秀人才。另一方面，在教育数字化转型的大背景下，中小学教师也需要以新的方式完善自己。随着知识量的不断增长，学习量也成倍增加，只有像海绵一样不断汲取新知识，才能更新已有的知识，重构适应当下的知识体系。这样技术创新才能在教学中得以有效应用，成为推动教育进步的新动力。

最后，提高信息技术应用能力，助力教育数字化转型。中小学教师要研读《中小学教师信息技术应用能力提升工程 2.0》中的相关内容，以此为主要基准，参照能力点要求践行教学；以教师研修平台为载体，通过国家中小学智慧教育平台“暑期研修”专栏、淘师湾等教师研修网，学习相关政策的解读和学科工作坊典型经验，构建具有自身特色的信息技术与课堂教学深度融合的理论与实践，提升信息技术应用能力。

其二，转变思维方式，引领新型教学模式。

首先，以精准为抓手，实施数字化教学。①改变传统教学方式，基于数据评价，破解教学重难点，进行更为精准、客观的学情分析和获取更为合适的教学资源，制定出具有“学生满意+教师个性”风格的教学设计，构建适合教师精准教学的模式。②为了把握素养培养的核心追求，中小学教师应当借助技术的力量进行精准干预，以满足学生个性化发展的需求。通过设计多样化的课堂互动形式，可以开展更加注重能力和素养培养的教学活动，这不仅有助于提升学生的学习效果，也能为新型教学模式的设计奠定坚实的基础。

其次，以赋能教育为根本，探索新型教学模式。①中小学教师应深刻认识到进行教学设计需要转变思维方式，深入挖掘技术赋能教育和数字赋能教育的核心价值，进而推动教学模式的改革。②在优化和升级学校教育的过程中，应采用融合并行的应用思路，积极发现数字赋能教学的亮点。③通过细微习惯的改变，如将技术融入课堂，教师可以利用数字化资源丰富课前的自主学习环节，借助数字化赋能的交互平台提高学生的课堂参与度，并在作业设计中嵌入数据循证理念，以科技的力量提升教学质量和效率

最后，抵御数字诱惑，坚守教育初心。要促进开放性思维的培养，教师需要从关注“教育应该做什么”转变为针对每个具体学生的需求，思考“教育可以为这名学生做什么”。在数字时代，中小学教师必须抵制数字诱惑，提高批判性思

维能力，通过综合考量自我经验、互联网浏览量、点赞量、网络评价等多个维度来辨别信息的真伪，确保自己的身体在数字世界中体验，而思维则始终扎根于现实。此外，必须打破现代教育技术滥用、教学过程泛技术化、科学技术压制人文及学校教育“快餐化”的局面。在享受教育数字化带来便利的同时，也要警惕其负面影响。中小学应秉持以生为本、以人为本的教育理念，重视人的自我完善和学生的数字化成长。为此，教师应设计认知与情感、活动与互动、消化与转化等多维融合的体验式教学，积极探索和尝试数字化赋能教育的新模式，并实行优胜劣汰的制度，以确保教育质量的持续提升。

### （三）“为”：审思师生关系，打造师生学习共同体

其一，打破传统的师生界限，树立现代教学观。

首先，加强学校数字文化建设，滋养师生人文情怀。①建设共享互利的人文环境，营造“智能化+人性化”的数字学习氛围，激发师生共同学习的兴趣；②引导中小学教师参与数字异化风险防范，主动转换角色，共享互利。

其次，敢于应战，突破自我。①注重师生之间互为主体，教学相长；②引导学生提出问题，正视学生对教师的质疑和不满，以平常心看待；③设置匿名问题质疑渠道，采取线上与线下结合的形式，线上设置质疑论坛，线下设置质疑信箱，所有在校教师针对问题进行思考并在平台上予以反馈，对学生提出的好的质疑表示谢意，增进亲和力，激发学生敢于质疑的兴趣。

最后，树立终身学习观念，提高专业素养。终身学习不仅是对教师的职业道德要求，更是教师应对教育数字化转型新变革的必备素养。中小学教师要不断保持并提升自我教育能力，提升数字素养及教学技能，增强对所教学科课程的全面认知，并与同学段的其他学科教师联动探讨跨学科教学的方式方法，从思想和行动上做出努力，下真心，练真活，立新事，成为“物理+虚拟”世界卓越的数字化教师。

其二，建设师生学习共同体，赋予虚拟世界生命力。

首先，以技术为基础，畅通师生学习和交流渠道。数字技术产品能够打破时间和空间的界限，让许多不可能变成可能，如远程教学、远程办公、在线批改对教育领域的教学方法、教学模式等都产生了深远影响。因此，要利用互联网、5G 等技术构建更加社会化的师生学习平台，设计个性化的学习交流空间，建立师生网络学习交流公开化、透明化细则，在尊重师生意愿的前提下，将生成性资源公开共享，提高答疑解惑的效率。

其次，以数据为驱动，改进成长评价方式。①采用“传统+现代”手段进行价值引领，通过大数据挖掘与分析技术，分析现代教学和传统教学的利弊，沿用

经过时间考验的言传身教、因材施教等传统方法，结合现代化的教学手段，探索“线上+线下”协同的新模式；②建立多元化的成长评价标准，开展形式多样的活动，通过技术记录学生学习情况，师生共同评析数据反映的问题并将其记录在学生电子成长档案袋中，及时更新成长评价标准，形成师生联动评价方式，而非教师单向的评价，促进学生认识自我和全面发展。

最后，以发展为宗旨，创建有血有肉的混合型学习社区。①立足于中小学生数字化成长与教育，根据学习兴趣、教学任务等创设不同的“大-中-小”学习共同体，探索混合学习社区的存在方式，通过技术手段沟通想象和现实生活，通过教学组织形式的变化增加共同体验，帮助学生提高判断能力，建立自己特有的内容选择方式；②关注学生的隐性需求，贯彻落实爱和关怀，让师生交互在学习和生活上具有生命温度，进而从事务交流走向生命交融、从促进教育走向促进生命成长、从实现功利目标走向追求生命价值[①]，提高混合型学习社区的存在意义和推广价值。

## 第五节　教育信息化与乡村义务教育教师智能素养培养

实现公平而有质量的教育，促进教育优质均衡发展，一直是我国教育改革与发展的核心任务。目前，在我国的基础教育领域，城乡之间、学校之间等多层次的不均衡现象较为突出，其中最突出的短板在于农村地区教育发展相对滞后。提高农村教育质量的关键是教师，着力保障农村教师专业素养提升是新时代农村教育发展的重要抓手。随着人工智能、云计算、大数据、虚拟现实等新兴技术的不断发展，学习环境与教学方式发生了重要变革。教师如何应对这些变革与挑战，需要何种发展指导及遵循何种发展思路，是当下我们应该思考的问题。《中共中央 国务院关于全面深化新时代教师队伍建设改革的意见》《教育部办公厅关于开展人工智能助推教师队伍建设行动试点工作的通知》等文件明确指出，教师要适应新兴智能技术的变革，提高智能化教育意识与素养，以胜任未来的教育教学工作。2021 年，《教育部办公厅关于开展第二批人工智能助推教师队伍建设试点推荐遴选工作的通知》再次强调了提升教师智能教育素养的重要性。因此，教师的智能教育素养要求既是历史进步使然，也是智能时代的教育改革使然。然而，目前教师智能教育素养培育正处于探索阶段，一线教育工作者缺乏对其内涵要素、

① 夏婷. 从生活到生命：师生关系的新建构[J]. 教育理论与实践，2022(22)：45-48.

发展定位的清晰认知。乡村教师更是如此，作为乡村教育发展的重要保障力量，在技术介入的教育变革中，乡村教师也应积极转变教育理念与角色，在智能时代精准定位自己的专业发展之路，这对于推动农村教育事业的健康发展，促进城乡教育优质均衡发展，具有重要意义。

## 一、时代际遇：聚焦智能时代乡村教师培养的新诉求

### （一）智能教育素养是乡村智能教育发展的核心驱动力

智能时代，新兴技术的发展对教育系统产生了革命性的影响，推动教育理念、教学方式等方面的革新。教师作为教育变革的核心力量，在面对智能技术赋能的教育教学实践场域时，应在原有专业素养的基础上，继续拓展新的素养与能力，以适应智能时代教育的发展。报告《教育中的人工智能：可持续发展的挑战和机遇》指出，教师人工智能素养的提升是构建人工智能时代教育生态系统的重要内容。[①]《教育部办公厅关于开展人工智能助推教师队伍建设行动试点工作的通知》等文件中也明确强调了培育教师智能教育能力的重要意义。因此，在智能时代背景下，提升教师的智能教育素养已成为促进其发展的关键要素。尽管当前乡村智能教育尚处于起步阶段，面临诸多挑战和问题，但不可否认的是，积极发展和提升乡村教师的智能教育素养，是推动乡村智能教育持续发展的坚实保障。

### （二）智能教育素养是乡村教师专业发展的时代需求

人工智能等技术逐步渗透到教育领域，不仅使教师专业素养的内涵发生了变化，也更加强调专业发展的主体性、动态性及全面性。智能教育素养与学科能力逐渐成为教师专业发展的“双核要素”，强化智能教育素养已成为教师适应智能时代教育发展的重要部分。面对更加开放的网络环境、持续发展的新兴技术，乡村教师需要具备开放包容的学习意识，乐于接受新观念、新知识，主动适应人工智能等新技术变革，着力培养智能教育意识、掌握智能教育工具、提高智能教学能力。[②]然而，很多乡村教师缺乏人工智能、大数据等技术及其教育应用的知识

① 任友群，万昆，冯仰存. 促进人工智能教育的可持续发展——联合国《教育中的人工智能：可持续发展的挑战和机遇》解读与启示[J]. 现代远程教育研究，2019(5)：3-10.

② 中华人民共和国教育部. 教育部关于实施全国中小学教师信息技术应用能力提升工程 2.0 的意见[EB/OL]. (2019-04-02) [2021-10-02]. http://www.moe.gov.cn/srcsite/A10/s7034/201904/t20190402_376493.html.

储备，再加上乡村教师所处的地区发展水平不高、教育资源相对匮乏、教师专业发展支持渠道较为狭窄等原因，乡村教师智能教育素养提升面临的挑战更大。因此，如何有效运用智能技术手段优化教育教学过程、开展个性化教学、培养学生的高阶思维能力等，是智能时代对乡村教师提出的新要求与新挑战。

目前，学术领域对乡村教师智能教育素养的关注较为有限，如乡村教师智能教育素养的内涵如何界定、面临的现实困境与提升路径尚不清楚等问题没有得到有效解答。基于此，我们试图在阐述智能教育及智能教育素养核心内涵的基础上，深入剖析培养乡村教师智能教育素养面临的困境与改善路径。

## 二、意蕴建构：辨析教师智能教育素养的要素与结构

### （一）智能教育

2017 年，国务院印发的《新一代人工智能发展规划》指出，智能教育是指利用智能技术加快推动人才培养模式、教学方法改革，构建包含智能学习、交互式学习的新型教育体系①，具体包括智能校园建设、基于大数据智能的在线教育平台开发、智能教育分析系统搭建、以学习者为中心的教育环境构建等。纵观已有研究，不同学者从不同角度对智能教育的内涵进行了界定，如智能技术与教育深度融合的新型教育形态②、个体智能发展与智能技术整合的新型教育过程③、智能技术与教育实践结合的新型育人方式④等。尽管学术界对智能教育的具体内涵尚未形成统一的认识，但普遍倾向于将智能教育视为一种以智能技术为环境和工具支撑的教育形式。这种教育形式赋予了智能技术新的角色，为教育系统、教学模式等的发展指明了方向。本书研究基于已有智能教育的相关论述，从实现个体智能提升的视角，拓展与深化智能教育的内涵，建立以学习者为中心的智能教育环境，创新智能技术支持的新型教学模式，以大数据深刻揭示教学发展过程，进而促进个体的智力和思维能力的发展，形成人机合作的行为模式。

---

① 国务院印发《新一代人工智能发展规划》[EB/OL].（2017-07-20）[2024-03-15]. https://www.gov.cn/xinwen/2017-07/20/content_5212064.htm.

② 刘斌. 人工智能时代教师的智能教育素养探究[J]. 现代教育技术，2020（11）：12-18.

③ 张进宝，姬凌岩. 是“智能化教育”还是“促进智能发展的教育”——AI 时代智能教育的内涵分析与目标定位[J]. 现代远程教育研究，2018（02）：14-23.

④ 刘邦奇，王亚飞. 智能教育：体系框架、核心技术平台构建与实施策略[J]. 中国电化教育，2019（10）：23-31.

### （二）智能教育素养

智能教育素养作为智能时代催生的新概念，是智能教育对教师发展提出的新要求。智能教育素养两大核心要素是指教师不仅要掌握智能技术的相关知识，还要具有利用智能技术优化教学过程、提高教育教学质量的能力。这是从“智能技术素养”“教师专业素养”两个角度论述的，因此有必要将二者整合，深化对智能教育素养的认识。“素养”包括静态的知识、动态的能力及态度与价值评判。[①]作为素养的下位概念，智能教育素养不仅涵盖对智能技术知识和原理的掌握、将智能技术与教育教学结合的能力，还包括对智能技术应用于教育的态度、伦理观等方面的内容。因此，智能教育素养是一个多维度、动态发展的概念，是教师胜任智能时代教育教学工作的知识、能力、态度与伦理的集合体，对促进教师专业发展、满足学生的多元智能发展需求等具有重要作用。因此，乡村教师应积极应对智能时代的挑战，培养自我意识，掌握智能技术的相关知识，并具备将智能技术有效融入教育教学中的能力，以适应智能时代的教育变革。

## 三、现实隐忧：厘清乡村教师智能教育素养的发展困境

### （一）乡村学校信息化水平偏低，优质智能教育资源短缺

随着教育信息化的不断发展，乡村学校的信息化软硬件条件得到了一定程度的改善，但在信息基础设施优化、数字化资源配置等方面仍存在诸多不足，制约了乡村智能教育的发展。在信息基础设施优化方面，大部分乡村学校多媒体教学设备配置时间久远，老化现象较为严重，再加上地理条件的限制，基础设施的社会化维护相对困难；经费投入不足使得许多乡村学校的网络不够通畅，部分教师并未配备单独的办公计算机。这些因素不仅影响了乡村教师利用信息技术开展教学的积极性，也限制了乡村教师数字化教学能力的发展。在数字化资源配置方面，乡村学校在城乡学校共享优质数字资源的过程中仍处于不利地位。在数字化教育资源的类型和应用效益方面，乡村学校与城市学校都存在一定差距，尤其是在当下智能技术快速发展的时代，乡村学校智能教育发展的资金来源更为有限、优质智能教育资源较为缺乏等，使得乡村智能教育发展面临新的挑战。在此背景下，乡村教师如何在有限的条件下提升自身的智能教育素养，以适应智能时代教育的变革，是值得思考的问题。

---

① 胡小勇，徐欢云. 面向 K-12 教师的智能教育素养框架构建[J]. 开放教育研究，2021(04)：59-70.

### （二）乡村教师技术焦虑情绪严重，智能素养自主发展意识淡薄

中小学教师对人工智能等技术的理解普遍局限于高级算法或代码，通常以不懂为由产生抵触情绪，这种现象在乡村教师群体中更为突出。乡村教师在面对智能技术充斥着的教育形态时，更可能产生心理上的“技术恐惧”与“教学焦虑”，导致其对未来教学和职业发展产生迷茫和担忧情绪。而且，乡村教师学历层次普遍较低、教龄偏长，对新事物的接纳度和学习力较为有限，不愿意接触新的技术和技能，持有保守的心态。这种求稳的本能心理，与面对新技术“心有余而力不足”的失望情绪交织在一起，可能会挫伤乡村教师发展的积极性。教师的技术使用意愿也会影响其技术应用能力和信息化教学能力的发展，教师对技术的态度越积极，就越有可能使用它。①因此，缓解教师的技术焦虑情绪，对于提高乡村教师的信息化教学能力至关重要。但是，技术的快速发展不依赖于人的意志，乡村教师不能因为外界环境和自身条件的限制而故步自封，应意识到智能技术应用于教育的优势与限度，以批判性的视角审视自身在这一过程中的角色转变，以积极的心态去迎接智能技术赋予教育的新变革。虽然这个过程对于乡村教师来说是极大的挑战，但身处智能时代的乡村教师理应承担起教育变革的重任，拥有开放的学习意识，提高对新技术、新理念、新方法的接纳度和认同度，主动关注人工智能、大数据等技术的发展及其教育应用的进程，积极推动智能技术在教学、管理中的应用，进一步成长为适应智能时代的新型教师。

### （三）乡村教师智能技术知识匮乏，智能教学能力发展存在壁垒

智能教育正处于起步阶段，教师尚未构建起智能技术及其嵌入教学过程中的知识体系，在面对教育新媒介、新时空、新环境等多维变化时，教师需要发展出更多元的专业素养。智能教育教学能力是顺应智能时代发展而催生的新素养，涵盖了整合智能教育资源、工具与方法设计教学，利用智能技术优化教与学过程，展开智能评价与诊断等多维能力。对于乡村教师而言，这将是更大的挑战。目前，职前或职后培养体系对教师新素养发展的重视程度不够，缺乏智能技术及与教育相关的知识内容和能力训练，职后培训的实效更是难以保障。具体表现为：目前，我国教师的专业培训多为硬性要求，自主选择空间不足，更不用说自发参与各类实践团体组织的培训了。而且，相比城市教师，乡村教师存在明显的培训

① Porras-Hernández L H, Salinas-Amescua B. Strengthening TPACK: A broader notion of context and the use of teacher's narratives to reveal knowledge construction[J]. Journal of Educational Computing Research, 2013(02): 223-244.

机会不足、学习渠道拓展不畅等劣势，重理论、轻实践的问题一直未能得到有效解决。割裂了理论知识与教学实践的教师培养模式，使得乡村教师很难更好地将教育教学理论付诸实践。与此同时，人机协同的教学能力是智能时代教师应具备的能力，即如何处理好人与机器的关系、如何在人机协作中提升教学能力，是乡村教师面临的又一大挑战。此外，除了知识和能力之外，伦理道德规范也是智能时代应着重强调的，如数据伦理规范。数据作为促进智能教育发展的重要因素，其具有的传播快、再创性高等特性容易引发教育数据窃取或泄漏等信息安全事件，可能会使教育工作者、学生等主体产生恐慌和不安等。

### （四）乡村教师专业支持服务有限，智能素养发展渠道相对狭窄

美国互联网思想家戴维·温伯格（D. Weinberger）指出，在知识网络化后，教室里最聪明的绝对不是站在讲台前上课的教师，而是所有的智慧总和。[①]也就是说，智能时代的教师角色发生了根本性转变，教师不再是课堂上的智者，而是教学资源的整合者与创造者，是学生学习活动的组织者与引导者。这一转变不仅涉及教学设计、组织、评价等多个环节的变化，更需要一线教师仔细审视自身在技术赋能教育中的角色与能力，而这一过程需要教师、学校管理者、教师教育者、技术开发者、教育政策制定者等利益相关者协同发力。但在目前乡村教师专业发展的支持服务中，支持角色单一、缺乏多方协作的问题较为突出，很多只涵盖教师教育者和参与培训的教师。乡村学校信息化水平相对较低、教育资源供给不足等因素的限制，以及乡村教师专业发展共同体相对匮乏，导致乡村教师智能教育素养的发展渠道较为狭窄。这种单一的发展模式常常使长期扎根于课堂教学的乡村教师难以全面、系统地认识技术变革对教育背景的深远影响，难以更新和发展当前的教育发展理念与需求，从而限制了乡村教师智能教育素养的进一步提升。

## 四、应然路径：多渠道提升乡村教师智能教育素养

乡村教师智能教育素养的提升是一项长期、系统的工程，需要多渠道拓展发展路径。结合当前我国智能教育的发展情况、乡村教师专业发展现状及条件，我们建议从四个方面培育乡村教师的智能教育素养。

### （一）资源共建：完善乡村学校智能教育资源协同共享机制

由于学校条件不足、自身发展水平不高等因素的限制，乡村教师对人工智能

---

① 转引自张治. 走进学校 3.0 时代[M]. 上海：上海教育出版社，2018.

等技术的了解较为浅显，更不用说将其与教育教学融合了。基于此，亟须建立乡村学校智能教育资源共享机制，帮助乡村教师掌握智能技术相关的知识与能力，积极开展创新教育教学实践。

第一，进行区域协同发展的信息化网络环境建设。《教育部等六部门关于推进教育新型基础设施建设构建高质量教育支撑体系的指导意见》指出，要建立教育专网，加强国家主干网、省市教育网和学校校园网的衔接，加大力度保障乡村学校网络接入的顺畅性与高效性。

第二，创建智能化校园环境。首先，加大乡村学校智能技术嵌入校园环境建设的力度，在区域内创建智慧校园的优秀典型，由区域内优质学校带动薄弱学校共同发展，全方位支撑乡村中小学教师对智能化教学的沉浸式体验，促进乡村教师在智能技术知识、整合智能技术的教学能力及智能教育伦理三方面素养的全面提升。同时，创建智能化的学习环境，实现学生学习行为、心理等多模态数据的采集、存储、分析、应用的一体化，为学生提供交互式体验的学习情境、个性化学习的精准服务及实时系统的动态评估。[①]其次，完善智能教育校本资源库和共享资源库建设，加大对乡村学校的经费投入，支持乡村学校根据自身特色和学生发展情况购入相应的教与学资源，包括名师网络课堂资源、虚实结合的学科教学资源等，并借助卫星电视、宽带网络和宽带卫星将优质教育资源输送到乡村学校，形成强弱学校共发展、中心学校辐射周围学校的均衡发展格局。在此过程中，对资源建设与课程改革进行整合，促使教师将学科教学嵌入其中，实现以教学驱动的校际资源共享。除此之外，地方教育部门应充分利用大数据等平台，在区域内建立智能教育共享资源库，不同学校可以根据自身特色开展融合智能技术的校本教学实践，将优秀案例上传至资源库中，供区域内的教师相互借鉴与学习。

### （二）内生发展：激发乡村教师专业发展的自主性与积极性

乡村教师专业发展的原生动力来源于教师自身，智能时代的教育转型更需要教师提高自主发展意识。智能技术未来将承担部分传统教师的工作，这对乡村教师的知识结构更新、专业能力发展提出了新的要求。因此，乡村教师应以开放包容的心态面对这一挑战，树立终身学习意识，积极开展技术融入的教学实践与经验总结。具体而言，可以从以下几个方面着手。

第一，激发乡村教师的主动学习意识。乡村教师不敢改变现状的心理状态是

① 祝智庭，彭红超. 技术赋能智慧教育之实践路径[J]. 中国教育学刊，2020(10)：1-8.

其自主发展的主要障碍，尤其是在智能时代背景下，技术的快速发展更需要教师具有主动学习的意愿。反思性实践活动是推动乡村教师从“被动学习”向“主动学习”转变的关键措施。具体而言，可以通过引导教师在参与各类教学活动或专业比赛中，深入审视自身在专业知识掌握、教学实践能力提升及师生关系处理等方面存在的问题，并借助思维导图等知识管理工具进行深入反思与总结，以促进自我提升与发展。

第二，加大对乡村学校的专业帮扶，消除乡村教师的技术焦虑与畏难情绪。首先，营造积极的文化氛围，尽可能地缓解教师因技术不熟练、自我效能感降低而导致的教学懈怠，提高教师的智能技术使用意愿与接受度。其次，建立教师互助小组，持续激发教师的内在发展动机，提升困难情境化解能力和消极情绪调节能力。最后，增设智能技术教学实践板块的培训，如工作坊、主题报告等，为乡村教师提供专业指导和进行心理疏导，使乡村教师对于开展智能技术融入教学实践保持积极态度。

第三，改善智能技术与教育教学深度融合的路径，提高乡村教师利用智能技术进行教学的自我效能感。首先，完善人机协同教学机制，构建智能技术融合的知识体系，帮助乡村教师突破技术困境。其次，引导乡村教师主动克服自身的专业限制，通过参加教学讲座、教学论坛、网上课程等，提高对智能技术介入教学过程的基本路径和方法的认识，并根据现有教学条件、乡村学生的特殊发展需求等，合理运用智能技术。最后，建立技术风险监控系统，促进乡村教师树立智能技术伦理安全观，提高其对智能技术的伦理认识，从而正确看待智能技术的利与弊，在实际教学中深入思考其本质价值所在，尤其要注重数据伦理、信息隐私与安全等方面的伦理道德。

### （三）培育落地：赋能乡村教师智能教育素养职前职后培养一体化

《变革我们的世界：2030 年可持续发展议程》提出，可持续发展应成为教育发展的基本方向。[①]素养提升是一个动态发展的过程，从教师专业成长的角度来看，提高教师的智能教育素养，应考虑职前、职后两个发展阶段。因此，应构建技术赋能的职前职后一体化发展体系，具体包括以下几个方面。

第一，优化乡村教师职前培养体系，融入智能教育素养培育理念。首先，更新高校师范生培养课程，在教育教学理论、学科专业、教师专业技能等课程中新

① 变革我们的世界：2030 年可持续发展议程[EB/OL].（2016-01-13）[2024-03-01]. http://infogate.fmprc.gov.cn/web/ziliao_674904/zt_674979/dnzt_674981/qtzt/2030kcxfzyc_686343/zw/201601/t20160113_9279987.shtml.

增智能技术及伦理知识等内容。其次，创新教学方式，选择不同层次、不同角度的典型案例开展情境化教学，有效促进师范生有意义学习的发生①，深入理解不同情境下教学实践中技术与教学融合的效果。最后，推进智能技术+教育的创新创业训练，积极探索智能技术企业与高校深度合作的培养机制，并强调实践主体的能动性。在拓展性学习理论的指导下，激发职前教师产生新想法、建构新概念或组织新活动②，促使职前教师不断调控自己的行动以提升专业素养。

第二，创新智能技术赋能的在职教师培训新模式，促进乡村教师职后智能教育素养的提升。首先，通过网络研修或混合式研修的形式，解决乡村教师培训机会短缺、培训质量较低的问题，依据不同学科的教学规律及特点增设智能技术相关知识与内容，并借助智能互联技术提供灵活的学习方式，例如，利用沉浸式虚拟现实和增强现实的仿真软件搭建真实教学场景，使乡村教师不在培训现场，也可以身临其境地参与技术培训。③其次，结合乡村学校现有的信息化水平开展信息化案例教学与实践，借助“三个课堂”（名师课堂、专递课堂、名校网络课堂）扩大优质资源的覆盖面，探索新技术条件下的混合式、体验式、探究式等教学方式，促进乡村学校弱信息化装备条件下的技术与教学融合。再次，提高智能时代乡村教师的伦理道德意识与修养，在培训中融入技术哲学、技术伦理等内容，引导教师用理性、辩证的态度看待智能技术的发展。最后，建立数据驱动的发展性评价激励机制，采用数据挖掘、机器学习、社会网络分析等对教师的生理、心理和行为等多模态数据进行建模与分析，实时生成对乡村教师智能素养培训效果的评估方案，诊断培训中存在的问题，及时进行改进与优化。

### （四）多方协同：保障乡村教师智能教育素养可持续发展

乡村教师智能素养的提升离不开外部环境与资源的有力支持。由于乡村地区经济发展水平、教育资源等的限制，乡村教师专业发展需要外界多方主体共同发力。也就是说，需要构建多方支持的乡村教师智能教育素养发展共同体。具体而言，可以从以下几个方面着手。

第一，建立乡村学校智能教育资源持续供给机制。相关部门应加大对乡村学

① Janssen J, Stoyanov S, Ferrari A, et al. Experts’ views on digital competence: Commonalities and differences[J]. Computers & Education, 2013，68：473-481.

② Engeström Y, Sannino A. Studies of expansive learning:Foundations, findings and future challenges[J]. Educational Research Review, 2010(01)：1-24.

③ 柳立言，张会庆，闫寒冰. 智能时代乡村教师专业发展的困境、机遇和实践路径[J]. 中国电化教育，2021(10)：105-112.

校的财政投入，保障乡村学校信息化教学软硬件设备的持续供应。地方政府可以联合高校、社会公益组织或专业团队积极开发乡村教师智能教育素养的相关课程与资源，为乡村教师智能教育素养发展提供资源保障，增强乡村教师开展智能教育教学实践探索的动力。

第二，建立多元主体协同的教师专业发展机制。首先，在智能时代，教师专业发展需要确保人机协同。乡村学校组织线下教师发展共同体面临诸多限制，智能技术为构建教师智能学习共同体提供了有效途径，如实现人机对话等交互功能。其次，应注重多主体协同，疫情期间跨校、跨区、跨市的教师专业发展共同体已初具规模。在这些共同体中，不同学科、不同学段的教师通过集体教研、教师工作坊等形式进行深入研讨，彼此交流思想、反思自我，为各自的专业成长提供了有力支持，并以此为契机带动乡村薄弱学校实现了共同发展。最后，在共同体发展项目中，制定教师智能教育素养的发展规划与方法，定期开展相关教学实践与研讨工作。

第三，发挥多方力量，加快推进智能教育实践联盟的建立。高等院校、科研机构应积极创建智能教育研究团队，为教师智能教学实践提供学术指导和有效支持。当地教育部门可以搭建乡村教师专业发展常态化展示平台，建立智能素养提升实践活动的展示机制，为教师智能素养发展提供持续支撑。

乡村教师的专业发展在智能时代显得更具挑战性。要破解这一难题，关键在于要探索如何利用智能技术打破传统教学理念的束缚，革新教学方法，提升乡村教师的智能教育素养，以实现个体的跨越式发展。然而，当前智能技术在乡村学校的普及程度和应用深度尚显不足，对乡村教师智能教育素养发展的推动作用还未达到预期效果。尽管如此，技术发展对教育领域的变革作用已在历史中得到了验证。负责教师教育的相关机构应立足长远发展，科学规划乡村教师智能教育素养的培育计划，以确保乡村教师在智能时代能够持续提升其专业水平。对于乡村教师个体而言，树立终身学习的意识至关重要。他们需要在智能技术迅猛发展的浪潮中保持清醒的头脑，坚守教育初心，积极拥抱新理念、新技术，以促进自身专业素养的提升。

## 第六节　教育信息化与乡村义务教育教师教学评价改革

智能时代，技术与教育的融合进一步深化，大数据、人工智能、5G 等新兴技术的出现赋予教师教学评价新的内涵，而乡村教师教学评价是衡量乡村教育发展状况的核心内容。积极推进人工智能、大数据、5G 等新技术与教师队伍建设的融合，形成新技术助推教师队伍建设的新路径和新模式，教师要主动适应信息化、人工智能等新技术变革，积极有效地开展教育教学。《深化新时代教育评价改革总体方案》着重强调了教师的教育教学实绩，表明了教师教学在教师评价中的重要性。《教育部等六部门关于加强新时代乡村教师队伍建设的意见》提出要坚决破除“唯论文、唯帽子”不良导向，提高教育教学实绩的评价权重，加大课时量和教学实绩在考核评价和绩效工资分配中的权重，进一步突出了乡村教师教学评价的重要性。

目前，技术驱动教学评价正成为新教育体系区别于传统教育体系的特征，且智能技术在一定程度上赋予我们重新审视事物的崭新视角，技术赋能乡村教师教学评价有利于其向智能化、客观化评价转型。因此，积极探索智能时代新兴技术与乡村教师教学评价的融合发展，是推动乡村教师队伍建设的重要举措，更是促进我国乡村地区智慧教育发展的必经之路。

## 一、乡村教师教学评价存在的主要问题

总体来看，乡村教师学历水平普遍偏低，教学能力及专业知识水平较弱，加强新时期乡村教师队伍建设、改善乡村教师教学评价方式是改变这一现状的举措之一。目前，教育信息化进程加快，传统的乡村教师教学评价体系逐渐不符合智能时代的需求，技术及技术人才缺乏、城乡资源分布不均、评价主体主观性强、评价内容和评价方式明显滞后、评价结果用于追求职称评定等问题突出，其发展存在桎梏。在智能技术的引领下，乡村教师教学评价亟须向基于智能技术的、富有智能时代特点的方向转型。

### （一）政策层面缺乏精准发力

党的十九大报告指出，“努力让每个孩子都能享有公平而有质量的教育”。乡村教育作为全国教育事业的短板，事关国家发展，而乡村教师是保证乡村教学质量的重要力量。近年来，关于乡村教师发展的政策文件层出不穷，已取得了较好的实施效果。尽管许多政策旨在推动乡村学校的发展，但在引入新兴技术和技术人才方面却鲜有提及或提及较少。同时，政策实施过程中城乡分配不均的问题也较为突出，这在一定程度上制约了乡村学校的发展。

首先，技术缺乏是制约教学评价发展的主要因素之一。目前，仍有一部分乡

村学校未建立完善的信息化基础设施，大数据、人工智能等新兴技术的引入更是无从谈起。《中共中央 国务院关于全面深化新时代教师队伍建设改革的意见》提出，从教师和校长培训、编制配备、教师资源配置、教师待遇等几个方面优化乡村教育，而在技术设施方面的表述仅有“为乡村教师配备相应设施，丰富精神文化生活”。《教育部等四部门关于实现巩固拓展教育脱贫攻坚成果同乡村振兴有效衔接的意见》从巩固拓展义务教育控辍保学成果、办学条件成果、教育信息化成果、乡村教师队伍建设成果的角度，提出了建立健全巩固拓展义务教育有保障成果长效机制，未涉及技术引入乡村学校及其应用的有效成果。《教育部办公厅 国家发展改革委办公厅 财政部办公厅关于编制义务教育薄弱环节改善与能力提升项目规划（2021—2025 年）的通知》中提出，要优先补齐农村义务教育办学条件短板，按照统一城乡义务教育学校建设标准和基本装备配置标准的要求，全面梳理乡村学校办学条件缺口，补齐影响学校教学、生活和安全的基本办学条件。实际上，我国还有一部分乡村学校未达到基本办学条件，无法满足教师及学生的基本需求，基本设施不全，智能技术的引进更是无从谈起。

其次，技术引入缺乏相应的人才。《教育部等四部门关于实现巩固拓展教育脱贫攻坚成果同乡村振兴有效衔接的意见》提出，要巩固学校联网攻坚行动成果，加快学校网络提速扩容。实际上，无论是网络维护还是设施管理，专门的技术人员都必不可少，否则技术及设备可能会形同虚设。然而，由于乡村学校办学条件、地理位置等原因，技术人才引不进、留不住，大部分技术人才及技术管理人员更愿意选择高薪的互联网等企业，导致乡村学校技术人员短缺。

最后，教育政策实施存在偏差，城乡资源及经费投入不均。在义务教育供给制度上，资源配置仍以城市为中心，农村义务教育财政投入受县级政府财力限制，城乡教育经费投入的差距依然明显。[①]乡村学校的教育发展本就滞后于城市学校，在近几年智能技术逐渐被引入课堂教学后，这种现象更为明显。因此，如果大数据、人工智能等技术的出现导致了教育中的不公平现象或扩大了数字鸿沟，那么公共政策便要努力跟进。

### （二）评价内容缺乏多维尺度

城乡教师教学评价内容存在一定的差异，与城市学校相比，乡村学校的思想观念更为传统，主要以学生成绩衡量教师的教学质量，且乡村学校极度缺乏设备及技术的支持。因此，受已有的评价规则的限制，对乡村教师教学的评价内容呈

① 李清明，睢党臣，贺军州. 公共财政视域下农村义务教育“软实力”研究[J]. 学术探索，2019(10)：142-150.

现出一些短板，主要表现为以下两方面。

第一，传统的教学评价基本要素未被完全考虑进去。教学评价是对教师教学的价值判断，对教学具有诊断、反馈、导向等功能，同时也是教师反思自身教学、优化教学的重要依据。[①]其主要内容一般包括对教师的教学理念、教学设计、教学方法、教学内容、教学管理、师生互动、教学效果等方面的评价。目前，乡村学校仅聚焦于教学效果，即从学生的成绩中反映教师教学质量的优劣，而对教师教学评价其他基本要素的关注较少。

第二，缺乏对教师教学投入、表达能力等非教学设计因素方面的评估。课堂教学由教师的“教”和学生的“学”两部分组成。已有研究从课堂行为、语言、情感等方面分析了课堂师生行为，但主要聚焦在学生。例如，阿斯文（Ashwin）等提出了一种新的混合卷积神经网络（convolutional neural network，CNN）体系结构，用于分析课堂环境中学生的情感状态。该架构由两个模型组成，第一个模型（CNN-1）用于分析单个图像帧中单个学生的情感状态，第二个模型（CNN-2）用于分析单个图像帧中多个学生的情感状态。[②]贾鹂宇等采用人工智能的深度学习算法——YOLO 算法对学生的面部表情、姿态等进行了分析，并对相应的指标加以量化。[③]实际上，教师教学过程中的表情、语言等非教学设计因素会影响学生的学习状态和整体课堂氛围。然而，由于乡村学校教育信息化水平普遍不高，对于教师的教学投入、表达能力等，可以通过面部表情、脑电、眼动分析等多模态数据展开分析并进行评价的内容便会受到限制。

### （三）评价主体亟须打破局限

传统乡村教师评价多采用自我评价、同行评价，以及教学管理人员、督导人员评价等评价方式，虽然维度较多，但主观性强且局限性大。首先，乡村学校对乡村教师教学评价的重视程度不高，思想观念薄弱，评价活动本身开展得较少，对评价主体的重视程度不够，进而导致评价不科学、不规范。其次，城市学校可开展跨省、跨市的教学成果评价交流活动，而乡村学校由于受地理位置的限制，难以与本市或本县其他学校教师开展交流活动，校际评价在乡村学校之间难以开

---

① 高巍，王莉娟. 如何通过教学促进大学生主动学习?——美国大学 STEM 课堂教学评价系统 PORTAAL 研究及启示[J]. 开放教育研究，2019(01)：55-61.

② Ashwin T S, Guddeti R M R. Automatic detection of students' affective states in classroom environment using hybrid convolutional neural networks[J]. Education and Information Technologies, 2020(02): 1387-1415.

③ 贾鹂宇，张朝晖，赵小燕，等. 基于人工智能视频处理的课堂学生状态分析[J]. 现代教育技术，2019(12)：82-88.

展，尤其是农村小规模教学点。由于交通、地理位置等原因，这部分农村教学点及其他乡村学校校际甚至省际的乡村教师互评受到限制。最后，乡村学校教师的教学大多采用“黑板+粉笔”的传统方式。随着“农村中小学现代远程教育工程”“校校通”等的实施，乡村学校教育信息化设施（如多媒体设备、电子白板等）逐渐跟上时代步伐，建设初见成效，但乡村区域相关教育行政部门、学校管理人员及乡村教师的信息素养和信息意识普遍较低，数据素养水平也低于城市学校教师，导致教学过程中数据形态的信息无法得到充分挖掘。

### （四）评价方式有待完善

传统乡村学校教学评价多采用同行或专家进课堂的方式，直接观察师生的课堂行为，效率低，缺乏量化证据且带有主观性，极少借助技术及信息化设备，且忽视了过程性评价的作用。乡村学校的教师评价方式有待完善，具体如下。

第一，乡村学校信息化设备仍未完善。我国是城乡经济二元结构，再加上义务教育分级管理体制，我国义务教育也呈现出二元结构。现实情况是，我国城市学校的信息化水平已经达到了一定高度，而乡村学校缺乏多媒体设备、优质教育教学资源的现象比较突出。若软硬件设备跟不上时代发展的步伐，对乡村教师的教学评价也仅能停留在传统教学评价层面。虽然目前乡村学校的信息化设备建设及应用建设初见成效，但信息化基础设施和相关平台建设不完善仍是制约乡村教师评价转型的关键问题。

第二，对过程性评价的重视程度不够。过程性评价能够反映教师教学过程中的真实情况，促使教师及时总结经验并反思不足。然而，许多乡村学校仍固守传统的思想观念，部分教学观念、管理观念、评价观念未能与时俱进，未能充分重视动态的过程性评价，而是过度依赖静态的总结性评价方式。进一步而言，基于上述分析，乡村学校还面临着技术及信息化设备的短缺问题，这极大地限制了其开展“智慧”过程性评价的可能性。为了改善这一现状，乡村学校需要积极更新思想观念，引入先进的教学、管理和评价理念，并加大投入，提升技术及信息化设备的配备水平。

### （五）评价结果导向需要审思

第一，高质量的评价结果分析能促进高质量的反思，而很多乡村教师缺乏对自身教学评价结果的多尺度分析，未能有效利用评价结果，一些教师只是利用评价结果追求职称评定。另外，某些乡村学校的“唯获奖论”“唯分数论”现象严重，对教师教学评价结果反映出的问题未能及时剖析，学校的整体教学质量难以提升。

第二，很多乡村学校往往将对教师的评价作为评优评先的依据，忽视了教学评价对学生发展的作用。实际上，教学评价能够促进教师教学质量的提升，间接影响学生的学习效果。因此，教学评价的最终落脚点应在学生身上。建构主义思想告诉我们，教学评价应从传统的"重教轻学"转变为以评"学"为主。学生是学习活动的主体，教学活动包括教学评价在内应最终回归到以学生为中心。教学评价是对教师的"教"和学生的"学"，以及师生共同活动的过程和教学效果做出客观、公平的价值判断的过程。[①]课堂教学评价的最终目的是实现教育目标，即培养全面发展的人。[②]因此，教学评价不仅是为了改进教师教学、促进学校教学质量提升，最终应回归到学生，促进乡村学生的全面发展。

## 二、教育信息化助力乡村教师教学评价变革

智能时代给乡村教师评价带来了新的转机，针对上述困境，本书研究从国家政策、评价内容、评价主体、评价方式、评价结果等层面分别提出智能时代乡村教师教学评价的变革方式。

### （一）评价政策精确化

提升乡村教师的教学评价水平，需要技术及经费保障的支撑。技术是智慧评价顺利开展的前提，而经费保障机制是确保技术能够引入乡村学校的关键。因此，有关政策需要细化，且制定的政策要能够有效落地、精准发力、精准施策。具体而言，主要包括以下几个方面。

第一，政策制定要能够完善乡村学校引入技术方面的措施。首先，在确保乡村基本办学条件的前提下，要让大部分乡村学校顺利引入新兴技术，如在完善宽带网络的基础上，搭建大数据、人工智能平台等。其次，在遵循大数据、人工智能等技术标准规范的前提下，结合乡村学校技术需求的特点，制定符合乡村学校实际的平台引入管理规范，包括顶层设计、软件运用、安全性、兼容性等方面，以政府为主导，鼓励众筹众创，社会共同建设乡村学校技术平台。

第二，政策制定要能够加强乡村学校资源及经费保障。相关部门应该借鉴其他国家义务教育财政及资源方面的政策，尽可能地减少由于智能技术引入导致城乡学校之间数字鸿沟加大的问题，确保提供公平且有质量的教育。

第三，制定有关鼓励技术人才进乡村学校的制度。技术人才是乡村学校采取

① 周谦. 教育评价与统计[M]. 北京：科学出版社，1997.

② 任子朝，孔凡哲. 数学教育评价新论[M]. 北京：北京师范大学出版社，2010.

智能技术开展教学评价的人力资源之一，相关部门可以判定不同地区的等级，对技术人才进行差异化补贴，提供住房补贴等。

### （二）评价内容多样化

相关部门应构建乡村教师教学评价内容框架，多层次、多角度地开展评价。框架不仅要考虑传统教学评价的基本要素，还需要将非教学设计方面的评价内容考虑在内，主要包括以下几个方面。

第一，确保传统教师教学评价内容在框架内。除教案、教科书等内容，教学理念、教学方法、课堂管理、教学内容等能在课堂教学中反映出来，对于提升课堂教学质量有重要作用，因此也应纳入评价框架。

第二，借助智能技术采集教师的情感状态。具体而言，应从声音、手势和面部表情等方面收集教师教学过程数据。

第三，对乡村教师教学投入进行评价。教师教学投入涉及知识讲解、教学设计、师生交互及师生关系四类[①]，会对课堂氛围、教学质量、学生学习兴趣等方面产生影响，因此也应纳入评价框架。

第四，重视对教师表达能力的评价。教师将自己的知识、技能与思想传授给学生，主要是通过语言来表达的，这种非教学设计因素在教学过程中扮演着媒介的角色，它能够间接地影响学生的学习成果，因此也应纳入评价框架。

### （三）评价主体多元化

推进乡村教师教学评价良性发展，需要多元主体联动、共同参与，主要包括以下几个方面。

第一，乡村学校应重视学生在乡村教师教学评价中的重要地位。学生是学习的主体，对教师教学方法、教学态度及教学效果等的感受最为深切。因此，学生参与评价在一定程度上能反映出教师的真实教学水平，教学管理者应充分保障学生参与教师教学评价的权利。

第二，变革传统的乡村教师自评、互评及专家评价方式。相关部门应借助智能技术打造省、市或县级教学平台，依托平台创建评价系统，支持乡村教师自评、不同地域乡村教师互评及远程专家指导性评价，使评价更加智慧化。

第三，增加智慧评价主体。人工智能技术辅助下的表情识别、姿态识别、语音识别等技术可以作为智慧评价主体，使教学评价更客观、精准。此外，基于云平台

---

① 张世第. 乡村女教师教学投入研究——基于工作家庭冲突视角[D]. 东北师范大学，2021.

及大数据分析对乡村教师教学过程进行评价，也是开展智慧教学评价的方式之一。

（四）评价方式客观化

促进乡村教师教学评价发展，评价方式要客观、全面。追求评价方式的客观化，是反思历史经验的必然选择。传统听评课方式的主观性较强，缺乏数据支持，因此智能时代的教学评价需要引入并借助智能技术及相应的设备，对乡村教师教学进行全方位、多角度的评价。例如，分布式并行处理框架 MapReduce 具有海量数据分析处理能力，将计算机的各种资源协调整合到一起，为用户提供了良好的体验。没有这些云计算技术作为支撑，数据存储就无从谈起。它们可以采集教师备课、上课、听课等的数据，存储在云平台中，导入大数据分析平台，借助强大的数据挖掘与计算能力，分析教师在学科知识、教学方法、技术等方面存在的问题，汇总成教师的 TPACK 知识模型。此外，在智能技术的引领下，评价模式正逐渐从单一的"结果导向"转向更加注重"过程导向"。通过构建先进的平台或系统，可以实时记录教师的教学过程数据，这不仅有助于教师与过去的教学表现进行对比，还能促使他们总结经验、发现不足，并进行针对性的改进。这种转变旨在全面提升教学质量，促进教师的专业成长。

（五）评价结果正向化

引领乡村教师教学评价健康发展，需要重新审视评价结果的导向性，主要包括以下三个方面。

第一，学校层面要改变"唯获奖论""唯分数论"的倾向。《第五轮学科评估工作方案》中提出，"评价教师不唯学历和职称……评价科研水平不唯论文和奖项"。"唯分数论"导致一些教师为了考试而教，在追求学生取得高分的同时，忽略了学生的全面发展。因此，乡村学校应创设积极向上的教学评价氛围，使乡村教师教学评价结果朝着有利于学校教学质量提高的方向发展。

第二，乡村教师要积极转变思想观念。新时代教师需要积极适应教育新常态，认清当前的教育形势，主动分析和研究评价结果中暴露出的教学问题，以便能够更精准地指导自己的教育教学工作，从而不断提升教学效果和自身的专业素养。

第三，乡村学校和教师应正确认识评价结果。评价最终应以促进学生发展为落脚点，评价及分析最终都是为学生服务的。

## 三、智能时代乡村教师评价的实施路径

智能时代，乡村教师评价政策、评价内容、评价主体等方面都需要变革，既

要宏观发力，也要微观施策，准确把握评价工作的着力点。本书研究从顶层设计、内容广泛、多元共治、方法多样及结果分析五大方面提出智能时代乡村教师评价的实施路径。

### （一）顶层设计：统一规划，分步实施

推进智能时代乡村教师教学评价发展，需要在国家层面建立健全政策制度和保障体系，对乡村学校技术及技术人才引进等方面精准施策、精准发力。具体包括：一是统一规划，将乡村学校信息化基础设施建设纳入政策发展规划，规定省、市等相关部门的责任和义务，统筹政府部门、教学督导、教学管理人员、教师之间的利益分配；二是出台能够切实落地的政策文件，分步实施。具体而言，要考虑以下四个方面的因素。

第一，以乡村学校信息化基础设施完善中的宽带网络建设为落脚点。《教育部等六部门关于推进教育新型基础设施建设构建高质量教育支撑体系的指导意见》提出，通过 5G 等方式实现校园无线网络全覆盖，支持建设校园物联网，通过卫星电视、宽带网络和宽带卫星为农村薄弱学校和教学点输送优质资源，促进教育公平。具体而言，可以借鉴美国的农村宽带政策经验，以政府为主导，通过减税政策激励运营商加大光纤、5G 等基础投资，建立宽带普遍服务基金，简化宽带基础设施行政审批流程，鼓励更多企业参与宽带接入市场竞争[①]，并逐渐开展试点，这是保证乡村学校覆盖宽带网络的有力措施和长效机制。

第二，以云平台、大数据平台建设为重点。目前，我国很多省级教育行政部门已成功建成了教育云平台，包括网络教研系统、备课系统、评价系统等，而乡村学校如何接入省市级教育云平台，是亟须解决的问题。因此，政策层面要明确乡村学校引入云平台、大数据平台的发展战略，编制出台相关发展方案，鼓励社会团体、公益组织等参与到乡村学校平台建设中来，形成乡村教育发展共同体。

第三，提高对乡村学校的财政拨款比例，用于建设“智慧乡村学校”，使智能技术能够逐渐被引入乡村学校，逐渐缩小城乡学校之间的数字鸿沟。《教育部等六部门关于推进教育新型基础设施建设构建高质量教育支撑体系的指导意见》提到，要完善经费保障，支持教育“新基建”，通过现有资金渠道加强对贫困地区的倾斜支持，缩小区域、城乡、校际差距。相关部门可以结合本地区的特点，设立专门经费来扶持乡村教育发展，资金主要运用于偏远的乡村学校或偏远小规模学校，对于贫困指数较高的区域给予更多的资金支持。

---

① 赵丽，曹星雯. 美国农村宽带政策变化及对我国的启示[J]. 信息通信技术与政策，2018（09）：63-68.

第四，对技术人才实施津补贴制度。鉴于乡村学校面临的住宿条件艰苦、地理位置偏僻且交通不便等不可控环境因素，为了提升乡村教师职业的吸引力，应给予他们相应的经济补助或其他形式的补偿，从而激励更多技术人才投身乡村教育事业。技术人才的津补贴政策可以参考乡村偏远地区教师的补贴政策，例如，可以借鉴美国的经验，根据艰苦偏远地区环境优劣来计算工资成本指数，将其纳入财政拨款方案。[①]总之，国家层面应督促各地积极落实人才政策，制定切实可行的技术人才引进计划、技术管理人员培养计划等，鼓励有条件的乡村学校先行探索，积累有效经验，带动其他乡村学校发展。

### （二）内容广泛：构建框架，强化指导

推进智能时代乡村教师教学评价发展，需要构建乡村教师教学评价内容框架（图 8-1），主要包括教学评价基本要素、情感状态、教学投入及表达能力。相关部门应以技术为支撑打破传统评价内容的局限，并建立一支由教育行政部门、校长、教研组组长、教师等人员组成的评价督导小组，对教学评价实施情况进行定期检查。

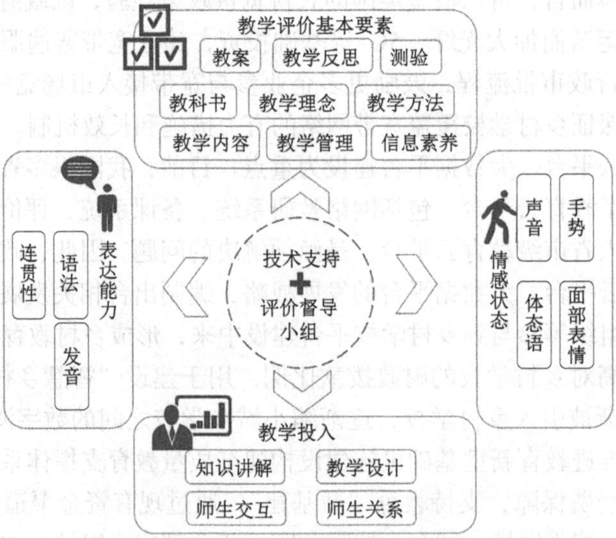


图 8-1 智能时代乡村教师教学评价内容框架

① 马红梅．“艰苦边远地区津补贴”的经济学分析及其对“乡村教师生活补助”政策的启示[J]．教师教育研究，2021(03)：97-103．

第一，将教学评价基本要素纳入评价框架。①在教学过程中，教师的教案、教学反思、测验、教科书等会不断积累成“小数据”。这些数据就是对教师教学过程进行评价的依据，可以将其作为衡量教师教学行为的指标之一。②对教学理念的评价，可以从教师教学是否完成课标中的教学任务、是否符合课标要求、是否体现了课标中要求的育人价值及学科价值等方面来进行。③对教学方法的评价，可以从教学手段是否恰当、是否能够调动学生的积极情绪、是否能够启发学生思考、教学是否符合学生身心发展规律等方面来进行。④对教学内容的评价，可以从能否把握教学重难点、是否围绕教学目标开展教学等方面来进行。⑤对教学管理的评价，可以从课堂中能否营造良好的氛围、能否有效应对突发状况等方面进行。

第二，利用人工智能技术助推乡村教师课堂教学情感状态评价。例如，运用人脸识别技术识别教师的面部表情，主要思想是找出人脸中的各部件（如眼睛、鼻子、嘴巴等），然后利用各部件的参数和关键点之间的相对距离进行人脸识别。特征脸和弹性匹配是两种主要的人脸识别算法。[①]另外，还可以利用人体姿态识别技术采集教师的手势、体态语等数据，分析教师动作传递的情感导向；利用语音识别技术提取声音，将其转换为文本，开展自然语言处理分析，基于双向长短期记忆网络（bidirectional long short-term memory network，BiLSTM）和卷积神经网络提取文本特征，兼顾上下文语义和语法信息，提高文本分析的准确率。乡村义务教育教师的情绪状态往往会影响学生的学习热情，积极饱满的教学状态对学生的学习往往能起到积极的促进作用。因此，对乡村教师教学中的各种因素进行分析并给出反馈结果，有利于教师及时反思自己的情绪状态，从而更好地投入课堂教学中。

第三，重视教师教学投入方面的评价。主要包括：①对知识讲解的评价，可以通过访谈了解学生对知识的掌握程度，从侧面反映出教师的教学水平；②对教学设计的评价，可以从是否符合课程标准、是否注意设计师生互动环节、设计是否完整、是否有教学反思等方面进行；③对师生交互及师生关系的评价，可以通过对录制好的课堂视频进行分析实现。此外，还可以根据弗兰德斯互动分析系统提取教师或学生的课堂行为，例如，教师提问次数、学生举手发言次数等，构建状态-过程（state-process，S-P）表进行分析，或者使用目前已经开发的课堂教学行为采集与分析软件，帮助观察者进行师生课堂行为观察。目前，已有研究基于课堂互动的系统分析（systematic analysis of classroom interaction）方法，能够实现课堂师生互动的自动编码。例如，通过统计并分析课堂中师生各类语言的占

① 丁嵘，苏光大，林行刚. 特征脸和弹性匹配人脸识别算法的比较[J]. 计算机工程与应用，2002(07)：1-2，19.

比，实现以量化形式呈现师生的语言行为。①上述几种方法分析出的结果均可以从侧面反映出师生交互程度及师生关系。

第四，建立乡村教师教学表达能力模型。对于乡村教师表达能力，可以通过人工智能技术提取教师某一节课中的语言，利用自然语言处理技术自动转化为文本形式，从语言连贯性、语法、发音等方面与现有权威的教师表达能力模型进行比对，实现对乡村教师表达能力的评价。如果现有的表达能力模型不适用于乡村教师，可以通过机器学习算法不断训练，得出适用于乡村教师的科学、规范的表达能力模型。

### （三）多元共治：多方协同，精准施评

推进智能时代乡村教师教学评价发展，应确立乡村教师教学评价主体（图 8-2），充分利用先进技术，听取多方意见，在融合乡村教师自评、互评、专家评价的基础上，结合大数据、云计算、人工智能等技术和理念，增加智慧评价主体，使评价更加智慧、科学。

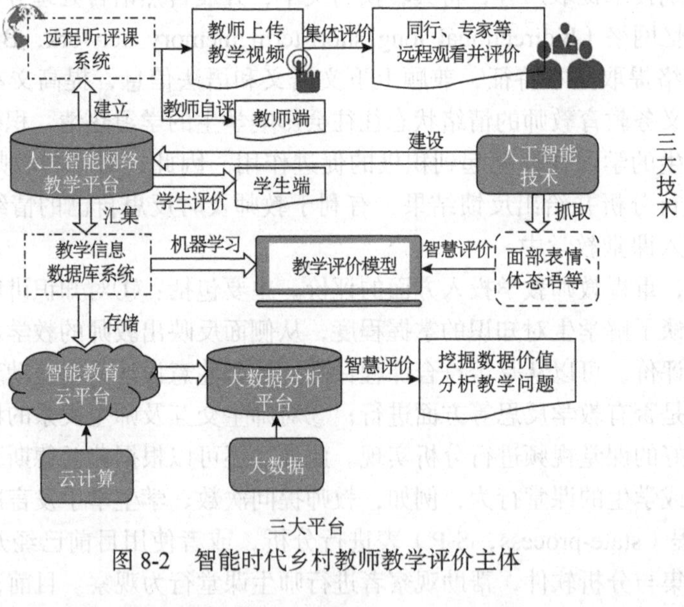


图 8-2　智能时代乡村教师教学评价主体

乡村教师教学评价主体多元化，需要技术、平台及系统的支撑。第一，建立

① Lu J, Wang D, Luo Z Y. Automatic evaluation of teacher-student interaction based on dialogue text[C]. Proceedings of the 2017 2nd International Conference on Education, Sports, Arts and Management Engineering, 2017.

区域三大平台。①智能教育云平台。采取本地化部署方式，向上与国家级、省市级平台对接，向下与校园级平台对接。[①]云计算的分布式和数据信息存储与管控系统提供了海量数据的存储和管理能力，能够突破时空的界限，利用虚拟平台进行数据备份等操作，使教师教学相关的数据能够得到及时存储。②人工智能网络教学平台。通过汇集教师教学信息、建立听评课系统等，实现乡村教师教学过程的数据化管理。③大数据分析平台。采用数据挖掘技术分析云平台中的数据价值。数据挖掘是使用几种数据聚类技术来寻找特定数据模式，K-means 算法是对大型数据集进行聚类的常见聚类技术之一。[②]该技术基于统计学、数据库管理、机器学习等多学科，能够在海量信息中获取有用信息。第二，利用教学平台建设两大系统。①汇集本省或市区内大量教师教学信息数据库系统，主要包括教师上课的教学视频、教学设计等，存储在云平台中，采用机器学习算法训练教学评价模型。②建立远程听评课系统。乡村教师可以上传自己的公开课视频、说课视频、教学设计等，研究者远程传输并汇集多所乡村学校的教师教学视频。

依托三大技术、三大平台及两大系统，智能时代乡村教师教学评价主要包括四个方面：教师自评、集体评价、学生评价及智慧主体评价。其一，远程听评课系统具有协作式、立体化的特点，教师端可以实现教师自评，教师上传教学视频、教学设计等可以开展同行、专家集体性评价。相较于传统专家进教室的听评课方式，该系统既能保证评价结果的客观性，又能还原课堂真实状态。其二，依托人工智能网络教学平台，开发学生端模块，每学期定期组织学生到中心机房参与乡村教师教学评价。其三，教学评价模型是智慧评价主体之一。它利用眼动追踪技术、表情识别技术及体态语识别技术等，抓取乡村教师教学时的眼动、面部表情、手势语等信息，与教学评价模型进行比对，综合分析得出评价结果。其四，获取、挖掘和分析乡村义务教育教师的教学过程数据，是构建智慧教育评价体系的关键环节之一。相关人员可以将云平台中的乡村教师教学数据导入大数据分析平台，利用数据挖掘技术分析乡村教师教学过程中存在的问题，为教学评价提供依据。

### （四）方法多样：客观精准，动态真实

为了推动智能时代乡村教师教学评价的发展，应依托技术使评价方式从传统

① 刘邦奇，吴晓如. 中国智能教育发展报告[M]. 北京：人民教育出版社，2019.

② Hossain M Z, Akhtar M N, Ahmad R B, et al. A dynamic K-means clustering for data mining[J]. Indonesian Journal of Electrical Engineering and Computer Science, 2019(02): 521-526.

的“结果导向”转向更加注重“过程导向”，以确保评价的客观真实性及动态性，从而营造自然、生动的课堂氛围。智能时代，“用数据说话”已成为比较客观、有效的评价方式。云计算、大数据、人工智能等先进技术为乡村教师教学评价带来了新的变革，使评价更加精准、高效，有助于提升乡村教师的教学质量，并促进其专业成长。

第一，开展以多源数据融合为基础的评价。为了优化乡村教师教学评价，使评价更加精准、客观，可以采取多模态数据采集及分析技术，包括网络爬虫技术、眼动追踪技术、情感识别技术等。其中，情感识别技术主要包括人脸识别、体态识别、语音识别等方面。人脸识别是基于深度卷积神经网络进行的大规模面部特征识别技术①；体态识别是基于计算机视觉，不受特定场景限制的动作识别技术②；语音识别是基于机器学习，从检测到的输入语音的情感显著片段中提取声学和韵律特征，包括频谱、共振峰和音调等③。研究者通过运用多种技术，结合眼动追踪、脑电波等多模态生理及心理技术，可以全面收集乡村教师生理及心理层面的教学过程数据，利用教室中的全方位智能监控系统采集乡村教师的行为数据，实现对乡村教师教学过程的全面、多维追踪，为后续对乡村教师的教学评价提供依据和参考。

第二，建立基于云计算的教学评价辅助系统。美国国家标准与技术研究院（National Institute of Standards and Technology，NIST）指出，云计算是一种不断发展的范式，用于实现对可配置计算资源共享池的无处不在、方便、按需的网络访问。④我们基于中心机房，建立基于云计算的教学评价辅助系统，对该系统提出以下设想：其主要包括登录端、课堂监测端、处理端、学生评价端、综合数据端及教师教学质量评价端。其中，登录端包括教师及学生的登录信息，教师层面包括每名教师所教科目、所带班级数量等信息；课堂监测端自动监测教师的教学状态及学生的听课状态，并将相关信息传输至处理端，统计教师的得分结果，然后传输至综合数据端；学生评价端在学生提交打分后，也将打分结果传输至综合

① Adjabi I, Ouahabi A, Benzaoui A, et al. Past, present, and future of face recognition: A review[J]. Electronics, 2020(08): 1188.

② 张丹，陈兴文，赵姝颖，等. 基于 Kinect 骨骼预定义的体态识别算法[J]. 计算机应用，2014(12)：3441-3445.

③ Wu C H, Liang W B. Emotion recognition of affective speech based on multiple classifiers using acoustic-prosodic information and semantic labels[J]. IEEE Transactions on Affective Computing, 2010(01): 10-21.

④ MellP G T. The NIST definition of cloud computing[J]. National Institute of Standards and Technology, 2011(06):50.

数据端，最终得到教师的综合评分结果，传输至教师教学质量评价端，对乡村教师进行评级。[①]

第三，建立乡村教师教学电子档案袋。实用主义理论作为建构教学档案袋的理论基础之一，启示我们经验总是处在成长和发展过程中的，教学电子档案袋的构建，有助于我们理解这些经验。教学电子档案袋能够帮助教师对教学过程进行反思，是建立质性教师评价的典范，能够促进教师的专业发展。[②]信息化时代，档案袋评价不再局限于传统的纸质档案袋，既可以利用 U 盘、网盘等方式存储教师的电子档案袋，也可以利用人工智能、大数据、云计算技术建立电子档案袋系统，并利用数据挖掘技术对电子档案袋中的数据进行分析、量化，运用可视化工具呈现出可视化结果，帮助相关部门了解并评价乡村教师的教学。

### （五）结果分析：以人为本，以评促教

推进智能时代乡村教师教学评价发展，需要正确看待并利用评价结果，充分发挥评价的正向作用。

第一，可汗学院的例子凸显了大数据时代教与学的变化，并启示我们学校、班级、课本和课程都是重要的收集和分析数据的平台，有效利用分析结果可以改善教学。因此，乡村教师要形成“大数据思维倾向”；乡村教师要成为“数据脱盲者”，学会从海量数据中挖掘其中有价值的信息；跟踪学生的学习进度，帮助学生及时发现存在的问题，并改变学习方式。[③]另外，乡村教师还要成为“反思者”，在利用技术呈现教学反馈结果后，及时认识到自身教学方法、情感状态等方面存在的问题，反思并进行纠正，与同行互相学习，创设积极向上的教学评价氛围，最终回归到课堂上构建和谐良好的师生互动氛围。

第二，传统乡村教师教学评价的结果往往与职称评定挂钩，导致教师一味地追求提升自身的教学能力，忽视了学生的发展。因此，学校层面要破除“唯获奖论”“唯分数论”，学生分数高低、获奖多少不应成为考核教师的标准。

此外，为了改革乡村教师评审机制并净化评价环境，可以借助区块链、人工智能等先进技术，构建一个安全、可靠的职称评定平台。在这个平台上，教师的数据上传将受到严格的保护，从而确保评审的公正性和客观性。同时，为了更全

---

① 付卫东，刘尊贤．智能时代乡村教师教学评价：问题、变革及实施路径[J]．黄冈师范学院学报，2022(01)：8-15.

② 魏建培．教师专业发展理论与实践[M]．北京：科学出版社，2016.

③ 维克托·迈尔-舍恩伯格，肯尼思·库克耶．与大数据同行：学习和教育的未来[M]．赵中建，张燕南，译．上海：华东师范大学出版社，2015.

面地评估教师的工作表现，应修改职称评定内容指标的权重，特别是要加大师生互动情况、师生情感交流及学生德智体美劳发展状况等方面的权重。这样做不仅能激励乡村教师将工作重心转移到学生发展上，还能通过评价促进教师教学水平的提升，实现以评促教的目标。

总之，智能时代乡村教师评价的发展，得益于技术的强大支撑，同时配合政策、评价内容和评价主体等多方面的优化，可以使评价更加精准和高效。为了推动大数据、人工智能技术下乡村教师教学评价的发展，相关部门可以从建立科学、全面的评价指标体系入手，确保评价过程更加规范化和专业化。各乡村学校应积极借鉴城市学校利用信息化设备进行教学评价的有效经验，加强城乡学校间的交流与合作，不断完善和创新乡村学校教师教学评价的整体框架，推动教学评价实现高质量发展。

值得注意的是，智能技术能够记录教师及学生的教与学全过程数据。在采用技术辅助乡村教师教学评价时，必须高度重视数据隐私保护工作，确保个人信息的安全。在保障隐私的前提下，可以继续探索智能时代乡村教师教学评价的新路径，以科技力量助力乡村教育发展。

# 第九章　信息化支持义务教育优质均衡发展的实践路径

推进义务教育均衡发展是《中华人民共和国义务教育法》的规定，也是《国家中长期教育改革和发展规划纲要（2010—2020 年）》提出的工作重点；是国家在全国“两基”“解决适龄儿童少年‘有学上’问题”的基础上，推动实施的“以实现所有儿童少年‘上好学’为目标”的教育改革与发展重大战略。围绕“促进公平、提高质量”两大战略主题，国务院分别于 2012 年、2016 年印发了《关于深入推进义务教育均衡发展的意见》《关于统筹推进县域内城乡义务教育一体化改革发展的若干意见》，针对义务教育改革与发展中存在的问题，就如何采取有效措施打破体制机制障碍、打破城乡二元结构壁垒，彻底缩小校际差距、城乡差距，以乡村教育为重点全面提高教育质量，提出了目标任务和明确要求。截至 2016 年底，全国已有 1824 个县（市、区）通过义务教育基本均衡发展督导评估国家认定，巩固基本均衡发展成果，实现优质均衡发展，已经成为这些地区发展义务教育新的紧迫任务。[①]

2017 年，教育部制定了《县域义务教育优质均衡发展督导评估办法》，为进一步推进县域义务教育公平优质发展奠定了坚实的基础。党的十九大要求推动城乡义务教育一体化发展，高度重视农村义务教育，办好学前教育、特殊教育和网络教育，普及高中阶段教育，努力让每个孩子都能享有公平而有质量的教育。信

① 截至去年已 1824 个县市区通过义务教育均衡发展督导评估认定[EB/OL].（2017-05-23）[2023-10-20]. http://finance.ifeng.com/a/20170523/15400893_0.shtml.

息化是促进义务教育优质均衡发展最便捷的途径，研究信息化支持义务教育均衡发展的投入机制和绩效评估，对于实现县域义务教育优质均衡发展的目标，努力让每个孩子享受公平而有质量的教育，具有重要的现实意义。

## 第一节　在地化理念

在地化教育体现在某一地方独特的历史、环境、文化、经济、文学和艺术等多个方面。在这种教育模式下，所在的社区为学生提供了真实的学习情境，学习任务紧紧围绕当地的需求和利益展开。社区成员不仅是学习的合作伙伴，更是学生接触和了解现实世界的重要窗口。通过对当地事务的关注和参与，学生的教育参与度得到显著提升，他们能够将对现实世界的关切与求知的激情相结合，从而培养真正的公民责任感。这种教育模式不仅能促使学生尊重并热爱自己所在的社区，还为他们过上美好生活奠定了坚实的实践基础。[①]索贝尔（Sobel）指出，在地化教育是将当地的社区和环境作为出发点，教授学生语言艺术、数学、社会研究、科学及其他学科的过程。它强调实践活动和在真实世界中的学习经历，致力于提升学生的学业成就，加强他们同所在社区的联系，增进他们对自然世界的理解，帮助他们成为积极的、有贡献的公民。[②]史密斯（Smith）认为，在地化教育是一种开发课程和实施教学的方法，该方法将学生的注意力引向当地的文化、现象和重要议题，并将这些作为学生在学校学习的一部分。除了促进学生的学业发展，采取在地化教育的教师还将学生与环境管理和社区发展紧密联系在一起。[③]

从理论层面分析，在地化教育的兴起是对生态现实、社会现实与教育现实进行批判性反思的产物，而非简单遵循某一特定的理论传统。其认识论基础源于生态学、地理学、教育学、社会学等多学科研究者的核心主张。通过学校教育的在地化转型，它不仅整合了社区、生态及教育系统的危机认识逻辑，更是构建了一个以生态正义为核心，以批判教育学和实用教育哲学为两翼的理论框架。这一框

① Smith G A, Sobel D. Place-and community-based education in schools[J]. Children Youth and Environments, 2010(2)：425-428.

② Sobel D. Placed-Based Education: Connecting Classrooms and Communities[M]. Great Barrington:The Orion Society, 2004.

③ Smith G A. Placed-based education[EB/OL].（2020-09-30）[2023-10-30]. http://oxfordre.com/education/view/10.1093/acrefore/9780190264093.001/acrefore-9780190264093-e-95.

架为理解和应对现代教育挑战提供了新的视角和方法。①所谓两翼，其一是指以杜威为代表提出的实用主义教育哲学对在地化教育的指导作用，强调加强学校和社会、社区之间的联系在教育发展史上并不是一件新鲜事。如《学校与社会：明日之学校》（The School and Society & Tomorrow's School）、《我们怎样思维：经验与教育》（How We Think：Experience and Education）、《民主主义与教育》（Democracy and Education）等，从思维和经验展开的逻辑出发，系统论述了思维、经验、环境之间的联结性，批判了传统学校教育中学校与日常生活隔离造成的儿童思维与经验的割裂现象。其二是指在地化教育支持者对批判教育学的反思与辩证性对话。有学者将批判教育学的观点与在地化教育的观点进行了融合，提出了基于地方的批判教育学。②

第一，"互联网+在地化"推动乡村学校可持续发展。相关部门应以互联网为基础设施和创新要素，将县域内独立的教育主体即城乡师生通过互联网创新连接起来，构建以 $N\times(1+M)$ 的教学共同体为主体的双轨混成乡村数字学校，创新教育的组织模式、管理模式等，进而构建城乡共生的教育新生态，让教育资源在本地更快、更好地流通与共享，创造更大的社会价值。

第二，"互联网+在地化"促进乡村学生健康成长。实施同步互动课堂，乡村学生不仅能够接受本地教师的教育，还能享受到来自文化背景相近的城镇教师的指导。他们不仅可以学习传统的语文、数学课程知识，还能享受异地教师带来的音乐、美术等艺术的熏陶，以及英语课程提供的国际化视野，从而实现了教育场域的开放与拓展。在这样的开放教育环境中，乡村学生、教师及其他教育工作者形成了一个以知识生产、传承和传播为核心，旨在促进人的全面发展与提升的社会网络。在这个紧密的社会关系网络中，乡村学生获得了来自教育场域的强大智力支持，为其成长和发展提供了有力保障。

第三，"互联网+在地化"促进乡村教师队伍建设。教师在地化，即选择本地城镇优质教师作为共同体的负责人，带领乡村教师共同发展。教师的在地化是地方文化存续尤为重要的抓手。在乡村学校，教师不能是流动的陌生人，应从乡村的"寄居者"发展成为居民。

第四，"互联网+在地化"促进乡土课程开发。乡村学校实施"互联网+"在地化教学，即同步互动混合课堂，这种教学模式能够充分发挥当地资源的优势。相比远方的城市教师，同一地域的城镇教师更能将当地丰富的文化资源和知识系

① 王红，邬志辉. 国外乡村教育生态转型的在地化实践[J]. 比较教育研究，2019(09)：98-105.

② 转引自王红，邬志辉. 国外乡村教育生态转型的在地化实践[J]. 比较教育研究，2019(09)：98-105.

统巧妙地融入教学之中。他们通过营造地方情境，让学生在课程学习中深入理解本土文化与生态，尊重和包容本地居民的认知和传习方式。因此，在本地城镇学校拥有优质教育资源的前提下，同一县域内的城镇学校无疑成了乡村学校发展的最佳合作伙伴。这样的合作模式不仅能够促进教育资源的均衡分布，还能助力乡村学生更好地认识和理解自己的根脉，实现文化的传承与发展。

## 第二节 政策保障

### 一、外部环境保障政策

信息化促进义务教育优质均衡发展是一项系统工程，单凭某一方面的力量很难取得突出的成就，既需要聚合各方力量，需要政府、教育主管部门、企业等外部组织提供保障，也需要学校、教师和学生等的支持。

其一，政府充分发挥“引路人”的作用。在信息化促进义务教育优质均衡发展的进程中，政府凭借其掌握的区域教育话语权、政策资源和公共资源配置权，成为影响政策制定与实施的核心力量。作为宏观调控者，政府应该通过立法、规划制定和政策支持等手段，有效协调企业、学校及其他非政府组织之间的关系，进而引领区域教育的发展方向。另外，政府应充分发挥“引路人”的作用，认真贯彻落实国家的相关政策，准确、科学地制定区域教育信息化发展政策，加快区域教育信息化的发展步伐。一方面，政府对学校信息化建设要予以更多的关注，合理分配教育信息化经费，加强本地区教育信息化的管理和考核，提升区域教育信息化发展水平。另一方面，政府应积极引导相关企业加入教育信息化发展中，为企业与学校之间的密切合作提供便利条件，充分发挥企业的资金优势、技术优势及学校的人才优势，共同推进信息化促进义务教育优质均衡发展。

其二，教育主管部门充分发挥“指挥官”的作用。教育主管部门既是教育相关政策的执行者，也是推动区域义务教育优质均衡发展的决策者。因此，在信息化促进义务教育优质均衡发展过程中，教育主管部门应充分利用好手中的“指挥棒”，推进本地区教育信息化全方位发展。教育主管部门应根据本地区发展的基本特点，制定切实可行的教育信息化发展规划。同时，要坚持稳中求进的原则，不断推进区域教育信息化实现高质量发展。

其三，企业扮演好“合作者”的角色。企业是推动区域教育信息化发展的重要力量。企业应该充分发挥技术优势和资金优势，与学校的教育资源相结合，开展教育信息化领域的密切合作。

其四，学校扮演好“排头兵”的角色。学校是信息化促进义务教育优质均衡发展的主阵地，学校信息化建设程度会直接影响本地区的教育质量。因此，学校要对教育信息化的发展给予足够的重视。首先，学校对本校教育信息化发展应有明确的、合理的战略规划。科学的规划可以使教育信息化发展事半功倍，但是如果一味地模仿其他学校，不考虑本校的实际情况，本校的教育信息化发展就会毫无特色。其次，学校要根据本校的实际需求，在信息化基础设施建设、信息化资源建设等方面与企业开展密切的合作。

## 二、教育信息资源共享政策

为了保证各区域教育信息资源都能得到合理、高效的利用，减少资源的浪费，促进区域内义务教育优质均衡发展，教育主管部门可以通过三种方式来协调各区域对教育信息资源的利用。①

其一，合理利用。部分教育信息资源已通过相关教育机构的网站向公众开放，这些资源以游客可用模式提供，无须付费或征求资源所有者的同意，用户可以合理使用这些资源。例如，学生和教师可以下载用于教学和研究，但需注明来源，并且不得用于商业目的或获取非法利益。合理利用这些资源，有助于防止信息垄断，保障公共利益。同时，对于资源所有者而言，通过他人的引用和推广，他们的知名度会得以提升，甚至部分资源所有者还会补充和更新资源，积极参与资源建设，共同促进教育资源的更新。

其二，授权许可。授权许可是指通过支付一定报酬来获得使用权，同时确保不侵犯著作权的合法方式。网络教育信息资源网站通常会设定不同的用户权限，这些权限规定了用户所享有的不同权利及可访问和利用的资源范围。部分资源可供用户在线阅读，但如需下载则需支付相应的费用。多数付费资源网站会依据用户的点击和下载量来计算费用，这种模式特别适用于区域间教育信息资源的共享。在共享过程中，双方可以相互开放各自的资源，提供访问入口，并以点击、下载等指标作为进行经济补偿的依据。此外，双方还可以对资源进行整合，实现共享。

其三，强制许可。教育信息资源的费用主要由国家财政和地方财政共同承担，教育主管部门负责制定资源利用的规范性条例。以国家精品课程为例，教育

① 熊才平. 教育在变革——论信息技术对教育发展具有革命性影响[M]. 北京：科学出版社，2013.

部提供专项资金，委托特定高校基于其优势进行建设。这些精品课程建成后，并非仅限于建设资源的学校使用，而是面向全国师生开放。其他学校的师生可以根据教育主管部门的规定，向建设资源的学校免费申请使用权限。同样地，区域间的学校也可以遵循更高级别教育主管部门的指导原则，免费获取其他区域的优质教育资源。例如，县级学校可以依据市级教育主管部门的建库指导，获取其他县建设的优质教育资源。

## 三、评估激励政策

其一，实现评估内容全面性。对信息化促进义务教育优质均衡发展的评估，可以围绕两个方面展开。一方面，需要构建一个全面的量化测度指标体系框架，涵盖教育输入、教育过程和教育结果三个维度。在构建这一框架时，必须客观选取各级指标，明确指标的权重，并确立科学的评分标准和计分方法。具体来说，可以从政府保障制度、资源配置、办学条件、社会参与程度和学生发展等多个方面出发，设定一级指标测量体系。同时，鉴于地区间的差异，在设置二级和三级指标时，应充分结合信息化的功能要素，将政府文件要求的指标与规划指标相融合，以构建出既符合各地实际又具备合格标准的综合指标体系。另一方面，需要构建信息化促进义务教育均衡发展的督导评估机制。基于《县域义务教育均衡发展督导评估暂行办法》，可以开展针对信息化在推动义务教育发展基本均衡中的作用的评估工作。具体来说，体现在以下几个方面：首先，教育主管部门应利用信息化服务平台对义务教育均衡发展的各项指标进行实时监测；其次，建立健全由教育督导部门统一负责的激励评估机制；再次，探索建立由省级统筹、市域推进、县域实施、校域执行的多元协作模式，共同承担信息化赋能督导评估的责任；最后，通过增强督导评估的各方责任和专业性，持续推动义务教育全过程、全要素的均衡发展。

其二，实现评估方式多样性。评估方式多样性是指在评估过程中能够全面地获取、整理与解析评估对象的评估资料，准确、真实地反映信息化促进义务教育均衡发展的落实情况，确保评估质量和评估结果。[①]在义务教育均衡发展的资料收集与分析过程中，我们将评估方式细分为收集评估资料的方法和均衡度测算方法两大类别。收集评估资料的方法主要是评估者借助信息化手段来获取信息，包括观察法、文献资料法及调查法（如访谈法和问卷法）。每种方法都有其特定的

① 曲乐. 我国县域义务教育均衡发展评估指标体系的构建[D]. 沈阳师范大学，2011.

适用范围，因此在选择方法时，需要确保其有效性和适用性，以确保对指标数据进行准确评估。均衡度测算则侧重于对收集到的评估资料进行精确的量化分析，通过计算差异系数等指标来评估数据的离散程度。对于信息化是否有效促进了义务教育优质均衡发展，可以采用离散程度作为衡量标准。离散与集中反映了数据向中心值聚集的趋势和程度，通过量化这种差距，可以得出信息化在促进教育资源配置方面的等级顺序和相应的指标分数。这些量化结果将为指导信息化促进义务教育均衡发展的实践提供有力依据。

其三，建立科学合理的利益分配制度。在信息化推动义务教育优质均衡发展的过程中，引入市场机制至关重要，以建立科学、合理的经济核算、成本补贴及利益平衡机制。首先，要以政府专项经费为主要保障，强化政府的责任，确保优质教育资源共建共享的资金来源稳定，从而使大部分优质教育资源能够免费向薄弱学校和地区开放使用。其次，教育主管部门应大力支持区域优质教育资源的共享，鼓励一线教师和教研工作者积极开放并共享优质教育资源，同时给予他们相应的经济激励和物质奖励，以激发其积极性。最后，在区域间教育信息资源的共享中，应实行“共享互换”模式。其中，“共享”指的是一般性、完全开放的资源，而“互换”则是针对各区域具有保护性的特色资源，一般采取对等资源进行交换的方式。对于在互换过程中出现的利益不平衡问题，应通过转移支付的方式进行定期的经济补偿，以达到利益均衡的目的。

## 第三节　经 费 投 入

### 一、信息化支持义务教育优质均衡发展与经费投入

县（区）域教育信息化发展可分为三个阶段：初级阶段，即网络通道建设阶段；中级阶段，即网络平台初步形成阶段或资源库建设阶段；高级阶段，即信息化平台深层次发展阶段或资源深度整合阶段。义务教育优质均衡发展是义务教育均衡发展的高级阶段，也是教育信息化发展的高级阶段，即信息化平台深层次发展阶段或资源深度整合阶段。我国是一个大国，各地区的情况差异较大，不同县域义务教育的发展阶段不一样，因此其经费投入也不完全一样。

#### （一）经费投入与区域经济发展水平密切相关

新时期，义务教育优质均衡发展已成为我国义务教育发展的核心战略目标，

其经费投入与县域义务教育经费发展水平紧密相关。虽然经济发展水平较高的县域在义务教育均衡发展方面具备较好的基础，但其对优质均衡发展的要求也更为严格，因此其经费投入不会满足于低层次水平。相反，对于经济发展水平相对较低的县域而言，要确保义务教育的优质均衡发展，必须加大投入。然而，这些县域的经济实力有限、财政压力较大，因此需要中央政府和省级政府根据各地区的经济发展水平与财政状况，给予适当的财政转移支付支持。这样一来，即便在经济发展相对薄弱的地区，也能确保义务教育优质均衡发展的资金需求得到满足。

### （二）经费投入与教育财政体制及教育信息化投入政策密不可分

县域义务教育的主体是农村义务教育。2001 年，《国务院关于基础教育改革与发展的决定》印发，提出实行在国务院领导下，由地方政府负责、分级管理、以县为主的管理体制，这一体制坚持发展农村义务教育是各级政府义不容辞的责任，明确了中央、省、地、县、乡各级政府对农村义务教育的责任，强化了各级政府特别是县级政府对农村义务教育管理和投入的责任。由于县域教育信息化投入是农村义务教育投入的重要组成部分，其管理和投入自然由县级政府负主要责任。2002 年，国务院办公厅印发《关于完善农村义务教育管理体制的通知》，进一步强调了县级政府对农村义务教育负有主要的责任，要求“农村中小学购置教学仪器设备和图书资料所需经费，由县级人民政府安排”。这种“以县为主”的教育财政体制虽然充分激发了地方办学的积极性，但客观上也削弱了中央财政在县域教育信息化建设中的投资责任，导致城乡之间、地区之间和省内不同地区之间的教育信息化发展出现了一定的差异，显然是不利于信息化促进义务教育优质均衡发展的。

2003 年，《国务院关于进一步加强农村教育工作的决定》印发，要求“县级政府要切实担负起对本地教育发展规划、经费安排使用、校长和教师人事等方面进行统筹管理的责任。中央、省和地（市）级政府要通过增加转移支付，增强财政困难县义务教育经费的保障能力。特别是省级政府要切实均衡本行政区域内各县财力，逐县核定并加大对财政困难县的转移支付力度”。这表明，中央、省级政府对农村义务教育投入的责任在加强，作为教育体系重要组成部分的县域教育信息化，也受到中央和省级政府越来越多的关注。2005 年，《国务院关于深化农村义务教育经费保障机制改革的通知》印发，2006 年，西部地区农村义务教育阶段中小学生全部免除学杂费。中央财政同时对西部地区农村义务教育阶段中小学安排公用经费补助资金，提高公用经费保障水平，启动全国农村义务教育阶段中小学校校舍维修改造资金保障新机制。这表明我国开始建立分项目、按比例分担的农村义务教育经费投入机制，作为重要组成部分的县域基础教育信息化投入，也建立了由中央和地方政府分项目、按比例进行分担的投入机制。

2013 年，教育部、国家发展改革委和财政部联合印发《关于全面改善贫困地区义务教育薄弱学校基本办学条件的意见》，其中重点任务之一是推进农村学校教育信息化工作，要求“逐步提升农村学校信息化基础设施与教育信息化应用水平，加强教师信息技术应用能力培训，推进信息技术在教育教学中的深入应用，使农村地区师生便捷共享优质数字教育资源。稳步推进农村学校宽带网络、数字教育资源、网络学习空间建设。要为确需保留的村小学和教学点配置数字教育资源接收和播放设备，配送优质数字教育资源。加快学籍管理等教育管理信息系统应用，并将学生、教师、学校资产等基本信息全部纳入信息系统管理”，并要求“农村义务教育经费保障机制重点保障学校基本运行需要和校舍维修；在原有基础上扩充薄弱学校改造计划内容，将信息化建设和农村小学必要的运动场、学生宿舍、食堂、饮水设施、厕所、澡堂等教学和生活设施纳入支持范围”。这表明国家将县域义务教育信息化建设作为农村教育投入的重点，其经费投入按照分项目、按比例的原则由各级政府分担，这就更加清晰地明确了县域教育信息化投入的责任划分问题。同时，为了有效保障县域义务教育重点之一的教学点配备数字教育资源和播放设备，教育部在《关于全面启动实施“教学点数字教育资源全覆盖”项目的通知》中要求“中央财政原则上按各地启动建设的教学点数拨款。有条件的地区可增加配置或采用更高级的技术和应用方案，经费缺口由地方财政配套补足。项目管理和设备运行、维护、更新费用由地方财政统筹解决。严禁向学生和学生家庭摊派”。

教学点作为义务教育优质均衡发展的关键环节，也是县域教育信息化投入的重点。其中，教学点的数字教育资源和播放设备主要由中央财政负责投入，而管理和运行经费则由省级政府和县级政府统筹解决。这一举措极大地减轻了县级政府在教育信息化投入方面的负担，为信息化支持义务教育优质均衡发展提供了有力保障。值得一提的是，教育部在《关于全面启动实施“教学点数字教育资源全覆盖”项目的通知》中还首次明确了地方政府在教学点更新配置或采用更高级技术和应用方面经费缺口的主体责任。这一规定不仅有助于促进教学点教育信息化设备和技术应用的更新换代，还能确保教学点教育信息化的持续发展，进一步推动义务教育优质均衡发展进程。

2016 年，教育部印发《教育信息化“十三五”规划》，要求“加大中央财政对中西部地区教育信息化的投入力度，引导地方加强对农村、边远地区教育信息化的经费支持力度”，并明确了“政府在教育信息化经费投入中的主体作用……建立社会团体、企业支持和参与的多元化投入机制”。针对目前学校网络使用资费过高的问题，《教育信息化“十三五”规划》指出“鼓励基础电信企业建立对各级各类学校的网络使用资费优惠机制”。针对目前学校信息化资源和服务经费支出难以保障的问题，《教育信息化“十三五”规划》明确要求“各地要切实落实国家关于生均公用经费可用于购买教育信息化资源和服务的政策，优化经费支出结构。要明确教育信息化经费在当地生均公用经费、教育附加费中的支出比例，形成教育信息化经费投入保障机制”。这表明国家对教育信息化投入进行了细化，教育信息化资源和服务的经费有了较为明确的来源。然而，《教育信息化“十三五”规划》并没有明确教育信息化经费在生均公用经费、教育费附加中具体的支出比例，这就给县级政府如何使用这部分经费带来了不小的难度。

### （三）经费投入是一个长期且复杂的过程

在信息化推动义务教育优质均衡发展的过程中，经费投入无疑是关键所在，也是进行县域教育信息化建设不可回避的挑战。从县域教育信息化的硬件建设角度看，这一过程势必伴随高额的资金投入，不仅涵盖了硬件系统的日常运行维护、更新换代费用，还包括网络运行费用等，这些都需要坚实的资金保障。没有足够的资金支持，县域教育信息化的发展将难以为继，更无法有效地支持县域基础教育的均衡发展。

随着信息技术的快速发展，软件资源的更新换代速度日益加快。县域教育信息化建设中的软件资源开发同样需要庞大的资金支持，且随着教育信息化水平的不断提升，这方面的资金需求也会不断增长。因此，县域教育信息化的投入并非一次性完成的工作，而是一个持续不断、资金驱动的过程。一旦县域教育信息化建设在经费投入上出现短缺，信息化支持义务教育优质均衡发展的进程就会受到阻碍。从这个角度来看，县域教育信息化投入是一个长期且复杂的过程，更是决定信息化能否有效支持县域基础教育优质均衡发展的核心要素。缺乏稳定的投入机制，将难以确保信息化在推动县域基础教育优质均衡发展方面发挥应有的作用。

## 二、经费投入的分类与构成

### （一）经费投入的分类

信息化支持义务教育优质均衡发展的经费投入可以分为两大类。首先，是县域教育信息化的一次性投入，这部分资金主要用于教育信息化基础设施的建设，包括购置教育信息系统与应用软件、教育信息资源，以及配备教育信息化相关的人员，并提供相应的培训费用。其次，是县域教育信息化的后续投资，这部分资金则主要用于保障教育信息化系统的正常运行和维护，包括软件的升级更新、资源的后续开发与建设，以及提供教育信息化的管理支持服务、人员配备和培训等相关费用。这两大类投入共同构成了信息化支持义务教育优质均衡发展的经费保障体系。

### （二）经费投入的构成

信息化支持义务教育优质均衡发展的经费投入主要由四个部分构成：其一，基础设施和硬件投入，涵盖了信息技术设备、设施的建设，如计算机教室、多媒体教室、网络教室、校园网、电子阅览室和数字图书馆等的搭建与完善；其二，教育软件和数字教育资源投入，主要集中在教学及应用软件、多媒体课件、电子教材，以及数字教育资源库的开发与建设上，以丰富教学资源，提升教学质量；其三，运转经费投入，这部分费用主要用于平台的租赁、电费的支付及网络服务的提供，确保教育信息化系统的顺畅运行；其四，人员经费投入，主要包括信息技术教师的引进和培养，以及定期的培训费用，旨在提高教师的信息技术应用能力，为实现教育信息化提供坚实的人力保障。

## 三、经费的主要来源

### （一）政府

义务教育作为一种具有显著外溢性的地方性公共产品，根据公共产品理论，其发展理所当然地成为政府不可推卸的责任。同样，推进县域义务教育信息化进程，也是政府应当履行的职责。各级政府在促进信息化支持义务教育优质均衡发展中扮演着核心角色。为了确保这项工作的顺利进行，政府必须确保对县域义务教育信息化的经费投入。在“以县为主”的教育财政体制下，县级政府应明确承担信息化支持县域义务教育优质均衡发展经费投入的主体责任。具体而言，县级政府应设定义务教育阶段学校教育信息化建设经费在教育经费中的最低比例（不低于 8%），并从县级每年征收的教育费附加和地方教育附加中提取一定比例（不低于 20%），同时从土地出让收益中按 10%计提的教育资金中安排相应的比例（不低于 20%），以及统筹协调一定比例的中小学生均公用经费（不低于 10%），用于支持县域义务教育的信息化建设和优质均衡发展。就中央政府和省级政府而言，根据农村义务教育经费保障机制和《教育部　国家发展改革委　财政部关于全面改善贫困地区义务教育薄弱学校基本办学条件的意见》的要求，中央政府和省级政府应按照上述政策的规定承担各自应该负担的经费比例。同时，根据《教育部　国家发展改革委　财政部关于全面改善贫困地区义务教育薄弱学校基本办学条件的意见》的相关规定，中央应主动承担农村教学点的基础设施建设和数字资源服务部分，在涉及增加配置或采用更高级的技术和应用时，经费缺口及设备运行、维护、更新等费用，应主要由县级政府承担主体责任，同时省级政府需要发挥统筹协调的作用，协助县级政府解决可能存在的资金和技术难题，确保县域义务教育信息化建设的顺利推进。

（二）社会力量

社会力量在信息化支持义务教育优质均衡发展中扮演着重要的资金提供者的角色。其资金的引入不仅丰富了经费来源，还有助于提升经费投入的使用效益。以美国联邦政府为例，为了弥补教育信息化经费的不足，其采取了外包策略。外包，即学校通过合同形式将内部的某些信息技术功能或服务项目委托给专业机构，并向其支付费用。这种方式有助于学校降低工作人员支出和服务成本，从而提高国家投入经费的使用效率。大胆引进并合理利用社会资金，已成为信息化支持义务教育优质均衡发展经费投入的重要渠道。实际上，现代教育信息化发展的一个显著趋势就是更多地借助社会资金来拓宽县域教育信息化经费的投入途径。为此，相关部门可以通过实施减税或免税等优惠政策，激励企业增加对信息化支持义务教育优质均衡发展的投入。这将有助于推动县域义务教育信息化的快速发展，进而实现义务教育的优质均衡。

（三）学校自筹

信息化支持义务教育优质均衡发展是一项庞大且复杂的系统工程，其建设任务繁重，资金需求巨大。若单纯依赖政府投入或社会机构、企业的投资，学校教育信息化的发展将会显得被动。因此，义务教育各级各类学校应当充分发挥自身的能动性和创造力，主动筹措资金，推动学校教育信息化的快速发展。这样不仅能够提升学校的教育教学质量，还能更好地满足社会对优质教育资源的需求。

（四）个人投入

在政府投入、社会力量介入、学校自筹资金的情况下，还有部分经费可由学生来承担，如目前国际上一些国家已经开始鼓励学生将自己的计算机、手机、平板电脑等个人设备带进学校，并在上课时使用，这种方式被称为自带设备（Bring Your Own Device，BYOD）。[①]自带设备可以扩充优质的教育资源，可以在一定程度上缓解学校的经费压力。随着经济的发展，人们的物质、文化生活日渐丰富，公众需求呈现出多元化的趋势，政府仅靠自身的资源无法保证优质教育信息资源的供给，增加个人投入可以充分满足学生的多元化需求。值得注意的是，个人投入一定要在自愿的基础上进行，决不能强行摊派或变相摊派，违背义务教育免费性的原则。

## 四、经费筹措

### （一）建立政府、社会力量和个人等积极参与的多渠道经费筹措机制

为了创新信息化支持义务教育优质均衡发展的经费投入模式，相关部门应积极构建“政府主导、社会参与、市场运作、校企合作”的多元化经费筹措机制。在各级政府持续投入的基础上，应鼓励社会资本通过设立基金、校企合作、捐赠等多种方式参与县域义务教育信息化建设。具体而言，在基础设施建设方面，仅依赖政府和学校的力量是远远不够的，需要通过国家政策的引导，广泛调动社会各界力量，特别是鼓励和支持企业积极参与县域义务教育信息化基础设施建设。这不仅有助于吸引私营部门的资金，还能促进县域义务教育信息化的基础设施建设和教学服务水平的整体提升。为此，需要为私营部门的投资创造一个有利的环境，降低其投资县域义务教育信息化的不确定性，例如，通过减税或税收优惠政策来鼓励企业积极参与。

在运维和服务方面，相关部门需要建立教育信息化建设的市场反哺和运维长效机制。这意味着需要将教育信息化建设从短期项目驱动转变为长期稳定的政策驱动，以确保项目建设的运维和增值服务问题得到根本解决。同时，应允许企业在参与教育信息化运维中获取合理的收益，通过市场反哺机制促进企业长期参与教育信息化运维。

此外，随着学生和家长对现代化教育信息化设备的需求日益增长，可以借鉴经济发达国家教育信息化的经验，鼓励有条件的家庭通过自带设备和优质数字教育资源使用付费等方式，为义务教育优质均衡发展提供有力支持。这将有助于丰富教育资源，提高教育教学质量，满足学生和家长对优质教育资源的需求。

---

① 刘鲜，王瑛，汪晓东，等. 教育信息化进程中基础设施的发展战略研究[J]. 远程教育杂志，2014(05)：24-33.

### （二）实行多样化的经费投入模式

我国各地的经济社会发展和教育信息化发展程度差异较大，如果采取整齐划一的经费投入模式，势必会使信息化支持义务教育优质均衡发展的进程严重不统一。根据以往我国义务教育信息化经费投入的典型经验，我们认为信息化支持义务教育优质均衡发展的经费投入模式应是多样化的，主要有以下 7 种：①中央政府财政拨款和地方配套的模式；②政府财政拨款与基金会联合的模式；③政府财政拨款为主，适当收取上机费用的模式；④财政、教育局、学校共同出资的模式；⑤企业投资、政府和学校共同偿还的模式；⑥金融租赁，政府、企业、学校共同保证的模式；⑦买方信贷的模式。[①]其中，前两种模式为中央政府采取的模式，主要适用于中西部经济欠发达地区、市场经济发展程度不高的县域，后几种模式主要适用于东中部经济较发达、市场经济发展程度较高的县域。值得注意的是，以上并非适用所有县域，有些中西部县域积极采取金融租赁、买方信贷等经费投入模式也并非不可行，需要注意经费投入的金融风险及县级政府的经济承受能力，如果盲目追求市场化的经费投入模式，忽视了本级政府的财政压力和群众的承受力，结果可能是得不偿失。

# 第四节 技 术 支 撑

## 一、完善信息化基础设施

信息化正成为推动优质义务教育实践的关键力量，它通过大规模推广教育资源应用，显著缩小了城乡等地域差距，为义务教育优质均衡发展提供了全新的工具和方法，营造了一个“人人用资源、校校用空间”的新时代教育环境。

传统的教育空间受限于地域和资源，而信息化则打破了这一局限，实现了人力资源和信息资源的跨时空流动。这种变革为义务教育均衡发展奠定了坚实的物质基础，促进了教育资源从局部均衡向整体均衡逐步发展。在信息化促进义务教育均衡发展的过程中，通信网络基础设施、技术基础设施、算力基础设施起着至关重要的保障作用。借助 5G 通信技术提供的高效传输通道、云计算和区块链技术提供的强大算力支持，以及人工智能带来的自动化和智能化分析功能，我们能

① 郑伦仁. 基础教育信息化建设工程投资模式研究[J]. 中国电化教育，2007(01)：41-44.

够构建一个全新的信息化设施基座，支持教育信息化的统一用户体系和数据应用体系，为教育管理者、教师、学生提供一站式服务，推动义务教育均衡向更高层次发展。

为了实现这一目标，义务教育阶段的学校应配备网络多媒体教室和一定数量的智能终端，加强实验设备建设，持续更新软件资源，并提高多媒体教室的使用率。通过整合空间物理环境和信息技术环境，义务教育将经历一场深刻的信息化改造，以强大的基础环境培育信息化专业教师队伍，并开展面向信息化干部、学科教师和专业技术人才的信息化技能培训。这将推动信息化深入校园、课堂，实现信息科技与教育教学的深度融合，为义务教育的整体发展注入新的活力。

## 二、充分发挥新技术架构的优势

如何充分发挥新技术架构的优势，促进优质教育资源共享，同时提高信息化促进义务教育优质均衡发展的投入产出比，是我们需要关注的重点。在国际上，很多国家都建设了教育资源，如美国的国家基础教育资源网、Share My Lesson、Teachers Pay Teachers、Thinkfinity 等。其中，Share My Lesson 是一个非常典型的案例，它是由美国教师联合会及其合作伙伴 TES Connect 共同建设的高质量免费教学资源门户网站。Share My Lesson 旨在为教师提供一个完全免费的共同学习平台，教师在这个平台上分享各自的原创知识、技能、教学计划和有效的教学策略。资源是根据年级、科目、资源类型进行划分的。这些上传的资源有图像、网页、PDF 文档、音乐、PPT 等类型，内容分布在幼儿园到高中的各个学段，还有部分面向残障学生的学习资源。同时，为了激励教师分享优质资源，平台会在各个阶段挑选出最佳贡献者并给予鼓励。[①]

## 三、建设融合数字技术的创新应用平台

当信息化设施的融入主要聚焦于如何支持义务教育优质资源的运用时，信息化平台则超越了单纯的硬件应用，转向如何高效运用信息化手段。数字技术的应用不仅重塑了义务教育的形态，还逐步形成了以信息化为导向的决策和管理新格局。这正是信息化能够汇聚义务教育所需的设施、人力等优质资源，在满足教育质量、发展特色、社会满意度等要求的基础上，实现城乡区域之间“优、质、均、

① 黄荣怀，任友群，等. 信息化促进优质教育资源共享的理论与实践[M]. 北京：高等教育出版社，2017.

衡”的分配和发展的关键。在此过程中，创新应用平台的作用不容忽视。

目前，从中央到地方已普遍建立了数字教育服务平台，但在早期的信息化建设过程中，往往忽视了多平台系统的兼容性和统一规划，导致教育系统内部、不同平台之间难以相互关联，信息和服务无法直接调用。为了解决信息化使用效率低、功能不完善的问题，我们应建立信息化治理规范，开发和设置教育服务平台的授权接口，以解决设备不兼容和信息产品的版权保护问题，让教育资源更智能、更精准地依托学习空间汇聚。

在信息化技术的推动下，通过国家级、省市级平台进行资源的大整合，可以提供普适、个性、特色的大平台、大服务，实现学习场所、学习内容、师生交互及评价方式的全面升级，使物理空间与虚拟空间深度融合，为义务教育均衡发展提供虚实跨越的崭新场景。

# 第五节 绩效评估

## 一、绩效评估的主体

信息化支持义务教育优质均衡发展是一项重要的公共政策，其绩效评估的主体具有多样性，既包括官方评价者（如政府内部的组织或个人），也包括非官方评价者（如政府外部的研究机构、学术团体、高等院校、专家学者等）。这些评估主体在执行评估任务时，必须保持独立性，因为缺乏独立性的评估将无法确保结果的客观性和可靠性。

信息化支持义务教育优质均衡发展不仅是一项高投入的系统工程，其复杂性也要求评估过程具备高度的专业性和科学性。为此，引入第三方评估成为政府管理方式的重要创新。第三方评估不仅确保了绩效评估的独立性，还提升了评估的专业性和科学性，从而提高了评估结果的权威性和可信度。

然而，强调独立性并不意味着孤立性。评价人员、项目管理人员、工作人员和受益人之间的有效互动，对于提高评价效果至关重要。这种互动有助于评价人员更全面地了解项目执行情况，发现潜在问题，提出改进措施，进而推动义务教育优质均衡发展的实现。[1]因此，第三方评估机构在评估信息化支持义务教育优

① 琳达·G. 莫拉·伊玛斯，雷·C. 瑞斯特. 通向结果之路：有效发展评价的设计与实施[M]. 李扣庆，等，译. 北京：经济科学出版社，2011.

质均衡发展项目绩效时，非常注重公众和社会的参与。为了保障评估的科学性，机构积极鼓励并广泛发动公众和社会各界参与其中，这样的参与不仅有助于提升评估的独立性、客观性，还极大地增强了评估结果的可信性。通过集思广益，能够确保评估过程更加客观、公正，从而为义务教育优质均衡发展提供更为科学、可靠的决策依据。

## 二、绩效评估的基本内容

### （一）相关性

相关性就是分析项目（计划或政策）的目标设计与现存的社会格局或需求是否相容或匹配，具体而言，就是要分析项目（计划或政策）的目标和设计与受益人（地区）的要求或需要，以及投资机构或部门的战略之间的一致性程度。[①]就信息化支持义务教育优质均衡发展而言，相关性原则关心的是信息化支持义务教育优质均衡发展项目的目标与中央、省级政府教育发展战略和重点是否一致，该项目的活动、产出与义务教育优质均衡发展的目标是否一致。

### （二）效率性

效率性是对资源或投入（如资金、专业知识和时间等）转化为产出或结果的经济性程度的衡量。它是一个相对的概念，主要关注产出或服务与资源投入之间的比例关系，即投入与产出的关系。效率性的基本定义在于“从给定的投入中获取最大的产出”或“以最小的成本实现目标”。在信息化支持义务教育优质均衡发展的政策背景下，效率性关注的是“在既定的教育信息化投入下，是否实现了义务教育优质均衡发展的最大化产出”或“是否以最小的教育信息化支出成本，实现了义务教育优质均衡发展的目标”。这样的分析有助于我们评估政策实施的经济效益，优化资源配置，提升政策实施效果。

### （三）效果性

效果性是指发展干预活动的目标在多大程度上实现了，或者根据其重要性预计这些目标在多大程度上可以实现。[②]效果性关注的是产出与实际结果（即效果）之间的关系，它通过对比资金支出后产生的实际效果与预期效果，确保资金

① 施青军. 政府绩效评价：概念、方法与结果运用[M]. 北京：北京大学出版社，2016.

② 张泰峰，Reader E. 公共部门绩效管理[M]. 郑州：郑州大学出版社，2004.

的投入能够达到预期的理想效果。效果性关注的核心问题是情况是否得到了改善，这包括但不限于福利状况的改变程度、使用者的满意程度等，它是衡量项目或政策目标实现程度的重要指标。在信息化支持义务教育优质均衡发展的政策背景下，效果性特别关注“义务教育优质均衡发展的状况是否得到了改善”，涵盖环境与资源、应用与管理、人才队伍等方面的改变程度，以及学生、教师和家长等利益相关者的满意程度。这些方面的改善和满意程度，共同构成了衡量政策效果性的关键标准。

### （四）可持续性

一个有效项目（或政策），不只是应有效果性，还需要保证活动的收益具有可持续性。可持续性是项目能够长期、可持续地获取收益的可能性，或者说项目的净收益随着时间变化的风险弹性。就信息化支持义务教育优质均衡发展而言，可持续性原则关注的是政府的承诺和支持、项目资金在多大程度上还可持续，在利益相关者来源多元化的情况下，是否仍有足够的利益协调能力。

## 三、绩效评估的机制

### （一）完善绩效评估的组织架构

在信息化支持义务教育优质均衡发展的绩效评估中，评估主体的规范至关重要，要确保参与评估的机构、组织和社会公众在资质、条件等方面有明确的指导原则。相关部门应依据各类社会组织、研究机构、智库的特点，积极鼓励学校采用第三方评估主体进行绩效评估。这些第三方评估主体应包含教育信息化专家、教育政策专家、基层学校校长和教师代表、学生家长及教育局相关科室负责人等。借助第三方评估机构，相关部门能够从全局和战略的视角深入分析问题，同时从现实性和可操作性进行评估，从而确保绩效评估的客观和公正。

### （二）健全社会公众参与机制

信息化支持义务教育优质均衡发展是一项重要的公共政策，社会公众既是这一政策的受益对象，也是公共服务的消费者。因此，社会公众需要具备一定的知识、经验、责任和能力，以更好地参与和影响政策的实施。在绩效评估的过程中，要特别强调扩大社会公众的参与面，确保评估结论的客观性和公正性，从而有效提升评估质量。具体而言，应根据不同情况，将可公开的评估信息及时向社会公众公布，使其能够充分了解政策实施的情况和效果，并接受社会公众的广泛监督和评议。

为了进一步完善评估机制，应突出社会公众满意导向，充分重视和尊重社会公众的意见和建议。通过广泛听取和收集社会公众对信息化支持义务教育优质均衡发展的评价意见，相关部门可以及时了解政策实施中的问题和不足，以便进行改进和优化。

### （三）完善绩效评估结果使用机制

为了充分发挥信息化支持义务教育优质均衡发展绩效评估结果的作用，相关部门应加强对评估结果的运用，确保结果导向和刚性约束的有效实施。首先，建立绩效评估的内部通报制度至关重要。通过召开绩效评估责任机构、政府部门的联合会议，可以将绩效评估的分析报告以简报的形式发送给各单位，以促进各单位之间的相互借鉴、相互监督和互相促进，这有助于确保评估结果得到充分的重视和应用。其次，将绩效评估结果在新闻媒体上发布，也是提高透明度和公信力的重要举措。通过媒体的传播，可以让公众更全面地了解评估结果，从而增强对政策实施效果的信任。同时，这也能够促使相关部门更加重视评估结果，确保政策能够按照预期目标顺利推进。总之，加强对绩效评估结果的运用和发布，不仅能够提高政策实施的效果和质量，还能够增强公众对政策的信任和支持。

### （四）构建绩效评估信息平台

为了系统化和规范化地评估信息化支持义务教育优质均衡发展的绩效，需要构建一个专门的绩效评估平台，并配套建立绩效评估信息系统。该系统负责归类和汇集各子项目的具体做法、实施效果、存在的问题及相应的改进措施。利用这一信息系统，相关部门可以定期对信息化支持义务教育优质均衡发展的总体状况、实际执行效果等进行深入的跟踪分析，进而可以为进一步完善绩效评估体系提供坚实的数据支持和可靠的决策依据。

## 四、绩效评估的指标体系

信息化支持义务教育优质均衡发展的绩效评估体系由 4 个一级指标、8 个二级指标、22 个三级指标、40 个四级指标组成（表 9-1）。

**表 9-1　信息化支持义务教育优质均衡发展绩效评估体系**

| 一级指标（权重） | 二级指标（权重） | 三级指标（权重） | 四级指标（权重） |
|---|---|---|---|
| 1. 相关性（20%） | 1.1 项目是否符合我国当前教育发展的政策（50%） | 1.1.1 项目设计与国家教育发展政策的一致性（50%） | 项目是否符合当前国家教育发展政策 |
| | | 1.1.2 项目设计与地方教育发展的一致性（50%） | 项目是否符合当前地方教育发展政策 |
| | 1.2 项目是否针对义务教育优质均衡发展的需求（50%） | 1.2.1 项目设计的问题针对性（50%） | 项目设计是否针对的是义务教育优质均衡发展中的实际问题 |
| | | 1.2.2 项目设计与需求的契合度（50%） | 项目产出是否符合当地的实际问题和需求 |
| 2. 效率性（20%） | 2.1 项目是否按照计划的时间周期实施并完工（40%） | 2.1.1 项目开工时间与计划开工时间的相符程度（50%） | 项目实际开工时间与计划开工时间之差 |
| | | 2.1.2 项目完工时间与计划完工时间的相符程度（50%） | 项目实际完工时间与计划完工时间之差 |
| | 2.2 项目是否按照计划的资金预算实施（60%） | 2.2.1 项目的实际资金与预算的相符程度（33.3%） | 项目活动实际使用资金与预算的一致性：项目实际活动资金/项目预算资金 |
| | | 2.2.2 项目资金的到位程度（33.3%） | 2.2.2.1 项目外方资金到位率：实际到位外方资金/应到位的外方资金 |
| | | | 2.2.2.2 项目配套资金的到位率：实际到位的配套资金/应到位的配套资金 |
| | | 2.2.3 项目资金使用的合法合规性（33.3%） | 项目违规资金总额占项目资金总额的比例：项目违规的资金/项目总资金 |
| 3. 效果性（40%） | 3.1 项目是否实现了预期目标（50%） | 3.1.1 信息化基础设施（20%） | 3.1.1.1 计算机装备 |
| | | | 3.1.1.2 校园网建设 |
| | | | 3.1.1.3 信息化教室 |
| | | | 3.1.1.4 设备及信息化教室利用率 |
| | | 3.1.2 信息化资源建设（20%） | 3.1.2.1 数字教学资源数量 |
| | | | 3.1.2.2 数字教育资源适切性 |
| | | | 3.1.2.3 数字教育资源利用率 |
| | | | 3.1.2.4 数字教育资源更新率 |

续表

| 一级指标（权重） | 二级指标（权重） | 三级指标（权重） | 四级指标（权重） |
| --- | --- | --- | --- |
| 3. 效果性（40%） | 3.1 项目是否实现了预期目标（50%） | 3.1.3 信息化保障（20%） | 3.1.3.1 信息化人才配备 |
| | | | 3.1.3.2 信息化教师培训 |
| | | 3.1.4 信息化应用（20%） | 3.1.4.1 信息技术课程开设 |
| | | | 3.1.4.2 学校办公自动化建设 |
| | | 3.1.5 信息化主体发展（20%） | 3.1.5.1 学生信息素养 |
| | | | 3.1.5.2 教师信息素养 |
| | | | 3.1.5.3 学生综合能力发展 |
| | | | 3.1.5.4 教师综合能力发展 |
| | | | 3.1.5.5 校长信息化领导力 |
| | 3.2 项目是否产生了影响（50%） | 3.2.1 社会影响（60%） | 3.2.1.1 社区满意度 |
| | | | 3.2.1.2 家长满意度 |
| | | 3.2.2 项目受益群体的瞄准度（40%） | 3.2.2.1 项目受益群体符合度：教师和学生受益人数/教师和学生总数 |
| | | | 3.2.2.2 教师和学生参与度：参与的教师和学生/教师和学生总数 |
| | | | 3.2.2.3 教师和学生满意度：教师和学生满意度百分比 |
| 4. 可持续性（20%） | 4.1 项目能否持续地运行（50%） | 4.1.1 项目机构可持续性（33.3%） | 负责项目完工后管理工作的机构存在与否 |
| | | 4.1.2 项目人力资源可持续性（33.3%） | 负责项目完工后管理工作的人员存在与否 |
| | | 4.1.3 项目经费可持续性（33.3%） | 用于项目完工后管理工作的经费充足与否 |
| | 4.2 项目的产出能否得到持续地维护和利用（50%） | 4.2.1 项目产出是否有效利用（33.3%） | 4.2.1.1 教育信息化设备的正常使用率 |
| | | | 4.2.1.2 项目设计是否达到设计生产能力 |
| | | 4.2.2 项目产出是否及时维护（33.3%） | 教育信息化设备维护率 |
| | | 4.2.3 项目安全是否有保障（33.3%） | 4.2.3.1 教育信息化安全制度存在与否 |
| | | | 4.2.3.2 教育信息化安全制度与措施的完善程度 |